IT Campus

기본 개념부터 동작 원리까지

운영체제

김덕수 지음

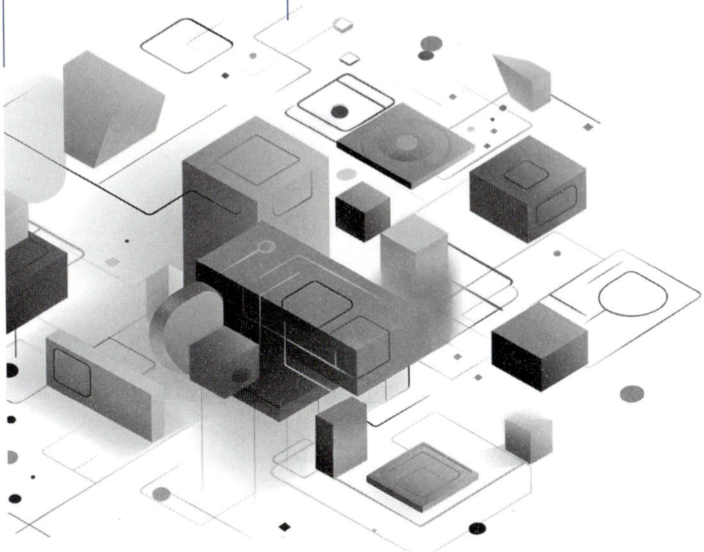

길벗캠퍼스

김덕수

2018. 03 ~ 현재　한국기술교육대학교 컴퓨터공학부 교수
2014. 07 ~ 2018. 02　한국과학기술정보연구원(KISTI) 선임연구원
2014. 08　KAIST 전산학 박사

YouTube 채널: https://www.youtube.com/@hpclab.koreatech4592

기본 개념부터 동작 원리까지

운영체제
Operating System

초판 1쇄 발행 • 2025년 1월 15일 | **지은이** • 김덕수 | **발행인** • 이종원 | **발행처** • (주)도서출판 길벗 | **브랜드** • 길벗캠퍼스
출판사 등록일 • 1990년 12월 24일 | **주소** • 서울시 마포구 월드컵로 10길 56(서교동) | **대표 전화** • 02)332-0931 | **팩스** • 02)323-0586
홈페이지 • www.gilbut.co.kr | **이메일** • gilbut@gilbut.co.kr | **책임편집** • 신유진(backdoosan@gilbut.co.kr) | **디자인** • 강은경
제작 • 이준호, 손일순 | **영업마케팅 및 교재 문의** • 박성용(psy1010@gilbut.co.kr) | **영업관리** • 김명자 | **독자지원** • 윤정아
전산편집 • 앤미디어 | **CTP 출력 및 인쇄** • 예림 | **제본** • 예림

ISBN 979-11-407-1200-7 93000(길벗 도서번호 060100)
정가 28,000원

머리말

운영체제는 컴퓨터의 심장과 같은 역할을 합니다. 우리가 매일 사용하는 스마트폰, 컴퓨터, 서버 모두 운영체제 위에서 돌아가며, 그 원리를 이해하는 것은 컴퓨터를 효과적으로 활용하는 데 필수적인 지식이 됩니다. 하지만 운영체제는 기술적이고 난해한 개념들로 가득하여, 초보자들이 쉽게 접근하기 어려운 영역으로 여겨지곤 합니다.

이 책은 이러한 어려움을 덜어주기 위해 기획되었습니다. 처음 운영체제를 배우는 독자들이 개념을 쉽게 이해하고, 단계적으로 지식을 쌓아갈 수 있도록 구성하였습니다. 프로세스 관리, 메모리 관리, 가상 메모리와 같은 필수 주제들을 하나씩 설명하며, 실생활 예시와 쉬운 언어로 개념을 풀어냈습니다.

운영체제를 깊이 이해하면 컴퓨터 시스템을 보다 효율적으로 활용하고, 더 나아가 소프트웨어를 설계하거나 최적화할 때도 강력한 기반이 됩니다. 이 책이 운영체제의 세계를 탐험하고, 시스템의 원리를 이해하는 즐거운 여정이 되길 바랍니다.

여러분이 이 책을 통해 운영체제를 쉽게 이해하고, 더 큰 컴퓨터 과학의 세계로 나아가는 데 도움이 되길 기원합니다.

마지막으로 운영체제 책 집필을 위한 좋은 기회를 제공해 주신 도서출판 길벗, 책 편집을 도와주신 출판기획사 앤미디어, 그리고 제 가장 든든한 버팀목인 아내 장새미에게 감사의 마음을 전합니다.

김덕수

목차

본 교재는 저자가 그동안 강의를 진행해 온 순서에 맞추어 집필되었습니다. 저자의 경우 팀 프로젝트 발표 1주를 포함하여 총 15주 강의를 진행하였으며, 아래는 팀 프로젝트를 제외한 14주간 실제 강의가 진행되던 평균적인 주차별 강의 내용입니다. 강의 또는 학습에 참고하시길 바랍니다.

<table>
<tr><th>주차별</th><th>챕터</th><th>강의 내용</th></tr>
<tr><td>1주</td><td>1장</td><td>강의 개요, 컴퓨터 시스템 개요</td></tr>
<tr><td>2주</td><td>2～3(2절)장</td><td>운영체제 개요, 프로세스 관리</td></tr>
<tr><td>3주</td><td>3(2절)～4장</td><td>프로세스 관리, 스레드 관리</td></tr>
<tr><td>4주</td><td>5장</td><td>프로세스 스케줄링</td></tr>
<tr><td>5주</td><td>6장</td><td>동기화와 상호 배제</td></tr>
<tr><td>6주</td><td>7장</td><td>교착 상태</td></tr>
<tr><td>7주</td><td colspan="2">중간고사</td></tr>
<tr><td>8주</td><td>8장</td><td>메모리 관리</td></tr>
<tr><td>9주</td><td>9장</td><td>가상 메모리</td></tr>
<tr><td>10주</td><td rowspan="2">10장</td><td rowspan="2">가상 메모리 관리</td></tr>
<tr><td>11주</td></tr>
<tr><td>12주</td><td>11장</td><td>파일 시스템</td></tr>
<tr><td>13주</td><td>12장</td><td>입출력 시스템과 디스크 관리</td></tr>
<tr><td>14주</td><td colspan="2">기말고사</td></tr>
</table>

1 장

컴퓨터 시스템 개요

학 습 목 표

운영체제는 컴퓨터 시스템을 효율적으로 관리하는 소프트웨어다. 본 장에서는 운영체제가 관리하는 컴퓨터 시스템의 구성 요소, 특히 하드웨어에 대해 알아보고, 각 구성 요소와 운영체제의 관계를 살펴본다. 또한, 앞으로 배울 내용도 간략히 소개한다.

게임을 좋아하는가? 필자는 게임을 매우 좋아한다. 그렇다면 게임을 하기 위해서는 무엇이 필요할까? 다양한 기기에서 게임을 할 수 있겠지만, 대표적인 기기 중 하나는 컴퓨터다(콘솔 게임기도 하나의 컴퓨터라고 볼 수 있다). 게임이 아니더라도 우리의 업무 및 일상생활에서 컴퓨터는 빼놓을 수 없는 장치다. 이처럼 우리 생활과 밀접한 컴퓨터 안을 들여다보면, 다양한 하드웨어들이 들어 있다. 대표적인 예로는 CPU(중앙 처리 장치), GPU(그래픽스 처리 장치), 메모리(주기억 장치), 디스크, 그리고 네트워크 장치 등이 있다. 그럼 이러한 하드웨어들만 다 갖춘다면 게임을 할 수 있을까? 그렇지 않다. 중요한 것이 하나 빠졌다. 우리가 게임을 하거나 컴퓨터로 작업하기 위해서는 이러한 하드웨어들을 효율적으로 활용할 수 있게 도와주는 소프트웨어, 즉 운영체제가 필요하다.

운영체제(operating system)에 대해 간단히 정의를 내려보면 다음과 같다.

컴퓨터 시스템 자원(예: 하드웨어)을 효율적으로 관리해서 사용자 또는 응용 프로그램에 서비스를 제공하는 소프트웨어

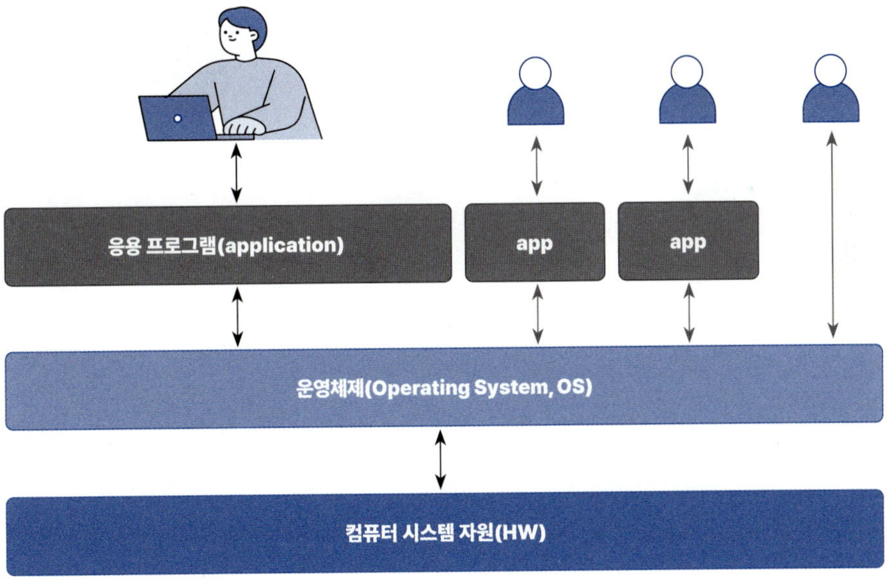

그림 1-1 운영체제의 역할

이러한 정의를 그림으로 표현해 보면 [그림 1-1]과 같다. 운영체제의 정의는 다양하게 제시될 수 있으며, 운영체제 과목을 공부해 가면서 좀더 구체화된 정의들을 내려볼 것이다. 본 장에서는 우선 이 간단한 정의로 이야기를 시작해 보자.

OPERATING SYSTEM

1.1 컴퓨터 시스템 개요

운영체제는 시스템 자원 또는 하드웨어를 효율적으로 관리하는 녀석이라고 했다. 본 장에서는 앞으로 우리가 공부할 운영체제가 관리하는 하드웨어에는 어떤 것이 있는지를 살펴보도록 하자. 컴퓨터를 구성하는 하드웨어들은 크게 프로세서, 메모리, 그리고 주변 장치로 구분할 수 있다([그림 1-2]).

그림 1-2 컴퓨터 하드웨어의 분류

- **프로세서**(processor): **계산을 담당하는 하드웨어**를 말한다. 대표적인 프로세서로는 중앙 처리 장치(CPU)가 있다. 또한, 최근에는 그래픽스 처리 장치(GPU)도 일반적인 계산을 위해 널리 사용되는 프로세서 중 하나다. 이 외에도 특수한 목적을 위해 설계된 다양한 계산용도 하드웨어들을 모두 프로세서로 분류할 수 있다.
- **메모리**(memory): **데이터를 저장하는 하드웨어**를 말한다. 일반적으로 메모리라고 하면 주기억 장치(main memory)를 떠올리지만, 주기억 장치 외에도 HDD(하드 디스크) 또는 SSD(솔리드 스테이트 드라이브)와 같은 디스크도 데이터를 저장한다는 측면에서 메모리의 일종이기도 하다. 이 외에도 데이터를 저장하는 하드웨어들은 모두 메모리로 분류할 수 있다.

- **주변 장치**(peripheral device): **컴퓨터의 기능을 확장하기 위해 연결하는 외부 장치**를 의미한다. 프로세서와 메모리를 제외한 대부분의 하드웨어는 주변 장치로 정의할 수 있다. 대표적인 주변 장치에는 키보드, 마우스 및 스캐너와 같은 **입력 장치**, 프린터 및 디스플레이와 같은 **출력 장치**, 네트워크 모뎀(예: LAN 카드)과 같은 네트워크 장치 등이 있다. 또한 HDD, SSD 및 SD 카드 등과 같은 **저장 장치**들도 컴퓨터 시스템의 외부 연결 장치라는 측면에서 주변 장치로도 분류될 수 있다.

다음 절들에서 각 하드웨어들에 대해 조금 더 알아보자.

요약

컴퓨터 시스템 구성 요소

- 컴퓨터 시스템은 크게 프로세서(CPU), 메모리(RAM, HDD/SSD), 주변 장치(입출력 장치 등)로 구성
- 프로세서는 계산을 담당하며, 메모리는 데이터를 저장하고, 주변 장치는 컴퓨터의 기능 확장

운영체제

- 컴퓨터 시스템 내 하드웨어 자원을 효율적으로 관리하여 사용자와 응용 프로그램에 필요한 서비스를 제공하는 소프트웨어

1.2 프로세서(processor)

프로세서(processor)는 계산하는 장치를 지칭하며, 컴퓨터 시스템의 대표 프로세서는 중앙 처리 장치, 즉 CPU(Central Processing Unit)다. 프로세서는 컴퓨터 시스템의 두뇌로서, 연산을 수행하고 모든 장치의 동작 제어를 담당한다.

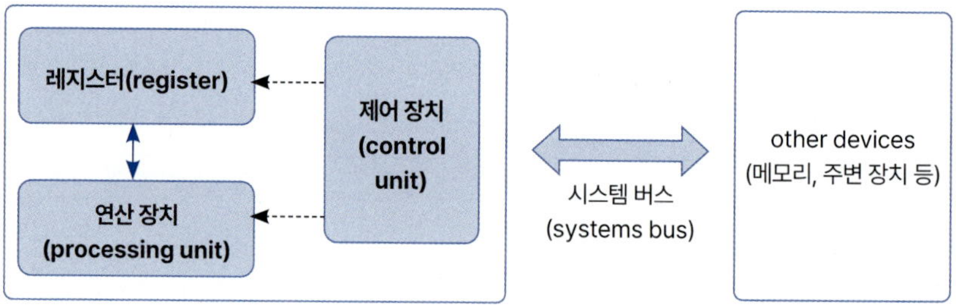

그림 1-3 프로세서의 구조

프로세서의 구조를 간략화해 보면 [그림 1-3]과 같이 표현할 수 있다. 프로세서의 핵심 구성 요소는 연산 장치, 제어 장치, 그리고 레지스터다. 그리고 프로세서와 외부 장치 사이의 통신(데이터 전송)은 시스템 버스(**1.4절** 참고)를 통해 이루어진다.

- **제어 장치**(control unit): 프로세서 내의 데이터 흐름을 관리하고 명령 실행을 제어하는 역할을 한다. 좀 더 구체적으로는 명령어를 해석하고, 그에 따라 필요한 데이터를 메모리에서 가져와 레지스터에 넣고, 연산 장치에 명령을 내려 계산을 수행하게 하는 역할을 한다. 또한, 컴퓨터 내 다른 구성 요소 간의 데이터 흐름을 관리하는 역할을 한다.
- **연산 장치**(processing unit): 산술 논리 장치(Arithmetic Logic Unit, ALU)라고도 하며, 레지스터에 있는 데이터들 사이의 산술 연산(예: 사칙 연산) 및 논리 연산(예: AND/OR 등)을 수행한다.

- **레지스터(register)**: 프로세서 내부에 있는 메모리(저장 공간)의 하나로, 프로세서의 제어 및 연산을 위한 데이터를 보관하는 역할을 한다. 메모리 관점에서 레지스터는 시스템에서 가장 작지만, 가장 빠른 메모리이기도 하다.

프로세서 내부에는 다양한 목적에 맞는 레지스터들이 존재하며, 분류 기준에 따라 다음과 같이 분류할 수 있다. 우선 사용 용도에 따라 특정 목적을 위해서만 사용되는 **전용 레지스터**(dedicated register)와 일반적인 용도로 사용될 수 있는 **범용 레지스터**(general-purpose register)로 분류할 수 있다. 또한, 저장하는 데이터의 종류에 따라 데이터를 저장하는 **데이터 레지스터**(data register)와 주소를 저장하는 **주소 레지스터**(address register)로 분류할 수 있다.

또한, 사용자(프로그래머)가 직접 접근 및 제어할 수 있는지 여부에 따라, 사용자가 어셈블리 명령어 등을 통해 접근 가능한 **가시 레지스터**(visible register)와 사용자가 접근할 수 없고 프로세서의 동작 제어를 위해 사용되는 **비가시 레지스터**(invisible register)로 구분할 수 있다. 가시 레지스터는 일반적으로 어셈블리 등과 같은 저수준(low-level) 언어에서만 직접 접근해서 사용하지만, C언어 등과 같은 고수준(high-level) 언어에도 'register' 키워드[1] 등과 같은 흔적을 찾아볼 수 있다([코드 1-1]).

코드 1-1 C언어에서의 가시 레지스터 사용의 예

```
int main () {
    register int num = 10;
}
```

위에서 살펴본 구분 외에도 레지스터는 다양하게 분류될 수 있으며, 프로세서에 따라 레지스터의 종류는 달라질 수 있다. 다음의 [표 1-1]은 대표적인 레지스터들을 정리한 표다.

표 1-1 프로세서 내 레지스터의 종류

가시/비가시	레지스터	설명
가시	데이터 레지스터 (data register)	데이터를 저장하는 레지스터
	주소 레지스터 (address register)	메모리 주소를 저장하는 레지스터 (베이스 포인터, 스택 포인터, 인덱스 레지스터, 세그먼트 레지스터 등)

1 변수 선언 시 'register' 키워드를 붙여주면, 해당 변수가 레지스터 변수로 선언되기를 희망함을 의미한다. 단, 실제 레지스터 변수로 선언될지는 컴파일러에 의해 달라질 수 있다.

가시/비가시	레지스터	설명
비가시	프로그램 카운터 (Program Counter, PC)	다음 실행할 명령의 메모리 주소를 저장하는 레지스터
	명령어 레지스터 (Instruction Register, IR)	현재 실행 중인 명령어를 저장하는 레지스터
	누산기 (ACCumulator, ACC)	최근의 산술 또는 논리 연산 결과를 저장하는 레지스터
	메모리 주소 레지스터 (Memory Address Register, MAR)	접근하는 데이터의 메모리 주소를 저장하는 레지스터
	메모리 버퍼 레지스터 (Memory Buffer Register, MBR)	입출력 작업 중에 데이터를 저장하는 레지스터 (CPU와 I/O 장치 사이의 속도 차이를 조정하는 버퍼 역할)

프로세서 내 모든 레지스터의 종류를 외우고 있을 필요는 없지만, [표 1-1]에 있는 레지스터들은 향후 전공 서적 또는 논문에서 등장할 수 있는 용어들이니 기억해 두자. 그중 다른 레지스터들에 비해 이름이 직관적이지 않은 프로그램 카운터(PC)와 누산기(ACC)의 역할을 살펴보자.

- **프로그램 카운터**(program counter): 다음에 실행할 명령어의 위치를 가리키고 있는 레지스터다. 프로그램이란 명령어들이 나열된 문서라고 생각할 수 있으며, 프로그램이 실행된다는 것은 그 명령들이 순서대로 한 줄씩 수행되는 것이다. 따라서 현재 명령을 수행한 후 수행할 다음 명령이 무엇인지 알아야 한다. 그 위치를 기억하는 역할을 하는 것이 프로그램 카운터로, 정확히는 다음에 수행할 명령이 있는 메모리상 주소를 저장하고 있다.
- **누산기**(accumulator): CPU에서 일시적으로 산술 및 논리 연산 결과를 저장하는 역할을 한다. CPU에서는 한 번에 하나의 연산(산술 또는 논리)만을 수행할 수 있다. 예를 들어, A = (B + C + D)와 같은 작업을 수행한다면, 메모리에서 B와 C의 값이 CPU의 데이터 레지스터로 전송되고, 연산 장치(ALU)가 계산한 (B + C)의 값이 누산기에 저장된다. 그리고 D 값을 데이터 레지스터로 가져오고, 연산 장치는 누산기의 값과 D를 더해서 다시 누산기에 저장한다. 마지막으로 누산기에 저장된 값이 A에 저장된다. 이처럼 누산기는 산술 및 논리 연산 결과를 저장하고, 그 값을 다음 연산에 사용하는 방식으로 CPU의 계산이 진행된다.

지금까지 살펴본 레지스터의 역할을 프로세서의 연산 과정과 함께 살펴보자.

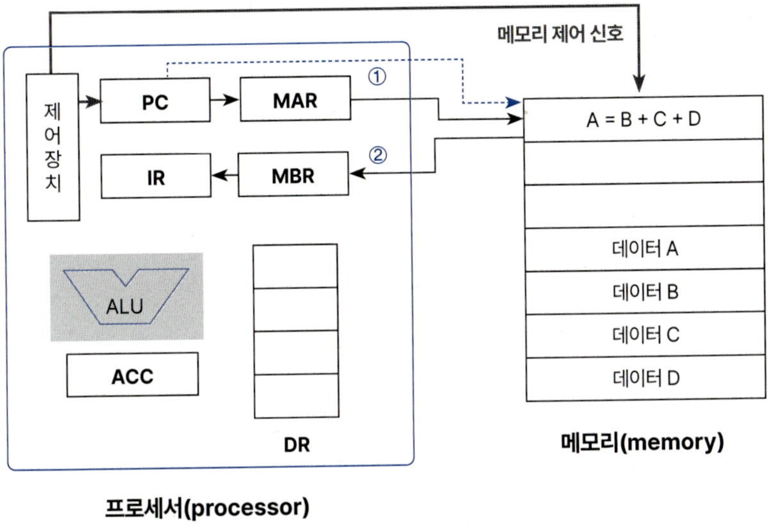

그림 1-4 프로세서의 연산 과정과 레지스터의 역할 (1/4)

[그림 1-4]는 프로세서가 다음 명령을 수행할 준비가 되었을 때, 다음 명령을 가져오는 과정을 보여준다. 우선, ① 프로그램 카운터(PC)에 저장된 주소(수행할 명령어의 위치)를 메모리 주소 레지스터(MAR)에 저장한다. 그리고 ② 제어 장치는 해당 주소 위치에 있는 명령어를 읽어오도록 지시하고, 읽어온 데이터(명령어)는 메모리 버퍼 레지스터(MBR)를 거쳐 명령어 레지스터(IR)에 저장된다. 데이터를 읽어오기 위한 메모리에 대한 제어 신호 등은 시스템 버스(bus)를 통해 전달된다(시스템 버스에 대해서는 **1.4절**에서 살펴본다). 명령어를 읽어온 후에는 PC를 1 증가(다음 명령줄로 이동)시켜준다.

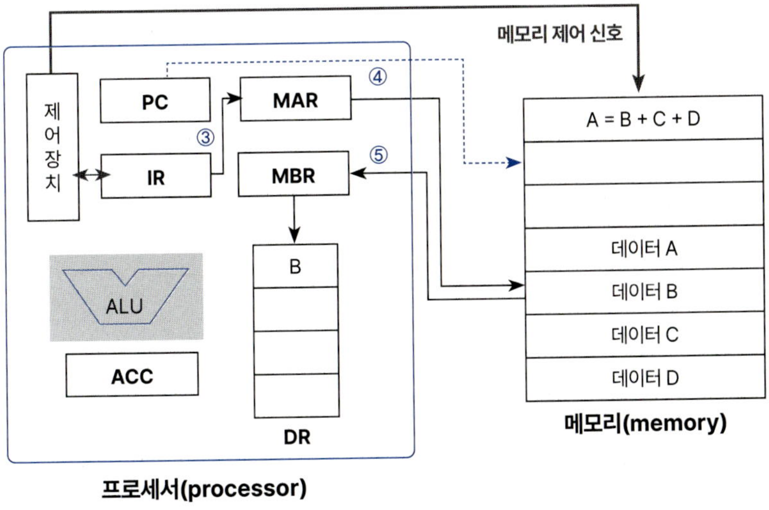

그림 1-5 프로세서의 연산 과정과 레지스터의 역할 (2/4)

프로세서는 IR에 있는 명령어를 해석(decoding)하고, 연산에 필요한 데이터를 읽어오기 위해 ③ 데이터의 위치(메모리 주소)를 MAR에 저장하고, ④ 제어 장치는 데이터를 읽어오게 지시한다. ⑤ 읽어온 데이터는 MBR을 통해서 데이터 레지스터(DR)에 저장된다. 현재 연산(예: B + C)에 필요한 데이터(예: B와 C)를 모두 읽어 올 때까지 ③~⑤ 과정을 반복한다.

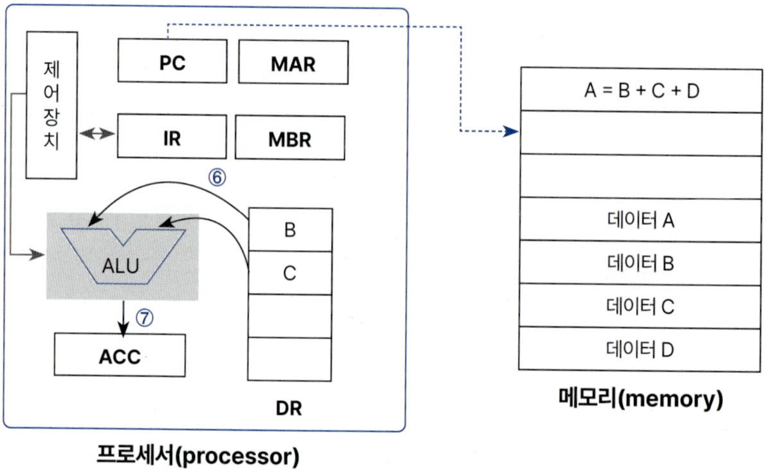

그림 1-6 프로세서의 연산 과정과 레지스터의 역할 (3/4)

연산에 필요한 데이터가 DR에 준비되면 ⑥ 연산 장치(ALU)는 연산을 수행하고, ⑦ 그 결과는 누산기(ACC)에 저장된다([그림 1-6]).

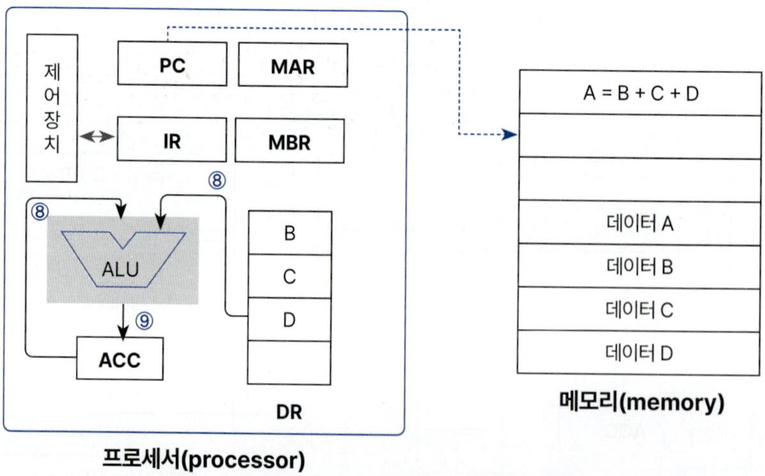

그림 1-7 프로세서의 연산 과정과 레지스터의 역할 (4/4)

본 예제에서 현재 명령어는 "A = B + C + D"로, 이러한 계산은 일반적으로 (B + C)를 계산한 후 그 결과에 D를 더해주는 방법으로 수행된다. 프로세서는 ③~⑤ 과정을 통해 데이터 D를 DR로 가져온다. 그리고 ⑧ D와 누산기에 있는 값(즉, B + C 결과)에 대한 연산을 수행하고 ⑨ 그 결과를 다시 ACC에 저장한다. 그리고 ⑩ ACC의 값을 결과 저장 위치(예: A의 메모리 주소)에 저장하는 것으로 현재 명령어에 대한 수행을 마무리한다. 그리고 다음 명령어 수행을 위해 ①~⑩ 과정을 반복한다.

프로세서의 아키텍처(architecture)에 따라 실제 프로세서와 레지스터의 동작 방식은 다를 수 있다. 하지만 대부분의 프로세서는 이와 유사한 과정을 통해 연산을 수행한다.

알아두세요 **운영체제와 프로세서**

운영체제의 핵심 역할은 프로세스(process)라는 프로그램 실행 주체를 생성하고 관리하는 것이다. 프로세서(processor)는 프로세스의 동작을 위해 할당되어야 하는 필수 자원으로, 운영체제는 프로세스에 프로세서를 할당하고 프로세서의 사용을 관리하는 역할을 한다. 이러한 과정을 프로세스 스케줄링(scheduling)이라고 하며, 프로세스 및 프로세스 스케줄링은 **3~5장**에서 다룬다.

요약

프로세서

- 컴퓨터 시스템의 두뇌로, 연산을 수행하고 다른 장치들의 동작을 제어하는 역할

프로세서의 주요 구성 요소

- **연산 장치(ALU)**: 산술 및 논리 연산을 수행하는 장치
- **제어 장치**: 명령어를 해석하고, 데이터의 흐름을 제어하는 장치
- **레지스터**: 프로세서 내에서 데이터를 임시로 저장하는 작은 메모리 공간

레지스터의 역할

- 레지스터는 연산을 위한 데이터와 명령어의 주소를 저장하며, 프로세서 내에서 가장 빠른 속도로 작동하는 메모리
- 레지스터는 데이터 레지스터와 주소 레지스터 등으로 분류 가능

프로세서와 운영체제

- 운영체제는 프로세스를 생성하고 관리하며, 프로세스에 프로세서를 할당하는 역할

1.3 메모리(memory)

메모리(memory)는 프로그램, 사용자 데이터 등을 저장하는 장치들을 지칭한다. 컴퓨터 시스템을 구성하는 메모리는 크게 레지스터, 캐시, 주기억 장치, 보조기억 장치로 구분할 수 있다. 그리고 네 가지 메모리는 [그림 1-8]과 같이 계층적으로 구성되어 있다.

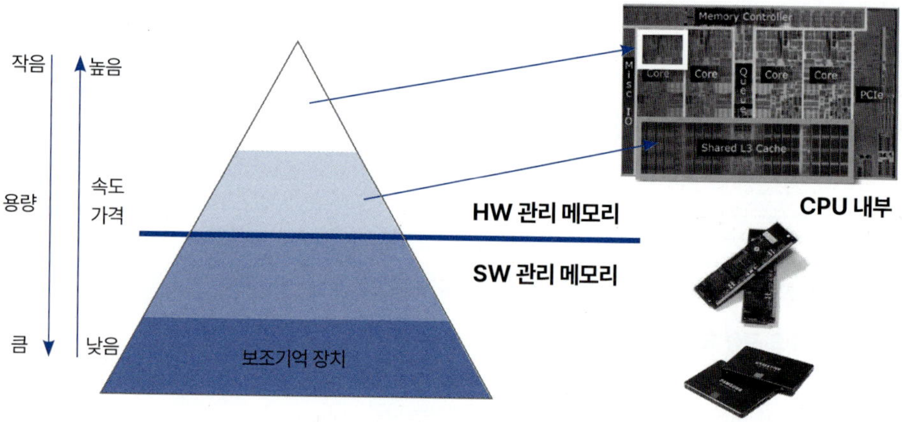

그림 1-8 컴퓨터 시스템 내 메모리의 종류

가장 아래에서부터 각 메모리의 개요는 다음과 같다.

- **보조기억 장치**(auxiliary memory): 데이터를 보관하는 비휘발성[2] 메모리로, HDD(하드 디스크 드라이브), SSD, 광학 드라이브 등이 이에 해당한다. 일반적으로 프로그램, 파일 및 문서의 장기 보관을 위해 사용된다. 컴퓨터가 데이터를 사용하기 위해서는 보조기억 장치에 있는 데이터를 주기억 장치로 가지고 와야 한다. 보조기억 장치는 컴퓨터 시스템 내 메모리 중 가장 느리지만 가장 싸고 용량이 크다.

2 전원이 꺼져도 데이터가 지워지지 않고 유지되는 메모리다.

- **주기억 장치(main memory)**: 연산 장치(예: CPU)가 접근할 수 있는 가장 먼 저장 장치로, 연산을 위한 데이터를 보관하는 공간이며 휘발성[3] 메모리다. 메인 메모리 또는 시스템 메모리(system memory)라고도 부르며, 컴퓨터 하드웨어 중 RAM(Random Access Memory)이 해당한다.
- **캐시(cache)**: 자주 사용하는 데이터나 명령어를 일시적으로 저장하는 메모리다. CPU와 주기억 장치 사이에 위치하며 주기억 장치보다 빠른 속도로 작동한다. 캐시는 자주 접근하는 데이터에 대한 접근 시간을 빠르게 하여 컴퓨터 시스템의 전반적인 성능을 향상시킨다.
- **레지스터(register)**: 컴퓨터 프로세서 내부에 위치한 작고 빠른 속도의 저장 영역이다. 현재 CPU에 의해 처리되는 데이터나 명령어를 보유하고 있으며, 산술 및 논리 연산, 데이터 저장, 프로그램 흐름 제어에 사용된다(**1.2**절 참고).

[그림 **1-8**]의 메모리 계층 구조에서 위로 갈수록 속도가 빨라지며, 아래로 갈수록 속도가 느려진다. 그리고 속도가 빠른만큼 가격이 올라가기 때문에, 위로 올라갈수록 그 크기(저장 용량)가 작아진다는 특징을 가진다. 또한 레지스터와 캐시는 프로세서 안에 있으며 하드웨어(예: **CPU**)가 관리하는 메모리인 반면, 주기억 장치와 보조기억 장치는 소프트웨어(즉, 운영체제)가 관리하는 메모리라는 차이점을 가지고 있다.

주기억 장치(main memory)

주기억 장치는 프로세서가 실행할 프로그램 및 처리할 데이터를 저장하는 공간으로, 주로 DRAM(Dynamic Random Access Memory)을 사용한다. 그리고 주기억 장치는 프로세서와 보조기억 장치(예: 디스크) 사이에 자리잡고 있다([그림 1-9]). 프로그램 및 데이터는 기본적으로 보조기억 장치에 보관되며, 프로그램을 실행하거나 데이터를 사용하기 위해서는 반드시 주기억 장치에 올려놓고 사용해야 한다. 보조기억 장치가 책장 또는 서랍이라면, 주기억 장치는 실제 작업을 수행하는 책상 위라고 말할 수 있다. 이러한 의미에서 주기억 장치는 프로세서가 접근할 수 있는 가장 먼 메모리다.

3 전원이 꺼지면 메모리 속 내용이 지워지는 메모리다.

그림 1-9 프로세서, 주기억 장치, 보조기억 장치의 관계

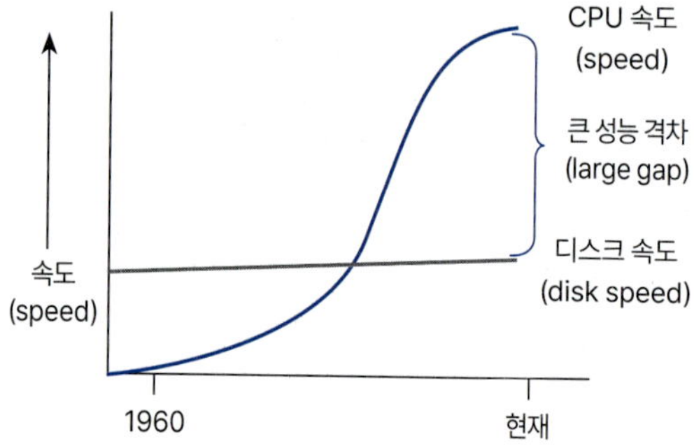

그림 1-10 CPU와 디스크의 성능 변화

그렇다면 **왜 보조기억 장치와 프로세서 사이에 이처럼 주기억 장치를 두는 것일까?**

[그림 1-10]은 CPU와 디스크(보조기억 장치)의 성능 발전 경향을 보여주는 그래프다. 초기 컴퓨터에서는 디스크가 CPU보다 빨랐다고 한다. 하지만, 무어의 법칙[4]에 따라 CPU의 성능은 빠르게 향상된 것에 비해, 디스크의 발전 속도는 더디었다. 그 결과, CPU와 디스크 사이의 속도 차이가 크게 벌어지게 되고 데이터 공급 속도가 CPU 활용 효율을 제한하는 원인이 되었다. CPU는 초당 100개의 일을 할 수 있는데, 초당 10개의 일만 주는 것과 같다. 즉, 디스크 입출력이 컴퓨터 시스템의 병목 지점[5]이 되는 **디스크 입출력 병목 현상**(I/O bottleneck)이 발생한다. 이러한 입출력 병목 현상을 해소하는 방법 중 하나는, 디스크보다 빠른 저장 공간을 중간에 놓아 프로세서와 디스크 사이의 성능 차이(performance gap)를 메우는 것이다. 그리고 주기억 장치가 그 역할을 담당한다.

보조기억 장치와 주기억 장치를 구분하지 않고 한 가지 형태의 기억 장치(예: 주기억 장치)를 사용하는 것도 가능하다. 하지만 이는 비용과 성능 면에서 효율적이지 않다는 문제가 있다. 보조기억 장치의 경우는 가격이 저렴하기 때문에 큰 용량을 확보할 수 있지만, 속도가 느리다는 문제가 있다. 반면 주기억 장치(일반적으로 DRAM)는 보조기억 장치 대비 속도가 월등히 빠르지만, 가격이 비싸기 때문에 큰 용량을 확보하기 어렵다. 일반적인 PC에서 하드 디스크(HDD)나 SSD의 용량은 수 TB 수준이지만, 주기억 장치의 경우 수~수십 GB 수준인 것이 이와 같은 이유에서다. 물론 주기억 장치를 수 TB 크기로 사용할 수도 있겠지만 이는 비용 면에서 비효율적이다. 따라서 **최소한의 비용으로 최대한의 효과를 얻기 위한 전략 중 하나가 메모**

4 반도체 집적 회로의 성능이 18~24개월마다 2배씩 향상된다는 법칙이다.

5 병목(Bottleneck) 현상은 전체 시스템의 성능이나 용량이 하나의 구성 요소로 인해 제한을 받는 현상을 말한다. '병목'이라는 용어는 물이 병 밖으로 빠져나갈 때 병의 몸통보다 병의 목 부분 내부 지름이 좁아서 물이 상대적으로 천천히 쏟아지는 것에 비유한 것이다.

리 계층을 나누는 것이다. 즉, 저렴하지만 용량이 큰 보조기억 장치에 모든 데이터를 보관(예: 서랍이나 책장)해 두고, 현재 작업에 필요한 데이터만 속도가 빠른 주기억 장치(예: 작업 책상)에 가져와 사용하는 방법으로 용량과 속도 두 마리의 토끼를 잡는 전략이다.

캐시(cache)

캐시는 주기억 장치와 연산 장치 사이에 있는 메모리로, 주기억 장치보다 작지만 빠른 메모리다. 캐시는 일반적으로 프로세서(예: CPU) 내부에 있으며, 프로세서(하드웨어)가 캐시의 동작을 관리한다. 캐시는 속도 및 크기에 따라 L1 (level 1), L2, L3 캐시 등 여러 레벨로 구분된다. L1 캐시가 연산 장치(예: 연산 코어)에 가장 가까이 있는 가장 빠른 캐시이며, L2, L3로 가면서 그 속도는 느려지고 크기는 커진다. 일반적으로 L1, L2 캐시는 연산 코어마다 가지고 있으며, L3 캐시는 모든 연산 코어가 공유한다.

캐시의 역할은 프로세서가 자주 접근하는 데이터를 임시로 보관함으로써 프로세서가 원하는 데이터에 빠르게 접근할 수 있게 도와주는 것이다. 주기억 장치와 프로세서 사이에 캐시를 두는 이유는 앞서 살펴본 주기억 장치의 필요성과 유사하다. 주기억 장치를 둠으로써 디스크와 프로세서 사이의 성능 차이를 완화했지만, 프로세서의 발전이 가속화됨에 따라 주기억 장치와 프로세서 사이에도 속도 차이가 벌어지게 된다. 즉, **주기억 장치의 입출력 병목 현상**이 발생한다. 그리고 프로세서와 주기억 장치 사이에 주기억 장치보다 속도가 빠른(하지만 크기는 작은) 메모리를 두어 주기억 장치 입출력 병목 현상을 완화하는 전략을 사용하는 것이다. 캐시의 레벨을 L1, L2와 같이 나누는 것도 같은 이유로 생각할 수 있다.

캐시는 주기억 장치보다 크기가 작다. 그럼 그 크기가 얼마나 될까? 많은 독자가 자신이 사용하는 컴퓨터의 주기억 장치 크기, 즉 흔히 말하는 메모리 크기는 알고 있을 것이다. 하지만, 사용 중인 CPU가 가진 캐시의 크기는 잘 알지 못할 것이다. 캐시의 크기는 프로세서의 정보를 보여주는 유틸리티 프로그램(예: CPU-Z[6])이나, 프로세서 상세 사양에서 확인할 수 있다.

[그림 1-11]은 필자가 사용 중인 CPU의 정보다. L1 캐시는 수십 KB, L2 및 L3 캐시는 수~수십 MB 수준의 크기를 가지고 있는 것을 볼 수 있다. 아울러 L1, L2 캐시 크기 앞에 붙어 있는 '8 ×'는 8개의 CPU 코어가 각각 L1, L2 캐시를 가지고 있음을 보여준다. 이처럼 캐시의 크기는 일반적으로 수십 KB~수십 MB 수준으로, 주기억 장치(수~수십 GB)에 비해 매우 작은 것을 볼 수 있다. 우리가 사용하는 문서 및 그림 파일도 일반적으로 수 MB가 넘고, 게임 같은 경우는 수십 GB에 이르는데, **수십 KB 크기의 캐시가 컴퓨터 성능을 높이는 데 기여할 수 있을까?**

6 출처 – https://www.cpuid.com/softwares/cpu-z.html

이처럼 작은 캐시가 입출력 병목 현상을 해소하고 컴퓨터 시스템의 성능을 높일 수 있는 이유를 이해하려면, 캐시의 동작에 대해 이해할 필요가 있다.

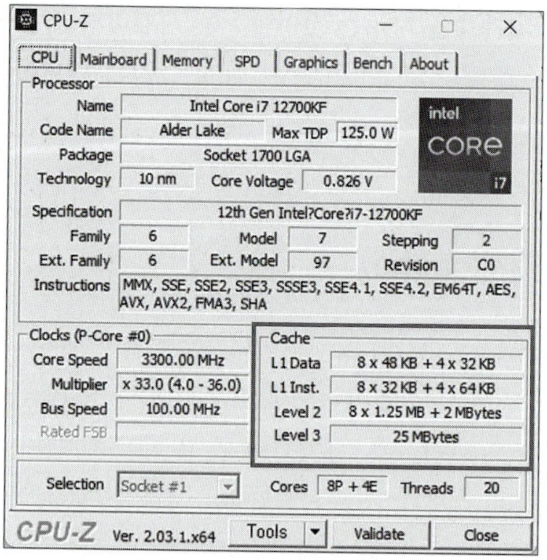

그림 1-11 필자가 사용 중인 CPU의 캐시 정보

● 캐시의 동작 원리

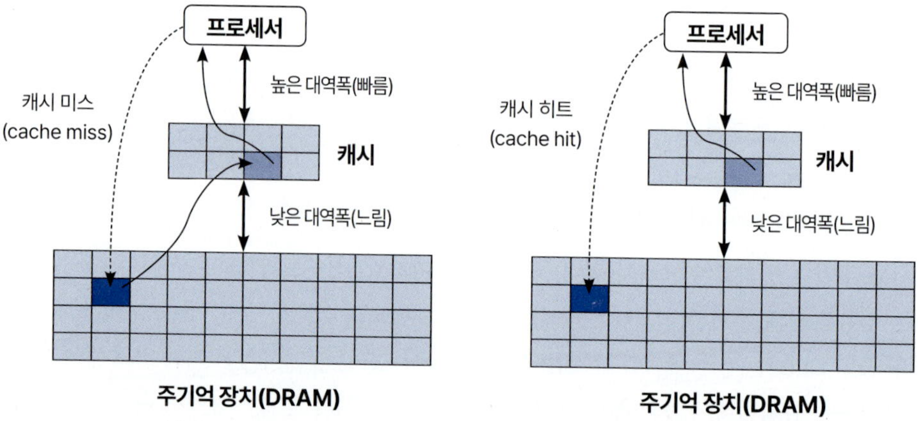

(a) 캐시 미스의 경우

(b) 캐시 히트의 경우

그림 1-12 캐시의 동작 원리

캐시는 하드웨어(예: 프로세서)에서 관리되며, [그림 1-12]는 캐시의 동작 원리를 설명한다. 데이터에 접근할 때 프로세서는 우선 목표 데이터를 포함하는 데이터 블록(data block)[7]이 캐시에 있는지 확인한다. 캐시에 해당 데이터 블록이 없는 경우를 **캐시 미스(cache miss)**라고

7 데이터를 특정 크기(블록 크기)로 잘라 놓은 것이다.

한다([그림 1-12-(a)]). 이 경우, 프로세서는 주기억 장치에서 해당 데이터 블록을 캐시로 복사한 후, 캐시에 있는 데이터를 이용하여 연산을 수행한다. 반면, 대상 데이터 블록이 이미 캐시에 올라와 있는 경우를 **캐시 히트(cache hit)**라고 한다. 이 경우, 프로세서는 주기억 장치까지 가지 않고 캐시에 있는 데이터를 사용하여 연산을 수행한다.

캐시는 주기억 장치에 비해 월등히 빠른 메모리로, 캐시 히트의 경우 데이터 접근 시간을 크게 줄일 수 있어 입출력 병목 현상을 해소할 수 있다. 그러나 캐시 미스의 경우 데이터를 캐시로 복사하는 추가 부하(overhead)가 발생하며, 바로 메모리에 있는 데이터를 사용하는 것보다 입출력 시간이 더 길어질 수도 있다. 이처럼 **캐시 미스는 오히려 성능에 악영향을 미치는데, 크기가 매우 작은(예: 수십 KB) 캐시를 사용하는 것이 효과가 있을까?**

● 지역성(locality)

크기가 매우 작은 **캐시가 입출력 병목 현상 해소에 도움이 되는 이유는 지역성 때문**이다. 프로그램의 데이터 참조 패턴은 공간적 지역성과 시간적 지역성을 가진다.

- **공간적 지역성(spatial locality)**: 프로그램이 현재 참조한 메모리 주소와 인접한 메모리 주소(공간)를 다음에 참조할 가능성이 크다는 특성이다. 우리가 작성하는 프로그램은 일반적으로 코드를 순차적으로 수행한다. 또한, 대부분의 프로그램이 배열과 같은 자료구조를 사용하며, 이러한 자료구조 사용과 같이 데이터를 순차적으로 접근하는 것이 공간적 지역성의 대표적인 예다. 이러한 공간적 지역성은 캐시 히트율을 높이는 특성이다.
- **시간적 지역성(temporal locality)**: 한 번 참조한 메모리 위치를 곧 다시 참조할 가능성이 높다는 특성이다. 대표적인 예로 반복문(예: for loop)을 생각할 수 있다. 반복문과 같은 구문은 동일한 명령어를 여러 번 수행하며, 이는 동일한 데이터(메모리 위치)를 반복해서 접근한다는 의미와 같다. 대부분의 프로그램이 시간적 지역성을 가지며, 이 역시 캐시 히트율을 높이는 중요한 특징이다.

이처럼 지역성은 캐시 히트율과 밀접한 관계를 가지며, 프로그램의 성능 향상에 중요한 역할을 한다. 그런데 캐시는 어차피 하드웨어가 관리해 주고 우리가 제어할 수 없는데, 이러한 **캐시의 동작 원리 및 지역성에 대한 이해가 우리가 프로그램을 작성할 때 필요할까?** 다음의 경우를 생각해 보자.

코드 1-2 2차원 배열의 값을 모두 더하는 프로그램

```
1    for (i = 0 ; i < n ; i++) {
2        for (j = 0 ; j < n ; j++) {
3            [     ?     ]
4        }
5    }
```

```
① x = x + (a[j][i]) ;
② x = x + (a[i][j]) ;
```

[코드 1-2]는 크기가 n * n인 2차원 배열 a의 모든 값을 더하는 코드다. 2차원 배열이기 때문에, 2중 for 문을 이용해서 간단히 구현할 수 있다. 코드의 빈칸(line 3)을 채운다고 했을 때, ①과 ② 두 가지 방법으로 구현할 수 있다. 둘의 차이는 인덱스 i와 j의 위치이며, 각 차원의 길이가 n으로 동일하기 때문에, 두 가지 방법 모두 결과는 정확히 계산한다. 여러분은 두 가지 방법 중 어떤 것을 선택하겠는가? 그리고 그 이유는 무엇인가?

캐시 블록(또는 캐시 라인)의 크기가 16이며, 캐시는 하나의 캐시 블록만 담을 수 있다고 가정하면, 메모리 및 캐시의 모습은 [그림 1-13]과 같이 표현할 수 있다.

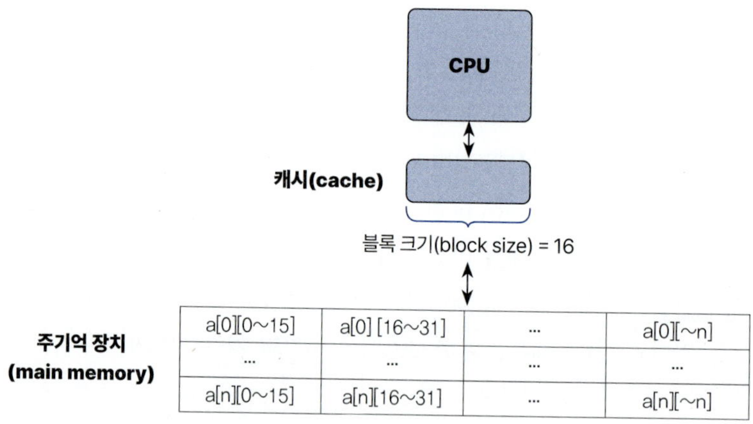

그림 1-13 [코드 1-2]에 대한 캐시 동작

이러한 시스템에서 우선 "① x = x + (a[j][i])"와 같이 코드를 작성한 경우를 생각해 보자. 연산을 위해 가장 먼저 접근하는 데이터는 a[0][0]이다. CPU는 우선, 캐시에 해당 데이터가 있는지 확인한다. 현재 이를 포함하는 데이터 블록이 캐시에 없기 때문에, 캐시 미스가 발생하고 해당 데이터 블록(a[0][0~15])을 캐시로 가져온다. 다음에 접근하게 되는 데이터는 a[1][0]이다. CPU는 역시 대상 데이터가 캐시에 있는지 확인한다. 현재 캐시에는 a[0][0~15] 블록이 있으며, 이 블록은 a[1][0]을 포함하고 있지 않다. 즉, 캐시 미스가 발생하고 a[1][0~15] 블록

을 캐시로 가져온 후 연산을 진행한다. 다음 접근 데이터는 a[2][0]으로 역시 캐시 미스가 발생한다. 이처럼 "① x = x + (a[j][i])"의 경우, a 배열에 대한 접근마다 캐시 미스를 발생시키며, 캐시를 사용하는 것이 이득 없이 오히려 부하만 증가시킬 수 있다.

다음으로 "② x = x + (a[i][j])"와 같이 코드를 작성한 경우를 생각해 보자. 처음 접근하는 데이터는 a[0][0]으로 ①번의 경우와 마찬가지로 캐시 미스를 발생시키고, a[0][0~15] 데이터 블록을 캐시로 가져오는 과정을 거친다. 하지만, 다음으로 접근하는 a[0][1]의 경우는 현재 캐시에 있는 a[0][0~15]에 포함되어 있으며 이는 캐시 히트다. 즉, 데이터에 접근하기 위해 메모리까지 가지 않고도 작업을 할 수 있어 데이터 접근 시간을 절약할 수 있다. 이처럼 a[0][1]~a[0][15]까지 총 15번의 캐시 히트가 발생한다. 그리고 a[0][16]에 접근할 때 캐시 미스가 발생하고, 그다음 15번의 캐시 히트가 발생한다. 즉, 약 94%의 접근이 캐시 히트이며 데이터 접근 시간을 크게 줄일 수 있다.

이처럼 우리가 캐시의 동작을 이해하고 있다면, 동일한 프로그램이라도 더 효율적으로 동작하게 할 수 있다. 다시 말해, 알고리즘을 설계할 때 지역성을 높일 수 있는 형태로 작성하는 것이 프로그램의 성능을 높이는 데 도움이 된다. 앞서 이야기한 것처럼 캐시는 메모리보다 접근 속도가 수십~수백 배 빠르다. 이는 지역성이 높은 알고리즘을 사용하면, 그렇지 않은 경우 대비해서 수~수십 배의 성능 차이를 만들 수도 있다는 의미가 된다. 따라서 알고리즘을 설계할 때 지역성을 생각하는 습관을 지니는 것을 추천한다.

알아두세요 **운영체제와 메모리**

메모리는 운영체제가 관리하는 대표적인 자원 중 하나로, 프로세스의 요청에 따라 주기억 장치(메모리)를 할당하고 회수하고 할당된 메모리를 관리하는 역할을 한다. 메모리 관리에 대한 내용은 **8장**에서 다룬다. 또한, 운영체제는 제한된 메모리 공간을 효율적으로 활용하기 위해 디스크 공간 중 일부를 메모리처럼 사용하는 가상 메모리(virtual memory)를 관리하는 역할을 한다. 가상 메모리에 대해서는 **9~10장**에서 다룬다.

요약

메모리

- 프로그램, 데이터 등을 저장하는 장치로, 컴퓨터 시스템의 핵심 구성 요소 중 하나

메모리 계층 구조

- **레지스터**(register): 프로세서 내부에 위치한 가장 작은 크기의 메모리로, 가장 빠르게 작동
- **캐시**(cache): 자주 사용되는 데이터를 일시적으로 저장하여 프로세서가 빠르게 접근할 수 있도록 돕는 메모리
- **주기억 장치**(main memory): 일반적으로 RAM으로 불리며, 프로그램과 데이터를 일시적으로 저장하는 공간. 휘발성 메모리로, 전원이 꺼지면 데이터 유실
- **보조기억 장치**(auxiliary memory): HDD, SSD와 같은 장치로, 데이터를 장기적으로 저장하는 비휘발성 메모리

메모리와 운영체제

- 메모리는 운영체제가 관리하는 주요 자원 중 하나로, 프로세스에 대한 메모리 할당하고 회수하는 역할을 수행
- 운영체제는 메모리 효율을 높이기 위해 가상 메모리와 같은 기술을 활용

1.4 시스템 버스(system bus)

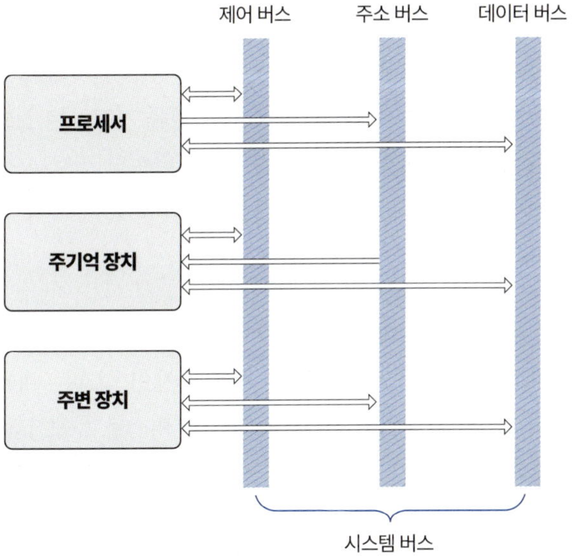

그림 1-14 시스템 버스

컴퓨터 시스템은 프로세서, 메모리, 주변 장치 등 다양한 하드웨어 자원들로 구성되어 있다. 그리고 이러한 자원들이 서로 협력해서 우리가 원하는 작업을 수행해야 한다. 자원들이 서로 협력하기 위해서는 서로 대화를 나누어야 한다. 즉, 통신이 필요하며 그 통신 통로가 바로 시스템 버스다. 따라서 **시스템 버스**(system bus)는 하드웨어들이 데이터 및 신호를 주고받는 물리적 통로라고 말할 수 있다. 우리가 타고 다니는 버스(bus)를 생각해 보면 정해진 노선을 따라 운행하며, 정해진 정류장에 정차한다. 시스템 버스도 데이터 또는 신호가 타고 다니는 버스라고 비유해 볼 수 있으며, 각 정류장은 각 하드웨어가 연결된 위치로 비유해 볼 수 있다.

시스템 버스는 어떤 데이터를 통신하는지에 따라 일반적으로 세 가지 종류로 구분할 수 있다.

- **데이터 버스(data bus):** 컴퓨터 내에서 데이터 전송을 담당하는 버스로, CPU와 메모리, 입출력(I/O) 장치 간의 데이터 전송에 사용된다. 데이터 버스의 폭(width)은 한 번에 전송할 수 있는 데이터의 크기를 결정한다. 예를 들어, 64-bit 데이터 버스는 한 번에 8 bytes (64 bits)의 데이터를 전송할 수 있다. 그리고 이 크기를 일반적으로 워드(word)라고 부른다.
- **주소 버스(address bus):** CPU가 메모리나 입출력(I/O) 장치에서 데이터를 읽거나 쓸 때 사용되는 메모리 주소를 전달하는 데 사용하는 버스다. 주소 버스의 폭은 시스템이 주소를 지정할 수 있는 범위가 되며, 이는 시스템이 다룰 수 있는 최대 메모리 용량을 결정한다. 예를 들어, 32-bit 주소 버스는 최대 4 GB의 메모리에 대한 주소를 지정할 수 있다.
- **제어 버스(control bus):** CPU, 메모리 및 I/O 장치 간에 제어 신호를 전송하는 데 사용된다. 읽기, 쓰기 또는 인터럽트와 같은 수행할 작업 유형을 지정하는 신호를 전송한다. 또한 서로 다른 구성 요소 간의 데이터 전송을 동기화하는 타이밍 신호를 전송한다. 이러한 제어 신호는 CPU와 메모리, 입출력(I/O) 장치 간의 데이터 전송 및 주소 전송을 조정하며, 시스템 버스의 동작을 제어한다.

예를 들어 **1.2절**에서 살펴본 레지스터의 동작에서 MAR(메모리 주소 레지스터)의 주소는 주소 버스를 통해 메모리로 전달되며, 제어 장치의 메모리 제어 신호는 제어 버스를 통해 메모리로 전달된다. 그리고 메모리에서 읽은 데이터는 데이터 버스를 통해서 MBR(메모리 버퍼 레지스터)로 전달된다([그림 1-15]).

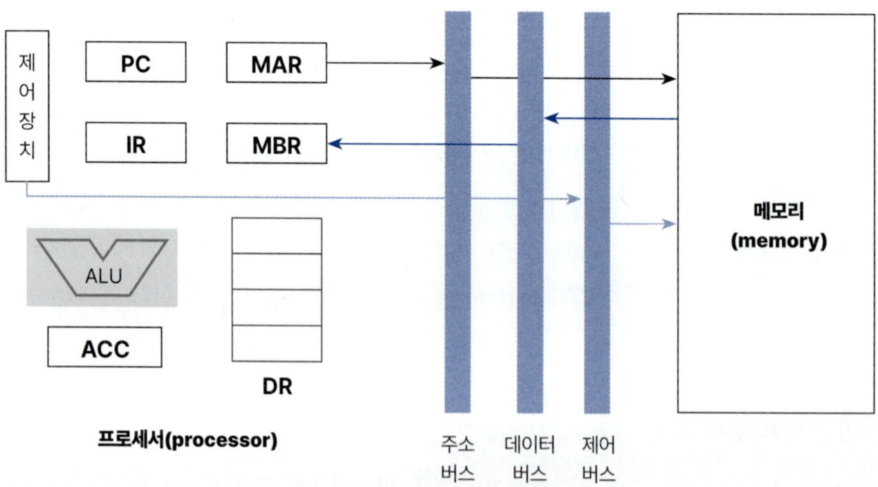

그림 1-15 시스템 버스 동작의 예

앞서 살펴본 세 개의 주요 시스템 버스 외에도 컴퓨터 시스템에서는 다양한 형태의 버스가 사용될 수 있다. 많은 독자가 들어보았을 PCI(Peripheral Component Interconnect) 등도 시스템 버스의 한 종류이기도 하다.

시스템 버스는 컴퓨터 시스템의 성능과 확장성에 영향을 미치는 중요한 요소 중 하나다. 시스템 버스의 속도와 폭이 클수록 데이터 전송 속도가 빨라지며, 컴퓨터 시스템의 성능이 향상된다. 또한, 시스템 버스는 시스템의 확장성에도 영향을 미치는데, 다양한 입출력(I/O) 장치나 다른 하드웨어를 추가로 연결할 때 시스템 버스가 그에 대응할 수 있는 폭과 속도를 갖추고 있어야 한다.

요약

시스템 버스

- 컴퓨터 내의 여러 하드웨어 구성 요소 간에 데이터를 전송하는 물리적인 통로로, 컴퓨터의 주요 자원들이 협력할 수 있도록 하는 중요한 역할

시스템 버스의 종류

- **데이터 버스(data bus)**: CPU와 메모리, 입출력 장치 간에 데이터를 주고받는 버스. 데이터 버스의 폭(width)은 한 번에 전송할 수 있는 데이터의 양 결정
- **주소 버스(address bus)**: CPU가 메모리나 입출력 장치에서 데이터를 읽거나 쓸 때 사용되는 메모리 주소를 전달하는 버스. 주소 버스의 폭은 최대 메모리 용량 결정
- **제어 버스(control bus)**: CPU, 메모리, 입출력 장치 간에 제어 신호를 전송하는 데 사용되는 버스. 읽기, 쓰기, 인터럽트 등의 작업을 수행하는 신호를 전송하고, 다른 구성 요소 간의 데이터 전송 동기화

시스템 버스의 중요성

- 시스템 버스의 속도와 폭은 데이터 전송 속도에 영향을 미쳐 컴퓨터 시스템의 성능을 좌우하며, 다양한 하드웨어의 연결과 통신을 원활하게 하기 위해 필수적

1.5 주변 장치

주변 장치는 컴퓨터 시스템의 핵심 구성 요소인 중앙 처리 장치, 메모리와 함께 컴퓨터 시스템을 구성하는 중요한 부분이다. 주변 장치는 입력 장치, 출력 장치, 그리고 저장 장치로 분류할 수 있다.

- **입력 장치:** 사용자로부터 데이터를 받아 컴퓨터로 전달하는 역할을 한다. 키보드, 마우스, 스캐너, 터치스크린, 마이크 등이 이에 해당한다. 이들 장치는 사용자의 명령을 컴퓨터가 이해할 수 있는 형태로 변환하는 역할을 한다.
- **출력 장치:** 컴퓨터에서 처리된 결과를 사용자에게 전달하는 역할을 한다. 모니터, 프린터, 스피커 등이 이에 해당한다. 이들 장치는 컴퓨터의 처리 결과를 사용자가 이해할 수 있는 형태로 변환하는 역할을 한다.
- **저장 장치:** 데이터를 저장하고 필요에 따라 검색하는 역할을 한다. HDD(하드 디스크 드라이브), SSD(솔리드 스테이트 드라이브), CD/DVD, USB 메모리 등이 이에 해당한다. 이들 장치는 컴퓨터가 처리할 데이터를 저장하고, 처리된 결과를 보관하는 역할을 한다.

주변 장치는 컴퓨터 시스템의 중요한 구성 요소로, 사용자와 컴퓨터 간의 상호작용을 가능하게 하며, 데이터의 저장과 검색을 가능하게 한다. 이러한 주변 장치들은 시스템 버스를 통해 CPU 및 메모리와 연결된다.

> **알아두세요** **운영체제와 주변 장치**
>
> 운영체제는 주변 장치의 관리와 제어를 담당한다. 운영체제가 다양한 하드웨어 장치를 직접 제어하는 것은 어렵다. 따라서 각 장치에 대해 잘 알고 있는 제조사가 운영체제가 장치를 사용할 수 있도록 중개자 역할을 하는 장치 드라이버(driver)를 제공한다. 운영체제는 컴퓨터 시스템 내 다양한 장치들의 드라이버를 관리하는 역할을 수행하며, 필요한 작업이 있을 때 장치 드라이버를 통해 작업을 요청한다. 운영체제는 또한 주변 장치에서 들어오는 요청(예: 인터럽트 등) 처리도 담당한다. 인터럽트(interrupt)에 대한 내용은 **3장**에서 다룬다. 그리고 주요 주변 장치 중 하나인 파일 및 디스크 관리에 대한 내용은 **12장**에서 다룬다.

요약

주변 장치

- 컴퓨터 시스템의 핵심 구성 요소인 CPU와 메모리 외에 컴퓨터 시스템의 기능을 확장하는 외부 장치들로, 입력 장치, 출력 장치, 저장 장치로 구분

주변 장치의 종류

- **입력 장치**: 사용자가 데이터를 컴퓨터에 입력할 수 있도록 도와주는 장치들. 대표적으로 키보드, 마우스, 스캐너, 터치스크린 등
- **출력 장치**: 컴퓨터가 처리한 결과를 사용자에게 전달하는 장치들. 모니터, 프린터, 스피커 등이 이에 해당
- **저장 장치**: 데이터를 저장하고 필요에 따라 검색할 수 있게 하는 장치들. 하드 디스크 드라이브(HDD), 솔리드 스테이트 드라이브(SSD), USB 메모리 등

운영체제와 주변 장치

- 운영체제는 주변 장치를 관리하고 제어하는 역할
- 각 장치는 운영체제와의 통신을 위해 장치 드라이버를 필요로 하며, 운영체제는 이 드라이버를 통해 장치를 제어하고 관리
- 또한, 주변 장치의 요청(예: 인터럽트) 처리를 운영체제가 담당

1.6 연습문제

01 컴퓨터 시스템의 하드웨어 구성 요소가 아닌 것은 무엇인가?

① 프로세서
② 메모리
③ 주변 장치
④ 운영체제

02 컴퓨터 시스템의 주요 하드웨어 구성 요소 중 데이터를 계산하는 역할을 하는 것은 무엇인가?

① 메모리
② 프로세서
③ 주변 장치
④ 디스크

03 프로세서의 핵심 구성 요소가 아닌 것은 무엇인가?

① 연산 장치
② 제어 장치
③ 레지스터
④ 디스크 드라이브

04 다음 중 프로세서에서 데이터를 처리하고 연산 결과를 일시적으로 저장하는 것은 무엇인가?

① 캐시
② 메모리
③ 레지스터
④ 버스

05 다음 중 휘발성 메모리는 무엇인가?

① HDD
② SSD
③ 주기억 장치(RAM)
④ 광학 드라이브

06 다음 중 가장 빠른 메모리는 무엇인가?

① 주기억 장치
② 캐시 메모리
③ 보조기억 장치
④ 레지스터

07 시스템 버스의 역할이 아닌 것은 무엇인가?

① 데이터 전송
② 메모리 관리
③ 주소 전달
④ 제어 신호 전달

08 다음 중 시스템 버스의 종류가 아닌 것은 무엇인가?

① 데이터 버스
② 제어 버스
③ 전원 버스
④ 주소 버스

09 다음 중 출력 장치에 해당하는 것은 무엇인가?

① 키보드
② 마우스
③ 모니터
④ 마이크

10 다음 중 컴퓨터 시스템의 기능을 확장하기 위해 연결하는 장치는 무엇인가?

① 프로세서
② 메모리
③ 주변 장치
④ 시스템 버스

11 컴퓨터 시스템에서 데이터를 저장하는 주요 하드웨어 장치는 무엇인가?

12 컴퓨터 시스템의 핵심 구성 요소인 CPU와 메모리 외에, 컴퓨터 시스템의 기능을 확장하는 외부 장치들을 무엇이라고 하는가?

13 프로세서의 연산을 담당하는 장치를 무엇이라고 하는가?

14 프로그램의 명령어를 해석하고 실행하는 프로세서의 구성 요소는 무엇인가?

15 프로세서 내부에 위치한 가장 작은 메모리로, 데이터를 일시적으로 저장하는 역할을 하는 것은 무엇인가?

16 데이터를 영구적으로 저장하기 위한 비휘발성 메모리는 무엇인가?

17 시스템 내에서 데이터 전송을 담당하는 버스를 무엇이라고 하는가?

18 CPU가 메모리나 입출력 장치에 접근할 때 사용하는 메모리 주소를 전달하는 버스를 무엇이라고 하는가?

19 사용자로부터 데이터를 받아 컴퓨터로 전달하는 장치는 무엇인가?

20 컴퓨터 시스템에서 출력된 결과를 사용자에게 보여주는 장치는 무엇인가?

2 장

운영체제 개요

학 습 목 표

1장에서는 운영체제를 '컴퓨터 시스템 자원을 효율적으로 관리해 사용자와 응용 프로그램에 서비스를 제공하는 소프트웨어'로 정의하고, 주요 자원에 대해 살펴보았다.
본 장에서는 운영체제의 기본 역할과 구성 요소, 기능을 깊이 알아보고, 시스템 자원 관리 방식과 사용자 및 응용 프로그램에 제공하는 서비스, 다양한 운영체제의 유형과 분류 방식도 간략히 살펴본다.

OPERATING SYSTEM

2.1 운영체제의 역할

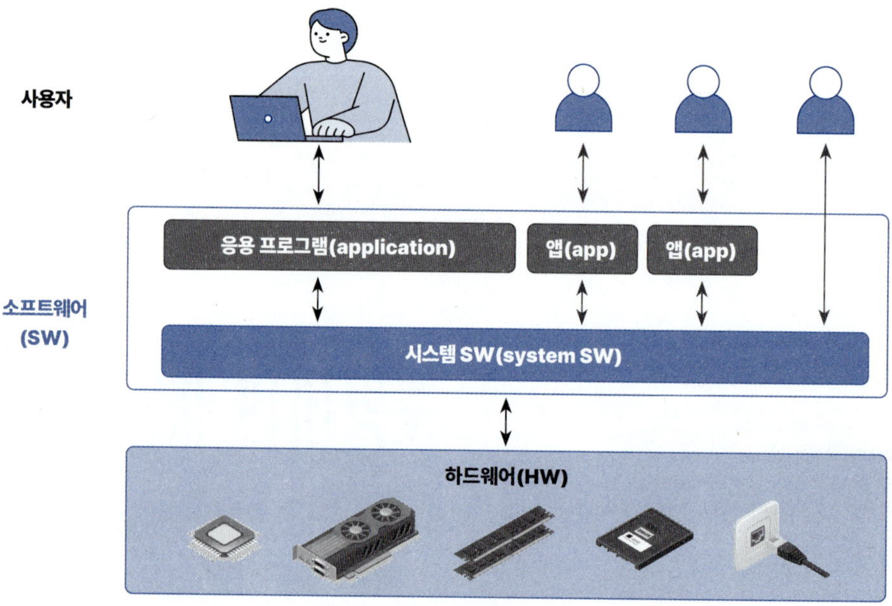

그림 2-1 컴퓨터 시스템의 구성 요소

컴퓨터 시스템을 구성하는 요소는 크게 사용자, 소프트웨어, 하드웨어로 나눌 수 있다([그림 2-1]). 여기서 사용자는 컴퓨터 시스템을 사용하는 우리를 말하며, 하드웨어는 컴퓨터 시스템을 구성하는 물리적 장치들을 말한다. 컴퓨터 시스템을 구성하는 다양한 하드웨어와 그 기능 등은 **1장**에서 살펴보았다.

소프트웨어는 컴퓨터 내 자원들을 활용하여 특정 작업을 수행하는 프로그램을 의미한다. 소프트웨어는 크게 시스템 소프트웨어와 응용 프로그램으로 구분할 수 있다. **응용 프로그램**(application)은 특정 목적을 위해 만들어진 프로그램으로, 워드 프로세서, 게임, 웹 브라우저 등이 이에 해당한다. 스마트폰에서 소위 '앱'이라고 불리는 것들이 응용 프로그램의 대표적인 예다.

시스템 소프트웨어(system software)는 컴퓨터 시스템 내 자원을 관리하고 응용 프로그램의 자원 활용을 도와주는 소프트웨어들을 말한다. 운영체제 및 주변 장치 제어를 위한 장치 드라이버들이 이에 속한다. 만약 시스템 소프트웨어가 없다면 응용 프로그램들이 하드웨어 장치를 직접 제어해야 한다. 즉, 우리가 프로그램을 작성할 때 하드웨어에 대한 제어 코드를 직접 작성해야 한다는 것으로, 우리가 모든 하드웨어 장치를 이해하고 동작하는 프로그램을 작성하는 것은 현실적으로 불가능하다. (CPU만 해도 다양한 제조사 및 다양한 세대의 제품이 존재한다.) 따라서 시스템 소프트웨어의 역할이 매우 중요하며, 핵심 시스템 소프트웨어 중 하나가 바로 운영체제다.

운영체제는 다양한 기능을 수행하고 있으며, 주요 역할과 목적은 다음과 같다.

사용자 편리성 제공

운영체제의 주요 역할 중 하나는 사용자가 시스템을 편리하게 사용할 수 있는 환경을 제공하는 것이다. 사용자 인터페이스가 대표적 예다. **사용자 인터페이스**(User Interface, UI)란, 사용자가 컴퓨터 시스템에 명령을 내리고 결과를 확인할 수 있는 수단을 말하며, 문자 기반 인터페이스와 그래픽 기반 인터페이스가 대표적이다.

(a) CUI (b) GUI (c) EUCI

그림 2-2 사용자 인터페이스의 예

- **문자 기반 사용자 인터페이스**(Character User Interface, CUI): 사용자가 키보드 등을 통해 문자로 명령을 입력하며, 결과 또한 문자로 받는 인터페이스다. 리눅스 시스템에서 사용하는 명령 라인 인터페이스(command line interface)가 대표적인 예다([그림 2-2-(a)]).
- **그래픽 기반 사용자 인터페이스**(Graphical User Interface, GUI): 아이콘, 버튼 등과 같이 정보 및 작업을 그림(그래픽) 형태로 표현하며, 사용자가 마우스 또는 터치 등으로 명령을 입력하며 결과 또한 그래픽적으로 반환되는 사용자 인터페이스다. 마이크로소프트의 윈도우 환경이나, 스마트폰 사용 환경 등이 대표적인 예다([그림 2-2-(b)]).
- **최종 사용자 맞춤 인터페이스**(End-User Comfortable Interface, EUCI): 특정 시스템의 목적에 맞춰 제작된 사용자 인터페이스로, 가전제품에 있는 기능 버튼 등이 이에 해당한다고 말할 수 있다([그림 2-2-(c)]).

시스템 효율성 향상

컴퓨터 시스템은 다양한 자원으로 구성되어 있으며, 운영체제의 주요 목적 중 하나는 이러한 자원들을 적절히 활용하여 사용자의 수많은 요구를 효율적으로 처리하는 것이다. 즉, 자원 활용의 효율성을 높이고 시스템 성능을 향상시키는 것이 운영체제의 주요 역할 중 하나다.

운영체제가 관리하는 자원은 크게 하드웨어 자원과 소프트웨어 자원으로 나눌 수 있다. 하드웨어 자원에는 프로세서, 메모리, 입출력 장치 등이 있으며, 소프트웨어 자원에는 파일, 응용 프로그램, 프로세스 사이의 메시지 또는 시그널 등이 있다. 운영체제는 이러한 자원의 할당 및 회수 또는 생성 및 소멸을 관리한다. 예를 들어, 여러 작업이 동일 자원을 요구할 때 할당 순서나 할당량을 결정하는 것이 대표적인 자원 관리의 예다.

운영체제는 자원 관리와 더불어 프로세스 및 스레드 관리도 수행한다. 프로세스(process)와 스레드(thread)는 자원을 할당받아 작업을 수행하는 주체로, 할당되어 사용되는 수동적 객체인 자원과 구분된다. 프로세스 및 스레드의 작업 상황과 자원 사용 등을 관리하는 것은 시스템 성능 향상의 핵심 중 하나로, 이 또한 운영체제의 중요한 기능이다. 프로세스 및 스레드에 대해서는 **3장**과 **4장**에서 자세히 알아볼 예정이다.

시스템 보호

운영체제의 또 다른 중요한 역할 중 하나는, 비정상적 사용으로부터 시스템을 보호하는 것이다. 컴퓨터 시스템은 다양한 사용자와 응용 프로그램이 동시에 실행되므로, 시스템 자원에 대한 무단 접근이나 악의적인 사용을 방지하기 위한 보호 메커니즘이 필요하다. 운영체제가 제공하는 보호 기능의 예는 다음과 같다.

- **접근 제어:** 사용자와 응용 프로그램이 시스템 자원에 접근할 수 있는 권한을 설정하고 관리한다. 이는 파일 시스템, 메모리, 네트워크 자원 등에 대한 접근 권한을 포함한다.
- **인증:** 시스템에 접근하는 사용자를 식별하고 인증하는 과정을 통해, 적절한 사용자가 시스템을 사용할 수 있도록 한다. 이는 사용자 계정, 비밀번호, 생체 인식 등의 방법을 사용해 이루어진다.
- **감시 및 로깅:** 시스템 내의 활동을 감시하고 기록해 비정상적인 활동을 감지하고 대응할 수 있다. 이는 침입 탐지 시스템과 유사한 기능을 하며, 시스템 로그를 통하여 추후 분석할 수 있다.

- **데이터 보호:** 중요한 데이터의 무결성(integrity)과 기밀성(confidentiality)을 유지하기 위한 암호화 및 백업 메커니즘을 제공한다. 이를 통해 데이터 손실이나 무단 접근으로부터 시스템을 보호할 수 있다.

운영체제는 이러한 보호 기능을 통해 시스템의 안정성과 신뢰성을 유지하며, 사용자가 안전하게 시스템을 사용할 수 있도록 돕는다.

요약

운영체제의 정의

- 컴퓨터 시스템 자원을 효율적으로 관리하고, 사용자 및 응용 프로그램에 서비스를 제공하는 소프트웨어

운영체제의 주요 역할

- **사용자 편리성 제공**: 사용자가 시스템을 쉽게 사용할 수 있도록 편리한 환경 제공(예를 들어, GUI 등과 같은 사용자 인터페이스)
- **시스템 효율성 향상**: 컴퓨터의 다양한 자원(하드웨어 및 소프트웨어 자원 등)을 효율적으로 관리하여 성능 최적화
- **시스템 보호**: 운영체제는 무단 접근이나 악의적인 사용으로부터 시스템을 보호하기 위한 메커니즘 제공

OPERATING SYSTEM

2.2 운영체제의 구분

운영체제는 다양한 기준에 따라 여러 가지로 구분될 수 있다. 그중에서도 본 절에서는 동시 사용자 수, 동시 실행 프로세스의 수, 그리고 작업 방식을 기준으로 운영체제의 유형을 살펴본다.

동시 사용자 수에 따른 분류

동시 사용자 수에 따른 운영체제 분류는 하나의 시스템(예: 한 대의 컴퓨터)을 동시에 몇 명이 사용할 수 있는지에 따른 분류다. 여기서 동시에 사용한다는 것은 하나의 시스템을 번갈아 가며 사용하는 것이 아닌, 동일 시점에 함께 사용하는 것을 의미한다.

윈도우(Windows) 안드로이드(Android)

(a) 단일 사용자 운영체제의 예

유닉스(Unix) 리눅스(Linux)

(b) 다중 사용자 운영체제의 예

그림 2-3 동시 사용자 수에 따른 운영체제 분류

● 단일 사용자 시스템(single-user system)

단일 사용자 시스템은 한 명의 사용자만 사용할 수 있는 시스템이다. 이 경우, 시스템을 사용하는 한 명이 모든 자원을 독점하므로 자원 관리와 시스템 보호 방식이 다중 사용자 시스템에 비해 간단하다는 장점을 가진다. 하지만, 해당 사용자가 사용하지 않는 자원은 유휴 상태로 낭비된다는 점에서 시스템 활용 효율이 낮다는 단점을 가진다.

우리가 PC에서 흔히 사용하는 윈도우(Windows)나 핸드폰에서 사용되는 안드로이드(Android) 등이 대표적인 단일 사용자를 위한 운영체제다([그림 2-3-(a)]).

- **다중 사용자 시스템(multi-user system)**

다중 사용자 시스템은 동시에 여러 사용자가 사용할 수 있는 시스템이다. 시스템 자원을 여러 사용자가 공유해서 사용한다는 것을 의미하며, 이는 각종 시스템 자원에 대한 소유 및 사용 권한을 관리해야 함을 의미한다. 예를 들어, 내가 만든 파일을 허락된 사람 외 다른 사용자는 볼 수 없어야 한다는 것 등을 들 수 있다. 다중 사용자 시스템을 위한 운영체제는 또한 기본적으로 멀티태스킹(multi-tasking)을 지원해야 한다. 사용자별로 하나 이상의 작업을 수행하기 때문이다.

이처럼 다중 사용자 시스템을 위한 운영체제는 단일 사용자 시스템 대비 복잡한 구조를 가진다. 반면, 시스템 자원을 여러 사용자들이 공유해서 사용함에 따라 시스템 활용 효율이 높아진다는 장점을 가진다.

서버(server) 및 클러스터(cluster) 장비 등은 일반적으로 다중 사용자 시스템으로, 유닉스(Unix)와 리눅스(Linux) 계열 운영체제가 대표적인 다중 사용자 시스템을 위한 운영체제다 ([그림 2-3-(b)]). 또한, 서버를 위해 설계된 윈도우 서버(window sever) 등의 운영체제도 있다.

동시 실행 프로세스 수에 따른 분류

운영체제를 분류하는 또 다른 기준 중 하나는 동시에 실행할 수 있는 프로세스의 개수로, 그 수에 따라 단일 작업 시스템과 다중 작업 시스템으로 구분할 수 있다.

- **단일 작업 시스템(single-tasking system)**

단일 작업 시스템은 한 번에 하나의 작업만 실행할 수 있는 시스템이다. 이러한 시스템에서는 사용자가 하나의 프로그램을 실행하면, 그 프로그램이 종료될 때까지 다른 작업을 수행할 수 없다. MS-DOS와 같은 초기 운영체제들이 단일 작업 시스템의 대표적인 예다. 단일 작업 시스템의 장점은 구조가 간단하고, 자원 관리가 용이하다는 것이다. 그러나 여러 작업을 동시에 수행해야 하는 현대의 요구 사항에는 부합하지 않는다.

- **다중 작업(멀티태스킹) 시스템(multi-tasking system)**

다중 작업 시스템은 동시에 여러 작업을 실행할 수 있는 시스템이다. 이러한 시스템에서는 여러 프로세스가 자원을 공유해서 사용하기 때문에, 프로세스들에 대한 자원 배분 및 동기화 등과 같은 관리가 요구된다. 따라서 단일 작업 시스템 대비 운영체제의 기능 및 구조가 복잡하다는 단점을 가진다. 그러나 여러 작업을 동시에 실행함으로써 사용자 경험이 향상되고 시스템 자원을 효율적으로 사용할 수 있다는 장점을 가진다. 우리가 일반적으로 사용하는 윈도우, 리눅스, 안드로이드 등이 다중 작업 시스템을 위한 운영체제에 해당한다.

작업 수행 방식에 따른 분류

마지막으로 살펴볼 운영체제 분류 방식은 작업 수행 방식에 따른 구분이다. 이는 운영체제의 발전과도 밀접한 관계가 있으며, 시대에 따른 운영체제의 변화와도 관련이 깊다.

● 순차 처리 시스템

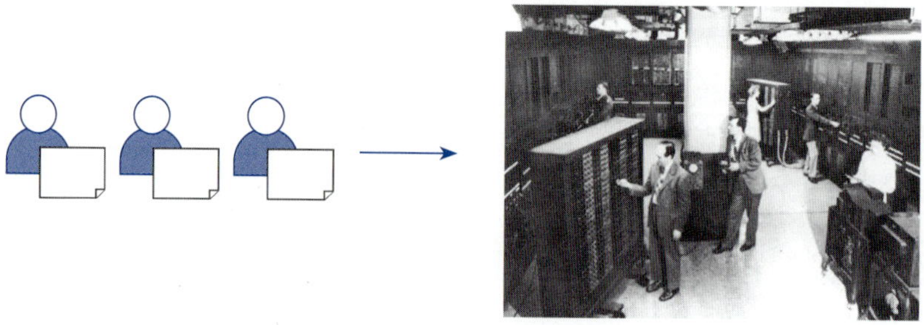

그림 2-4 순차 처리 시스템 개요

컴퓨터가 발전하던 초창기(~1940년대)에는 운영체제의 개념이 존재하지 않았다. 이 시절에는 사용자가 직접 기계어로 프로그램을 작성해야 했다. 그리고 각 프로그램이 프로세스의 명령 저장 방법, 계산 대상, 결과 저장 위치 및 방법, 그리고 출력 시점 등과 같은 컴퓨터 시스템에 대한 세부 제어를 모두 포함해야 했다.

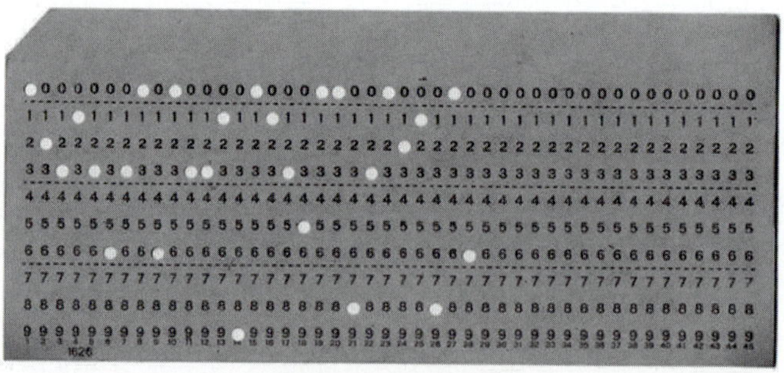

그림 2-5 천공카드의 모습

컴퓨터 시스템은 단순히 한 번에 하나의 작업만을 처리했으며, 각각의 작업을 수행하기 위해 준비 시간(예: 하드웨어 재배열 등)도 많이 소요되었다([그림 2-4]). 사용자는 천공카드([그림 2-5])나 종이테이프 등에 작업(프로그램)을 입력하여 제출하고, 컴퓨터가 이를 모두 처리할 때까지 기다려야 했다.

이러한 순차 처리 방식은 작업이 완료되기 전까지 다른 작업을 수행할 수 없었으며, 작업 간의 상호작용이 전혀 없었다. 이는 매우 비효율적이었고, 컴퓨터 자원의 활용도가 낮았다. 예를 들어, 프로그램에 오류가 있음을 다음날 결과를 받아보고 알게 되는 상황을 상상해 보자.

- **일괄처리 시스템(batch processing system)**

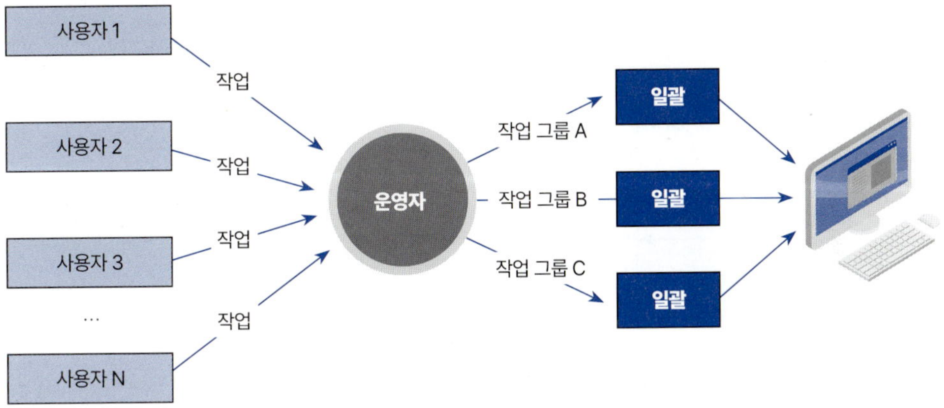

그림 2-6 일괄처리 시스템 개요

초창기 운영체제들이 등장함에 따라, 하드웨어 시스템 수정 없이 주어진 작업을 처리할 수 있는 환경이 구축되었다. 이러한 환경에서 발전한 것이 일괄처리 시스템이다. 일괄처리 시스템은 1950년대 중반부터 1960년대 초반에 걸쳐 개발되었으며, 순차 처리 시스템의 비효율성을 크게 개선하였다.

일괄처리 시스템(batch processing system 또는 batch system)은 모든 시스템을 중앙(전자계산소 등)에서 관리 및 운영하며, 사용자의 요청 작업을 일정 시간 모아 두었다가 한 번에 처리하는 시스템이다([그림 2-6]). 일괄처리 시스템의 주요 특징은 유사한 작업을 그룹으로 모아 한 번에 처리한다는 점이다. 사용자들은 여전히 천공카드나 마그네틱테이프를 이용해 작업을 제출했지만, 운영자(오퍼레이터)가 이를 수집하여 유사한 작업들을 그룹화한 후 컴퓨터에 일괄 입력했다. 시스템은 이러한 작업을 연속적으로 처리하고, 모든 작업이 완료된 후 결과를 출력했다.

이러한 방식은 많은 사용자가 시스템 자원을 공유함으로써, 컴퓨터의 유휴 시간을 크게 줄이고 전체적인 처리량(throughput)을 향상시킨다는 장점을 가진다. 또한, 운영자의 개입을 최소화함으로써 인적 오류의 가능성도 낮추었다. 하지만, 같은 유형의 작업이 모이기를 기다려야 한다는 점에서 생산성(productivity)이 저하될 수 있다. 또한, 사용자는 자신의 작업이 처리되는 과정을 직접 볼 수 없었고, 작업 제출부터 결과를 받기까지의 응답 시간(turnaround time)이 길다(예: 약 6시간)는 단점을 가진다. 이러한 관점에서 일괄처리 시스템은 시스템 지향적(system-oriented)이라고 말할 수 있다.

IBM OS/360(1964년)과 UNIVAC EXEC I(1962년) 등이 대표적인 일괄처리 운영체제로, 당시 대형 컴퓨터 시스템에서 널리 사용되었다. 이러한 일괄처리 시스템의 등장으로 컴퓨터 자원의 활용도가 크게 향상되었지만, 실시간 상호작용에 대한 요구가 증가함에 따라 새로운 형태의 운영체제 개발이 필요하게 되었다.

● 시분할 시스템(time-sharing system)

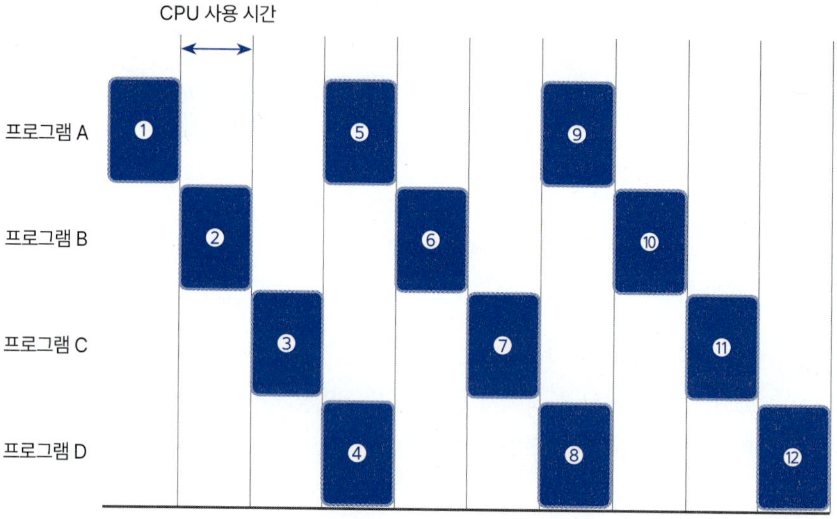

그림 2-7 시분할 시스템의 개요

시분할 시스템(time-sharing system)은 여러 사용자(예: 프로그램)가 동시에 시스템을 사용할 수 있도록 CPU 시간을 분할하여 각 사용자에게 할당하는 방식이다. 1960년대 중반에 등장한 시분할 시스템은 일괄처리 시스템의 한계를 극복하기 위해 개발되었다. 시분할 시스템의 주요 목표는 다중 사용자 환경에서 자원을 효율적으로 공유하고, 사용자에게 실시간으로 응답을 제공하는 **대화형**(interactive) **시스템**을 제공하는 것이다.

시분할 시스템은 CPU 시간을 짧은 시간 단위로 나누어 각 사용자에게 순차적으로 할당한다([그림 2-7]). 이를 통해 사용자는 자신의 작업이 독립적으로 실행되는 것처럼 느끼게 된다. 예를 들어, 각 사용자에게 할당된 시간 동안 CPU가 그 사용자의 작업을 처리하고, 시간이 다 되면 다음 사용자에게 CPU를 할당한다. 이러한 방식으로 여러 사용자가 동시에 작업을 수행할 수 있게 된다.

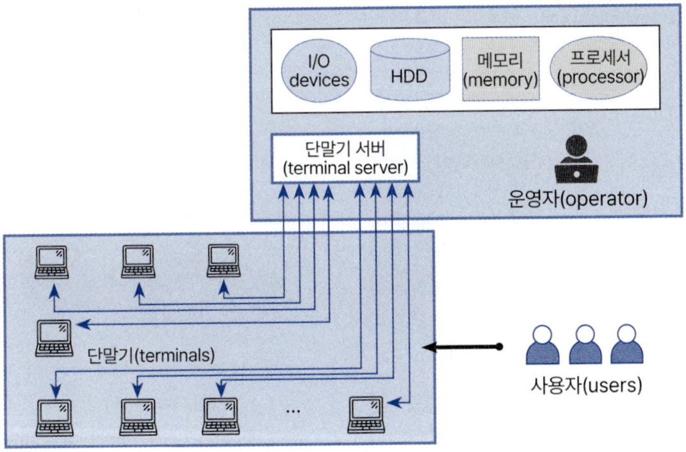

단말기의 모습

그림 2-8 단말기를 통한 시분할 시스템 사용의 개념도

[그림 2-8]은 시분할 시스템을 사용하는 모습을 보여준다. 컴퓨터 자원은 중앙(전산소 등)에 있으며, 사용자들은 단말기(terminal)를 통해 중앙 컴퓨터에 접속하게 된다. 단말기는 자체 연산 능력 없이, 단순히 사용자의 입력을 컴퓨터에 전달하고 출력을 받아와 표시해 주는 역할을 한다. 중앙 컴퓨터는 사용자들의 요청을 시간을 분할하여 처리하고 그 응답을 단말기로 전달한다. 이러한 방식으로 여러 명의 사용자가 마치 자신만의 컴퓨터 시스템을 가진 것처럼 느끼게 된다.

이처럼 시분할 시스템의 장점은 실시간 상호작용이 가능하다는 것이다. 사용자는 자신의 작업이 처리되는 과정을 실시간으로 볼 수 있으며, 즉각적인 피드백을 받을 수 있다. 이는 작업 생산성을 크게 향상시키고, 사용자 경험을 개선한다. 또한, 시스템 자원을 효율적으로 활용(프로세서의 유휴 시간 감소)할 수 있다.

그러나 시분할 시스템은 단말기를 통해 중앙 컴퓨터에 접속하기 때문에 통신 비용(통신 설비 비용, 보안 문제 등)이 소요된다는 단점을 가진다. 그리고 여러 사용자가 동시에 시스템을 사용하기 때문에, 각 사용자의 작업이 서로 간섭할 가능성이 있다. 이를 방지하기 위해 운영체제는 자원 관리와 분배를 신중하게 수행해야 한다. 또한, 동시 사용자가 증가하면 시스템의 부하가 높아지게 되며, 각 사용자에게 할당되는 CPU 시간이 줄어들어 응답 시간이 길어질 수 있다는 단점을 가진다.

대표적인 시분할 시스템 운영체제로는 유닉스(Unix)와 멀틱스(Multics)가 있다. 이러한 운영체제는 다중 사용자 환경에서 높은 효율성과 실시간 상호작용을 제공하여, 오늘날까지도 많은 시스템에서 사용되고 있다. 이와 같이 시분할 시스템의 도입으로 컴퓨터 자원의 활용도가 크게 향상되었으며, 사용자 경험이 크게 개선되었다. 시분할 시스템은 현대의 다양한 운영체제의 기초가 되었으며, 오늘날의 멀티태스킹 환경을 가능하게 한 중요한 발전이다.

● 퍼스널 컴퓨팅(personal computing)

(a) Altair 8800(1975년)

(b) Apple II(1977년)

(c) IBM PC(1981년)

그림 2-9 초창기 개인용 컴퓨터의 예

컴퓨터 기술의 성숙과 도입 비용 감소 등에 따라 전문가와 기관만 접근할 수 있던 컴퓨터가 개인에게 보급되기 시작했다([그림 2-9]). 이러한 배경에서 **퍼스널 컴퓨팅(personal computing)**은 1970년대 후반부터 1980년대에 걸쳐 등장한 개념으로, 개인용 컴퓨터(Personal Computer, PC)의 보급과 함께 발전하였다. 퍼스널 컴퓨팅은 이전의 시분할 시스템 및 일괄처리 시스템과 달리, 한 사용자가 독립적으로 컴퓨터를 소유하고 사용할 수 있는 환경을 제공한다.

시스템 활용 효율(예: CPU 활용률)이 중요한 시스템 운영 지표였던 과거 시스템에 비해, 개인용 컴퓨터에서는 시스템 활용률보다는 개인 사용자의 컴퓨터 사용 편의성이 더 중요한 요소다. 따라서, 다중 사용자를 지원하던 운영체제들에 비해 퍼스널 컴퓨팅 시스템의 운영체제는 단순한 구조를 가진다. 반면, 사용자의 편의성을 높일 수 있는 다양한 지원 기능을 요구한다.

퍼스널 컴퓨팅의 주요 특징은 다음과 같다.

- **독립성**: 사용자가 자신의 컴퓨터를 소유하고 관리할 수 있다. 이는 컴퓨터 자원을 독점적으로 사용할 수 있다는 것을 의미한다.
- **사용자 친화성**: 퍼스널 컴퓨터는 일반 사용자들이 쉽게 사용할 수 있도록 설계되었다.
- **응용 프로그램의 다양성**: 워드 프로세서, 스프레드시트, 데이터베이스 관리 시스템(DBMS) 등 다양한 응용 프로그램이 개발되었다. 이러한 응용 프로그램은 개인의 생산성을 크게 향상시켰다.

퍼스널 컴퓨팅의 도입으로, 컴퓨터는 더 이상 중앙 집중식으로 관리되는 고가의 장비가 아니라 개인이 소유하고 사용할 수 있는 도구가 되었다. 대표적인 퍼스널 컴퓨팅 운영체제로는 MS-DOS, Windows, macOS 등이 있다.

퍼스널 컴퓨팅은 사용자가 자신에게 맞는 환경(하드웨어 및 소프트웨어)을 구축하고, 작업에 대한 즉각적인 응답을 받을 수 있다는 점에서 개인 생산성을 크게 높일 수 있다는 장점을 가진다. 하지만 시스템 자원의 활용도가 낮을 수 있으며, 고가의 컴퓨터 시스템 대비 성능이 낮다는 단점을 가진다.

퍼스널 컴퓨팅은 컴퓨터 사용의 대중화를 이끌었으며, 현대 사회에서 필수적인 도구로 자리 잡았다. 이는 컴퓨터가 개인의 일상생활과 업무에 깊숙이 통합되도록 만들었으며, 정보화 사회로의 전환을 가속화시켰다.

● 병렬 처리 시스템(parallel processing system)

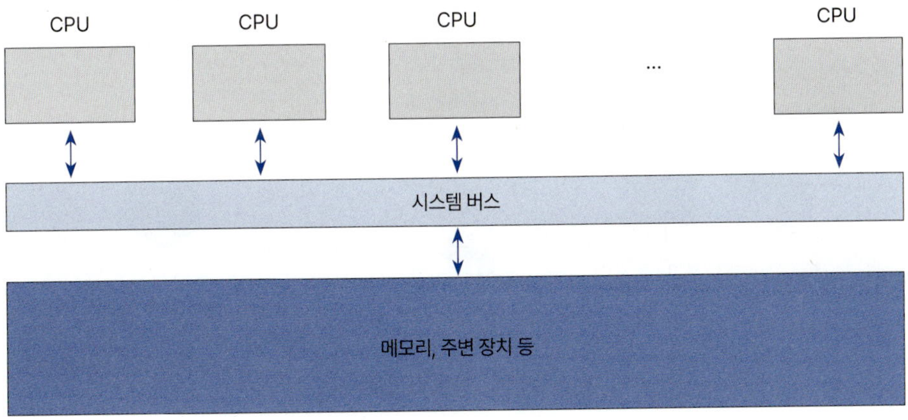

그림 2-10 병렬 처리 시스템의 개요

병렬 처리 시스템(parallel processing system)은 단일 시스템 내에서 둘 이상의 프로세서를 사용하는 시스템이다. 시스템 내 프로세서들은 메모리 등 다른 자원을 공유해서 사용한다([그림 2-10]). 프로세서들이 다른 자원들과 밀접하게 연결되어 있다는 의미에서 강결합 시스템(tightly-coupled system)이라고도 하며, 메모리를 공유해서 사용한다는 점에서 공유 메모리 시스템(shared memory system)이라고도 부른다.

병렬 처리 시스템의 주요 목적은 연산 성능을 높여 대규모 계산 작업을 효율적으로 처리하는 것이다. 또한, 시스템의 신뢰성 향상을 위해서도 사용된다. 예를 들어, 여러 프로세서를 갖춘 시스템에서 하나의 프로세서가 고장 나더라도 다른 프로세서들이 그 역할을 대신하여 시스템을 정상적으로 운영할 수 있다.

병렬 처리 시스템은 높은 성능을 확보함에 따라, 작업 처리 시간을 단축하고 다중 작업 시스템 환경의 사용성을 향상시킬 수 있다는 장점을 가진다. 하지만, 프로세스들 사이의 관계 및 역할을 관리해야 한다는 점에서 운영체제의 복잡성이 높아진다는 단점을 가진다.

현대의 CPU는 대체로 멀티코어 프로세서로, 이러한 CPU를 가진 컴퓨터들이 대표적인 병렬 처리 시스템의 예다. 병렬 처리 시스템은 현대 컴퓨팅의 핵심 기술 중 하나로, 고성능 컴퓨팅을 가능하게 하는 중요한 요소다. 이를 통해 다양한 분야에서 복잡한 문제를 해결하고, 대규모 데이터를 효율적으로 처리할 수 있다.

- **분산 처리 시스템(distributed processing system)**

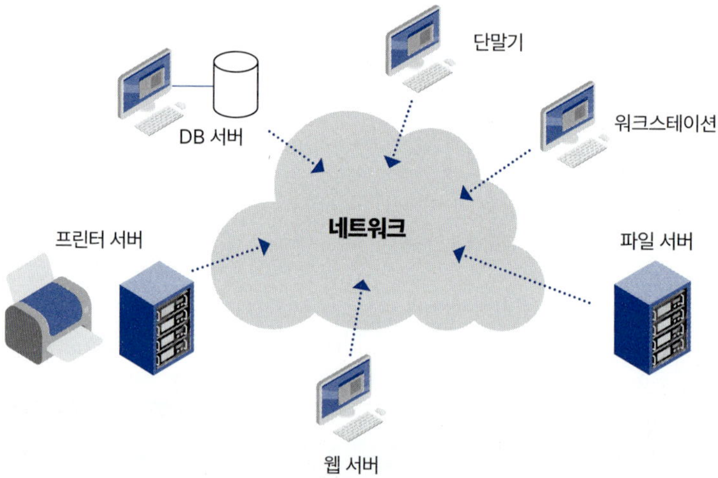

그림 2-11 분산 처리 시스템의 개요

분산 처리 시스템(distributed processing system)은 네트워크를 기반으로 구축된 병렬 처리 시스템이다([그림 2-11]). 즉, 여러 독립적인 컴퓨터 시스템이 네트워크를 통해 연결되어 작업을 분담하여 처리하는 시스템으로, 각 시스템은 독립적으로 운영되며, 필요에 따라 데이터를 공유하고 협력하여 작업을 수행한다. 이러한 특성 때문에 느슨한 결합 시스템(loosely-coupled system)이라고도 한다. 각각의 컴퓨팅 시스템은 자신만의 운영체제가 탑재되어 있지만, 사용자는 분산 운영체제를 통해 하나의 프로그램, 자원처럼 사용 가능한 은폐성(transparency)을 가진다.

[그림 2-11]은 분산 처리 시스템의 개요를 보여준다. 각각의 독립된 컴퓨터 시스템이 네트워크로 연결되어 있으며, 이러한 시스템 간의 협력을 통해 작업이 분산 처리된다. 분산 처리 시

스템은 클라우드 컴퓨팅, 분산 데이터베이스 시스템, 인터넷 검색 엔진 등 다양한 응용 분야에서 활용되고 있다.

분산 처리 시스템은 컴퓨팅 시스템들이 자원을 공유함으로써 높은 성능을 얻을 수 있으며, 네트워크를 통해 새로운 시스템을 추가할 수 있다는 점에서 높은 확장성을 가진다. 또한, 하나의 시스템에 문제가 발생해도 다른 시스템이 그 역할을 대신할 수 있기 때문에 시스템 전체의 신뢰성이 높다는 장점을 가진다. 하지만, 서로 다른 종류의 시스템을 네트워크로 연결하여 효율적으로 운영하기 위해서는 여러 도전 과제가 존재한다.

예를 들어, 각 시스템 간의 통신 지연(latency) 문제, 데이터 일관성(consistency) 유지, 분산 환경에서의 자원 관리 및 스케줄링 등의 문제를 해결해야 한다. 또한, 시스템 간의 보안(security) 문제도 중요한 고려 사항이다. 분산 처리 시스템에서의 데이터 전송과 자원 접근은 네트워크를 통해 이루어지기 때문에 이러한 과정에서의 보안 위협에 대해 대비해야 한다.

● 실시간 시스템(real-time system)

실시간 시스템(real-time system)은 작업 처리에 제한 시간(deadline)을 갖는 시스템이다. 이러한 시스템에서는 제한 시간 내 서비스를 제공하는 것이 자원 활용 효율보다 중요하다. 실시간 시스템은 크게 하드 실시간 시스템(hard real-time system)과 소프트 실시간 시스템(soft real-time system)으로 구분할 수 있다.

(a) 하드 실시간 시스템의 예(발전소 제어 시스템) (b) 소프트 실시간 시스템의 예(동영상 스트리밍)

그림 2-12 하드 실시간 및 소프트 실시간 시스템의 예

- **하드 실시간 시스템:** 제한 시간을 지키지 못하는 경우, 치명적 영향을 주는 시스템이다. 예를 들어, 발전기 제어 시스템이 제한 시간 내 제어를 제대로 못 한다면, 큰 사고로 이어질 수 있다([그림 2-12-(a)]). 이 외에도 항공기 제어 시스템, 의료 기기 제어 시스템 등도 하드 실시간 시스템의 예에 해당한다.

- **소프트 실시간 시스템:** 작업이 정해진 시간 내에 완료되는 것이 중요하지만, 시간이 약간 초과되어도 큰 문제가 발생하지 않는 시스템이다. 예를 들어, 동영상 스트리밍 중 일부 프레임이 처리되지 못한다면 영상 품질에 문제는 발생하겠지만, 안전 등과 같은 심각한 문제를 일으키지는 않는다([그림 2-12-(b)]). 온라인 게임, 터치스크린 응답 시스템 등도 소프트 실시간 시스템의 예에 해당한다.

대표적인 실시간 시스템 운영체제로는 QNX, VxWorks, RT-Linux 등이 있으며, 이러한 시스템은 산업 제어, 군사 장비, 항공기 및 우주선 제어 등 다양한 분야에서 사용되고 있다. 실시간 시스템은 특히 신뢰성과 응답 시간이 중요한 응용 분야에서 필수적인 기술로 자리 잡고 있다.

요약

동시 사용자 수에 따른 분류

- **단일 사용자 시스템(single-user system):** 한 명의 사용자만 시스템을 사용할 수 있는 운영체제로, 대표적으로 개인용 컴퓨터의 운영체제(예: Windows, Android)가 있음
- **다중 사용자 시스템(multi-user system):** 동시에 여러 사용자가 시스템을 사용할 수 있는 운영체제로, 각 사용자가 시스템 자원을 공유하며, 대표적으로 서버 운영체제(예: Unix, Linux)가 있음

동시 실행 프로세스 수에 따른 분류

- **단일 작업 시스템(single-tasking system):** 한 번에 하나의 작업만 실행할 수 있는 시스템으로, 초기 운영체제(예: MS-DOS)가 이에 해당
- **다중 작업 시스템(multi-tasking system):** 여러 작업을 동시에 실행할 수 있는 시스템으로, 대부분의 현대 운영체제(예: Windows, Linux)가 이에 해당하며, 자원 관리와 동기화가 중요

작업 수행 방식에 따른 분류

- **순차 처리 시스템:** 초창기 컴퓨터 시스템에서 사용되던 방식으로, 한 번에 하나의 작업만을 처리
- **일괄처리 시스템(batch processing system):** 유사한 작업을 모아 한꺼번에 처리하는 방식으로, 컴퓨터 자원을 효율적으로 활용
- **시분할 시스템(time-sharing system):** 여러 사용자가 동시에 시스템을 사용할 수 있도록 CPU 시간을 분할하여 할당하는 방식으로, 실시간 상호작용을 가능하게 함
- **퍼스널 컴퓨팅:** 개인용 컴퓨터에서 사용하는 운영체제로, 사용자의 편의성과 독립성 강조
- **병렬 처리 시스템(parallel processing system):** 여러 프로세서를 사용해 대규모 작업을 효율적으로 처리하는 시스템
- **분산 처리 시스템(distributed processing system):** 네트워크를 통해 연결된 여러 독립적인 컴퓨터 시스템이 작업을 분담하여 처리하는 시스템
- **실시간 시스템(real-time system):** 작업 처리에 제한 시간이 있는 시스템으로, 하드 실시간 시스템과 소프트 실시간 시스템으로 구분

2.3 운영체제의 구조

본 절에서는 운영체제가 어떤 방식으로 구성되고, 그 구성 요소들이 어떻게 상호작용을 하며, 시스템 자원을 효율적으로 관리하는지에 대한 것을 다룬다. 또한, 대표적인 운영체제 구조들에 대해 살펴본다.

운영체제 구성 요소

운영체제는 다양한 구성 요소로 이루어져 있으며, 크게는 커널과 유틸리티로 구분할 수 있다. 그리고 커널에 대한 접근을 위한 시스템 호출 인터페이스가 있다. [그림 2-13]은 운영체제의 구조 개요를 보여준다.

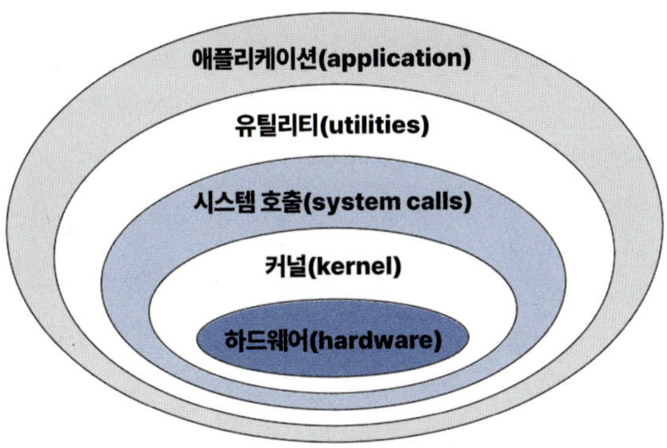

그림 2-13 운영체제의 구조 개요

- **커널(kernel)**

커널(Kernel)은 운영체제의 핵심 부분으로, 메모리에 상주하며 가장 빈번하게 사용되는 기능들을 담당한다. 커널이 담당하는 대표적인 기능으로는 프로세스 관리, 메모리 관리, 파일 시스템 등 시스템 자원 관리 기능이 있다.

커널은 '씨앗'이라는 사전적 의미를 가지며, 운영체제에서 핵심 기능을 담당한다는 의미를 반영한 이름이다. 이러한 관점에서 커널은 핵(nucleus), 관리자(supervisor) 프로그램, 상주 프로그램(resident program), 제어 프로그램(control program) 등으로도 불린다.

● 유틸리티(utilities)

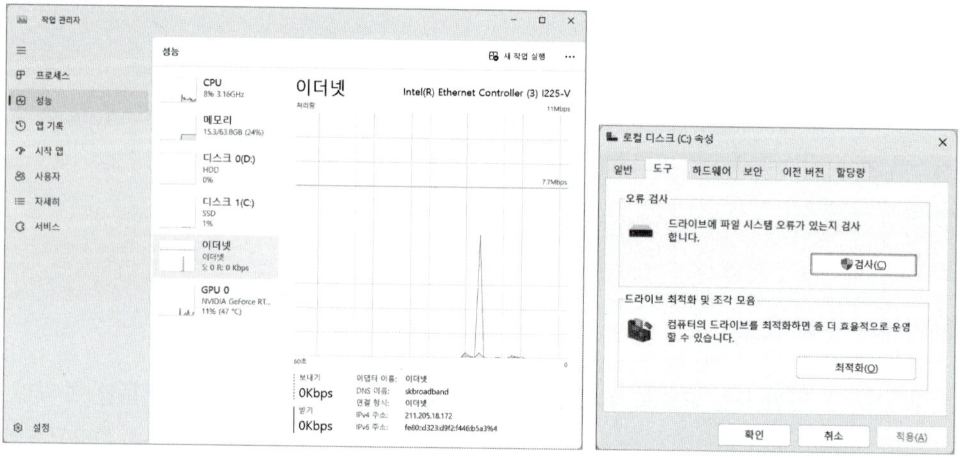

(a) 작업 관리자

(b) 디스크 관리 도구

그림 2-14 유틸리티 프로그램의 예

유틸리티(utility)는 운영체제가 제공하는 다양한 보조 프로그램으로, 시스템의 유지보수, 성능 관리, 보안 등을 지원한다. 유틸리티는 커널과 달리 메모리에 상주하지 않는 프로그램으로, 필요에 따라 메모리에 적재되어 사용된다. 유틸리티는 사용자가 운영체제를 더욱 효과적으로 사용할 수 있도록 도와주며, 대표적인 유틸리티 프로그램으로는 디스크 조각 모음, 백업, 시스템 모니터링 도구, 사용자 인터페이스(UI) 서비스 프로그램 등이 있다([그림 2-14]).

유틸리티 프로그램은 운영체제의 전반적인 성능과 안정성을 높이는 데 중요한 역할을 하며, 사용자가 운영체제를 쉽게 관리하고 최적화할 수 있도록 도와준다.

● 시스템 호출(system calls)

유틸리티나 응용 프로그램의 수행 과정에서 시스템 자원을 활용하거나 커널의 기능을 사용해야 하는 경우가 있다. 대표적으로 프로세스 생성, 파일 접근 등이 이에 해당한다. 커널은 컴퓨터 시스템에 대한 모든 권한을 가지고 있는 운영체제의 핵심 영역으로, 응용 프로그램이 자유롭게 접근하게 하면 시스템 안정성과 보안 등에 큰 문제가 발생할 수 있다. 따라서 운영체제는 정해진 통로를 통해서만 커널의 기능을 사용할 수 있게 함으로써 유틸리티 및 응용 프로그램과 커널의 경계를 명확히 한다.

시스템 호출(system calls)은 운영체제(커널)의 기능 중 응용 프로그램이 사용하도록 허락된 기능들의 집합으로, 커널의 기능을 사용하기 위한 통로 역할을 하는 인터페이스다. 시스템 호출은 일반적으로 응용 프로그램이 호출하는 라이브러리 함수 형태로 제공된다. 이 함수들은 시스템 호출 인터페이스를 통해 커널로 전달되고, 커널은 해당 기능을 수행한 후 결과를 응용 프로그램에 반환한다. 이러한 방식으로 시스템 호출은 응용 프로그램이 커널의 기능을 안전하게 사용할 수 있도록 한다.

그림 2-15 시스템 호출의 은행 업무 비유

시스템 호출을 은행 업무에 비유하면 이해하기 쉬울 것이다. 은행에서 고객이 다양한 업무(예: 입금, 출금, 송금 등)를 처리하려면 직접 금고에 접근할 수 없고, 은행 직원에게 요청해야 한다. 은행 직원은 정해진 절차에 따라 고객의 요청을 처리하고, 필요한 경우 금고에서 돈을 꺼내거나 넣고, 결과를 고객에게 전달한다([그림 2-15]).

이처럼 시스템 호출은 응용 프로그램이 커널의 기능을 안전하게 사용할 수 있도록 도와주며, 시스템의 안정성과 보안을 유지하는 중요한 역할을 한다.

운영체제 구조

운영체제의 구조는 그 설계 목표와 사용 환경에 따라 다양하게 구성될 수 있으며, 각 구조는 특정한 장단점을 가진다. 운영체제의 대표적인 구조들에 대해 살펴보자.

• 단일 구조

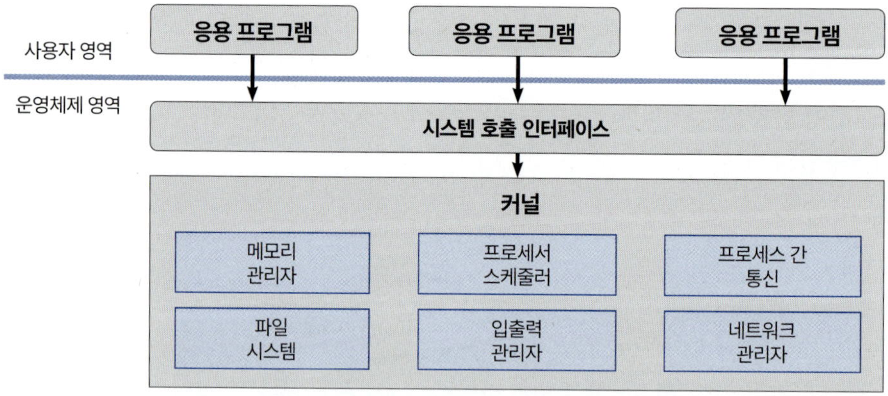

그림 2-16 단일 구조 운영체제

단일 구조(monolithic structure) 운영체제는 커널이 하나의 큰 프로그램으로 구성되어 있는 형태이다. 모든 운영체제의 기능이 커널 공간에서 실행되며, 프로세스 관리, 메모리 관리, 파일 시스템 관리, 장치 드라이버 등 모든 주요 기능이 하나의 커널 내에서 동작한다. 대표적인 예로는 초창기 Unix와 MS-DOS 등이 있다.

단일 구조 운영체제의 장단점은 다음과 같다.

- 장점
  - 성능이 뛰어나다. 모든 기능이 하나의 커널 내에서 동작하므로, 시스템 호출이나 커널 간의 통신이 빠르다.
  - 설계와 구현이 비교적 단순하다.
- 단점
  - 커널이 커지고 복잡해질수록 유지보수와 디버깅이 어려워진다.
  - 커널의 모든 부분이 하나의 큰 프로그램으로 묶여 있어, 한 부분의 오류가 전체 시스템에 영향을 미칠 수 있다.

● 계층 구조

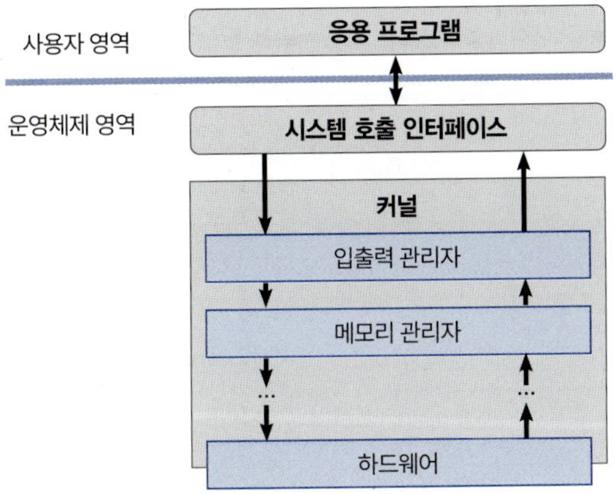

그림 2-17 계층 구조 운영체제

계층 구조(layered structure) 운영체제는 기능을 계층(layer)으로 나누어 설계하는 방식이다. 각 계층은 비슷한 기능을 하는 요소들이 그룹을 이루고 있다. 각 계층은 그 아래 계층의 기능을 사용하며, 상위 계층에 서비스를 제공한다. 이러한 구조는 운영체제의 복잡성을 줄이고, 유지보수와 디버깅을 용이하게 한다. [그림 2-17]은 계층 구조 운영체제의 예를 보여준다. 계층 구조 운영체제의 대표적인 예는 1968년 다익스트라가 개발한 THE 운영체제가 있다.

계층 구조 운영체제의 장단점은 다음과 같다.

- **장점**
  - **독립성**: 각 계층이 독립적으로 설계되므로, 디버깅과 유지보수가 용이하다. 특정 계층에서 문제가 발생해도 다른 계층에는 영향을 미치지 않는다.
  - **모듈화**: 시스템의 확장성과 모듈성이 높다. 새로운 기능을 추가하거나 변경할 때, 특정 계층만 수정하면 된다.
  - **설계/구현의 단순화**: 계층별로 기능이 명확하게 구분되어 있어, 시스템의 이해와 설계가 쉬워진다.
- **단점**
  - **성능 저하**: 원하는 기능 수행을 위해 여러 계층을 거쳐야 하기 때문에, 단일 구조 대비 성능 저하가 발생할 수 있다.

● 마이크로 커널 구조

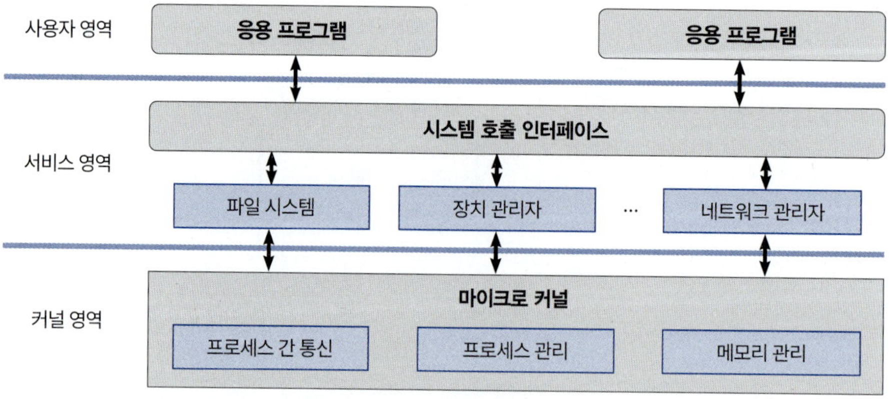

그림 2-18 마이크로 커널 구조 운영체제

마이크로 커널 구조(microkernel structure)는 운영체제의 핵심 기능을 최소화하여 커널에 포함시키고, 나머지 기능은 사용자 공간에서 실행하는 운영체제 구조다. 이 구조에서 커널은 프로세스 관리, 메모리 관리, 프로세스 간 통신(IPC) 등 가장 기본적인 기능만을 담당한다. 파일 시스템, 장치 드라이버, 네트워킹 등의 기능은 사용자 수준의 서비스로 구현된다. 대표적인 마이크로 커널 구조 운영체제로는 Mach, QNX, 그리고 Minix 등이 있다.

마이크로 커널 구조의 주요 목표는 운영체제의 안정성과 보안성을 향상시키는 것이다. 커널의 크기를 최소화함으로써, 커널에서 발생할 수 있는 오류를 줄이고, 시스템의 안정성을 높일 수 있다. 또한, 사용자 공간에서 실행되는 기능들이 커널 공간과 분리되어 있어, 보안성이 향상된다.

마이크로 커널 구조의 장단점은 다음과 같다.

- 장점
  - · **안정성**: 커널에 포함된 기능이 최소화되어 커널에서 발생할 수 있는 오류의 가능성이 줄어든다.
  - · **보안성**: 사용자 공간에서 실행되는 기능들이 커널 공간과 분리되어 있어 보안성이 향상된다.
  - · **유연성**: 새로운 기능을 추가하거나 기존 기능을 수정할 때 커널 수정이 필요하지 않아 기능 수정 및 확장 등에 유연성을 가진다.
  - · **이식성**: 커널 크기가 작아 다양한 하드웨어 플랫폼에 쉽게 이식할 수 있다.

- 단점
  - 성능 저하: 사용자 공간과 커널 공간 간의 빈번한 통신이 필요하므로 시스템 성능이 저하될 수 있다.
  - 복잡성: 마이크로 커널과 사용자 공간 간의 통신을 효율적으로 관리하기 위한 설계가 복잡하다.

요약

운영체제의 구성 요소

- **커널**(kernel)
  - 운영체제의 핵심 부분으로, 메모리에 상주하며 시스템 자원 관리
  - 컴퓨터 시스템의 모든 주요 기능 제어
    프로세스 관리, 메모리 관리, 파일 시스템 관리 등
- **유틸리티**(utilities)
  - 운영체제가 제공하는 보조 프로그램들로, 시스템의 유지 보수, 성능 관리, 보안 등을 지원
  - 유틸리티 프로그램은 필요에 따라 메모리에 적재되어 사용
  - 예) 작업 관리자, 디스크 관리 도구 등
- **시스템 호출 인터페이스**(system call interface)
  - 사용자 프로그램이 운영체제의 기능을 사용할 수 있도록 하는 인터페이스로, 커널과 사용자 프로그램 간의 상호작용 가능

운영체제 구조의 유형

- **단일 구조**(monolithic structure): 운영체제의 모든 기능이 하나의 큰 프로그램으로 통합된 구조로, 성능이 뛰어나지만 복잡하고 유지 보수가 어려움
- **계층 구조**(layered structure): 운영체제를 여러 계층으로 나누어 각 계층이 특정 기능을 담당하는 구조로, 모듈화와 유지 보수 용이
- **마이크로 커널 구조**(microkernel structure): 운영체제의 핵심 기능만을 커널에 포함하고, 나머지 기능은 사용자 모드에서 실행하는 구조로, 안정성과 확장성이 뛰어남

2.4 운영체제의 기능

운영체제는 다양한 기능을 통해 시스템 자원을 효율적으로 관리하고 사용자에게 편리한 인터페이스를 제공한다. 본 절에서는 운영체제의 주요 여섯 가지 기능을 간단히 살펴본다.

프로세스 관리(process management)

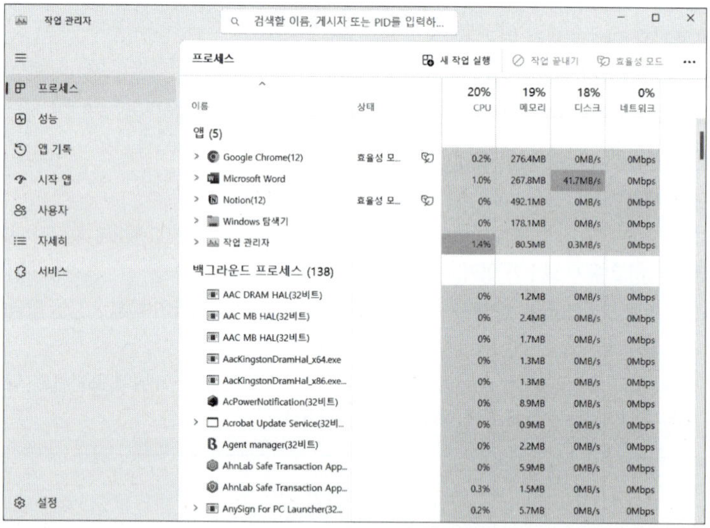

그림 2-19 윈도우 운영체제의 프로세스 관리의 예

프로세스(process)를 간단히 정의하면 커널에 등록된 실행 단위 또는 실행 중인 프로그램이다. 또한, 사용자 요청 및 프로그램을 수행하는 주체이다. 프로세스를 관리하는 것은 운영체제의 핵심 기능 중 하나로, 다음 관리 기능 등을 수행한다.

- **프로세스 생성과 종료:** 새로운 프로세스를 생성하고, 불필요해진 프로세스를 종료하는 작업을 관리한다.
- **프로세스 상태 관리:** 각 프로세스의 현재 상태를 관리하고, 필요에 따라 상태를 변경한다.
- **자원 할당:** 프로세스가 필요로 하는 자원을 할당하고, 프로세스 종료 시 회수한다.
- **프로세스 통신:** 프로세스 간 데이터를 주고받기 위해 통신 메커니즘을 제공한다.
- **프로세스 동기화 및 교착 상태 해결:** 여러 프로세스 간의 작업을 조율하여 자원 경쟁을 최소화하고, 교착 상태(deadlock)를 예방 및 해결한다.
- **프로세스 정보 관리:** 각 프로세스에 대한 정보를 관리하는 PCB(Process Control Block)를 통해 프로세스의 상태, 프로그램 카운터, CPU 레지스터, 메모리 관리 정보 등을 저장하고 관리한다.

[그림 2-19]는 윈도우 운영체제의 작업 관리자 화면이며, 프로세스 상태 및 자원 할당 등의 정보가 관리되고 있음을 보여준다.

운영체제의 프로세스 관리에 대해서는 **3~7장**에서 다룬다.

프로세서 관리(processor management)

그림 2-20 중앙 처리 장치(CPU)의 모습

프로세서(processor)는 프로그램을 실행하는 핵심 자원으로, 대표적인 프로세서는 중앙 처리 장치(CPU)다([그림 2-20]). 프로세스(process)가 연산을 수행하기 위해서는 프로세서가 필요하며, 운영체제의 중요한 역할 중 하나는 프로세서를 프로세스에게 할당하는 것이다. 프로세서는 한 번에 하나의 프로세스만 사용할 수 있는 자원이므로, 프로세스들이 프로세서를 사용하는 순서 및 사용 시간을 잘 결정하는 것이 시스템 효율 향상을 위해 매우 중요하다. 이러한 작업을 **프로세스 스케줄링**(process scheduling)이라고 한다.

운영체제는 프로세스 스케줄링을 통해 다음과 같은 기능을 수행한다.

- **프로세스 우선순위 설정**: 각 프로세스의 우선순위를 설정하여, 중요하거나 긴급한 작업이 먼저 처리될 수 있도록 한다.
- **프로세스 전환 관리**: 프로세서가 한 프로세스에서 다른 프로세스로 전환될 때 필요한 상태 정보를 저장하고 복원하는 문맥 교환(context switching) 작업을 수행한다.
- **공정한 자원 배분**: 모든 프로세스가 공정하게 프로세서를 사용하도록 자원을 배분한다.

프로세스 스케줄링과 문맥 교환은 시스템 성능에 큰 영향을 미치며, **5장**에서 자세히 다룬다.

메모리 관리(memory management)

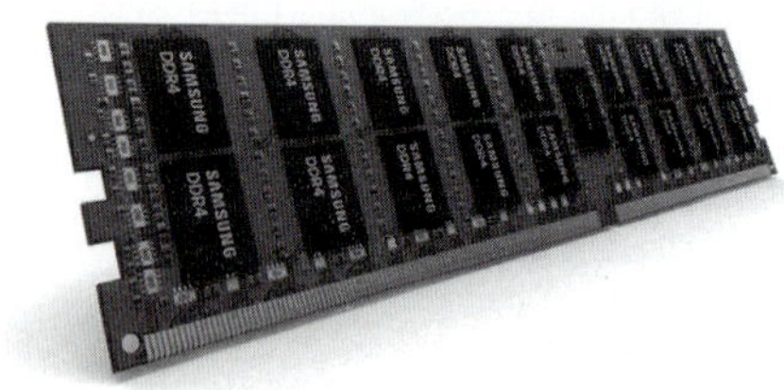

그림 2-21 DRAM(삼성 DDR4 메모리)의 모습

컴퓨터 시스템에서 흔히 메모리라고 불리는 **주기억 장치**(main memory **또는** system memory)는 프로세스가 작업을 위한 프로그램 및 데이터를 올려놓는 공간이다. 메모리는 프로세서가 작업을 위해 직접 접근하는 저장 장치로, 운영체제는 메모리를 효율적으로 관리하여 시스템 성능을 극대화하고, 여러 프로세스가 동시에 실행될 수 있도록 한다. 메모리 관리는 다음과 같은 기능을 포함한다.

- **메모리 할당 및 해제**: 프로세스가 필요로 하는 메모리 공간을 할당하고, 사용이 끝난 메모리 공간을 해제하는 작업을 수행한다.
- **주소 변환**: 프로세스가 사용하는 논리적 주소를 실제 물리적 주소로 변환하는 작업을 담당한다. 이는 주로 메모리 관리 장치(Memory Management Unit, MMU)에 의해 수행된다.

- **메모리 보호**: 각 프로세스가 자신에게 할당된 메모리 공간만 접근할 수 있도록 보호하고, 다른 프로세스의 메모리 영역을 침범하지 않도록 한다.
- **가상 메모리**: 실제 물리적 메모리 크기를 초과하는 프로그램을 실행할 수 있도록 지원하는 기술로, 페이징(paging)과 세그먼테이션(segmentation) 등의 메커니즘을 통해 실현된다.

메모리 관리는 시스템의 안정성과 효율성을 보장하는 중요한 요소이며, 이에 대한 상세한 내용은 **8~10장**에서 다룬다.

파일 관리(file management)

그림 2-22 파일 시스템과 파일의 개념

파일(file)은 데이터를 저장하는 논리적인 단위다. 운영체제는 사용자 및 시스템 파일을 관리하며, 사용자가 데이터를 효율적으로 저장하고 접근할 수 있도록 지원한다. 파일 관리는 파일을 물리적 저장 공간(예: 하드 디스크)에 사상(mapping)하는 역할도 포함한다([그림 2-22]). 파일들은 일반적으로 파일 시스템(file system)으로 관리되며, 그 주요 기능은 다음과 같다.

- **파일 생성 및 삭제**: 사용자가 새로운 파일을 생성하고, 필요 없는 파일을 삭제할 수 있는 기능을 제공한다.
- **디렉터리 관리**: 파일을 논리적으로 그룹화해 디렉터리 구조를 통해 조직화하는 기능을 제공한다. 이를 통해 사용자는 파일을 쉽게 찾고 관리할 수 있다.
- **파일 접근 권한 관리**: 파일에 대한 읽기, 쓰기, 실행 권한을 설정해 사용자 간의 파일 접근을 제어한다. 이를 통해 시스템 보안과 데이터 무결성을 유지할 수 있다.
- **파일 읽기 및 쓰기**: 파일에서 데이터를 읽고, 파일에 데이터를 쓰는 작업을 지원한다. 이러한 작업은 파일 시스템을 통해 이루어지며, 사용자는 이를 통해 데이터를 효율적으로 처리할 수 있다.

- **파일 시스템 유지 보수:** 파일 시스템의 일관성을 유지하고, 파일 시스템에 발생할 수 있는 오류를 검사하고 수정하는 기능을 포함한다.

파일 관리 기능은 시스템의 효율성과 사용자 경험을 향상시키는 데 중요한 역할을 하며, 이에 대한 자세한 내용은 **11장**에서 다룬다.

입출력 관리(I/O management)

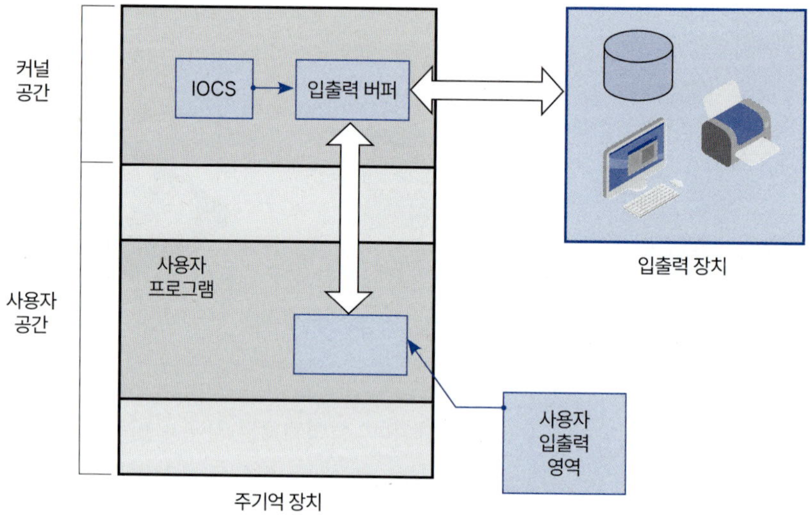

그림 2-23 컴퓨터 시스템의 입출력 흐름

운영체제는 프로세스와 입출력 장치들 사이의 입출력을 관리 및 제어하는 역할을 한다. 컴퓨터 시스템에서 입출력은 반드시 운영체제를 거쳐서 이루어지며, [그림 2-23]은 일반적인 입출력 흐름을 보여준다. 프로세스의 입출력 데이터는 커널 영역의 입출력 버퍼에 저장되며, 이를 통해 입출력 장치와 데이터를 주고받는다. 이 과정은 입출력 제어 시스템(Input Output Control System, IOCS)과 같은 커널 모듈이 관리하며, 입출력 작업의 효율성과 데이터의 무결성을 보장한다.

- **장치 드라이버:** 각종 입출력 장치(예: 키보드, 마우스, 프린터, 디스크 등)를 제어하는 소프트웨어 모듈로, 운영체제는 장치 드라이버를 통해 하드웨어와 소프트웨어 간의 인터페이스를 제공한다.

- **I/O 스케줄링:** 여러 프로세스가 동시에 I/O를 요청할 때, I/O 작업을 효율적으로 처리하기 위해 스케줄링 알고리즘을 사용한다.
- **버퍼링:** 데이터 전송 속도의 차이를 완화하기 위해 버퍼(buffer)를 사용해 데이터를 일시적으로 저장한다.
- **I/O 보호:** 입출력 장치에 대한 접근을 제어하고, 비정상적인 I/O 작업으로부터 시스템을 보호한다.

입출력 관리의 효율성은 시스템의 전체 성능에 큰 영향을 미치며, 이에 대한 상세한 내용은 **12장**에서 다룬다.

보조기억 장치 및 주변 장치 관리

보조기억 장치(secondary storage)는 주기억 장치에 비해 속도는 느리지만, 대용량의 데이터를 영구적으로 저장할 수 있는 장치다. 운영체제는 보조기억 장치와 기타 주변 장치를 관리하여 시스템 자원을 효율적으로 활용하고, 사용자에게 필요한 서비스를 제공한다. 보조기억 장치 및 주변 장치 관리의 주요 기능은 다음과 같다.

- **디스크 스케줄링:** 디스크 입출력 작업을 최적화하여 디스크 접근 시간을 최소화하는 알고리즘을 사용한다.
- **디스크 파티셔닝:** 하나의 디스크를 여러 개의 논리적 구역으로 나누어 독립적으로 사용할 수 있도록 지원한다.
- **장치 관리:** 시스템에 연결된 다양한 주변 장치(예: 프린터, 스캐너, 네트워크 장치 등)를 관리하고, 이들 장치와의 데이터 통신을 지원한다.
- **백업 및 복구:** 데이터 손실에 대비하여 중요한 데이터를 정기적으로 백업하고, 필요시 복구할 수 있는 기능을 제공한다.

보조기억 장치 및 기타 주변 장치 관리에 대한 자세한 내용은 **12장**에서 다룬다.

요약

프로세스 관리

- **프로세스(process)**: 커널에 등록된 실행 단위 또는 실행 중인 프로그램
- 프로세스 관리는 운영체제의 핵심 기능 중 하나로, 프로세스의 생성 및 종료, 상태 관리, 자원 할당 등을 수행

프로세서 관리

- 프로세서는 컴퓨터 시스템의 핵심 자원으로, 운영체제는 프로세서를 프로세스들에게 할당하는 역할

메모리 관리

- 주기억 장치를 프로세스들에 할당 및 해제하며, 시스템 효율 향상을 위해 주소 변환, 메모리 보호, 가상 메모리 기능 등을 지원

파일 관리

- **파일(file)**: 데이터를 저장하는 논리 단위
- 운영체제는 사용자 및 시스템 파일을 관리하며, 사용자가 데이터를 효율적으로 저장하고 접근할 수 있도록 지원

입출력 관리

- 운영체제는 프로세스와 입출력 장치들 사이의 입출력을 관리 및 제어하는 역할 수행

보조기억 장치 및 주변 장치 관리

- 운영체제는 보조기억 장치와 기타 주변 장치를 관리하여 시스템 자원을 효율적으로 활용하고, 사용자에게 필요한 서비스 제공

2.5 연습 문제

01 운영체제의 주요 역할 중 하나로, 사용자가 시스템을 편리하게 사용할 수 있도록 하는 것은 무엇인가?

① 자원 관리
② 사용자 인터페이스
③ 보안 관리
④ 네트워크 관리

02 다음 중 단일 사용자 운영체제의 예로 알맞은 것은?

① Windows
② Unix
③ Linux
④ windows server

03 동시에 여러 사용자가 사용하는 시스템을 무엇이라고 하는가?

① 다중 작업 시스템
② 단일 작업 시스템
③ 다중 사용자 시스템
④ 실시간 시스템

04 다음 운영체제의 구조 중 계층형 구조의 장점으로 알맞은 것은?

① 모든 기능이 통합되어 빠른 속도 제공
② 유지 보수와 모듈화 용이
③ 커널 크기가 작아 안정성이 높음
④ 유연한 기능 추가 및 제거 가능

05 시분할 시스템(time-sharing system)의 주요 목표는 무엇인가?

① 시스템 자원의 중앙 집중 관리
② 사용자의 작업을 그룹화하여 일괄처리
③ 다중 사용자에게 실시간으로 응답 제공
④ 단일 작업만을 순차적으로 처리

06 운영체제에서 커널(kernel)의 주요 역할이 아닌 것은?

① 메모리 관리
② 프로세스 관리
③ 파일 시스템 관리
④ 사용자 인터페이스 제공

07 다음 중 병렬 처리 시스템(parallel processing system)의 주요 목적은 무엇인가?

① 여러 시스템 간의 자원 분산 관리
② 대규모 계산 작업의 효율적 처리와 시스템 신뢰성 향상
③ 사용자의 작업을 중앙에서 일괄처리
④ 컴퓨터 자원의 집중적 사용

08 마이크로 커널 구조(microkernel structure)와 단일 구조(monolithic structure)의 차이점으로 옳은 것은?

① 마이크로 커널 구조는 모든 기능이 커널에 통합되어 있다.
② 단일 구조는 핵심 기능만 커널에 포함한다.
③ 마이크로 커널 구조는 운영체제의 핵심 기능만 커널에 포함한다.
④ 단일 구조는 사용자 모드에서 대부분의 기능을 실행한다.

09 실시간 시스템(real–time system)에서 하드 실시간 시스템(hard real–time system)의 주요 특징은 무엇인가?

① 제한 시간이 초과되어도 성능에 큰 영향이 없다.
② 제한 시간을 지키지 못할 경우, 치명적인 결과를 초래할 수 있다.
③ 다중 사용자 환경에서 높은 효율성을 제공한다.
④ 소프트 실시간 시스템보다 유연성이 높다.

10 분산 처리 시스템(distributed processing system)의 주요 도전 과제로 옳지 않은 것은?

① 시스템 간 통신 지연 문제
② 데이터 일관성 유지 문제
③ 중앙 집중적 자원 관리 문제
④ 시스템 간 보안 문제

11 운영체제의 주요 역할 중 하나로, 사용자가 시스템을 쉽게 사용할 수 있도록 하는 기능은 무엇인가?

12 사용자가 컴퓨터 시스템에 명령을 입력하고 결과를 확인할 수 있도록 하는 문자 기반 인터페이스를 무엇이라고 하는가?

13 운영체제에서 메모리에 상주하며 자원을 관리하는 핵심 구성 요소는 무엇인가?

14 운영체제의 주요 구성 요소 중 시스템 유지 보수와 성능 관리를 지원하는 보조 프로그램을 무엇이라고 하는가?

15 운영체제 구조에서 모든 기능이 하나의 큰 프로그램으로 통합된 구조를 무엇이라고 하는가?

16 운영체제에서 사용자 프로그램이 운영체제 기능을 호출할 수 있도록 하는 인터페이스를 무엇이라고 하는가?

17 운영체제 구조 중 핵심 기능만 커널에 포함하고, 나머지 기능을 사용자 모드에서 실행하는 구조를 무엇이라고 하는가?

18 여러 사용자가 동시에 시스템을 사용할 수 있도록 CPU 시간을 분할해 할당하는 운영체제의 방식을 무엇이라고 하는가?

19 컴퓨터 자원이 네트워크로 연결된 여러 독립적인 시스템에 분산되어 있는 운영체제를 무엇이라고 하는가?

20 작업 처리에 엄격한 제한 시간이 적용되는 시스템을 무엇이라고 하는가?

3 장

프로세스 관리

학 습 목 표

프로세스의 기본 개념과 운영체제 관점에서 프로세스가 가지는 의미와 프로세스가 생성에서부터 소멸까지 어떤 과정을 거쳐서 주어진 작업을 수행하는지 알아본다. 또한, 인터럽트의 개념 및 프로세스 전환 과정에서 발생하는 문맥 교환에 대해 알아본다.

컴퓨터를 사용하면서 또는 전공 교과목을 배우면서 '프로세스'라는 용어를 들어본 적이 있을 것이다. 그럼 **프로세스(process)란 무엇일까?** 간단히 정의하자면, 실행 중인 프로그램이라고 할 수 있다. 한 예로, 윈도우의 작업 관리자에서 프로세스라는 용어를 볼 수 있다. [그림 3-1]은 작업 관리자를 캡처한 것으로, 프로세스라는 탭 아래 실행 중인 프로그램들이 나열되어 있는 것을 확인할 수 있다.[8]

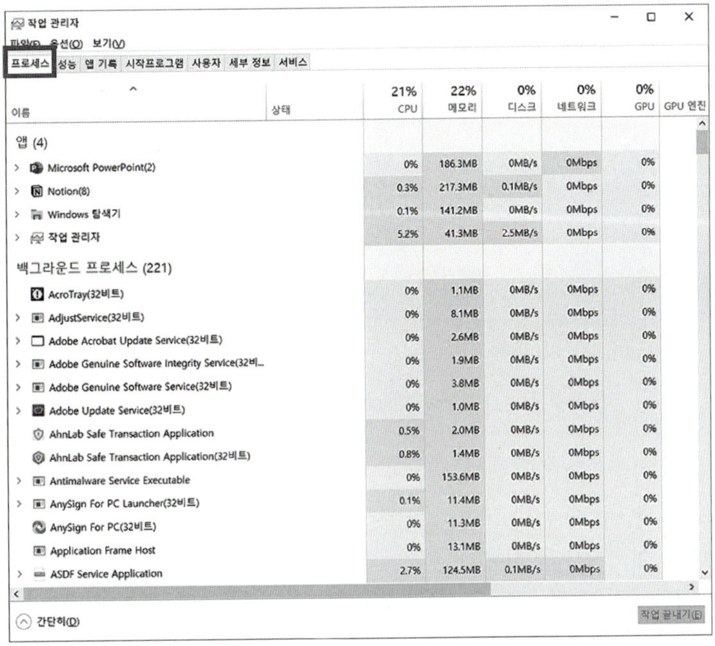

그림 3-1 윈도우 작업 관리자의 프로세스 탭

본 장에서는 '실행 중인 프로그램'이라는 간단한 정의를 넘어, 운영체제 관점에서 프로세스는 무엇인지에 대해 알아본다(**3.1절**). 그리고 프로세스가 가지는 다양한 상태와 프로세스의 상태 변화에 대해 공부한다(**3.2절**). 또한 인터럽트의 개념 및 프로세스 전환 과정에서 발생하는 문맥 교환에 대해 알아본다(**3.3절**).

---

8 작업 관리자를 실행하려면 ⊞+R을 누른 다음 "taskmgr"를 입력한다.

3.1 프로세스 개요

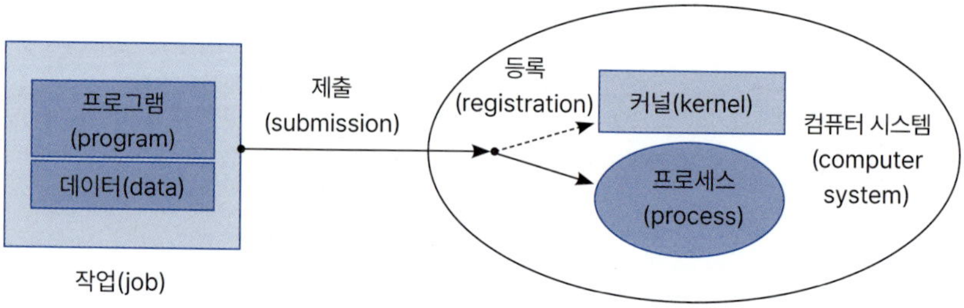

그림 3-2 작업(job), 프로그램(program), 프로세스(process)의 관계

프로세스(process)와 관련 깊은 용어로 프로그램(program)이 있다. 그리고 프로세스는 실행 중인 프로그램을 의미한다는 점에서 프로그램(program) 자체를 프로세스(process)와 같은 개념으로 생각할 수 있지만, 둘은 서로 다른 개념이다. 프로그램은 어떤 작업을 수행하기 위한 명령어들의 집합을 의미한다. 그리고 프로그램과 프로그램이 처리할 데이터의 집합을 작업(job)이라고 부르며, 이는 아직 컴퓨터 시스템(운영체제)에 실행을 요청하기 전(실행 전)의 상태를 의미한다. 작업(프로그램+데이터)는 일반적으로 보조기억 장치(디스크)에 저장되어 있다.

작업이 컴퓨터에 의해 처리되기 위해서는 운영체제에게 실행을 요청해야 한다. 운영체제는 작업 실행 요청이 들어오면, 해당 작업을 시스템(커널)에 등록함으로써 실행 가능한 상태로 만든다. 커널에 작업을 등록하면 프로그램이 메모리에 적재되고 프로세스가 된다. 즉, **커널에 등록된 실행 가능한 상태의 작업 개체 또는 프로그램을 프로세스라고 정의할 수 있다.** [그림 3-2]는 이러한 프로그램, 작업, 그리고 프로세서의 상관 관계 및 프로세스의 정의를 보여준다.

실행 중인 프로그램이라는 정의 외에 프로세스는 또한 다음과 같이 다양한 형태로 정의할 수 있다.

- **커널에 등록되고 커널의 관리하에 있는 작업**

  작업과 프로세스를 구분 짓는 가장 큰 기준이 커널에 등록 여부이며, 프로세스의 동작은 커널이 관리한다는 측면에서의 정의

- **각종 자원들을 요청하고 할당받을 수 있는 개체**

  작업을 수행하기 위해서는 다양한 자원(예: 연산 장치, 메모리 등)이 필요하며, 필요한 자원을 요청할 수 있는 상태라는 의미에서의 정의

- **능동적인 개체**

  프로세스는 실행 중에 다양한 자원에 대한 요구, 할당, 반납을 능동적으로 수행한다는 측면에서의 정의

- **프로세스 관리 블록(PCB)을 할당받은 개체**

  작업이 커널에 등록되면, 커널은 해당 프로세스(등록된 작업)를 관리하기 위한 데이터 블록(PCB)을 생성. 프로그램 관리 블록(PCB)이 할당되었다는 것은 커널에 작업이 등록되었다는 것을 의미한다는 측면의 정의

이 외에도 다양한 형태로 프로세스를 정의할 수 있으며, 한 가지 정의 정도는 왜 그렇게 정의할 수 있는지 그 이유와 함께 기억해 두도록 하자.

● 자원(resource)

앞서 살펴본 프로세스의 정의들 중, '각종 자원들을 요청하고 할당받을 수 있는 개체'와 '능동적 개체'라는 정의에서 중요 키워드는 '자원'이다. 자원 또한 다양하게 정의될 수 있지만, 프로세스 또는 운영체제의 입장에서 자원은 다음과 같이도 정의될 수 있다.

- **커널의 관리하에 프로세스에게 할당 및 반납되는 수동적 개체**

프로세스에게 할당 및 활용되는 자원의 종류는 크게 하드웨어 자원들과 소프트웨어 자원들로 구분할 수 있다. 하드웨어 자원은 우리가 만질 수 있는 컴퓨터 시스템 구성 요소들로써, 프로세서(연산 장치), 메모리, 디스크, 모니터, 키보드 등이 있다. 소프트웨어 자원은 실체는 있지만 물리적으로 만질 수 없는 자원들로써 프로세스들 사이에 주고받는 메시지, 시그널(signal), 파일, 설치된 소프트웨어 등이 있다.

● 프로세스 관리 블록(Process Control Block, PCB)

프로세스 관리 블록(PCB)은 프로세스가 생성될 때 생성되는 데이터 블록(또는 데이터 구조)으로, 운영체제가 프로세스를 관리하기 위한 정보들을 보관하는 장소다. 모든 프로세스에는 하나의 PCB가 할당되며, 이러한 관점에서 프로세스를 'PCB를 할당받은 개체'라고 정의할 수 있다. PCB는 프로세스 관리를 위해 커널이 사용하는 정보로, 메모리의 커널 영역에 생성된다([그림 3-3]).

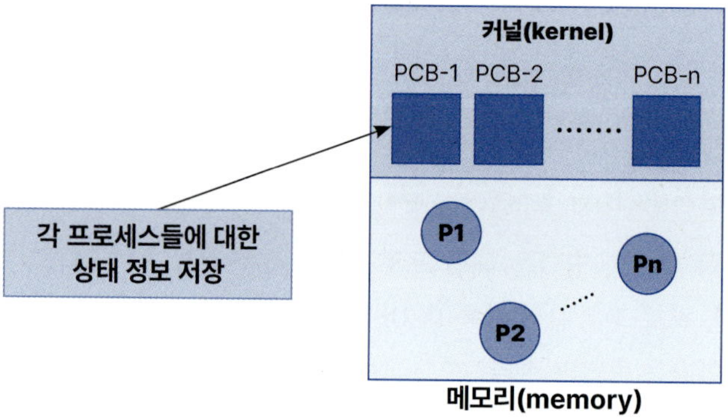

그림 3-3 메모리 속 PCB의 위치

PCB는 프로세스에 대한 다양한 정보들을 포함한다. 대표적인 정보로는 프로세스의 번호(process ID), 프로세스의 상태, 프로그램 카운터(program counter), 프로세스의 문맥 정보, 메모리 관리 정보, 입출력 상태 정보, 그리고 스케줄링 정보 등이 있다. [표 3-1]은 PCB가 관리하는 대표적인 정보들을 정리한 것이다. [표 3-1]에서 제시한 정보들 외에도 PCB는 다양한 정보를 포함하고 있으며, 정보의 종류는 운영체제에 따라 달라질 수 있다.

표 3-1 PCB가 관리하는 대표적인 정보들

정보	설명
PID	프로세스 고유 식별 번호(Process IDentification number, PID)
스케줄링 정보	프로세스 우선순위 등과 같은 스케줄링 관련 정보들
프로세스 상태	자원 할당, 요청 정보 등
메모리 관리 정보	페이지 테이블(page table), 세그먼트 테이블(segment table) 등
입출력 상태 정보	할당받은 입출력 장치, 파일 등에 대한 정보 등
문맥(context) 저장 영역	프로세스의 레지스터 상태를 저장하는 공간 등
계정 정보	다중 사용자 시스템에서 자원 사용 시간 등을 관리

PCB는 운영체제가 여러 프로세스에 대한 자원(예: CPU 사용 시간, 메모리 공간)의 할당을 효율적으로 관리할 수 있게 해주는 중요한 데이터 구조다. PCB는 운영체제가 프로세스를 처리하는 과정에서 지속적으로 참조 및 갱신되는 정보로, 효율적인 PCB 관리는 운영체제의 성능을 결정짓는 중요한 요소 중 하나다.

● 프로세스의 종류

프로세스는 구분 기준에 따라 다양하게 구분될 수 있다. 우선 프로세스는 역할에 따라 크게 두 가지로 구분할 수 있다.

- **사용자 프로세스**(user process): 사용자가 실행한 프로그램으로, 운영체제의 서비스를 이용하여 작업을 수행한다. 대부분의 일반적인 프로그램은 사용자 프로세스로 분류된다.
- **시스템 프로세스**(system process): 시스템 운영에 필요한 기능을 수행하는 프로세스로, 운영체제가 실행시키는 프로그램이다. 시스템 프로세스는 운영체제의 핵심 기능을 담당하며, 주로 백그라운드에서 실행된다. 예를 들어, 디스크 I/O, 인터럽트 처리, 메모리 관리 등이 시스템 프로세스로 분류된다.

다음으로, 다른 프로세스와의 관계에 따라 다음과 같이 분류할 수 있다.

- **독립 프로세스**(independent process): 다른 프로세스와 상호작용하지 않고 독립적으로 실행되는 프로세스다. 독립 프로세스는 자체적으로 자원을 보유하고 있으며, 다른 프로세스의 영향을 받지 않는다.
- **협력 프로세스**(cooperating process): 다른 프로세스와 상호작용하면서 실행되는 프로세스다. 다른 프로세스와 데이터를 공유하고, 서로 메시지를 주고받으면서 작업을 수행한다.

또한, 프로세스는 사용자와의 상호작용 여부에 따라 다음과 같이 분류할 수 있다.

- **포그라운드 프로세스**(foreground process): 사용자가 직접 실행한 프로세스로, 사용자와 상호작용하며 실행된다. 일반적으로 포그라운드 프로세스는 백그라운드 프로세스보다 높은 처리 우선순위를 가진다.

- **백그라운드 프로세스(background process)**: 백그라운드에서 실행되는 프로세스로, 사용자와 상호작용하지 않는다. 주로 시스템 프로세스나 서버 프로그램 등이 이에 해당된다.

이 외에도 프로세스는 사용 목적, 실행 형태, 상태 등의 기준으로 다양하게 구분될 수 있다.

요약

프로세스(process)란?

- 실행 중인 프로그램
- 커널에 등록되고 커널의 관리하에 있는 작업
- 자원을 요청하고 할당받을 수 있는 능동적인 개체
- 프로세스 관리 블록(PCB)을 할당받은 개체

자원(resource)

- 커널의 관리하에 프로세스에게 할당 및 반납되는 수동적 개체
- **하드웨어 자원**: 프로세서, 메모리, 디스크 등
- **소프트웨어 자원**: 메시지, 시그널, 파일 등

프로세스 관리 블록(PCB)

- 프로세스 생성 시 커널이 생성하는 데이터 구조로, 프로세스 관리를 위한 정보를 저장
- 메모리의 커널 영역에 생성
- **주요 정보**: 프로세스 ID, 상태, 문맥 정보, 메모리 관리 정보, 입출력 상태 정보, 스케줄링 정보 등

프로세스의 종류

- 역할에 따른 구분
  - 사용자 프로세스: 사용자가 실행한 프로그램
  - 시스템 프로세스: 운영체제가 실행한 시스템 운영에 필요한 프로그램
- 다른 프로세스와의 관계에 따른 구분
  - 독립 프로세스: 다른 프로세스와 상호작용 없이 독립적으로 실행
  - 협력 프로세스: 다른 프로세스와 상호작용하며 실행
- 사용자 상호작용 여부에 따른 구분
  - 포그라운드 프로세스: 사용자와 직접 상호작용하며 실행
  - 백그라운드 프로세스: 사용자와 상호작용 없이 백그라운드에서 실행

3.2 프로세스 상태

프로세스는 생성되고 소멸되기까지 다양한 상태를 순환하는 생애주기(life-cycle)를 가진다. 프로세서의 상태는 자원(예: 프로세서, 메모리 등)과의 상호작용에 의해 결정되며, [표 3-2]는 프로세스의 주요 상태와 각 상태의 특성을 요약한 것이다.

표 3-2 프로세서의 상태

프로세스 상태		자원 할당 상태	
Active (swapped-in)	Running	프로세서 O	메모리 O
	Ready	프로세서 X, 기타 자원 O	
	Blocked, Asleep	프로세서 X, 기타 자원 X	
Suspended (swapped-out)	Suspended ready	프로세서 X	메모리 X
	Suspended block	프로세서 X, 기타 자원 X	

우선 메모리의 할당 여부에 따라 활성(active)과 중지된(suspended) 상태가 결정되는 것을 볼 수 있다. 그리고 프로세서(예: CPU)의 할당 상태에 따라 실행(running)과 준비(ready) 상태가 구분된다. 마지막으로 기타 자원(예: 입출력 장치 등)이 할당되지 않은 상태는 차단된(blocked) 또는 대기(asleep) 상태로 정의되는 것을 볼 수 있다. 이 외에도 생성(created) 상태와 종료(terminated) 상태가 있으며, 각 상태들의 관계 및 전이 조건은 [그림 3-4]와 같다.

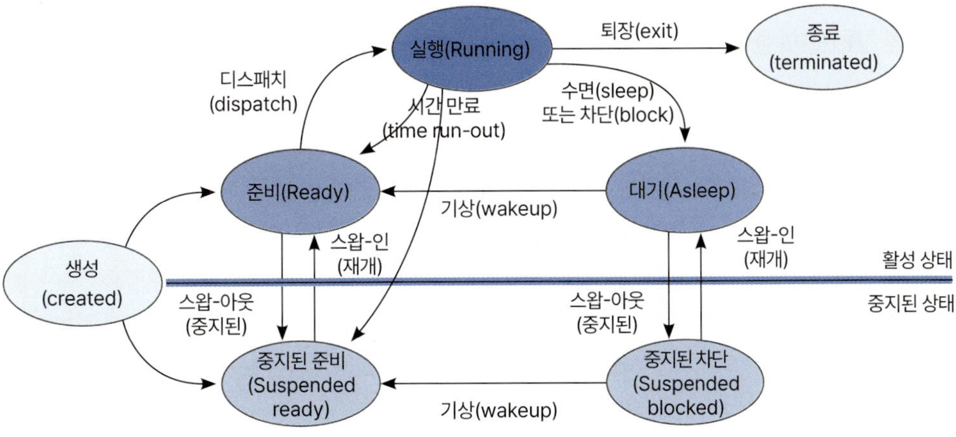

그림 3-4 프로세스 상태 전이 다이어그램

지금은 [그림 3-4]의 내용을 이해하기 어려울 것이다. 일단 한번 훑어보고, 다음에서 각 상태의 세부 내용 및 상태 전이에 대해 좀더 자세히 알아보자. 그리고 세부 내용들을 공부하고 돌아와서 다시 [그림 3-4]를 보면, 전체 내용이 한눈에 들어올 것이다.

생성 상태(created state)

생성 상태는 프로세스가 처음 가지는 상태로, 작업(job)이 커널에 등록되면 프로세스를 생성하는 역할을 한다. 프로세스 관리 블록(PCB)도 이때 생성된다. 프로세스가 생성되면, 커널은 프로세스에게 할당할 가용 메모리 공간이 있는지 확인한다. 만약, 프로세스 실행을 위한 충분한 가용 메모리 공간이 있다면, 프로세스는 준비(ready) 상태로 전이된다([그림 3-5]). 반대로 메모리 공간이 충분하지 않은 경우, 프로세스는 중지된 준비(suspended ready) 상태로 전이되어 메모리 할당을 대기하게 된다.

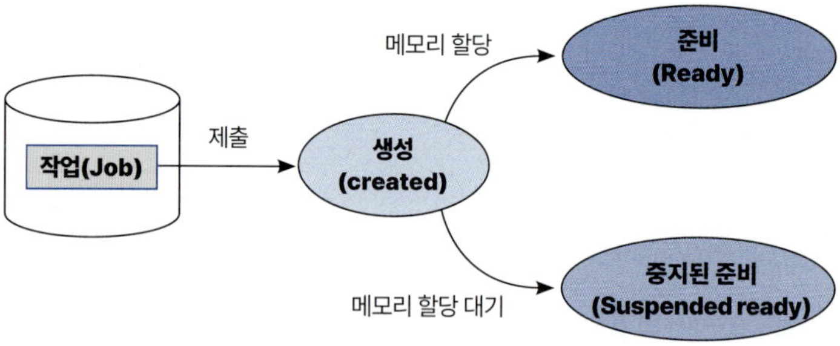

그림 3-5 프로세스의 생성 상태 및 상태 전이

준비 상태(ready state)

준비 상태는 프로세스가 실행에 필요한 자원 중 프로세서(예: CPU)를 제외한 모든 자원을 할당받은 상태를 말한다. 즉, 프로세서만 할당받으면 바로 실행이 가능한 준비된 상태다. 커널은 준비 상태의 프로세스들을 관리하기 위한 준비 큐(ready queue)를 가지고 있으며, 준비 상태의 프로세스들은 준비 큐에 들어가 커널이 프로세서를 할당해 주기를 기다리게 된다. 커널은 프로세서가 사용 가능해지면, 스케줄링(**5장**) 정책에 따라 준비 큐에 있는 프로세스 중 하나에게 할당해 준다. 프로세서를 할당받은 프로세스는 실행(running) 상태로 전이되어 작업을 수행하게 된다([그림 3-6]).

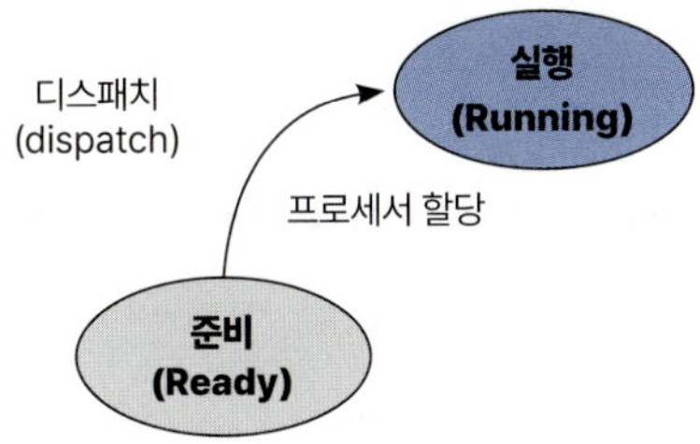

그림 3-6 프로세스의 준비 상태 및 상태 전이

커널의 스케줄링에 의해 프로세스가 준비 상태에서 실행 상태로 전이된다는 점에서, 이 상태 전이를 **스케줄**(schedule) 또는 **디스패치**(dispatch)라고 한다.

실행 상태(running state)

실행 상태는 프로세스가 작업 수행에 필요한 모든 자원(프로세서, 메모리, 기타 자원)을 할당받은 상태로, 실제로 프로세스가 자신의 작업을 수행하게 된다. 프로세스의 입장에서는 한번 실행 상태가 되면, 필요한 모든 작업을 다 수행하고 나오는 것이 좋을 것이다. 하지만, 다양한 이유로 실행 상태의 프로세스는 프로세서(예: CPU)를 빼앗기거나 반납하게 된다.

실행 상태 프로세스가 프로세서를 빼앗기는 대표적인 원인 중 하나는 할당된 사용 시간을 모두 소비한 경우다. 대표적으로 시분할 시스템(time-sharing system)에서는 프로세서를 시간 단위로 나누어 프로세스에게 할당하며, 할당된 시간이 다 되면 다른 프로세스에게 프로세서를 넘기게 된다. 이처럼 주어진 시간이 다 되어 프로세서를 빼앗기는 것을 '**시간 만료**(timer run-out)'라고 한다. 시간 만료 외에도, 운영체제의 프로세스 스케줄링 정책(예: 프로세스 우선순위) 등에 따라서도 프로세서를 빼앗길 수 있다. 이처럼 프로세서를 빼앗기는 것을 다른 프로세스에게 프로세서를 '**선점**(preemption)당했다'라고도 표현한다. 시간 만료 또는 선점에 의해 프로세서를 빼앗긴 경우, 프로세서 이외의 자원은 여전히 가지고 있다. 따라서, 해당 프로세스는 프로세서만 있으면 다시 실행할 수 있는 상태인 준비(ready) 상태로 전이된다([그림 3-7]).

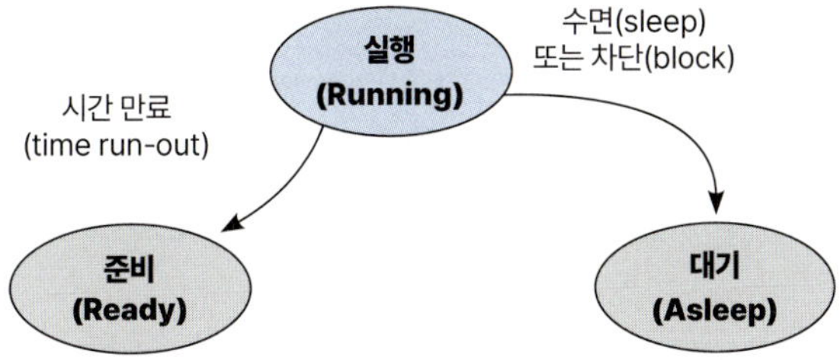

그림 3-7 프로세스의 실행 상태 및 상태 전이

다음으로 프로세스가 프로세서를 반납하는 경우는, 프로세스가 작업 중 프로세서 외 다른 자원을 요청하는 경우다. 프로세스가 다른 자원을 요청하는 대표적인 예로는 디스크 접근 등과 같은 입출력 작업이 있다. 이러한 경우, 해당 자원에 대한 처리가 완료되기 전까지는 다음 작업을 진행할 수 없다. 즉, 프로세서를 가지고 있어도 사용하고 있지 않은 상태가 됨을 의미한다. 운영체제 입장에서 사용 가능한 자원이 사용되지 않는 유휴 상태로 있는 것은 자원이 낭비되고 있다고 말할 수 있다. 은행에 가서 일을 보던 중 추가 서류가 필요해 집에 다녀오는 사이, 해당 은행 창구에서 다른 사람을 받지 않고 있는 것과 같다. 즉, 이는 매우 비효율적인 자원 활용 방법이다. 따라서, 프로세스가 기타 자원을 필요로 하는 경우, 해당 프로세스는 대기 상태(asleep 또는 blocked)로 내려가서 기타 자원의 할당을 대기하게 된다. 대기 상태로 전이된다는 의미에서 이러한 전이를 **수면(sleep)**이라고 표현한다. 또한, 차단된(blocked) 상태가 된다는 의미에서 **차단(block)**이라고 표현하기도 한다.

차단된/대기 상태(blocked/asleep state)

차단된 또는 대기 상태는 프로세스가 프로세서 외 다른 자원을 요청하고 해당 자원에 대한 요청의 처리를 기다리고 있는 상태다. 대기 상태를 만드는 대표적인 요청에는 입출력 장치와의 통신이 있으며, 디스크 접근, 네트워크 통신 또는 소프트웨어적 자원(예: 특정 시그널) 등이 이에 해당한다. 이러한 자원 요청은 주로 시스템 호출(system call)을 통해 이루어지며, 프로세스가 시스템 호출을 하면 대기 상태가 되고 해당 시스템 호출이 완료될 때까지 대기하게 된다고도 말할 수 있다.

대기 상태의 프로세스가 요청한 자원(또는 시스템 호출)에 대한 처리가 완료되면, 해당 프로세스는 준비(ready) 상태로 전이되어 다음 실행을 위한 프로세서 할당을 기다린다. 대기(asleep) 상태에서 깨어난다는 의미에서 대기 상태에서 준비 상태로의 전이를 **'기상(wakeup)'**이라고 부른다.

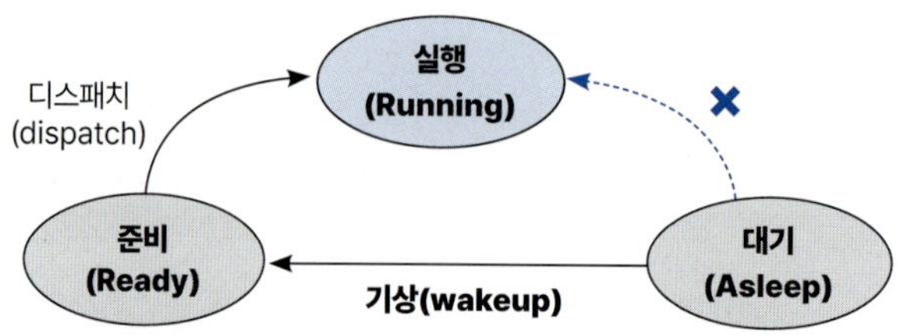

그림 3-8 프로세스의 차단된/대기 상태 및 상태 전이

대기 상태에서 실행 상태로 바로 가지 않고, 준비 상태를 거쳐 다시 실행 상태가 된다는 점을 기억하자. 은행 업무를 보다가 집에 서류를 가지러 다녀왔다고, 다른 사람이 업무를 보고 있는데 자리를 빼앗을 수는 없는 것과 같다.

중지된 상태(suspended state)

프로세스가 생성되고 메모리를 할당받지 못하면, 중지된 준비(suspended ready) 상태가 된다고 했다. 즉, **중지된(suspended) 상태는 프로세스가 필요한 메모리 공간을 할당받지 못한 상태**를 의미한다. 할당받았던 메모리 공간을 빼앗기는 경우도 있으며, 메모리를 빼앗긴 상태 또한 필요한 메모리 공간을 가지지 못했기 때문에 중지된 상태가 된다.

프로세스가 준비 상태에서 메모리를 빼앗기게 되면, **중지된 준비(suspended ready)** 상태가 된다. 또한, 대기 상태에서 메모리를 빼앗기면 **중지된 대기(suspended asleep)** 또는 **중지된 차단 상태(suspended block) 상태**가 된다([그림 3-9]). 반대로 중지된 상태의 프로세스가 메모리를 할당받으면, 활성(active) 상태 즉, 준비(ready) 또는 대기(asleep) 상태가 된다. 중지된 차단 상태의 프로세스가 요청한 기타 자원을 할당받으면 중지된 준비 상태로 전이하게 된다.

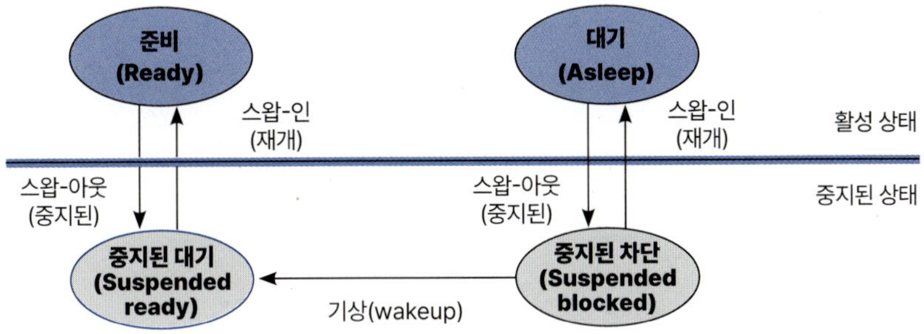

그림 3-9 프로세스의 중지된 상태 및 상태 전이

활성 상태의 프로세스가 메모리 공간을 빼앗기게 되면, 지금까지 수행한 작업의 정보는 어떻게 될까? 만약 메모리를 그냥 빼앗겨 버리면, 지금까지 작업한 내용이 모두 사라져 버리게 되어, 다시 자원을 할당받으면 처음부터 작업을 처리해야 할 것이다. 워드 프로세서로 문서 작업을 하다가 컴퓨터를 꺼야 하는 경우를 생각해 보자. 컴퓨터를 껐다가 다시 켜면 문서 작업을 처음부터 다시 시작하는가? 그렇지 않을 것이다. 우리는 컴퓨터를 종료 전에 지금까지의 작업 내용을 디스크에 저장해 놓고, 다시 작업을 시작할 때 저장된 문서를 불러와서 중지된 지점부터 작업을 다시 시작한다.

프로세스가 메모리를 빼앗기는 경우도 이와 마찬가지다. 메모리를 시스템(운영체제)에게 반납하기 전에 프로세스의 메모리 상태(데이터)는 스왑 디바이스(swap-device)에 저장된다. **스왑 디바이스**는 운영체제가 사용하는 가상의 메모리 공간으로, 물리적으로는 디스크 공간을 사용한다. 가상 메모리에 대한 자세하 내용은 **9장**에서 다룰 예정으로, 지금은 프로세스의 메모리 상태를 임시 저장해 두는 공간이라는 수준으로 이해하도록 하자. 프로세스가 중지(suspended) 상태가 될 때, 메모리 정보가 스왑 디바이스로 나간다는 의미에서 이 상태 전이를 **스왑-아웃**(swap-out)이라고도 한다.

반대로, 메모리를 다시 할당받아 중지된 상태에서 활성(active) 상태로 전이되는 경우, 스왑 디바이스에 저장해 두었던 메모리 상태를 불러와서 복구한다. 스왑 디바이스에 있는 데이터를 메모리 안으로 가지로 온다는 의미에서, 이 상태 전이를 **스왑-인(swap-in)**이라고도 한다. 또한, 활성 상태가 되면 다시 작업을 시작할 수 있는 상태가 된다는 의미에서, 프로세스 작업을 '**재개**(resume)한다'고도 말할 수 있다.

종료/좀비 상태(terminated/zombie state)

프로세스 생애주기의 마지막 단계는 종료 상태다. 프로세스가 자신의 작업을 모두 완료하면 실행(running) 상태에서 종료 상태로 바뀐다. 작업을 모두 완료하였는데도 살아 있다는 뜻에서, 죽었는데 죽지 않은 좀비와 유사하다고 해서 좀비(zombie) 상태라고도 불린다.

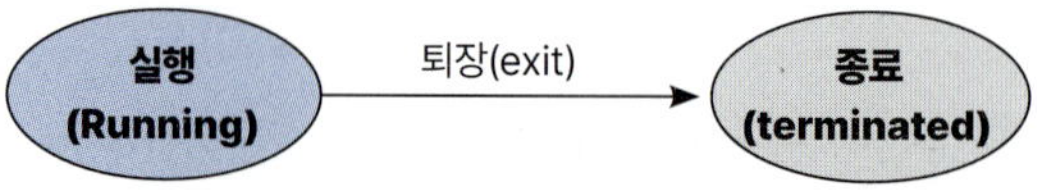

그림 3-10 프로세서의 종료 상태 및 상태 전이

운영체제는 왜 종료된 프로세스를 바로 제거하지 않고, 종료 상태에 둘까? 프로세스는 다양한 자원을 할당받아 작업을 처리한다. 따라서 작업을 종료하고 나면, 할당받았던 모든 자원을 반납해야 한다. 종료 상태의 핵심 역할 중 하나는 프로세스에 할당했던 자원을 모두 회수하는 것이다. 이는 효율적인 시스템 자원 관리를 위해 매우 중요한 작업이다. 모든 자원이 반납되면, 커널 내 일부 PCB(프로세스 관리 블록) 정보만 남아 있는 상태가 된다. 좀비 상태의 프로세스에 대해 커널은 또한 PCB 속 정보를 수집하고 이후 프로세스 관리를 위해 사용할 수 있다. 예를 들어 특정 프로그램의 자원 사용 패턴을 미리 알 수 있다면, 해당 프로그램이 실행되어 생성된 프로세스에 대한 자원 할당을 더욱 효율적으로 할 수 있을 것이다. 구체적인 PCB 정보 활용 방법은 운영체제에 따라 서로 다를 수 있다.

지금까지 프로세스가 생애주기 동안 거쳐 가는 상태(state)와 상태 사이의 전이 조건 및 의미를 살펴보았다. 요약하면, 프로세스의 상태는 프로세스와 자원의 상호작용에 의해 결정되며, 프로세스의 상태를 결정하는 주요 자원에는 프로세서(예: CPU)와 메모리, 그리고 시스템 호출을 통해 접근하는 기타 자원이 있다. 프로세스의 상태 전이는 이러한 자원들의 할당 또는 반납 여부에 따라 발생한다. 본 절의 초반에 제시한 [표 3-2]가 이러한 프로세스 상태와 자원 할당 관계를 잘 정리하고 있으니 다시 한번 살펴보면서 공부한 내용을 정리해 보자. 또한, 처음에는 이해하기 어려웠던 [그림 3-4]를 지금 보면 쉽게 이해될 것이다. 마찬가지로 다시 한 번 살펴보며 학습한 내용을 정리해 보자.

요약

프로세스 상태의 개념

- 프로세스는 생성부터 소멸까지 다양한 상태를 거치며 생애주기를 가짐
- 프로세스의 상태는 자원(예: 프로세서, 메모리 등)과의 상호작용에 의해 결정

프로세스의 주요 상태

- **생성 상태**(created state)
  - 작업이 커널에 등록되어 프로세스가 생성된 상태로, PCB(프로세스 관리 블록) 생성
  - 메모리 공간 유무에 따라 준비 상태 또는 중지된 준비 상태로 전이
- **준비 상태**(ready state)
  - 프로세서를 제외한 모든 필요 자원을 할당받은 상태로, 준비 큐(ready queue)에서 프로세서 할당을 기다림
  - 스케줄러에 의해 선택되면 실행 상태로 전이
- **실행 상태**(running state)
  - 프로세서를 포함한 모든 필요 자원을 할당받아 작업을 수행 중인 상태
  - 시간 만료나 선점으로 프로세서를 빼앗기면 준비 상태로 전이
  - 입출력 등 다른 자원 요청 시 차단된/대기 상태로 전이
- **차단된/대기 상태**(blocked/asleep state)
  - 프로세서 외 다른 자원을 기다리는 상태
  - 요청한 자원을 할당받으면 준비 상태로 전이
- **중지된 상태**(suspended state)
  - 메모리를 할당받지 못한 상태
  - 중지된 준비 상태와 중지된 대기 상태로 구분
- **종료 상태**(terminated/zombie state)
  - 프로세스가 작업을 완료한 후의 상태
  - 할당받은 자원 반납 및 PCB 정보 수집 후 시스템에서 완전히 제거

3.3 문맥 교환(context switch)

앞서 프로세스는 다양한 상태 전이를 하면서 작업을 수행한다고 했다. 그중 실행 상태는 프로세서(예: CPU[9])를 할당받아 작업을 수행하는 상태이며, 프로세스는 다양한 이유로 실행 상태에서 다른 상태로 전이하게 된다. 그렇다면 실행 상태의 프로세스가 다른 상태로 전이하면 수행하던 작업은 어떻게 되는 걸까? 그리고 다시 실행 상태가 되면 어디서부터 다시 작업을 시작하게 될까?

긴 플레이 시간을 요구하는 컴퓨터 게임을 하다가 다른 일로 잠시 멈추어야 하는 경우를 생각해 보자. 다른 일을 하고 돌아오면 게임을 처음부터 다시 시작하는가? 아닐 것이다. 대부분 현재 진행 상황을 기록(저장)해 놓았다가, 다시 게임을 시작할 때 저장된 상황을 복구하고 게임을 이어 나갈 것이다.

프로세스의 경우도 다시 실행 상태가 되면 하던 작업을 이어가기 위해, 실행 상태에서 내려올 때 현재 작업 수행 상황을 기록해 놓는다. 만약 이를 저장해 놓지 않는다면, 실행 상태가 될 때마다 작업을 처음부터 실행해야 할 것이다. 운영체제가 관리하는 프로세스의 작업 상황을 **문맥**(context)이라고 한다. 좀 더 구체적으로 문맥은 프로세스의 실행 상태와 관련된 정보들의 집합으로 정의되며, 각종 레지스터값, 프로세스 상태 정보, 그리고 주소 공간 정보들이 이에 해당된다. 프로세스의 문맥은 다음 두 가지로 구분해 볼 수 있다.

- **레지스터 문맥**(register context): CPU 레지스터들(예: 프로그램 카운터 등)의 내용을 포함한다. 이 정보는 프로세스가 중지된 지점에서 다시 시작할 수 있도록 하는 데 필요하다.
- **메모리 문맥**(memory context): 프로세스 문맥 중 메모리 영역에 저장된 정보들로, 레지스터 문맥을 제외한 대부분이 이에 해당된다.

9 CPU뿐만 아닌, 다른 종류의 프로세서(또는 연산 장치)들을 사용하는 프로세스가 교체될 때도 문맥 교환이 발생한다. 본 장에서는 설명의 편의를 위해 CPU로 지칭한다.

실행 상태에서 내려온다는 것은 CPU를 다른 프로세스에게 넘겨준다는 것으로, 다시 CPU를 할당받았을 때 하던 작업을 이어가기 위해서는 레지스터 문맥을 저장해 두어야 한다. 프로세스의 문맥은 PCB에서 관리되며 레지스터 문맥 또한 PCB에 저장된다. 이처럼, 프로세스의 실행이 중단될 때 레지스터 문맥을 저장하는 과정을 **문맥 저장**(context saving)이라고 한다. 그리고 프로세스가 실행 상태가 되면, PCB에 저장되어 있는 문맥 정보를 읽어와 CPU 레지스터 값(상태)을 복구하고, 하던 작업을 이어간다. 이처럼 저장해 두었던 문맥 정보를 복구하는 과정을 **문맥 복구**(context restoring)라고 한다.

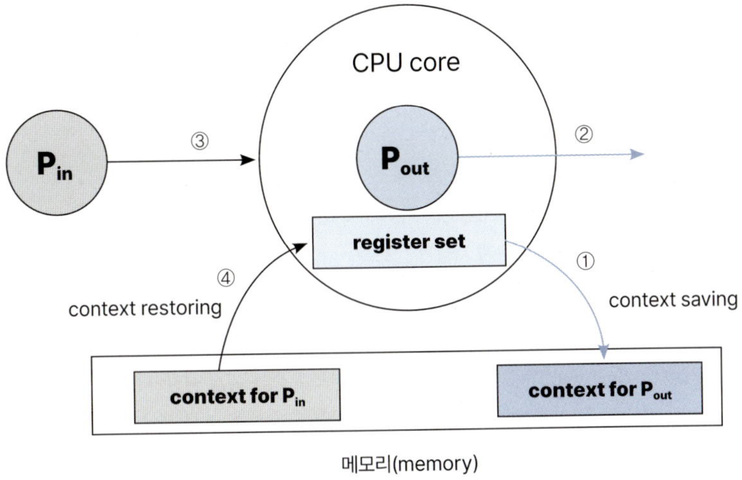

그림 3-11 문맥 교환의 개념

CPU를 사용하는 프로세스가 P_{out}에서 P_{in}으로 교체될 때, P_{out}의 문맥을 저장하고 P_{in}의 문맥을 복구하는 작업이 수행된다([그림 3-11]). 이처럼 CPU를 사용하는 프로세스 교체 과정에서 발생하는 문맥 저장과 문맥 복구 과정을 묶어서 **문맥 교환**(context switching)이라고 한다.

문맥 교환은 운영체제(커널)에 의해 이루어지며 메모리와 CPU 레지스터 사이의 값 복사 등과 같은 과정을 요구한다. 즉, 일반적으로 문맥 교환은 높은 비용(overhead)을 요구하며, 잦은 문맥 교환은 시스템 성능을 낮추는 요인이 될 수 있다. 따라서, 불필요한 문맥 교환이 발생하지 않도록 하는 것이 중요하며, 이는 CPU를 사용하는 프로세스를 교체해 주는 운영체제의 프로세스 스케줄링 전략에 큰 영향을 받는다. 프로세스 스케줄링에 대한 내용은 **5장**에서 다룬다. 또한, 문맥 교환의 비용을 줄이는 방법으로 프로세스보다 가벼운 스레드(thread)를 사용하는 방법이 있다. 스레드에 대해서는 **4장**에서 다룬다.

프로세스의 CPU 사용 중단은 프로세스 스케줄링 외에도 다양한 이벤트로 발생할 수 있다. 이러한 이벤트를 처리하는 메커니즘이 바로 '인터럽트'다. 인터럽트는 프로세스의 실행을 일시 중단하고, 운영체제에 제어를 반환하는 신호로, 하드웨어 장치 또는 소프트웨어에서 발생할 수 있다. 인터럽트는 시스템의 효율성과 반응성을 높이는 데 중요한 역할을 하며, 운영체제의 핵심 기능 중 하나다. 다음 3.4절에서는 인터럽트의 개념과 그 처리 과정에 대해 자세히 살펴보겠다.

요약

문맥 교환(context switch)의 정의

- 프로세서(CPU)를 사용하는 프로세스가 교체될 때 발생하는 작업
- 실행 중인 프로세스의 상태를 저장하고 다음 실행할 프로세스의 상태를 복원하는 과정

문맥(context)의 개념

- 프로세스의 실행 상태와 관련된 정보들의 집합
- **레지스터 문맥**: CPU 레지스터들(예: 프로그램 카운터)의 내용
- **메모리 문맥**: 프로세스의 메모리 영역에 저장된 정보들

문맥 교환 과정

- **문맥 저장**(context saving): 실행 중인 프로세스의 문맥을 PCB에 저장
- **문맥 복구**(context restoring): 다음 실행할 프로세스의 문맥을 PCB에서 읽어와 CPU 레지스터 등에 복원

문맥 교환의 오버헤드

- 문맥 교환은 상당한 시스템 오버헤드를 유발 가능
- 메모리와 CPU 레지스터 간의 데이터 복사 등으로 인한 비용 발생
- 잦은 문맥 교환은 시스템 성능 저하의 원인

3.4 인터럽트(interrupt)

컴퓨터 시스템에서는 다양한 이벤트(event)가 발생하며, 이러한 이벤트들은 시스템의 정상적인 작동을 방해하거나 새로운 작업을 요구할 수 있다. 이러한 이벤트들을 효과적으로 처리하기 위해 '인터럽트'라는 메커니즘이 사용된다. **인터럽트(interrupt)**란 시스템 내부 또는 외부에서 발생한 이벤트를 뜻한다. 인터럽트에는 다양한 종류가 있으며, [표 3-3]은 대표적인 인터럽트들에 대한 설명이다.

표 3-3 인터럽트의 예

인터럽트의 종류	설명
입출력 인터럽트 (I/O interrupt)	I/O 장치에서 데이터 전송이 완료되었을 때 발생하는 인터럽트로, 이를 통해 CPU는 I/O 작업의 완료를 알 수 있다.
클럭 인터럽트 (clock interrupt)	시스템 클럭에 의해 일정 시간마다 발생하는 인터럽트로, 이를 통해 운영체제는 시간을 추적하고, 필요한 경우 프로세스 스케줄링을 수행할 수 있다.
콘솔 인터럽트 (console interrupt)	콘솔 창에서 사용자 입력(키보드 입력 등)에 응답하기 위해 발생하는 인터럽트다.
프로그램 검사 인터럽트 (program check interrupt)	프로그램 실행 중에 발생하는 예외 상황(예: 0으로 나누기, 오버플로우 등)을 처리하기 위해 발생하는 인터럽트다.
기계 검사 인터럽트 (machine check interrupt)	하드웨어의 오류나 문제를 감지할 때 발생하는 인터럽트다.
프로세스 간 인터럽트 (inter process interrupt)	하나의 프로세스가 다른 프로세스에게 신호를 보내거나 통신할 필요가 있을 때 발생하는 인터럽트다.
시스템 호출 인터럽트 (system call interrupt)	프로세스가 운영체제의 서비스를 요청할 때 발생하는 인터럽트로, 이를 통해 프로세스는 파일 시스템 접근, 네트워크 통신 등의 시스템 리소스를 사용할 수 있다.

'방해하다'라는 단어의 뜻처럼, 인터럽트는 정상적인 프로세스의 실행을 중단시키고 제어를 시스템(운영체제)으로 반환한다. 여러분이 열심히 시험 공부를 하고 있는데, 친구가 옆구리를 '쿡' 찌름으로써 공부(프로세스)를 중단시키는 것에 인터럽트를 비유할 수 있다. 공부 중에 친구가 옆구리를 '쿡' 찌름으로써 공부가 중단되면, 어떻게 하는가? 가장 먼저 해야 할 일은

① 누가 나를 찌른 건지, 그리고 왜 내 공부를 중단시켰는지 이유를 물어보는 것이다. 이유를 파악했으면 ② 어떻게 대응할지 결정해야 한다. 예를 들어 친구가 커피를 마시러 가자고 하는 거라면, 같이 커피를 마실지, 아니면 잠시 대화만 나눌지 등과 같은 대응 방법(서비스)을 결정할 수 있다. 대응 방법을 결정했다면 ③ 그에 맞추어 행동, 즉 친구에게 서비스를 제공한다. 그런 후 돌아와서 공부를 다시 시작하게 될 것이다.

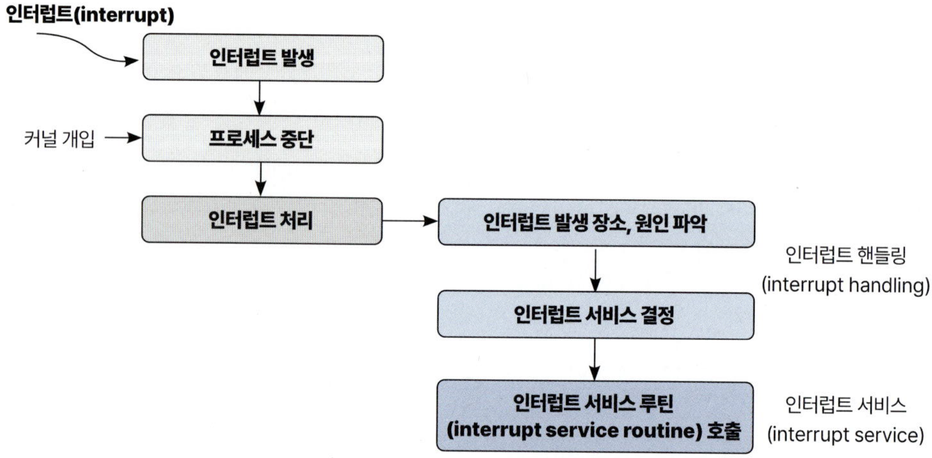

그림 3-12 인터럽트 처리 과정 개요

운영체제의 인터럽트 처리 절차도 우리가 친구의 방해를 해결하는 방법과 유사하다. [그림 3-12]는 일반적인 인터럽트 처리 과정의 개요를 보여준다. 인터럽트가 발생하면 우선 커널이 개입하여 현재 실행 중인 프로세스를 중단시킨다. 그리고 가장 먼저 ① 커널은 인터럽트의 발생 장소와 원인을 파악한다. 다음으로 ② 해당 인터럽트에 대해 어떤 서비스를 할 것인지를 결정한다. 그리고 ③ 결정된 서비스 루틴(ISR)을 호출하여 인터럽트에 대응되는 서비스를 수행한다.

인터럽트의 한 예로, 우리가 게임을 할 때 키보드나 마우스를 통해 캐릭터를 조작하는 경우를 생각할 수 있다. 우리가 하는 게임(프로세스)은 우리가 언제 마우스를 누를지 알 수 없다. 그렇다고 사용자 마우스를 누를 때까지 다른 작업(예: 게임 진행)을 보류하고 있을 수 없다. 따라서 게임 프로세스는 사용자의 입력을 기다리지 않고 계속해서 게임을 진행한다. 이때 사용자가 마우스를 클릭하면, 이는 하드웨어 인터럽트를 발생시키고, 이 인터럽트는 현재 실행 중인 프로세스(게임)를 일시 중단시킨다. 이후 운영체제는 이 인터럽트를 처리하기 위해 인터럽트 서비스 루틴을 호출한다. 인터럽트 서비스 루틴은 사용자의 마우스 클릭을 '캐릭터 공격' 등의 액션으로 변환한다. 이 작업이 끝나면, 운영체제는 인터럽트가 발생하기 전에 실행되던 게임을 계속 진행한다. 이렇게 인터럽트 메커니즘을 통해 게임은 사용자의 입력을 실시간으로 받아들이고 반응할 수 있다.

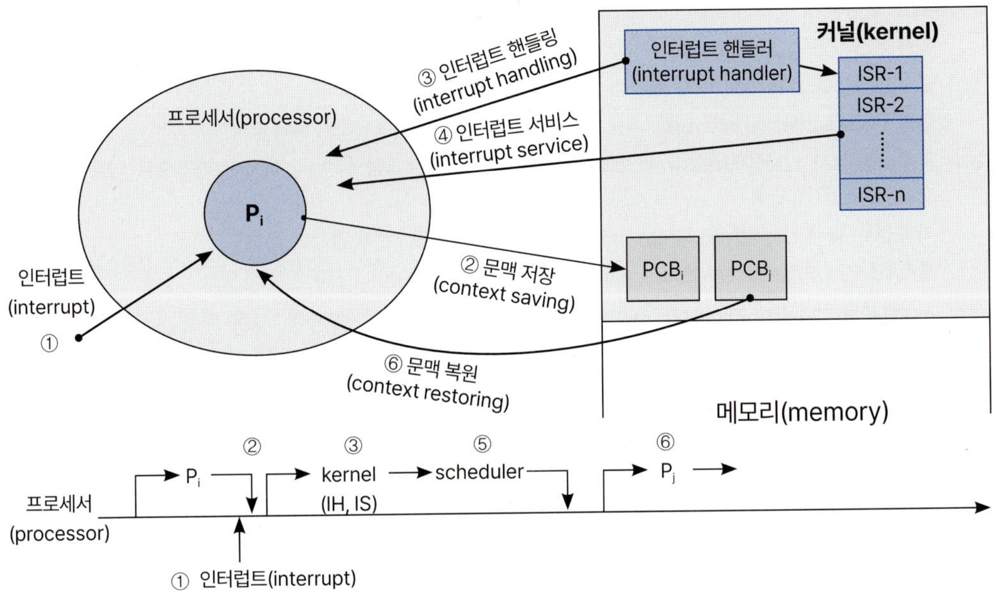

그림 3-13 프로세스 관점에서 인터럽트 처리 과정

[그림 3-13]은 프로세서(예: CPU)와 프로세스의 관점에서 인터럽트 처리 과정을 보여준다. 프로세스 P_i가 현재 CPU를 사용하고 있다고 하자. ① 인터럽트가 발생하면 현재 프로세서를 사용하고 있는 P_i의 실행이 중단되고, ② P_i의 레지스터 컨텍스트가 PCB_i에 저장된다. P_i의 중단 과정이 완료되면 ③ 인터럽트를 처리하기 위한 인터럽트 핸들러(interrupt handler)가 호출된다. 인터럽트 핸들러는 앞서 살펴본 인터럽트 처리 과정에 따라 ④ 인터럽트 서비스 루틴(ISR)을 결정하고 실행한다. 즉, ISR이 CPU를 사용하게 되며 인터럽트 서비스를 수행한다. 인터럽트 서비스가 종료되면 ⑤ 운영체제(커널)는 프로세스 스케줄링을 통해 준비 상태의 프로세스 중 다음에 실행할(CPU를 사용할) 프로세스를 결정한다. 이때 선택되는 프로세스는 스케줄링 정책에 따라 인터럽트 전 프로세스를 사용하고 있던 P_i가 아닌 다른 프로세스가 선택될 수 있다. 은행 업무 처리 중 필요한 서류가 있어 자리를 비웠다가, 다시 돌아오면 다시 줄을 서야 하는 것과 비슷하다. 다음에 CPU를 사용할 프로세스 P_j가 선택되면 ⑥ PCB_j에서 컨텍스트를 읽어 복구한다. 그리고 이전에 중단된 P_j의 작업을 이어서 수행하게 된다.

요약

인터럽트(interrupt)의 정의

- 시스템 내부 또는 외부에서 발생한 예외적인 상황이나 이벤트를 처리하기 위한 메커니즘
- 실행 중인 프로세스를 일시 중단하고 운영체제에 제어를 넘기는 신호

인터럽트의 종류

- **입출력 인터럽트(I/O interrupt)**: I/O 장치의 데이터 전송 완료 시 발생
- **클럭 인터럽트(clock interrupt)**: 시스템 클럭에 의해 일정 시간마다 발생
- **콘솔 인터럽트(console interrupt)**: 사용자 입력(키보드 입력 등)에 응답하기 위해 발생
- **프로그램 검사 인터럽트(program check interrupt)**: 프로그램 실행 중 예외 상황(0으로 나누기, 오버플로우 등) 시 발생
- **기계 검사 인터럽트(machine check interrupt)**: 하드웨어 오류나 문제 감지 시 발생
- **프로세스 간 인터럽트(inter-process interrupt)**: 프로세스 간 통신이나 신호 전달 시 발생
- **시스템 호출 인터럽트(system call interrupt)**: 프로세스가 운영체제의 서비스를 요청할 때 발생

인터럽트 처리 과정

- 인터럽트 발생 → 현재 실행 중인 프로세스 중단 → 인터럽트 발생 원인 파악 → 해당 인터럽트에 대한 서비스 결정 → 인터럽트 서비스 루틴(ISR) 실행 → 인터럽트 처리 완료 후 프로세스 재개 또는 새로운 프로세스 실행

인터럽트와 문맥 교환

- 인터럽트 발생 시 현재 프로세스의 문맥을 저장
- 인터럽트 처리 후 저장된 문맥을 복원하거나 다른 프로세스로 전환

3.5 연습 문제

01 프로세스란 무엇인가?

① 컴퓨터의 메모리 관리 기법 중 하나
② 실행 중인 프로그램
③ 운영체제의 보안 기능
④ 컴퓨터 네트워크의 한 종류

02 프로세스의 상태 중 프로세서에서 실행되고 있는 상태는?

① 준비(ready) 상태
② 실행(running) 상태
③ 대기(asleep) 상태
④ 중지(suspended) 상태

03 프로세스가 준비 상태에서 실행 상태로 전환되는 시점은 언제인가?

① 메모리 할당 시
② 프로세스가 프로세서를 할당받을 때
③ I/O 작업이 완료되었을 때
④ 페이지 폴트가 발생할 때

04 문맥 교환이 발생하는 상황은?

① 프로세스가 종료될 때
② 프로세서가 다른 프로세스로 전환될 때
③ 프로세스가 실행을 중지할 때
④ 프로세스가 메모리에 로드될 때

05 운영체제에서 프로세스를 관리하는 주요 방법 중 하나는?

① 파일 시스템 관리
② 프로세스 스케줄링
③ 가상 메모리 사용
④ 네트워크 관리

06 프로세스 상태 전이 중 '차단된/대기 상태'로 전환되는 경우는?

① 프로세서가 할당되지 않을 때
② I/O 작업을 요청할 때
③ 모든 작업이 완료되었을 때
④ 새로운 프로세스가 생성되었을 때

07 프로세스 제어 블록(PCB)에 저장되지 않는 정보는?

① 프로세스 상태
② 프로그램 카운터
③ 파일 시스템 구조
④ CPU 레지스터 정보

08 프로세스 전환 시 저장되고 복구되는 정보는 어디에 저장되는가?

① 페이지 테이블
② 프로세스 제어 블록(PCB)
③ 가상 메모리
④ 캐시 메모리

09 프로세스 상태 중 '중지된(suspended) 상태'란 무엇인가?

① 프로세스가 CPU에 의해 실행되고 있는 상태
② 프로세스가 메모리에서 제거된 상태
③ I/O 작업을 수행하는 상태
④ 프로세스가 실행 대기 중인 상태

10 다음 중 프로세스 관리와 관련된 운영체제의 기능은 무엇인가?

① 메모리 할당
② 파일 시스템 관리
③ 프로세스 생성 및 종료
④ 네트워크 연결 관리

11 프로세스의 상태를 저장하는 데이터 구조는 무엇인가?

12 프로세스가 I/O 작업을 기다리기 위해 진입하는 상태는 무엇인가?

13 프로세스가 실행(running) 상태에서 준비(ready) 상태로 전환되는 이유는 무엇인가?

14 프로세스의 현재 명령어를 저장하는 레지스터는 무엇인가?

15 프로세스가 중단되고 다른 프로세스가 실행될 때 발생하는 작업을 무엇이라 부르는가?

16 I/O 작업을 기다리며, 메모리 공간도 할당받지 못한 프로세스는 어느 상태에 있는가?

17 프로세스가 CPU를 할당받아 실행될 준비가 되었을 때, 프로세스는 ________ 상태에 있다.

18 프로세스 간의 전환을 처리하는 작업을 ________ 라고 한다.

19 프로세스 제어 블록(PCB)은 ________ 상태, CPU 레지스터 정보 등을 저장한다.

20 프로세스가 생성되면 운영체제는 해당 프로세스에 대한 정보를 ________ 에 저장한다.

4 장

스레드

학 습 목 표

스레드(thread)는 컴퓨터 시스템에서 프로세서를 활용하는 기본 단위이자, 연산을 처리하는 가장 작은 단위다. 3장에서 다룬 프로세스와 혼동하기 쉽지만, 두 개념을 명확히 구분하는 것이 중요하다.
본 장에서는 스레드의 개념을 명확히 하고, 컴퓨터 시스템에서 스레드가 어떻게 구현되는지 알아본다. 이를 통해 스레드의 동작 원리와 주요 기능을 이해하고, 스레드 기반 프로그래밍의 장단점을 파악할 수 있다.

4.1 스레드의 개념

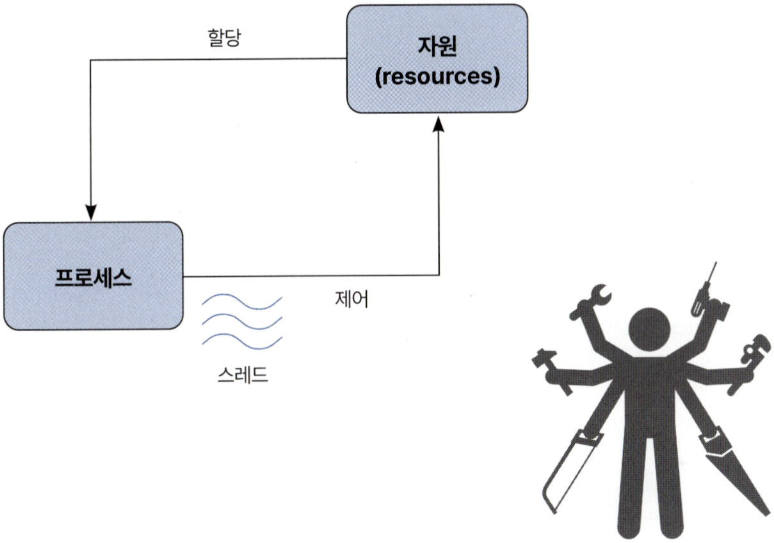

그림 4-1 프로세스와 스레드

프로세스가 작업을 수행하는 과정은 [그림 4-1]과 같이 자원을 할당받아 제어하고 원하는 목적을 달성하는 일련의 과정을 포함한다. 따라서 프로세스는 '자원'과 '제어'라는 두 가지 요소로 구성되어 있다고 말할 수 있다. 이 중에서 제어 부분만을 떼어 놓은 것이 바로 스레드이다.

스레드(thread)의 사전적 뜻은 '실'로서, 일반적으로 [그림 4-1]과 같이 실 모양으로 스레드를 표현한다. 이는 여러 개의 제어 흐름이 한데 엮여 있는 것을 표현하기도 한다.

하나의 프로세스는 여러 개의 스레드를 가질 수 있다. 이는 하나의 프로세스가 할당받은 자원들에 대해 여러 개의 제어 작업을 동시에 수행할 수 있음을 의미한다. 이를 비유하자면, 하나의 몸(프로세스)에서 여러 개의 팔(스레드)이 나와 각각의 일을 수행하는 것과 같다.

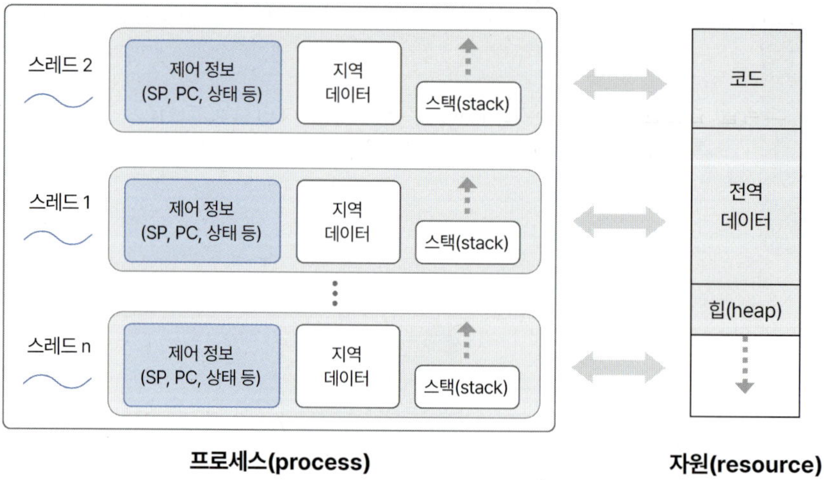

그림 4-2 스레드의 개념

프로세스 속 스레드의 모습을 조금 더 자세히 살펴보면 [그림 4-2]와 같다. 프로세스는 코드, 전역 데이터 등 메모리 영역과 입출력 장치 등과 같은 다양한 자원을 할당받는다. 이렇게 할당받은 자원들은 프로세스 내 모든 스레드들이 공유하게 된다. 스레드는 제어 정보와 지역 데이터, 그리고 내부 작업 수행을 위한 전용 메모리 공간(스택)으로 구성된다.

제어 정보는 프로그램 제어를 위한 레지스터값들을 포함한다(**1.2절** 참고). 대표적인 레지스터는 다음에 실행할 명령어의 위치를 가리키고 있는 프로그램 카운터(PC)가 있다. 또한, 스레드 지역적 데이터를 담고 있는 스택(stack) 영역 내 접근 위치를 담고 있는 스택 포인터(SP)도 포함한다. 이러한 제어 정보를 기반으로 각 스레드는 서로 독립적으로 프로세스가 할당받은 자원을 제어하고 연산을 수행할 수 있다.

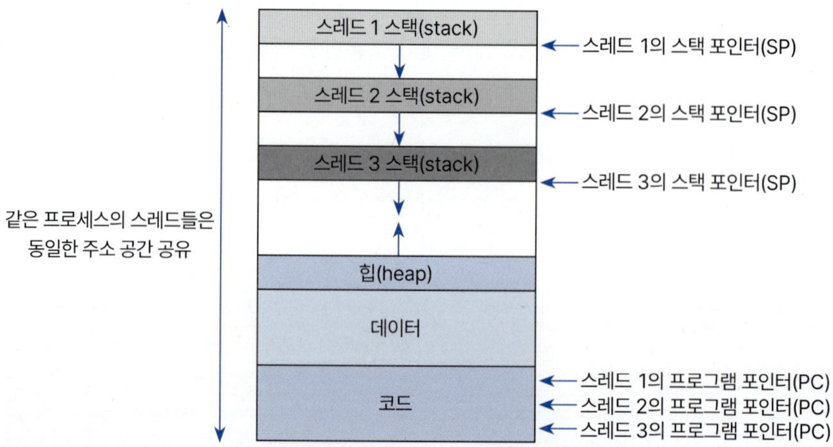

그림 4-3 프로세스의 메모리 공간

[그림 4-3]은 프로세스의 메모리 구조를 보여준다. 각 스레드는 자신만의 스택 영역을 가지고 있으며, 이 스택 영역에는 함수 호출 시의 지역 변수, 함수 호출 간의 반환 주소 등이 저장된다. 스레드가 스택을 접근할 때 스택 포인터(SP)가 그 위치를 가리키게 된다.

힙(heap), 데이터(data), 코드(code) 영역은 프로세스 수준에서 관리되는 자원으로, 모든 스레드들이 공유한다. 힙은 동적 메모리 할당을 위한 공간으로, 동적으로 생성된 데이터들이 저장된다. 데이터 영역은 전역 변수와 정적 변수가 저장되는 곳이다. 코드 영역은 프로그램의 실행 코드가 저장되는 부분이다. 이처럼 모든 스레드가 같은 코드 및 전역 데이터를 공유함으로써 자원 활용 효율을 높임과 동시에 효율적인 작업 처리가 가능하다. 예를 들어, 스레드 간 프로세서(CPU) 사용 전환은 프로세스 간 문맥 교환 대비 관리해야 할 레지스터의 범위가 적기 때문에 비용이 적다. 또한, 프로세스 간 데이터 공유는 명시적인 통신이 필요한 반면, 스레드는 공유하는 메모리 공간을 통해 손쉽게 데이터를 공유할 수 있다.

이러한 관점에서 스레드는 경량 프로세스(Light Weight Process, LWP)라고도 불리며, 프로세스 활용의 기본 단위가 된다. 전통적인 프로세스는 단일 스레드 프로세스(single-thread process)라고 할 수 있으며, 여러 개의 스레드를 가지는 프로세스는 다중 스레드 프로세스(multi-threaded process)라고 부를 수 있다.

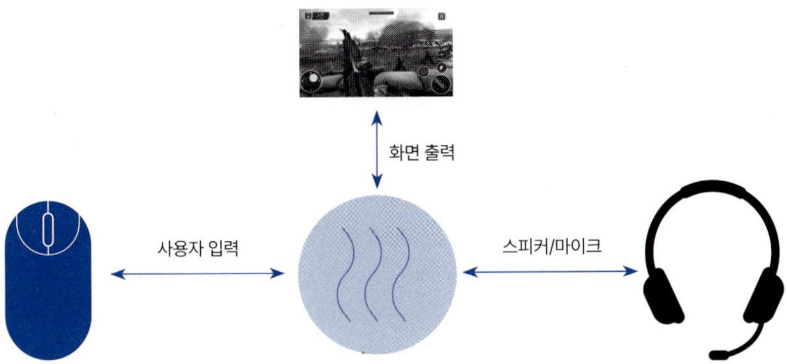

그림 4-4 다중 스레드 사용의 예

다중 스레드 프로세스는 여러 작업을 동시에 처리할 수 있어 사용자 경험과 시스템 성능을 크게 향상시킬 수 있다. [그림 4-4]는 다중 스레드 프로세스의 사용 예를 보여준다. 게임의 경우, 하나의 프로세스가 사용자 입력을 처리하면서 동시에 화면에 출력을 표시하고, 또 다른 스레드는 스피커와 마이크를 통해 오디오 데이터를 처리한다. 만약 스레드가 하나뿐이라면, 화면 출력이 이루어지는 동안 캐릭터 조작이 불가능하고, 소리를 들을 수 없는 상황이 발생할 것이다. 이처럼 다중 스레드를 사용하면 다양한 작업을 동시에 처리하여 사용자 응답성을 개선하고, 시스템 자원의 효율적 사용을 통해 성능 향상을 기대할 수 있다.

스레드는 여러 장점을 통해 프로세스의 성능과 효율성을 높인다. 이러한 스레드의 장점은 다음과 같이 정리할 수 있다.

- **사용자 응답성**(responsiveness)

  일부 스레드의 처리가 지연되더라도, 다른 스레드는 계속 작업을 수행할 수 있어 사용자에게 빠른 응답을 제공할 수 있다. 이는 특히 대화형 애플리케이션에서 중요한 요소다.

- **자원 공유**(resource sharing)

  스레드들은 같은 프로세스의 주소 공간을 공유하므로, 자원을 효율적으로 사용하고 커널의 개입을 최소화할 수 있다. 예를 들어, 여러 스레드가 같은 주소 공간에서 실행될 수 있다.

- **경제성**(economy)

  스레드를 생성하거나 문맥 교환을 수행하는 비용이 프로세스보다 훨씬 낮다. 따라서 스레드를 사용하는 것이 경제적이다.

- **멀티프로세서**(multi–processor) **활용**

  스레드는 병렬 처리를 통해 여러 프로세서에서 동시에 실행될 수 있으므로 시스템 성능을 크게 향상시킬 수 있다. 최신 프로세서는 여러 개의 연산 코어를 가지고 있어 다중 스레드 사용의 중요성이 더 커지고 있다.

요약

스레드(thread)의 정의

- 프로세서 활용의 기본 단위이자 연산을 처리하는 가장 작은 단위
- 프로세스 내에서 실행되는 독립적인 실행 흐름
- 하나의 프로세스는 여러 개의 스레드를 가질 수 있음

스레드와 프로세스의 차이

- **프로세스**(process): 독립적인 실행 환경을 가지며 독립된 메모리 공간을 가짐
- **스레드**(thread): 동일한 프로세스 내에서 실행되며 메모리 공간 공유

스레드의 구조

- 스레드 ID, 프로그램 카운터(PC), 레지스터 집합, 스택으로 구성
- 프로세스의 코드, 데이터, 열린 파일과 같은 자원을 다른 스레드와 공유

스레드의 장점

- **응답성**(responsiveness) **향상**: 일부 스레드가 블록되어도 다른 스레드가 실행 가능
- **자원 공유**(resource sharing): 프로세스 내의 자원을 효율적으로 공유
- **경제성**(economy): 프로세스 생성보다 스레드 생성과 문맥 교환이 더 경제적
- **멀티프로세서**(multi–processor) **활용**: 병렬 처리를 통한 성능 향상

OPERATING SYSTEM

4.2 스레드의 구현

스레드는 구현 방식에 따라 크게 사용자 수준 스레드, 커널 수준 스레드, 그리고 혼합형 스레드로 나눌 수 있다. 본 절에서는 각 구현 방식의 특징 및 장단점을 살펴본다.

사용자 수준 스레드

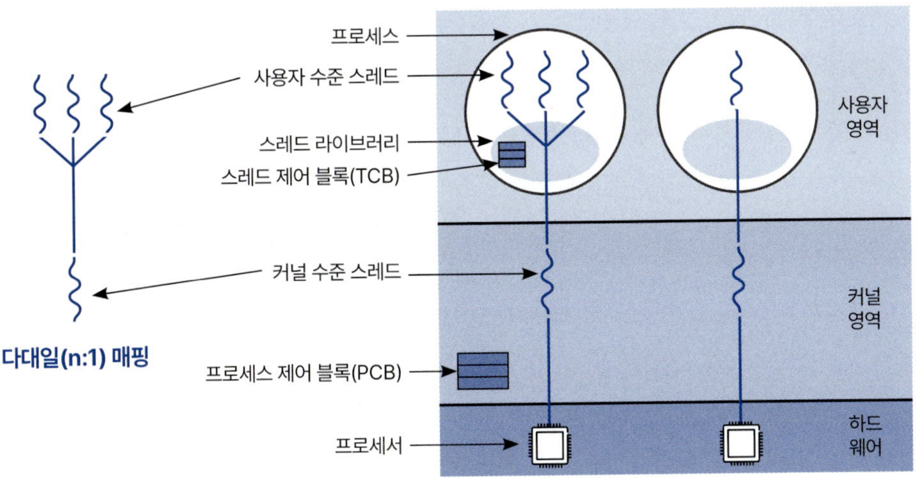

그림 4-5 사용자 수준 스레드

사용자 수준 스레드(user thread)는 사용자 영역에서 스레드 라이브러리로 형태로 구현된다. 이 구현에서는 커널은 스레드의 존재를 알지 못하며, 스레드의 생성, 관리, 스케줄링 등이 사용자 프로그램에서 이루어진다([그림 4-5]). 대표적인 사용자 수준 스레드로는 POSIX threads(Pthreads), Java thread API 등이 있다.

사용자 수준 스레드에서는 커널이 스레드의 존재를 모르기 때문에 커널의 관리를 받지 않는다. 따라서 스레드의 생성 및 관리에 있어 부하가 적고 유연하게 관리할 수 있다. 예를 들어, 스레드 전환 시 커널의 개입이 없기 때문에 스레드 문맥 교환의 비용이 적다. 또한, 사용자 수준 스레드는 운영체제에 독립적이기 때문에 이식성(portability)이 높다는 장점을 가진다.

그러나 사용자 수준 스레드에서는 커널이 프로세스 단위로만 자원을 할당하기 때문에, 다중 스레드 프로세스도 하나의 프로세서만 할당받게 된다. 따라서, 하나의 스레드가 차단된 상태(blocked state)를 유발하는 작업(예: 시스템 호출)을 수행하면 프로세스 전체가 차단된 상태가 되고, 다른 스레드들도 작업을 진행하지 못하게 된다는 한계점이 있다. 또한, 멀티프로세서를 활용하기 어려워 성능 향상에 제한이 있다는 단점도 있다.

커널 수준 스레드

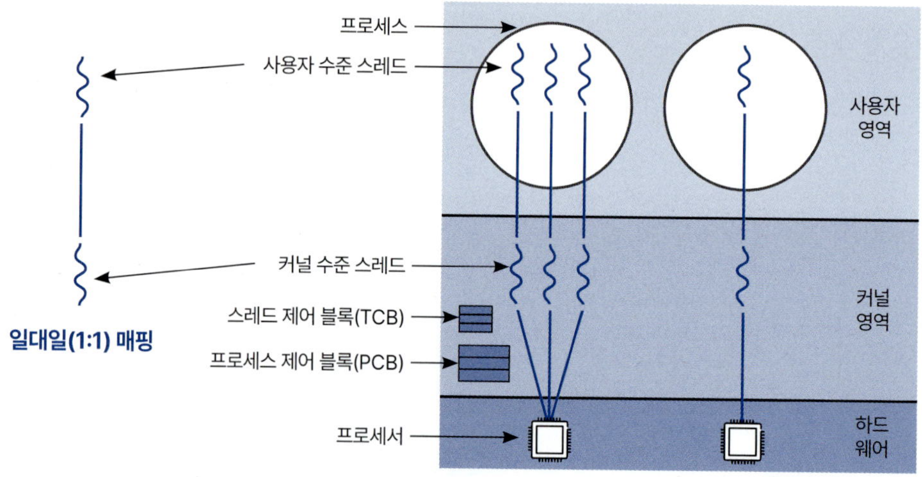

그림 4-6 커널 수준 스레드

커널 수준 스레드(kernel thread)는 커널에서 직접 관리하는 스레드다. 커널은 각 스레드를 개별적으로 인식하고 관리하며, 스레드의 생성, 스케줄링, 문맥 교환 등의 모든 작업이 커널 모드에서 이루어진다. 즉, 커널 수준의 스레드와 사용자 수준의 스레드가 1:1로 매칭된다([그림 4-6]).

커널 수준 스레드에서는 각 스레드가 개별적으로 관리(예: 프로세서 할당)되기 때문에 다른 프로세스와 병행적으로 수행 가능하다. 예를 들어, 한 스레드가 차단된 상태가 되더라도 다른 스레드들은 자신의 작업을 수행할 수 있다. 또한, 멀티프로세서 시스템에서 각 스레드가 독립적인 프로세서 자원을 할당받아 병렬 처리를 수행함에 따라, 프로그램의 성능을 높일 수 있다.

하지만, 커널 수준 스레드에는 각 스레드를 커널에서 직접 관리함에 따라, 스레드 관리에 부하가 높다는 단점을 가진다. 예를 들어, 스레드 생성, 종료, 스케줄링, 문맥 교환 등의 작업이 커널 모드에서 이루어지기 때문에 오버헤드가 크다. 또한, 스레드 관리가 커널 내부에서 이루어지므로, 커널의 복잡성이 증가하고 오류가 발생할 가능성이 높다.

표 4-1 사용자 수준 스레드과 커널 수준 스레드 비교

비교 항목	사용자 수준 스레드	커널 수준 스레드
관리 주체	사용자 영역(라이브러리)	커널(운영체제)
문맥 관리(교환) 비용	낮음	높음
스케줄링 단위	프로세스	스레드
스케줄링 유연성	높음(애플리케이션 특화 가능)	제한적(OS 정책에 따름)
시스템 호출 영향	한 스레드의 블로킹이 전체 프로세스 블로킹 초래	한 스레드의 블로킹이 다른 스레드에 영향 없음
멀티프로세서 활용	제한적	효율적
이식성	높음	낮음
구현 복잡성	낮음	높음
예	POSIX threads, Java 스레드	Windows 스레드, Linux NPTL

[표 4-1]은 사용자 수준 스레드와 커널 수준 스레드의 주요 차이점을 비교한 표이다. 이를 통해 두 가지 스레드 모델의 장단점과 특성을 명확하게 이해할 수 있다. 사용자 수준 스레드는 스레드 관리가 효율적이지만, 블로킹 문제와 멀티프로세서 활용에 제한이 있다. 반면, 커널 수준 스레드는 병렬 처리와 블로킹 문제에 강점이 있으나, 높은 오버헤드와 복잡성이 단점으로 작용한다.

혼합형 스레드

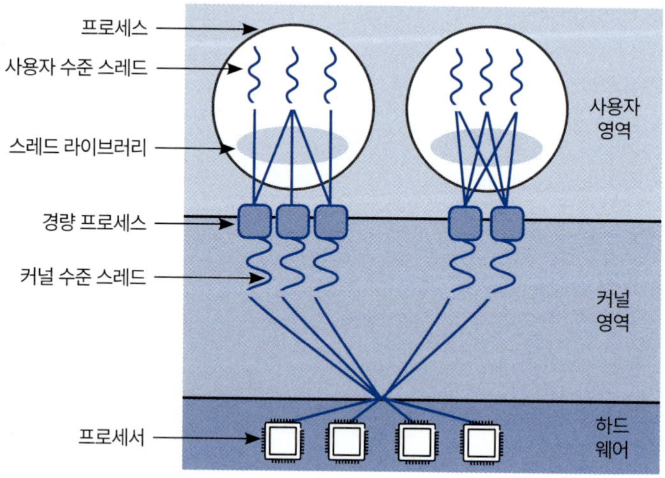

그림 4-7 혼합형 스레드

혼합형 스레드(hybrid thread) 모델은 사용자 수준 스레드와 커널 수준 스레드의 장점을 결합한 스레드 구현 방식이다. 이 모델에서는 사용자가 원하는 수만큼 사용자 수준 스레드를 생성할 수 있으며, 이러한 사용자 수준 스레드들은 더 적은 수의 커널 수준 스레드에 매핑된다. 이는 일반적으로 다대다(N:M) 매핑 방식으로 구현된다. 혼합형 스레드는 스레드 관리를 사용자 영역에서 유연하게 처리하면서도, 커널 수준에서의 병렬 처리를 활용할 수 있는 구조를 제공한다. 즉, 사용자 수준에서 스레드를 생성하고 관리하더라도 실제 작업은 커널 수준에서 스케줄링되므로, 블로킹 문제를 해결할 수 있고 멀티프로세서 활용이 가능하다.

혼합형 스레드의 주요 장점은 다음과 같다.

- **효율성:** 사용자 수준에서 스레드 관리를 수행함으로써, 문맥 교환의 오버헤드를 줄일 수 있다.
- **병렬 처리:** 커널 수준에서 스레드를 관리하므로, 여러 프로세서에서 동시에 작업을 실행할 수 있다.
- **유연성:** 사용자 프로그램의 요구에 맞게 스레드를 동적으로 생성하고 관리할 수 있다.

그러나 혼합형 스레드 모델은 두 가지 스레드 관리 방식을 결합한 구조로 인해 구현의 복잡성이 높아지고, 전반적인 스레드 관리 비용이 증가할 수 있다. 또한, 이 모델의 효과적인 운용을 위해서는 운영체제와 스레드 라이브러리 간의 긴밀한 협력이 필수적이다.

요약

사용자 수준 스레드(user-level threads)

- 사용자 영역에서 스레드 라이브러리로 구현
- 커널은 스레드의 존재를 모름
- **장점**
  - · 스레드 전환 시 커널 개입이 불필요해 오버헤드 적음
  - · 운영체제에 독립적이므로 이식성 높음
- **단점**
  - · 하나의 스레드가 블록되면 전체 프로세스가 블록됨
  - · 멀티프로세서 활용이 제한적

커널 수준 스레드(kernel-level threads)

- 운영체제 커널에서 직접 관리
- 각 스레드를 개별적으로 관리하고 스케줄링
- **장점**
  - · 한 스레드가 블록되어도 다른 스레드가 실행 가능
  - · 멀티프로세서 시스템에서 효율적인 병렬 처리 가능
- **단점**
  - · 사용자 수준 스레드에 비해 생성과 관리에 더 많은 오버헤드 발생
  - · 커널의 복잡성 증가

혼합형 스레드(hybrid threads)

- 사용자 수준 스레드와 커널 수준 스레드 결합
- 일반적으로 다대다(N:M) 매핑 방식으로 구현
- **장점**
  - · 사용자 수준의 유연성과 커널 수준의 병렬 처리 장점 결합
  - · 효율성과 확장성 향상
- **단점**
  - · 구현의 복잡성 증가
  - · 스레드 관리 비용 증가 가능

4.3 연습 문제

01 다음 중 스레드들이 공유하는 것은?

① CPU 레지스터
② 프로그램 카운터
③ 프로세스의 코드
④ 스택

02 스레드의 장점에 해당하지 않는 것은 무엇인가?

① 응답성 향상
② 자원 공유
③ 문맥 교환 비용 증가
④ 멀티프로세서 활용

03 사용자 수준 스레드의 단점은 무엇인가?

① 문맥 교환 오버헤드가 크다.
② 운영체제의 개입이 필요 없다.
③ 멀티프로세서 활용이 제한된다.
④ 사용자 수준에서 제어가 불가능하다.

04 커널 수준 스레드의 주요 장점은 무엇인가?

① 멀티프로세서 활용 가능
② 문맥 교환 비용이 낮다.
③ 운영체제의 개입이 필요 없다.
④ 사용자 수준에서 완전 제어 가능

05 혼합형 스레드 모델의 장점은 무엇인가?

① 사용자와 커널 수준의 스레드 장점 결합
② 멀티프로세서 활용 불가능
③ 스레드 관리 오버헤드가 크다.
④ 하나의 스레드만 관리 가능

06 스레드가 무엇인지 정의하시오.

07 커널 수준 스레드의 단점을 설명하시오.

08 사용자 수준 스레드와 커널 수준 스레드의 차이점을 설명하시오.

09 다음이 설명하는 것은?

- 프로세서 활용의 기본 단위이자 연산을 처리하는 가장 작은 단위
- 프로세스 내에서 실행되는 독립적인 실행 흐름
- 하나의 프로세스는 여러 개의 스레드를 가질 수 있음

10 사용자 수준 스레드는 운영체제의 개입 없이 ________ 에서 스레드를 관리한다.

5 장

프로세스 스케줄링

학 습 목 표

프로세스는 다양한 자원을 할당받아 주어진 작업을 처리한다. 프로세스가 할당받는 대표적인 자원 중 하나는 프로세서다. 운영체제의 중요한 역할 중 하나는 프로세서를 프로세스들에게 적절히 할당해 주는 것이다. 이러한 작업을 '프로세스 스케줄링'이라고 한다.

본 장에서는 운영체제에서 스케줄링의 의미와 필요성을 살펴본다. 그리고 프로세서를 사용할 프로세스를 결정하는 프로세스 스케줄링 알고리즘들에 대해 알아본다.

5.1 스케줄링의 목적

스케줄링(scheduling)이란 일반적으로 작업이나 자원 등을 시간에 따라 배치 또는 분배하는 것을 의미한다. 운영체제에서 이러한 **스케줄링이 필요한 이유는 무엇일까?** 그 이유는 우리가 사용하는 시스템은 일반적으로 여러 개의 프로세스가 동시에 수행되는 다중 프로그래밍(multi-programming) 환경이기 때문이다. 즉, 제한적인 자원을 여러 프로세스가 사용하려고 하기 때문에 자원을 프로세스들에게 나누어 주는 작업이 필요하다. 예를 들어 CPU가 하나만 있다고 하면, 프로세스가 이 자원을 번갈아 가면서 사용하도록 해야 할 것이다. 이처럼 운영체제는 각 시점마다 자원을 나누어 줄 프로세스를 결정해야 하고, 이 과정을 우리는 스케줄링이라고 부른다.

자원을 나누어 주는 방법은 크게 두 가지로 나눌 수 있다. 첫 번째는 자원을 사용하는 시간을 나누는 **시간 분할(time sharing)** 방법이다. 즉, 하나의 자원을 프로세스들이 번갈아 가며 사용하는 방법으로 한 번에 하나의 프로세스만 사용할 수 있는 자원들이 시간 분할 방법을 사용하는 예다. 그 대표적인 자원의 예가 바로 프로세서다. 본 장에서 다루는 프로세스 스케줄링은 각 프로세스가 프로세서를 사용하는 시간을 결정하는 것을 의미한다.

자원을 나누어 주는 두 번째 방법은 자원을 쪼개어 분배하는 **공간 분할(space sharing)** 방법으로, 하나의 자원을 분할해서 여러 프로세스가 동시에 사용하는 방법이다. 대표적인 공간 분할 자원으로는 메모리와 디스크 등이 있다. 예를 들어 프로세스들은 메모리 공간 중 일부(예: 전체 1 GB 중 100 MB)를 할당받아 사용하게 되며, 남은 공간은 다른 프로세스들이 사용할 수 있다. 메모리 할당에 대한 내용은 **8장**에서 다룬다.

지금까지 스케줄링의 개념 및 필요성을 알아보았다. 그럼 **스케줄링의 목적은 무엇일까?** 스케줄링의 목적은 간단하다. 바로, **자원을 효율적으로 사용해서 시스템의 성능(performance)을 높이는 것**이다. 그렇다면 시스템의 성능이 높다는 것은 어떤 의미일까? 많은 독자들이 선뜻 대답하기 어려움을 느낄 것이다. 그 이유는 '성능'이라는 것은 매우 모호한 표현이기 때문이다. 예를 들어 "당신은 친구보다 성능이 좋은가요?"라고 물어보면 답하기 어려울 것이다. 하지만, "당신은 친구보다 키가 큰가요?"라고 묻는다면 쉽게 답변할 수 있을 것이다. 이처럼 시스템의 성능을 평가하기 위해서는 그 지표를 먼저 정의 내려야 한다.

시스템의 성능에 대한 한 가지 절대적 지표는 없으며 다양한 형태로 만들 수 있지만, 대표적인 세 가지 지표로 다음을 생각해 볼 수 있다.

- **응답 시간**(response time): 작업 요청으로부터 응답을 받을 때까지의 시간
- **작업 처리량**(throughput): 단위 시간 동안 완료된 작업의 수
- **자원 활용도**(resource utilization): 주어진 시간 동안 자원이 활용된 시간

응답 시간은 시스템이 요청에 대해 얼마나 빨리 응답하는지를 평가할 수 있는 지표로 생각할 수 있다. **작업 처리량**은 주어진 시간 동안 얼마나 많은 일을 처리할 수 있는지를 평가하는 지표로, 그리고 **자원 활용도**는 자원을 놀리지 않고 얼마나 열심히 사용하는지를 평가하는 지표로 생각할 수 있다. 그럼 이 세 가지 지표 중 어떤 것이 가장 중요한 지표일까? 한 가지를 고르기 어려울 것이다. 그 이유는 시스템 사용 목적이 정의되지 않았기 때문일 것이다. 만약 시스템 설계 목적이 사용자와 상호작용이 많은 대화형 시스템이라면 '응답 시간'이 중요한 지표가 될 것이며, 일괄처리 시스템(batch system)의 경우는 '작업 처리량'이 중요한 성능 지표가 될 것이다. 즉, 우리가 **설계하는 시스템의 목적에 따라 성능 지표를 적절히 선택 및 설계하는 것이 중요**하다는 것을 기억하자. 실제로 시스템의 성능 지표는 [표 5-1]과 같이 다양한 것들이 있으며, 한 번씩 살펴보며 각각은 어떤 시스템에 적합한지를 생각해 보면 도움이 될 것이다.

표 5-1 시스템 성능 지표의 예

성능 지표	정의
응답 시간(response time)	작업 요청으로부터 첫 응답을 받을 때까지의 시간
작업 처리량(throughput)	단위 시간 동안 완료된 작업의 수
자원 활용도(resource utilization)	주어진 시간 동안 자원이 활용된 시간
대기 시간(waiting Time)	작업이 시스템에 도착하여 처리될 때까지 대기 시간
반환 시간(turnaround time)	작업이 시스템에 도착하여 완료될 때까지의 총 시간
프로세서 사용률(processor utilization)	프로세서가 작업을 처리하는 데 사용되는 시간의 비율
공평성(fairness)	프로세스와 사용자의 공평한 자원 점유 정도
예측 가능성(predictability)	예측 가능한 시간 내에 작업을 수행하는 능력

[표 5-1]에서 성능 지표 항목 중, 대기 시간(WT), 응답 시간(RT), 그리고 반환 시간(TT)은 프로세스 스케줄링을 공부하는 과정에서 자주 등장하는 용어로서 [그림 5-1]을 참고해서 의미

를 다시 한번 정리하도록 하자. 아울러, 프로세스가 실제로 작업을 수행하는 시간을 실행 시간(Burst Time, BT)라고 부른다.

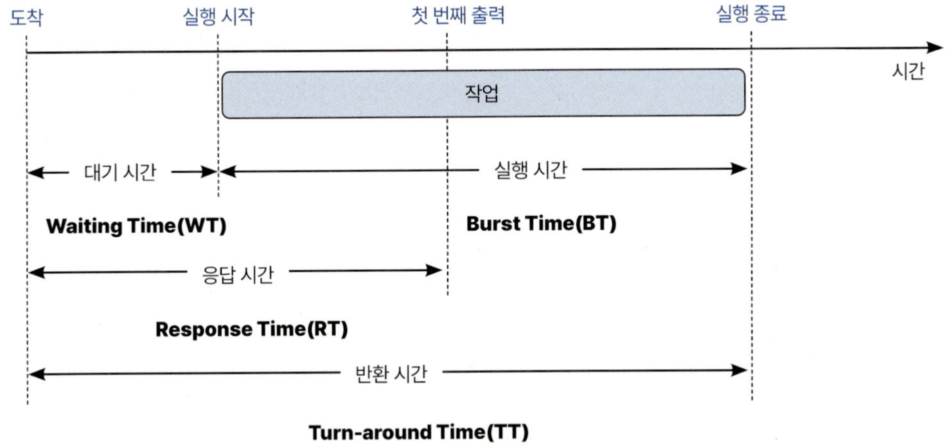

그림 5-1 대기 시간, 응답 시간, 실행 시간, 반환 시간

> **요약**
>
> **프로세스 스케줄링의 정의**
> - 제한된 시스템 자원을 여러 프로세스에 효율적으로 할당하는 과정
> - 다중 프로그래밍 환경에서 필수적인 운영체제의 기능
>
> **스케줄링의 목적**
> - 시스템 자원의 효율적 사용을 통한 시스템 성능 향상
> - 다양한 성능 지표를 고려하여 최적의 자원 할당 방식 결정
>
> **주요 성능 지표의 예**
> - **응답 시간**(response time): 작업 요청부터 응답까지의 시간
> - **작업 처리량**(throughput): 단위 시간당 완료된 작업의 수
> - **자원 활용도**(resource utilization): 자원이 사용된 시간의 비율

5.2 스케줄링 기준 및 정책

스케줄링의 목적이 시스템의 성능을 높이는 것이라면, **어떤 프로세스를 먼저 실행할 것인지 결정하는 기준은 무엇일까?** 이를 결정하는 기준을 스케줄링 기준(scheduling criteria)이라고 하며, 이 기준에 따라 프로세스를 선택하는 방법을 스케줄링 정책(scheduling policy)이라고 한다. 본 절에서는 다양한 스케줄링 기준과 정책에 대해 알아본다.

스케줄링 기준

스케줄링 기준(criteria)이란 스케줄링 기법이 고려하는 항목이라고 생각할 수 있다. 우리가 어떤 물건을 산다고 할 때 A와 B 중 하나를 선택해야 한다면 가격, 성능 등을 따져 볼 것이다. 여기서 '가격'과 '성능'을 기준이라고 말할 수 있다. 즉, 운영체제가 할당할 자원을 선택할 때 고려하는 요소를 스케줄링 기준이라고 한다. 그리고 다양한 것들이 그 기준이 될 수 있으며, 어떤 기준을 사용하는지는 시스템의 목적에 따라 달라질 수 있다. 다음은 운영체제가 스케줄링에 사용하는 다양한 기준의 예다.

• 프로세스의 특성

프로세스는 입출력 중심(I/O-bound) 프로세스와 계산 중심(compute-bound) 프로세스로 분류할 수 있다([그림 5-2]). 우리가 작성한 프로그램의 동작을 잘 생각해 보면, 메모리 또는 디스크에서 데이터를 읽는 작업과 읽어온 데이터를 가지고 계산을 수행하는 작업을 반복한다는 것을 알 수 있다. 즉, 프로세스의 작업은 크게 입출력과 계산으로 구성되어 있다. 하지만, 입출력과 계산의 비중은 프로세스마다 다르다. **입출력 중심 프로세스**는 전체 작업 중 입출 시간(I/O burst)이 많은 비중을 차지하는 프로세스를, **계산 중심 프로세스**는 전체 작업 중 계산의 시간(CPU burst) 비중이 높은 프로세스를 말한다.

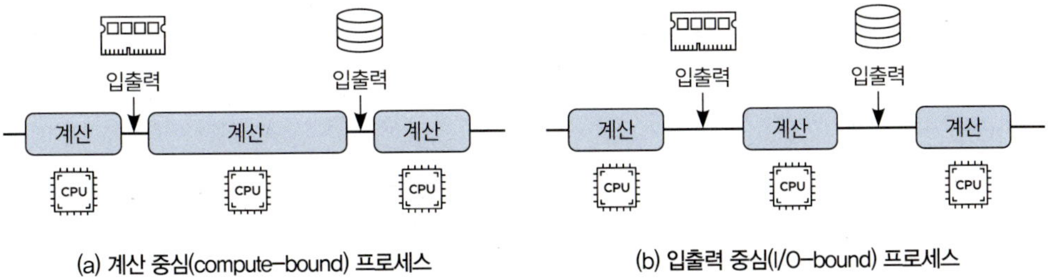

그림 5-2 계산 중심 프로세스 및 입출력 중심 프로세스의 개념

● 시스템 특성

시스템이 일괄처리 시스템인지 대화형 시스템인지에 따라 스케줄링 알고리즘을 선택할 수 있다. 일괄처리 시스템은 작업 처리량을 최대화하는 것이 중요하고, 대화형 시스템은 응답 시간을 최소화하는 것이 중요하다. 이와 같은 중요 요소에 따라 스케줄링 정책이 달라질 수 있다.

● 프로세스의 긴급성(urgency)

프로세스마다 수행에 대한 제한 시간이 있거나 바로 처리하지 않으면 큰 문제가 발생하는 경우가 있을 수 있다. 이처럼 프로세스가 가지는 긴급성도 스케줄링을 위한 중요한 기준이 될 수 있다.

● 프로세스 우선순위(priority)

시스템에 따라 프로세스마다 우선순위를 부여할 수 있다. 이러한 경우, 프로세스의 우선순위가 중요한 스케줄링 기준이 될 수 있다.

● 프로세스 총 실행 시간(total service time)

프로세스가 모든 작업을 완료하는데 걸리는 시간을 총 실행 시간으로 정의할 수 있으며, 각 프로세스가 요구하는 총 실행 시간도 스케줄링의 한 기준이 될 수 있다.

스케줄링 단계

스케줄링은 자원을 프로세스들에게 할당하는 작업이다. 따라서, 할당하는 자원 및 그 빈도에 따라 크게, 장기, 중기, 단기 세 단계로 스케줄링을 나눌 수 있다.

● 장기 스케줄링(long-term scheduling)

장기 스케줄링은 시스템(커널)에 등록할 작업(job)을 결정한다. **3장**에서 프로세스의 개념을 이야기할 때, 실행 요청된 작업이 시스템에 등록되어 프로세스가 된다고 했다. 이때 시스템에 등록되기를 대기하는 작업들이 많다면 그중 하나를 선택해야 할 것이며, 그 역할을 하는 것이 장기 스케줄링이다. 따라서 장기 스케줄링은 작업 스케줄링(job scheduling)이라고도 불린다. 장기 스케줄링은 다른 자원을 할당하는 스케줄링들에 비해 발생 빈도가 낮다.

장기 스케줄링은 프로세스가 시스템에 진입하는 빈도를 제어하며, 이를 통해 시스템 내의 프로세스 수인 다중 프로그래밍 정도(multi-programming degree)를 조절한다. 만약 장기 스케줄링 없이 요청하는 모든 작업을 프로세스로 등록한다면, 프로세스 관리에 소요되는 비용이 크게 증가하여 시스템의 성능을 낮출 수 있다. 만약 여러분이 100문제를 한 번에 과제로 받았다면, 문제들이 모두 쉬운 문제라도 1번을 풀면서 남은 99개라는 과제의 수 자체만으로도 큰 부담(overhead)을 느끼는 것에 비유할 수 있다. 따라서 다중 프로그래밍 정도를 조절하는 장기 스케줄링은 시스템 성능을 결정하는 중요한 요소 중 하나다.

장기 스케줄러는 프로세스가 시스템에 진입할 때 프로세스의 메모리 요구 사항, 프로세스의 우선순위, 프로세스의 I/O 및 CPU 요구 사항 등을 고려하여 프로세스를 선택한다. 그리고 일반적으로 입출력 중심 프로세스들과 계산 중신 프로세스들을 적절히 섞어서 선택하는 것이 좋다. 그 이유는 입출력 중심 프로세스와 계산 중심 프로세스가 서로 다른 자원을 주로 사용하기 때문이다. 입출력 중심 프로세스는 대부분의 시간을 입출력 작업에 사용하므로 CPU를 많이 사용하지 않는다. 반면, 계산 중심 프로세스는 CPU를 많이 사용하며 입출력 작업은 상대적으로 적다. 따라서 이 두 종류의 프로세스를 적절히 섞어서 시스템에 진입시키면, 한 종류의 자원이 과도하게 사용되는 것을 방지하고 시스템 자원을 전반적으로 균형 있게 사용할 수 있다. 이렇게 자원 사용의 균형을 유지하면 시스템의 전반적인 성능을 향상시킬 수 있다.

● 중기 스케줄링(mid-term scheduling)

중기 스케줄링은 메모리 자원 할당을 담당한다. 프로세스 상태 전이(**3.2절** 참고)에서 메모리를 할당받지 못한 중지된(suspended) 상태 프로세스가 메모리를 할당받으면 활성(active) 상태가 된다고 했다. 메모리를 필요로 하는 많은 프로세스 중, 어떤 프로세스에게 메모리를 할당할 것인지를 결정하는 것이 중기 스케줄링이다. 중기 스케줄링은 장기 스케줄링보다 자주 발생한다. 반면, 다음에 살펴볼 단기 스케줄링보다는 발생 빈도가 낮다.

● 단기 스케줄링(short-term scheduling)

단기 스케줄링은 프로세서(CPU)를 어떤 프로세스에 할당할 것인지를 결정하며, 프로세스 스케줄링이라고도 한다. 즉, 준비 상태(ready state)에서 CPU 할당을 기다리는 프로세스 중, 어떤 프로세스를 실행 상태(running state)로 올릴지를 결정하는 역할을 한다. CPU는 시간을 분할해서 프로세스들에게 서비스를 제공해야 하는 자원으로 가장 빈번하게 할당이 변경되는 자원이다. 따라서 발생 빈도가 가장 높다. 단기 스케줄링은 시스템 성능 입장에서 매우 중요한 역할을 하며, 스케줄링 결정이 빠르게 이루어져야 한다.

단기 스케줄링 과정에서는 프로세스의 계산 시간(CPU burst), 프로세스의 우선순위, 프로세스의 대기 시간 등을 고려하여 프로세스를 선택한다. **5.3절**에서 다양한 프로세스 스케줄링 알고리즘들을 알아본다.

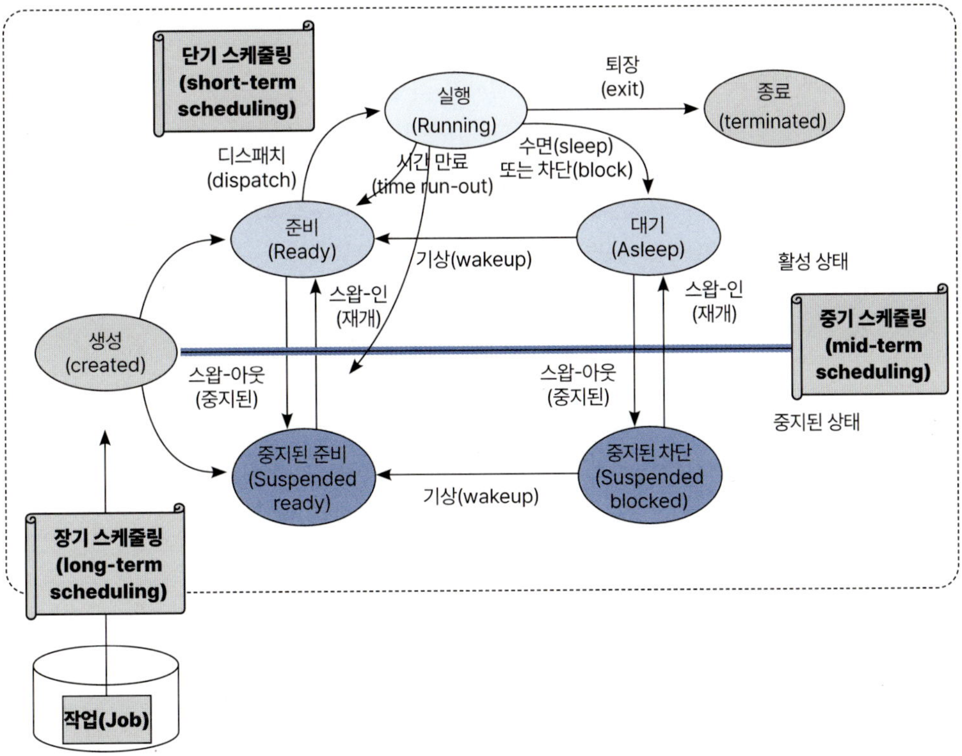

그림 5-3 장기, 중기, 단기 스케줄링과 프로세스 상태 전이

지금까지 살펴본 세 가지 스케줄링 단계는 서로 다른 주기로 동작하며, 각 단계는 서로 다른 목표를 가지고 있다. 장기 스케줄링은 시스템의 전반적인 성능을 유지하고, 중기 스케줄링은

메모리 사용을 최적화하며, 단기 스케줄링은 CPU 사용을 최적화하는 것을 목표로 한다. [그림 5-3]은 프로세스 상태 전이에서 각 스케줄링이 적용되는 시점을 표현한 것이다.

스케줄링 정책

스케줄링 정책(policy)은 스케줄링 기준에 따라 프로세스를 선택하는 방법을 말한다. 예를 들어 프로세스의 특성이 입출력 중심 프로세스와 계산 중심 프로세스를 정의하는 역할을 했다면, 정책은 두 종류의 프로세스 중 어떤 것을 언제 선택할지 그 방법을 정의한다고 말할 수 있다. 정책은 다양한 형태로 정의될 수 있지만, 프로세스 스케줄링 입장에서 다음 두 가지를 살펴보자.

● 선점과 비선점 스케줄링

프로세스에게 할당한 자원을 프로세스가 반납하기 전에 빼앗을 수 있는지 여부에 따라, 스케줄링 정책을 선점 및 비선점 스케줄링으로 구분할 수 있다.

- **선점 스케줄링(preemptive scheduling)**: 한 프로세스가 어떤 자원을 사용하고 있을 때 다른 프로세스가 그 자원을 빼앗을 수 있는 정책이다. 선점이 발생할 수 있는 상황의 예로는 우선순위가 높은 프로세스가 등장했을 때, 또는 시스템이 특정 조건(예: 시간 제한 초과)을 감지했을 때 등이 있다. 선점 스케줄링은 프로세스의 응답 시간을 줄일 수 있다는 장점을 가진다. 하지만, 선점에 따라 문맥 교환 비용이 높아질 수 있다는 단점이 있다. 선점 스케줄링은 높은 응답성을 요구하는 시분할 시스템 또는 실시간 시스템 등에 적합한 정책이다.
- **비선점 스케줄링(non-preemptive scheduling)**: 자원을 사용 중인 프로세스가 스스로 자원을 반납할 때까지 자원을 빼앗을 수 없는 정책이다. 비선점 스케줄링은 문맥 교환 빈도와 비용을 낮추어 시스템 처리량을 높일 수 있다는 장점이 있다. 하지만, 평균 응답 시간이 길어질 수 있으며, 우선순위가 높은 프로세스가 낮은 우선순위의 프로세스의 자원 반납을 기다리는 우선순위 역전 현상이 자주 발생할 수 있다는 단점을 가진다. 따라서 비선점 스케줄링은 시스템의 처리 효율 등이 중요한 일괄처리 시스템 등에 적합한 정책이다.

● 우선순위

우선순위 기반 스케줄링은 프로세스마다 우선순위를 부여하고, 이 우선순위에 따라 프로세스를 선택하는 정책이다. 우선순위는 정적(static) 또는 동적(dynamic)으로 결정될 수 있다.

- **정적 우선순위**(static priority): 프로세스 생성 시 결정된 우선순위가 프로세스의 수명 동안 변경되지 않는다. 이 방식은 구현이 간단하고 우선순위 관리 부하가 낮다는 장점을 가진다. 하지만 시스템 환경 변화에 대응하기 어렵고, 우선순위가 낮은 프로세스가 계속 대기 상태에 머무르는 '기아 상태(starvation)' 문제가 발생할 수 있다.
- **동적 우선순위**(dynamic priority): 프로세스의 상태에 따라 우선순위가 동적으로 변경된다. 예를 들어, 시스템이 프로세스가 오랫동안 CPU를 사용하지 않은 것을 감지하면 그 프로세스의 우선순위를 높일 수 있다. 이 방식은 시스템 환경에 유연하게 대응할 수 있다는 장점을 가진다. 하지만 구현이 복잡하고 우선순위 재계산 및 관리 부하가 높다는 단점을 가진다.

요약

주요 스케줄링 기준

- 프로세스 특성(I/O–bound vs CPU–bound)
- 시스템 특성(일괄처리 시스템 vs 대화형 시스템)
- 프로세스 긴급성
- 프로세스 우선순위
- 프로세스 총 실행 시간

스케줄링 단계

- 장기 스케줄링(long–term scheduling)
  - 작업을 시스템에 등록하는 과정
  - 다중 프로그래밍 정도 조절
- 중기 스케줄링(mid–term scheduling)
  - 메모리 자원 할당 담당
- 단기 스케줄링(short–term scheduling)
  - CPU를 프로세스에 할당
  - 가장 빈번하게 발생하며 시스템 성능에 큰 영향

스케줄링 정책

- 선점 vs 비선점 스케줄링
  - 선점(preemptive): 실행 중인 프로세스의 자원을 강제로 회수 가능
  - 비선점(non–preemptive): 프로세스가 자발적으로 자원을 반납할 때까지 대기
- 우선순위 기반 스케줄링
  - 정적 우선순위: 프로세스 생성 시 결정되며 변경되지 않음
  - 동적 우선순위: 프로세스의 상태에 따라 우선순위 변경

OPERATING SYSTEM

5.3 프로세스 스케줄링 알고리즘

프로세스 스케줄링은 준비 상태의 프로세스 중, CPU(프로세서)를 할당할 프로세스를 결정하는 것을 의미한다. 프로세스 스케줄링 방법은 시스템의 목적에 따라 다양하게 디자인할 수 있다. 본 절에서는 가장 기본적인 프로세스 스케줄링 알고리즘들을 알아본다.

FCFS(선입 선출) 스케줄링

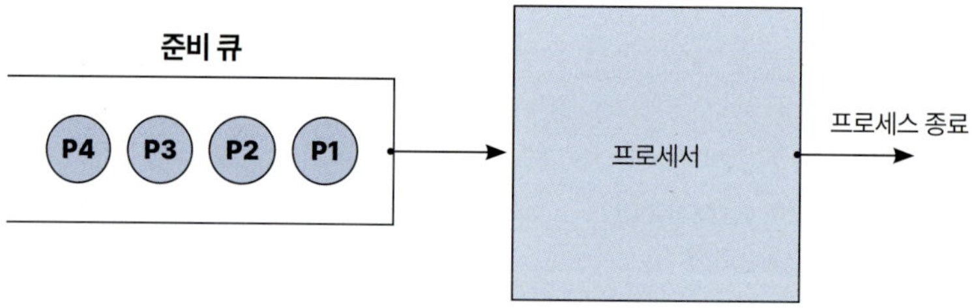

그림 5-4 FCFS 스케줄링의 개념

가장 쉽게 생각할 수 있는 스케줄링 알고리즘은 'First Come First Service(FCFS)' 알고리즘으로, 쉽게 말하면 '선착순' 알고리즘이다. 이름에서도 알 수 있듯, FCFS는 먼저 도착한 프로세스에게 CPU를 사용하도록 하는 방법이다. 따라서, FCFS의 스케줄링 기준은 준비 큐(ready queue)에 도착한 시간이 된다. 그리고 FCFS는 비선점 스케줄링 정책, 즉 한 프로세스가 CPU를 할당받으면 본인의 작업이 끝날 때까지 계속 사용하는 정책을 따른다.

FCFS 스케줄링은 도착 순서만 기억하면 되기 때문에 스케줄링 부하가 낮다. 그리고 비선점 정책에 따라 문맥 교환이 적게 발생하기 때문에 자원을 효율적으로 사용할 수 있다는 장점을 가진다. 하지만 평균 응답 시간이 길어질 수 있다는 단점을 가진다. 또한, 수행 시간이 매우 긴 프로세스가 CPU를 사용하는 동안 다른 프로세스들의 대기 시간이 매우 길어지며, 대기 시간이 실제 CPU를 사용하는 실행 시간 대비 매우 커지는 **호위 효과**(convoy effect)가 발생할 수 있다는 단점이 있다. 중요 인물의 차가 호위를 받으며 이동하는 경우, 앞의 차선이 비어 있더라도 다른 차들이 앞으로 나가지 못하고 대기하게 되는 상황과 유사하다고 생각하면 된다.

그렇다면 FCFS는 어떤 시스템에 적합한 스케줄링 방법일까? 자원 활용 효율이 높지만 응답 시간이 길어질 수 있다는 특징을 고려해 보면, 일괄처리 시스템에 적합하다는 것을 생각할 수 있다. 반면, 응답 시간이 중요한 대화형 시스템 등에는 적합하지 않은 스케줄링 기법이다.

그럼 한 가지 시나리오를 통해 FCFS 스케줄링의 실제 동작을 따라가 보자. [표 5-2]는 시나리오의 프로세스들의 도착 시간 및 실행 시간(BT)을 보여준다. (본 절에서 다루는 모든 프로세스 스케줄링 알고리즘에 대해 동일한 시나리오를 사용한다.)

표 5-2 프로세스 스케줄링 시나리오

프로세스 ID	도착 시간	실행 시간(Burst Time, BT)
P1	0	3
P2	1	7
P3	3	2
P4	5	5
P5	6	3

[그림 5-5]는 FCFS 알고리즘으로 스케줄링한 결과(간트 차트)를 보여준다. 프로세스에서 간트 차트 쪽으로 향하는 화살표는 각 프로세스의 도착 시간을, 차트에서 프로세스로 향하는 화살표는 해당 프로세스의 종료(작업 완료) 시간을 표현한 것이다. 그리고 간트 차트는 해당 시간에 CPU를 사용한 프로세스의 번호가 기입되어 있다.

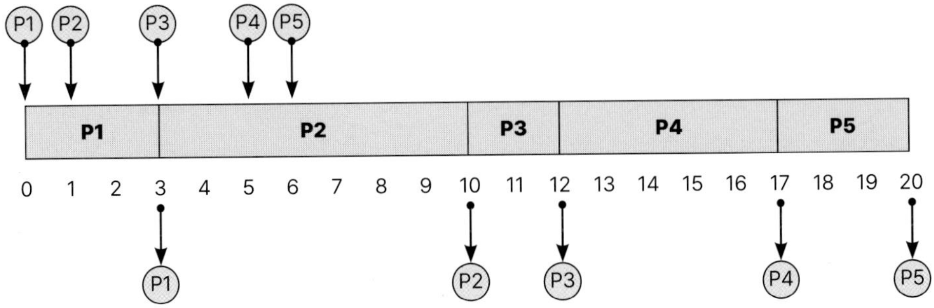

그림 5-5 [표 5-2] 시나리오에 대한 FCFS 스케줄링 결과

FCFS 스케줄링 알고리즘에 따르면, 프로세스는 도착 순서대로 CPU를 할당받는다. 따라서 가장 먼저 도착한 P1이 먼저 CPU를 할당받는다. P1의 실행 시간(BT)이 3이므로, P1은 시간 0

부터 시간 3까지 CPU를 사용한다. 다음으로 도착한 프로세스는 P2이므로, P1이 CPU를 반납한 시간 3부터 P2가 CPU를 사용하기 시작한다. P2의 실행 시간(BT)이 7이므로, P2는 시간 3부터 시간 10까지 CPU를 사용한다. P2가 작업을 수행하는 동안, P3, P4, P5가 도착하고 P2가 작업을 마칠 때까지 기다리게 된다. 그리고 P2의 작업이 끝나면 도착 순서에 따라 P3는 시간 10부터 시간 12까지, P4는 시간 12부터 시간 17까지, 마지막으로 P5는 시간 17부터 시간 20까지 CPU를 사용하게 된다.

각 프로세스의 대기 시간(Waiting Time, WT), 반환 시간(Turn–around Time, TT), 그리고 정규화된 반환 시간(Normalized Turn–around Time, NTT)을 분석하면 [표 5–3]과 같다. 정규화된 반환 시간은 반환 시간을 실행 시간으로 나눈 것(NTT = TT/BT)으로, 필요한 CPU 사용 시간 대비 기다린 시간의 비율을 보여준다. 즉, 각 프로세스가 느끼는 상대적인 대기 시간을 의미한다고 생각할 수 있다. 예를 들어 어떤 물건을 1분 동안 사용할 사람과 1시간 동안 사용할 사람이 10분을 기다린다고 할 때, 두 사람이 느끼는 체감 대기 시간은 서로 다를 것이다. 정규화(normalize)는 이처럼 서로 다른 상황 또는 기준을 가진 것들을 비교할 때 일반적으로 사용하는 기법 중 하나다. 대기 없이 바로 작업을 완료한다면 NTT는 1이 되고, 이 경우가 이상적인 경우다.

표 5–3 [표 5–2] 시나리오에 대한 FCFS 스케줄링 결과 분석

프로세스 ID	도착 시간 (AT)	실행 시간 (BT)	대기 시간 (WT)	반환 시간 (TT)	정규화된 반환 시간 (NTT)
P1	0	3	0	3	3/3 = 1
P2	1	7	2	9	9/7 = 1.3
P3	3	2	7	9	9/2 = 4.5
P4	5	5	7	12	12/5 = 2.4
P5	6	3	11	14	14/3 = 4.7

결과를 보면 P2 이후에 도착한 프로세스들의 NTT가 상대적으로 높은 것을 볼 수 있다. 특히 P3나 P5는 BT가 2와 3으로 매우 작은 것에 비해 9와 14라는 시간 동안 대기한 것을 확인할 수 있다. 즉, 호위 효과가 발생한 것을 확인할 수 있다.

이렇게 FCFS 스케줄링 알고리즘은 간단하고, 도착 순서에 따라 작업을 분배한다는 점에서 공평하다는 특징을 가진다. 하지만, 평균 대기 시간이 길고 호위 효과가 발생할 수 있다는 단점을 가진다는 것을 확인할 수 있다.

라운드 로빈(RR) 스케줄링

라운드 로빈(Round-Robin, RR) 스케줄링 알고리즘은 FCFS 스케줄링 알고리즘의 단점인 응답 시간 지연을 완화하기 위한 방법 중 하나다. FCFS에서는 프로세스가 CPU를 한 번 할당받으면 작업이 완료될 때까지 계속 사용하게 되므로, 후속 프로세스들은 서비스를 받기까지 상당한 지연 시간을 겪게 된다. 이러한 문제를 해결하기 위해 라운드 로빈 알고리즘은 프로세스들이 번갈아 가며 CPU를 사용하는 방법을 사용한다. 즉, RR 스케줄링 알고리즘은 선점(preemptive) 정책을 사용한다. 그리고 스케줄링 기준은 준비 큐에 도착한 시간이다.

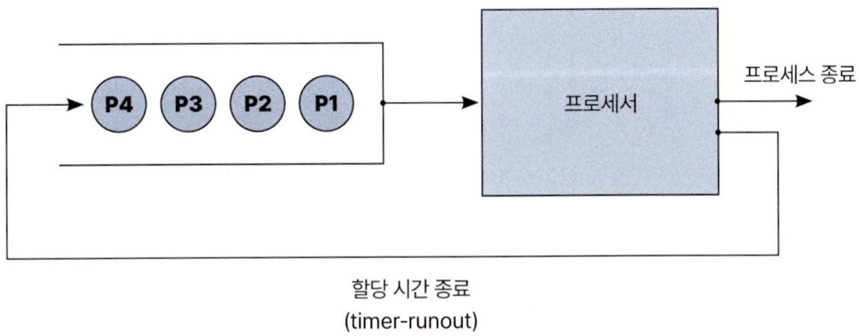

그림 5-6 라운드 로빈(RR) 스케줄링의 개념

[그림 5-6]은 RR 스케줄링 알고리즘의 개념을 보여준다. 도착한 순서대로 CPU를 할당받는다는 점에서는 FCFS 스케줄링 알고리즘과 동일하지만, CPU 사용 시간에 제한이 있다는 점에서 차이가 있다. CPU 사용 제한 시간은 **타임 퀀텀(time quantum)**이라고 부른다. 즉, 한 프로세스가 CPU를 할당받고 타임 퀀텀만큼 시간이 지나면(timer-runout), CPU를 반납하고 다시 준비 큐에 가서 다음 자기 순서를 기다리게 된다(가장 뒤에 다시 줄을 서는 것과 같다).

RR 스케줄링 알고리즘은 특정 프로세스가 자원을 독점(monopoly)하는 현상을 방지함으로써, 프로세스들의 응답성을 높일 수 있다는 장점을 가진다. 하지만, CPU를 번갈아 사용함에 따라 문맥 교환이 자주 발생한다는 점에서 시스템에 부하가 높다는 단점이 있다. 따라서 RR 스케줄링 알고리즘은 대화형 시스템 또는 시분할 시스템에 적합한 스케줄링 알고리즘이라고 할 수 있다.

RR 스케줄링에서 타임 퀀텀은 시스템에서 설정할 수 있는 파라미터로, 시스템의 성능을 결정하는 핵심 요소 중 하나다. 만약 타임 퀀텀이 매우 길다면(예: 무한대), FCFS 스케줄링과 동일한 효과를 낼 것이다. 반대로 타임 퀀텀이 매우 짧다면, 사용자는 모든 프로세스가 동시에 CPU를 사용하는 느낌을 줄 것이다. 하지만, 사용자가 체감하는 CPU의 성능(속도)은 실제

CPU 성능을 프로세스의 수로 나눈 것만큼 낮게 느끼게 될 것이다. 또한, 쉬지 않고 프로세스를 교체해야 함에 따라 문맥 교환이 무한히 발생하게 될 것이며, 이는 시스템 성능을 크게 떨어뜨리게 될 것이다. 따라서, 시스템의 목적이나 프로세스의 특징 등에 따라 적절한 타임 퀀텀을 설정하는 것이 중요하다.

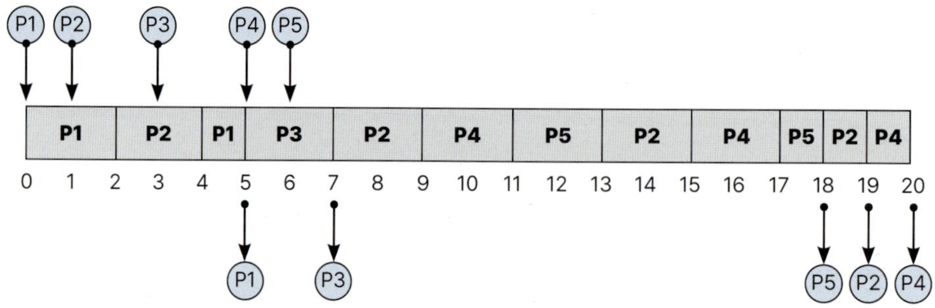

그림 5-7 [표 5-2] 시나리오에 대한 RR 스케줄링(타임 퀀텀=2) 결과

[그림 5-7]은 타임 퀀텀이 2인 경우에 대한 RR 스케줄링의 결과를 보여준다. RR 스케줄링 알고리즘에 따른 스케줄링 흐름은 아래와 같다.

❶ P1이 가장 먼저 도착하고 바로 CPU를 할당받는다. P1이 CPU를 사용하고 있는 동안 시간 1에 P2가 도착해 준비 큐에서 대기한다.

❷ 시간 2가 되면 P1은 할당된 타임 퀀텀을 모두 소비함에 따라 CPU를 반납하고 준비 큐 가장 앞에서 대기중인 P2가 CPU를 할당받는다. 그리고 P1은 아직 작업을 완료하지 못했기 때문에 다시 준비 큐에 가서 다음 순서를 기다린다. (P1의 잔여 BT: 3 → 1)

❸ P2가 CPU를 사용하는 동안, 시간 3에 P3가 준비 큐에 도착해서 CPU 할당을 대기한다. 이 시점에 준비 큐에는 P1과 P3가 대기 중인 상태가 된다([그림 5-8-(a)]).

❹ 시간 4가 되면, P2에 할당된 CPU 사용 시간이 종료되어 P2는 CPU를 반납하고 (P2의 잔여 BT: 7 → 5), 다시 준비 큐에 가서 대기한다. 그리고 준비 큐 가장 앞에 있는 P1이 CPU를 할당받는다.

❺ P1의 잔여 BT가 1이기 때문에, 시간 4에서 5 동안 CPU를 사용하여 작업을 완료하고 CPU를 반납한다. 이 시점에 도착한 P4는 준비 큐의 가장 뒤에서 대기한다. 이 시점의 준비 큐의 모습은 [그림 5-8-(b)]와 같다. 그리고 준비 큐의 가장 앞에 있는 P3가 CPU를 할당받아 작업을 수행한다.

❻ P3가 CPU를 사용하는 동안, 시간 6에 P5가 도착해서 준비 큐에 들어간다([그림 5-8-(c)]).

❼ 시간 7이 되면 P3는 할당된 타임 퀀텀을 모두 소비하여 CPU를 반납한다. P3는 BT가 2이며 모든 작업을 완료했기 때문에 프로세스를 종료한다. 그리고 준비 큐의 가장 앞에 있는 P2가 CPU를 할당받아 작업을 재개한다.

❽ 위와 같은 방식으로, 모든 프로세스가 종료될 때까지 스케줄링이 계속 진행된다.

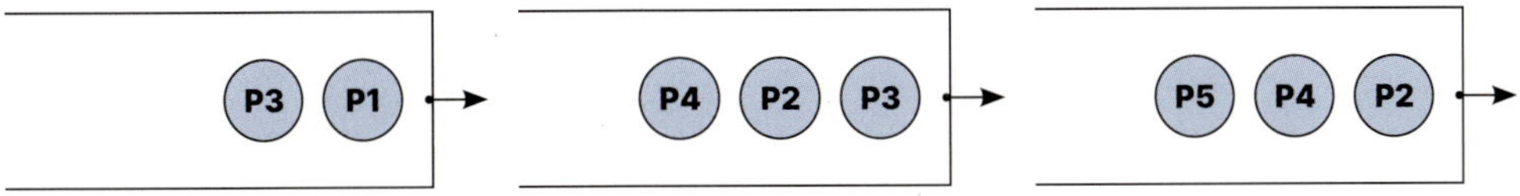

(a) 시간 3의 준비 큐 상태　(b) 시간 5의 준비 큐 상태　(c) 시간 6의 준비 큐 상태

그림 5-8 RR 스케줄링 중, 준비 큐 상태의 변화

[표 5-4]는 스케줄링 결과의 대기 시간(WT), 반환 시간(TT), 그리고 정규화된 반환 시간(NTT)을 분석한 것이다. FCFS의 결과([표 5-3])와 비교하여 정규화된 반환 시간(NTT)이 상대적으로 균등하게 분포되어 있는 것을 확인할 수 있다. 또한, 긴 실행 시간(BT)을 가진 프로세스(예: P2)에 의해 후속 프로세스들이 오랫동안 대기해야 하는 호위 효과가 완화되었다는 점을 확인할 수 있다. 그러나 [그림 5-7]에서 보듯이, CPU를 사용하는 프로세스가 자주 교체되는 점을 확인할 수 있으며, 이로 인한 문맥 교환 비용이 상당히 높을 것이라는 예상을 할 수 있다.

표 5-4 [표 5-2] 시나리오에 대한 RR 스케줄링(타임 퀀텀=2) 결과 분석

프로세스 ID	도착 시간 (AT)	실행 시간 (BT)	대기 시간 (WT)	반환 시간 (TT)	정규화된 반환 시간 (NTT)
P1	0	3	2	5	5/3 = 1.7
P2	1	7	11	18	18/7 = 2.6
P3	3	2	2	4	4/2 = 2
P4	5	5	10	15	15/5 = 3
P5	6	3	9	12	12/3 = 4

지금까지 타임 퀀텀이 2인 경우의 라운드 로빈 스케줄링 과정을 살펴보고 그 결과를 분석해 보았다. 라운드 로빈 스케줄링 알고리즘은 타임 퀀텀에 따라 스케줄링 결과가 달라지게 된다. 그럼 타임 퀀텀이 3인 경우는 어떻게 될까? 결과를 보기 전에 직접 한번 해보는 것을 추천한다.

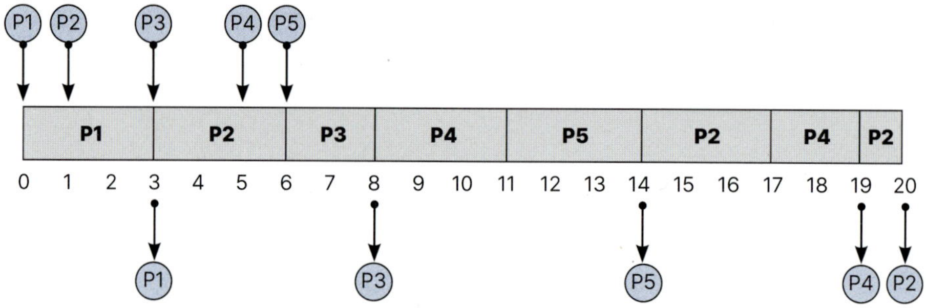

그림 5-9 [표 5-2] 시나리오에 대한 RR 스케줄링(타임 퀀텀=3) 결과

[그림 5-9]는 타임 퀀텀이 3인 경우에 대한 스케줄링 결과를 보여준다. 스케줄링을 통해 볼 수 있듯, 시간 6에 P2가 타임 퀀텀을 모두 소비하고 나옴과 동시에 P5가 도착하게 된다. 이처럼 여러 프로세스가 준비 큐에 동시에 도착하는 경우가 발생할 수 있으며, 이런 경우에는 사전에 정의된 기준에 따라 스케줄링을 수행하게 된다. 기준은 선택의 문제이며, 본 예제에서는 번호가 더 큰 프로세스가 우선권을 가진다고 가정하자.

표 5-5 [표 5-2] 시나리오에 대한 RR 스케줄링(타임 퀀텀=3) 결과 분석

프로세스 ID	도착 시간 (AT)	실행 시간 (BT)	대기 시간 (WT)	반환 시간 (TT)	정규화된반환시간 (NTT)
P1	0	3	0	3	3/3 = 1
P2	1	7	12	19	19/7 = 2.7
P3	3	2	3	5	5/2 = 2.5
P4	5	5	9	14	14/5 = 2.8
P5	6	3	5	8	8/3 = 2.7

[표 5-5]는 타임 퀀텀이 3인 라운드 로빈 스케줄링의 결과를 분석한 것이다. 반환 시간의 평균을 평균 응답 시간이라고 정의했을때, 타임 퀀텀이 2일 때의 평균 응답 시간은 10.8이며, 타임 퀀텀이 3일 때의 평균 응답 시간은 9.8이다. 그럼에도 불구하고 프로세스 교체 횟수는 11번에서 7번으로 줄어드는 것을 확인할 수 있다. 이러한 결과는 특정 시나리오에 따라 달라질 수 있지만, 라운드 로빈 스케줄링 알고리즘에서는 타임 퀀텀의 크기에 따라 스케줄링 결과와 시스템의 성능에 영향을 미치는 것을 확인할 수 있다.

SPN 스케줄링

FCFS의 단점 중 하나는 바로 금방 처리할 수 있는 프로세스가 먼저 도착한 긴 프로세스에 의해 BT에 비해 긴 시간을 기다려야 하는 '호위 효과'였다. 이를 마트에서 소량의 상품만 결제하려는 손님이 앞에 대량의 상품을 산 사람 때문에 긴 시간을 기다리는 상황에 비유할 수 있다. 이런 상황에서 소량 상품 전용 계산대를 두는 것처럼, 적은 시간 안에 처리할 수 있는 작업을 먼저 처리하여 손님들의 평균 대기 시간을 줄일 수 있다. 이런 아이디어를 운영체제의 스케줄링에 도입한 것이 바로 SPN 스케줄링 알고리즘이다.

최단 프로세스 우선(Shortest Process Next, SPN) 알고리즘[10]은 이름에서 짐작할 수 있듯, 실행 시간(BT)이 가장 짧은 프로세스를 먼저 처리하는 스케줄링 방법이다. 따라서 스케줄링의 기준은 실행 시간이 된다. 또한 SPN은 비선점 정책을 사용하므로, 준비 큐에 있는 프로세스 중 실행 시간이 짧은 프로세스부터 순차적으로 처리하는 스케줄링 알고리즘이다.

SPN은 실행 시간이 짧은 프로세스를 우선 처리함으로써 많은 프로세스에게 빠른 응답 시간을 제공하고, 평균 대기 시간을 최소화하는 장점이 있다. 또한, 시스템 내의 프로세스 수를 최소화하여 메모리 사용량을 줄이고 스케줄링 부담을 경감시킴으로써 시스템의 효율성을 향상시킬 수 있다.

그러나 SPN은 실행 시간이 긴 프로세스의 경우 자원을 계속 할당받지 못하는 **'무한 대기(starvation)'** 현상이 발생할 수 있다는 단점도 있다. 예를 들어, 내가 먼저 작업을 요청했음에도 불구하고 짧은 실행 시간을 요구하는 작업들이 계속 도착함에 따라 내 순서가 계속 밀리는 상황을 생각해 볼 수 있다. 이러한 점은 공평성 측면에서 성능이 낮다고 볼 수 있다. 또한 SPN 스케줄링을 구현하기 위해서는 각 프로세스의 실행 시간을 사전에 알아야 하는데, 실제로는 이를 정확히 알기 어렵다. 예를 들어 우리가 게임 한 판을 얼마나 걸릴지 예측할 수 없는 것처럼, 프로세스들의 실행 시간을 예측하는 것은 어렵다. 따라서 프로세스의 실행 시간을 예측하는 기법이 필요하며, 그 정확도는 항상 보장하기 어렵다는 한계가 있다.

10 SPN은 SJF(Shortest Job First) 알고리즘이라고도 불린다.

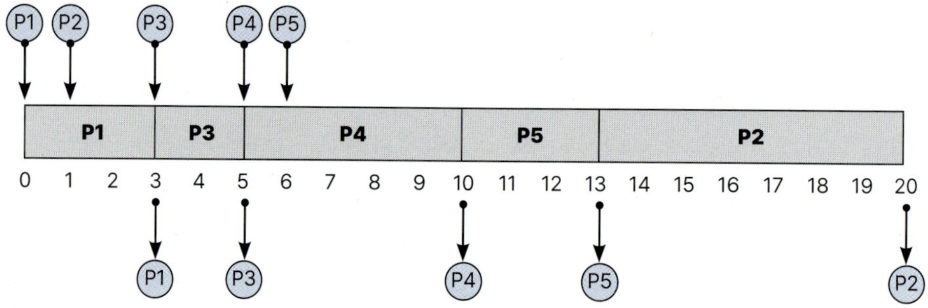

그림 5-10 [표 5-2] 시나리오에 대한 SPN 스케줄링 결과

[그림 5-10]은 [표 5-2] 시나리오에 대한 SPN 스케줄링의 결과를 보여준다. SPN 스케줄링 알고리즘에 따른 스케줄링 흐름은 다음과 같다.

❶ 시간 0에 P1이 도착하며 다른 프로세스가 없으므로 CPU를 즉시 할당받아 작업을 시작한다. SPN은 비선점 스케줄링 정책을 사용하므로 P1은 작업을 완료할 때까지 CPU를 계속 사용한다.

❷ P1이 CPU를 사용하는 동안(시간 0~3) P2와 P3가 도착한다. P2의 BT는 7, P3의 BT는 2로 P3의 실행 시간이 더 짧으므로, P3가 먼저 CPU를 할당받아 자신의 일을 수행한다.

❸ 시간 5에 P3의 작업이 끝나고 CPU를 반납하며, 동시에 P4(BT = 5)가 도착한다. 이때 준비 큐에는 P2와 P4가 있는 상태이며, 이들 중 P4의 실행 시간이 더 짧으므로 P4가 CPU를 할당받는다.

❹ 시간 6에 P5(BT = 3)가 도착하고, 준비 큐에는 P2와 P5가 대기 중이다.

❺ 시간 10에 P4의 작업이 끝나면서 CPU를 반납하게 된다. 이때 준비 큐에 있는 P2와 P5 중 P5의 실행 시간이 더 짧기 때문에 P5가 CPU를 할당받아 작업을 시작한다.

❻ 시간 13에 P5가 작업을 마치며, 준비 큐에는 P2만 남아있기 때문에 P2가 CPU를 할당받아 작업을 수행한다.

표 5-6 [표 5-2] 시나리오에 대한 SPN 스케줄링 결과 분석

프로세스 ID	도착 시간 (AT)	실행 시간 (BT)	대기 시간 (WT)	반환 시간 (TT)	정규화된 반환 시간 (NTT)
P1	0	3	0	3	3/3 = 1
P2	1	7	12	19	19/7 = 2.7
P3	3	2	0	2	2/2 = 1
P4	5	5	0	5	5/5 = 1
P5	6	3	4	7	7/3 = 2.3

[표 5-6]은 SPN 스케줄링 결과의 분석이다. 대부분 프로세스의 NTT가 1에 가까운 것으로 나타났고, 평균 응답 시간이 7.2로 FCFS나 RR에 비해 크게 감소하였다는 점을 확인할 수 있다. 따라서 SPN은 일반적으로 프로세스들에게 빠른 응답 시간을 제공한다는 것을 알 수 있다. 그러나 P2의 경우는 어떠한가? P2는 시간 1에 도착하였음에도 불구하고, 실행 시간이 길기 때문에 스케줄링 순위에서 밀려나 가장 마지막에 CPU를 할당받았다. 이는 특정 프로세스가 계속해서 자원을 할당받지 못하는 **기아(starvation) 현상**을 경험하였다는 것을 알 수 있다.

이러한 기아 현상을 해결하려면 어떻게 해야 할까? 기다린 시간을 스케줄링 시 고려하는 방법을 생각해 볼 수 있을 것이다. 이에 대한 구체적인 전략에 대해서는 'HRRN 스케줄링'에서 알아보자.

알아두세요

스케줄링 알고리즘의 동작을 시뮬레이션해 보기 위해 사용하고 있는 [표 5-2]의 시나리오는 각 프로세스의 실행 시간이 정해져 있음을 가정한다. 하지만, 실제 프로세스들의 실행 시간을 알 수 없으며, 예측하는 것도 쉽지 않다. 본 절에서 다루는 스케줄링 알고리즘 중 일부는 실행 시간을 고려하는 스케줄링 전략을 사용하며, 이는 실제 운영체제에서 사용하기 어렵다는 것을 의미하기도 한다. 하지만, 실제 운영체제가 사용하는 스케줄링 기법들이 어떠한 이론적 기반을 가지고 설계되었는지 이해하기 위한 기본 알고리즘들이기 때문에 그 전략 및 원리에 집중해서 학습하도록 하자.

SRTN 스케줄링

최소 잔여 시간 우선(Shortest Remaining Time Next, SRTN) 스케줄링은 SPN의 변형 중 하나로, 잔여 실행 시간(실행 시간 − CPU 사용 시간)이 가장 짧은 프로세스에게 CPU를 선점하도록 하는 스케줄링 알고리즘이다. 즉, 현재 CPU를 사용하고 있는 프로세스보다 잔여 실행

시간이 짧은 프로세스가 준비 큐에 도착하면, 해당 프로세스가 CPU를 선점하게 된다.

SRTN은 SPN의 강점인 짧은 평균 응답 시간 효과를 극대화하는 스케줄링 알고리즘이다. 그러나 SPN과 마찬가지로 프로세스의 실행 시간을 예측해야 한다는 어려움이 있다. 또한, 프로세스들의 잔여 실행 시간을 계속 추적하고 관리해야 하기 때문에 스케줄링의 부하가 크다는 단점이 있다. 더욱이 CPU를 할당받는 프로세스의 교체가 수시로 발생하므로, 문맥 교환 부하가 커질 수 있다는 단점도 있다. 이러한 특성과 단점 때문에, SRTN은 실제 운영체제에서 사용하기 어려운 비현실적인 스케줄링 기법이라고 말할 수 있다.

HRRN 스케줄링

SPN 스케줄링 알고리즘의 가장 큰 단점은 실행 시간이 긴 프로세스가 긴 시간 대기하게 되는 '기아 현상'이었다. 이 기아 현상 문제를 해결하는 방법 중 하나는, 프로세스의 대기 시간을 고려해서 대기 시간이 긴 프로세스의 우선순위를 높여주는 것이다. SPN에 이러한 전략을 적용한 스케줄링 알고리즘이 HRRN 스케줄링 알고리즘이다.

최고 응답 비율 우선(Highest Response Ratio Next, HRRN) 스케줄링 알고리즘은 SPN의 변형 중 하나로, SPN에 에이징(aging) 개념을 적용한 기법이다. **에이징**은 대기 시간을 나이(age)의 개념으로 반영하고 나이가 많은 프로세스를 배려하는, 일종의 노약자 배려에 비유할 수 있다. 하지만 대기 시간을 배려할 때, 단순히 대기 시간이 긴 프로세스가 아닌 응답 비율(response ratio)을 계산해서 응답 비율이 가장 높은 프로세스가 자원을 할당받게 한다. 응답 비율은 다음과 같이 정의된다.

$$\text{response ratio} = \frac{(WT+BT)}{BT}$$

응답 비율 수식을 살펴보면 (WT+BT)를 BT로 나누어 주는 것을 볼 수 있다. 이는 프로세스의 실행 시간에 대비하여 얼마나 오래 기다렸는지를 표현하고 있다. 즉, 프로세스가 느끼는 상대적 대기 시간을 나타낸다고 말할 수 있다. 예를 들어, 어떤 도구를 100초 동안 사용해야 하는 사람과 10초 동안 사용해야 하는 사람이 같은 15초를 기다렸다면, 절대적인 대기 시간은 동일하지만 두 사람이 체감하는 대기 시간은 크게 다를 것이다. 응답 비율은 이러한 점을 반영하여, 실행 시간이 짧은 프로세스에게 우선권을 주면서도 실행 시간에 대비해 지나치게 오래 기다리는 프로세스가 발생하지 않도록 한다.

따라서, HRRN은 SPN의 짧은 응답 시간이라는 강점을 유지하면서도 기아 현상을 해소하는 장점을 가지고 있다. 하지만, SPN과 같이 실행 시간을 예측해야 한다는 어려움을 가지고 있다. 또한, 스케줄링 시 모든 프로세스의 응답 비율을 계산해야 한다는 부하를 가진다.

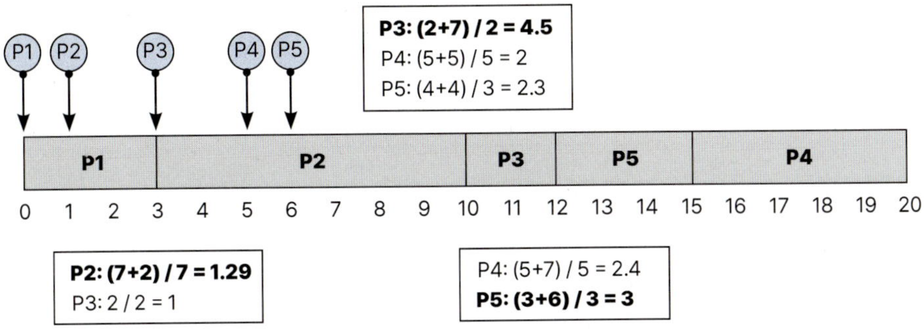

그림 5-11 [표 5-2] 시나리오에 대한 HRRN 스케줄링 결과

[그림 5-11]은 [표 5-2] 시나리오에 대한 HRRN 스케줄링의 결과를 보여준다. HRRN 스케줄링 알고리즘에 따른 스케줄링 흐름은 다음과 같다. HRRN은 SPN과 동일하게 비선점 스케줄링 정책을 사용한다.

❶ 시간 0에 P1이 도착하며 다른 프로세스가 없기 때문에 바로 CPU를 할당받고 작업을 시작한다.

❷ P1이 작업을 수행하는 동안 P2와 P3가 도착한다. 시간 3에 P1이 작업을 완료하고 나감에 따라 두 프로세스 중 하나를 선택해야 한다. P2는 시간 1에 도착하여 현재까지 대기 시간이 2이고, BT는 7이다. 따라서 P2의 응답 비율은 (7 + 2) / 7 = 1.29가 된다. P3는 시간 3에 도착했기 때문에 대기 시간이 0이며, P3의 응답 비율은 1이 된다. 따라서, P2가 다음에 CPU를 사용할 프로세스로 결정된다. SPN이었다면, BT가 짧은 P3가 선택되었을 것이다. 하지만 HRRN에서는 P2의 대기 시간을 고려해 P2가 선택된다는 차이점을 확인할 수 있다.

❸ P2가 CPU를 사용하는 시간 3~10 사이에 P4와 P5가 도착한다.

❹ P2가 작업을 마치는 시간 10 시점에는 준비 큐에 P3, P4, P5가 대기 중이다. P3 (BT = 2)의 대기 시간은 7이며, 응답 비율은 4.5가 된다. P4 (BT = 5), P5 (BT = 3)은 각각 5와 4의 시간 동안 대기했으며, 응답 비율은 각각 2와 2.3이 된다. 따라서 응답 비율이 가장 높은 P3가 다음에 CPU를 할당받을 프로세스로 선택된다.

5 프로세스 스케줄링

❺ P3가 작업을 마치는 시간 12에는 P4 (BT = 5)와 P5 (BT = 3)의 대기 시간은 각각 7과 6이다. 응답 비율을 계산하면 P4는 (5 + 7) / 5 = 2.4, P5는 (3 + 6) / 3 = 3이 된다. 절대적인 대기 시간은 P4가 더 길지만, 프로세스의 실행 시간에 대비한 상대적 대기 시간은 P5가 더 높음을 알 수 있다. 따라서 P5가 다음에 실행될 프로세스로 선택된다.

❻ P5가 작업을 마치는 시간 15에 마지막으로 P4가 CPU를 할당받아 작업을 수행한다.

표 5-7 [표 5-2] 시나리오에 대한 HRRN 스케줄링 결과 분석

프로세스 ID	도착 시간 (AT)	실행 시간 (BT)	대기 시간 (WT)	반환 시간 (TT)	정규화된 반환 시간 (NTT)
P1	0	3	0	3	3/3 = 1
P2	1	7	2	9	9/7 = 1.29
P3	3	2	7	9	9/2 = 4.5
P4	5	5	10	15	15/5 = 3
P5	6	3	6	9	9/3 = 3

[표 5-7]은 HRRN의 스케줄링 결과를 분석한 것이다. 평균 응답 시간은 9로, 이는 SPN보다는 길지만 FCFS와 RR보다는 짧은 것을 확인할 수 있다. 또한, 특정 프로세스가 오랜 시간 대기하는 기아 현상이 어느 정도 해소되었다는 것을 볼 수 있다. 이러한 결과는 HRRN이 대기 시간과 실행 시간을 고려하여 프로세스에 우선순위를 부여하기 때문에 발생한다. 이로써 능률적인 처리 시간을 보장하면서도 공정한 자원 할당을 실현하였음을 알 수 있다. 그러나 HRRN 알고리즘은 실행 시간을 예측해야 하며, 모든 프로세스의 응답 비율을 계산하는 추가적인 연산 부하를 가져오는 것이 단점으로 작용할 수 있다.

표 5-8 프로세스 스케줄링 알고리즘 비교

프로세스 스케줄링 알고리즘	스케줄링 기준	스케줄링 정책
FCFS(선입 선출)	도착 시간	비선점
RR(라운드 로빈)	도착 시간	선점 타임 퀀텀
SPN(최단 프로세스 우선)	실행 시간	비선점
SRTN(최소 잔여 시간 우선)	잔여 실행 시간	선점
HRRN(최고 응답 비율 우선)	응답 비율	비선점 에이징(aging)

[표 5-8]은 지금까지 살펴본 다섯 가지 프로세스 스케줄링 알고리즘의 스케줄링 기준 및 정책을 비교한 것이다. 다섯 가지 알고리즘 중, FCFS와 RR은 선착순 또는 돌아가며 프로세서를 사용하게 하는 점에서 공정성에 초점을 맞춘 알고리즘이라고 할 수 있다. 반면에 SPN, SRTN, 그리고 HRRN은 평균 응답 시간을 줄이고 시스템의 효율적 사용에 목적을 두는 스케줄링 방법이라고 볼 수 있다. 그러나 이 세 가지 스케줄링 알고리즘은 모두 프로세스의 실행 시간을 예측해야 하는 부하를 가지며, 정확한 예측이 어려운 측면 때문에 실제 운영체제에서 사용하기 어렵다는 한계가 있다. 따라서 실행 시간 예측 없이도 시스템을 효율적으로 활용할 수 있는 스케줄링 알고리즘이 필요하다. 이를 충족하는 MLQ와 MFQ 알고리즘을 살펴보자.

MLQ 스케줄링

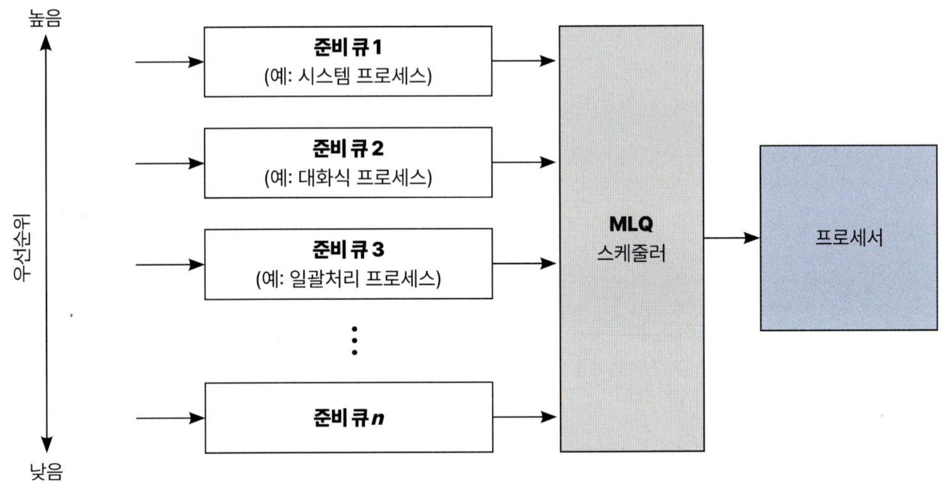

그림 5-12 다중 레벨 큐(MLQ) 스케줄링의 개념

다중 레벨 큐(Multi-Level Queue, MLQ) 스케줄링은 여러 개의 준비 큐를 가지며, 프로세스의 중요도(또는 우선순위)에 따라 서로 다른 준비 큐에 배치하는 알고리즘이다. [그림 5-12]는 MLQ 스케줄링의 개념을 보여준다. 예를 들어, 시스템 운영에 필수적인 시스템 프로세스는 높은 우선순위의 준비 큐에 배치하고, 사용자와 상호작용이 필요하지 않은 일괄처리 프로세스는 비교적 낮은 우선순위의 준비 큐에 배치하는 방법을 사용할 수 있다. 그리고 우선순위가 높은 큐에 있는 프로세스를 우선 처리해 주는 등의 방법으로 중요한 프로세스에 대한 응답 시간을 단축할 수 있다.

또한, 각 준비 큐별로 서로 다른 스케줄링 기법을 적용할 수 있다. 예를 들어, 높은 우선순위의 준비 큐에는 라운드 로빈(RR) 스케줄링을 적용하여 우선순위가 높은 프로세스에 대한 응답 시간을 단축하면서, 낮은 우선순위의 준비 큐에는 선입 선출(FCFS) 스케줄링을 사용하여 스케줄링 부하를 줄이고 시스템 효율을 높이는 전략을 사용할 수 있다. 이 방식은 프로세스의 다양한 특성을 반영하여 효율적인 스케줄링을 제공하며, 전반적인 시스템 성능을 향상시키는 장점을 가진다.

MLQ 스케줄링에서는 프로세스의 우선순위가 바뀌지 않는 정적 우선순위 정책을 사용한다. 이는 한번 배정된 큐를 벗어나지 못하므로, 스케줄링의 유연성이 제한된다는 단점이 있다. 또한, 높은 우선순위의 프로세스들은 자원을 자주 할당받고 빠른 응답 시간을 보장받지만, 낮은 우선순위 준비 큐의 프로세스들은 높은 우선순위 프로세스들에 의해 계속 CPU를 할당받지 못하는 기아 현상을 겪을 수 있다는 문제점이 있다. 또한, 여러 개의 준비 큐를 동시에 관리해야 하기 때문에 스케줄링의 부하가 높다는 단점도 있다.

MFQ 스케줄링

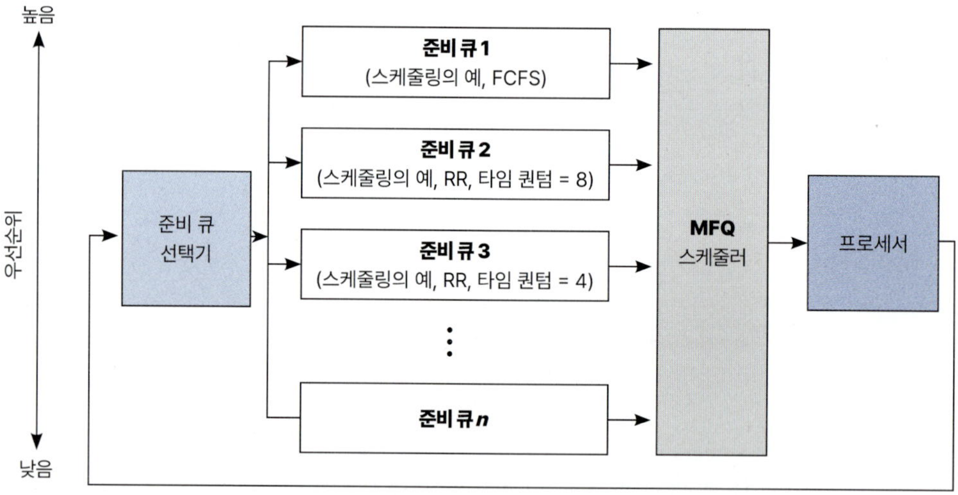

그림 5-13 다중 레벨 피드백 큐(MFQ) 스케줄링의 개념

MLQ 스케줄링의 경우 프로세스는 한 번 배정된 큐에서 다른 준비 큐로 이동하지 못함에 따라, 프로세스의 중요도 등과 같은 상태 변화에 대한 대응에 있어 유연하지 못하다는 단점이 있었다. **다중 레벨 피드백 큐**(Multilevel Feedback Queue, MFQ) 스케줄링은 [그림 5-13]

과 같이 프로세스의 우선순위, 즉 배정 준비 큐를 동적으로 변경 가능한 스케줄링 알고리즘으로 MLQ에 비해 유연한 스케줄링이 가능한 알고리즘이다.

MFQ 스케줄링은 동적 우선순위 정책을 사용하며, 우선순위 조정은 프로세스의 CPU 사용 패턴 등을 의미하는 **피드백(feedback)**을 통해 이루어진다. 우선순위 조정 기준은 다양하게 정의될 수 있으며, 일반적인 예로는 다음과 같다.

- **우선순위 상향 프로세스**

  입출력 중심(I/O–bound) 프로세스

  대기 시간이 긴 프로세스
- **우선순위 하향 프로세스**

  계산 중심(compute–bound) 프로세스

입출력 중심과 계산 중심 프로세스 중, 입출력 중심 프로세스는 실행 시간이 상대적으로 짧다. 따라서 입출력 중심 프로세스의 우선순위를 높여주고, 계산 중심 프로세스의 우선순위를 낮추어 줌으로써, 실행 시간이 짧은 프로세스를 먼저 처리하는 최단 프로세스 우선(SPN) 스케줄링과 유사한 효과를 낼 수 있다.어떤 프로세스가 입출력 중심인지 계산 중심인지는, 프로세스의 CPU 사용 패턴을 통해 판단할 수 있다. 이렇게 함으로써, 실행 시간 예측 없이 SPN 스케줄링의 평균 응답 시간 개선 효과를 얻을 수 있다.

그러나 위 조건만을 사용한다면 계산 중심 프로세스는 계속해서 낮은 우선순위의 준비 큐에서 대기하게 되어 기아 현상이 발생할 수 있다. 이를 해결하기 위해 프로세스의 대기 시간이 일정 시간을 초과하면 우선순위를 상향 조정하는 규칙을 함께 적용함으로써, HRRN 스케줄링에 존재하는 에이징(aging) 개념을 MFQ 스케줄링에도 도입할 수 있다.

MFQ 스케줄링의 특징과 성능은 다음과 같은 요소들에 의해 결정된다.

- 준비 큐의 수
- 준비 큐별 스케줄링 알고리즘
- 우선순위 조정 기준
- 최초 준비 큐 배정 방법

예를 들어, 각 준비 큐는 서로 다른 스케줄링 알고리즘을 적용할 수 있다. 가장 높은 우선순위의 큐에서는 선입 선출(FCFS) 스케줄링을 적용함으로써, 프로세스가 필요한 작업을 빠르게 완료할 수 있도록 하고, 우선순위가 낮은 큐에서는 작은 타임 퀀텀을 가진 라운드 로빈(RR) 스케줄링 기법을 적용하여 우선순위가 높은 프로세스가 CPU를 더 오래 사용하도록 유도할 수 있다.

이처럼 MFQ 스케줄링은 다양한 상황에 유연하게 대응할 수 있다는 장점을 가지며, 특히 다양한 특성을 가진 프로세스가 혼재한 시스템에서 효과적이다. 하지만 MFQ 스케줄링은 MLQ 스케줄링보다 더 복잡하고 관리 비용이 높은 편이며, 프로세스의 큐 이동 기준을 설정하는 것이 어렵다는 단점이 있다.

요약

FCFS(First-Come, First-Service)

- 먼저 도착한 프로세스를 먼저 처리하는 비선점 방식
- **장점**
  - 구현이 간단하고 공평성 보장
  - 일괄처리 시스템에 적합
- **단점**
  - 긴 평균 대기 시간
  - 호위 효과(convoy effect) 발생 가능

RR(Round-Robin)

- 각 프로세스에 동일한 CPU 시간(타임 퀀텀, time quantum)을 할당하는 선점 방식
- **장점**
  - 응답 시간 개선
  - 공평한 CPU 분배
- **단점**
  - 문맥 교환 오버헤드 증가

SPN(Shortest Process Next)

- 실행 시간이 가장 짧은 프로세스 먼저 실행하는 비선점 방식
- **장점**
  - 평균 대기 시간과 평균 반환 시간 최소화
- **단점**
  - 긴 프로세스의 기아(starvation) 현상 발생 가능
  - 실행 시간 예측의 어려움

SRTN(Shortest Remaining Time Next)

- SPN의 선점형 버전, 남은 실행 시간이 가장 짧은 프로세스 선택

- **장점**
  - SPN보다 평균 대기 시간 개선
- **단점**
  - 잦은 문맥 교환으로 인한 오버헤드
  - 실행 시간 예측의 어려움

HRRN(Highest Response Ratio Next)

- 응답 비율((대기 시간 + 실행 시간) / 실행 시간)이 높은 프로세스 선택
- **장점**
  - SPN의 기아 현상 완화(대기 시간 고려)
- **단점**
  - 실행 시간 예측 필요
  - 응답률 계산으로 인한 오버헤드

MLQ(Multi-Level Queue)

- 여러 개의 준비 큐 사용, 프로세스를 특성에 따라 다른 큐에 배치
- **장점**
  - 다양한 프로세스 특성 반영 가능
  - 큐마다 다른 스케줄링 정책 적용 가능
- **단점**
  - 큐 간 불균형 발생 가능
  - 복잡한 구현

MFQ(Multi-Level Feedback Queue)

- MLQ에 피드백 개념 추가, 프로세스의 동적 우선순위 변경
- **장점**
  - 다양한 유형의 프로세스에 적응적
  - CPU와 I/O 중심 프로세스 균형 조절 가능
- **단점**
  - 구현의 복잡성
  - 스케줄링 오버헤드 증가

5.4 연습 문제

01 FCFS 스케줄링 알고리즘의 주요 단점은 무엇인가?

① 문맥 교환이 많이 발생한다.
② 긴 프로세스가 먼저 도착하면 다른 프로세스가 오랫동안 대기하게 된다.
③ 선점 스케줄링 방식이다.
④ 멀티프로세서 시스템에서 사용되지 않는다.

02 라운드 로빈(RR) 스케줄링에서 '타임 퀀텀(time quantum)'이란 무엇인가?

① 프로세스의 우선순위
② 프로세스가 대기하는 시간
③ 프로세스가 CPU를 사용할 수 있는 시간
④ 문맥 교환 시간이 발생하는 시점

03 Shortest Process Next(SPN) 스케줄링 알고리즘의 특징은 무엇인가?

① 선점 스케줄링 방식이다.
② 프로세스의 우선순위를 고려한다.
③ 가장 짧은 작업부터 실행한다.
④ 멀티프로세서 시스템에서만 사용된다.

04 HRRN(Highest Response Ratio Next) 알고리즘은 무엇을 고려하는가?

① 프로세스의 대기 시간과 실행 시간의 비율
② 프로세스의 도착 순서
③ 프로세스의 우선순위
④ 타임 퀀텀 크기

05 비선점 스케줄링 알고리즘이 아닌 것은?

① FCFS
② SPN
③ SRTN
④ HRRN

06 Shortest Remaining Time Next(SRTN) 알고리즘은 어떤 특징을 가지는가?

① 가장 긴 프로세스를 우선적으로 실행한다.

② 선점형 스케줄링이다.

③ 먼저 들어온 프로세스가 먼저 실행된다.

④ 우선순위가 낮은 프로세스가 먼저 실행된다.

07 FCFS(First-Come, First-Service) 스케줄링의 장점은 무엇인가?

① 응답 시간이 짧다.

② 문맥 교환이 적다.

③ 긴 프로세스가 항상 먼저 실행된다.

④ 비선점 스케줄링 방식이다.

08 SPN(Shortest Process Next) 스케줄링의 단점은 무엇인가?

① 대기 시간이 길다.

② 기아(starvation) 현상이 발생할 수 있다.

③ 문맥 교환이 많이 발생한다.

④ 실행 시간이 긴 프로세스가 우선 실행된다.

09 라운드 로빈(Round Robin, RR) 스케줄링에서 타임 퀀텀 크기가 작을수록 발생할 수 있는 문제는?

① CPU 사용이 비효율적이다.

② 문맥 교환 오버헤드가 증가한다.

③ 기아 현상이 발생한다.

④ 모든 프로세스가 동시에 실행된다.

10 프로세스 스케줄링 알고리즘 중 SRTN이 고려하는 주요 기준은 무엇인가?

① 남은 실행 시간

② 프로세스 도착 시간

③ 프로세스 우선순위

④ 대기 시간

11 긴 작업이 먼저 도착하면 다른 작업들이 오랫동안 대기하는 스케줄링 방식은?

12 남은 실행 시간이 가장 짧은 프로세스를 우선 실행하는 스케줄링 방식은?

13 라운드 로빈(Round Robin, RR) 스케줄링에서 프로세스가 CPU를 차지하는 시간 단위는?

14 우선순위 스케줄링에서 우선순위가 낮은 프로세스가 처리되지 않는 현상은?

15 기아 문제를 해결하기 위해 우선순위를 점진적으로 높여가는 기법은?

16 SJN(Shortest Job Next) 스케줄링에서는 실행 시간이 가장 ________ 작업을 먼저 처리한다.

17 라운드 로빈(Round Robin, RR) 스케줄링에서 타임 퀀텀(time quantum) 크기가 너무 작으면 ________ 오버헤드가 증가할 수 있다.

18 HRRN 스케줄링에서 응답 비율은 (대기 시간 + 실행 시간) / ________ 로 계산된다.

19 우선순위 스케줄링에서 ________ 현상 문제를 해결하기 위한 방법으로 에이징 기법이 사용된다.

20 라운드 로빈 스케줄링에서 타임 퀀텀이 매우 크면 ________ 스케줄링과 유사해진다.

6 장

동기화와 상호 배제

학 습 목 표

프로세스 간의 동기화와 상호 배제의 개념을 이해한다. 본 장에서는 여러 프로세스가 공유 자원을 사용할 때 발생할 수 있는 동기화 문제에 대해 알아보고 이를 해결하기 위한 상호 배제 기법을 학습한다. 또한, 임계 영역 문제와 이를 해결하는 다양한 알고리즘을 통해 운영체제가 어떻게 자원을 안전하고 효율적으로 관리하는지 살펴본다.

컴퓨터 시스템에서 여러 프로세스가 동시에 동작하고 공유 자원을 사용하는 상황을 생각해 보자. 친구와 내가 같은 노트에 동시에 약속 없이 무작위로 필기한다면 결과는 어떻게 될까? 이는 두 사람이 공유 자원인 '노트'를 동시에 사용하려 하기 때문에 발생하는 문제로, 내용은 엉망이 될 것이다. 현대의 컴퓨터 시스템은 이와 유사한 환경, 즉 여러 프로세스가 동시에 존재하고 공유 자원을 활용하는 다중 프로그래밍(multi-programming) 환경을 제공한다. 따라서 이러한 환경에서는 프로세스가 공유 자원, 예를 들면 메모리의 특정 영역을 동시에 사용하려고 할 때 동기화 문제가 발생할 수 있다.

본 장에서는 이러한 동기화 문제와 그 해결 방법에 대해 알아본다. 세부적으로는 프로세스 동기화의 기본 개념부터 시작해, 임계 영역과 상호 배제, 그리고 상호 배제를 위한 다양한 구현 기법에 대해 살펴본다.

6.1 병행 프로세스와 임계 영역

병행 프로세스

다중 프로그래밍 환경을 제공하는 컴퓨터 시스템은 여러 프로세스를 등록하고 이들에게 시스템 자원을 할당해 작업을 수행하게 한다. 논리적으로 보면 이러한 시스템 내의 프로세스들은 동시에 수행되는 것으로 볼 수 있다. 각각의 프로세스들이 독립적으로, 즉 서로의 작업에 영향을 미치지 않고 동시에 실행될 때, 이들 프로세스들은 병행적(concurrent)으로 작동한다고 말한다. 이렇게 병행적으로 동작하는 프로세스들을 **병행 프로세스**(concurrent process)라고 부른다. 병행 프로세스들은 기본적으로 서로의 존재를 인식하지 못하고 독립적으로 작업을 수행하며, 이러한 상태를 **비동기적**(asynchronous)이라고 한다.

> **알아두세요** **병행 처리 vs 병렬 처리**
>
> 병행 처리와 병렬 처리는 같은 말로 보일 수 있지만, 의미에는 큰 차이가 있다. 병행 처리(concurrent processing)는 프로세스들이 각자의 작업을 동시에 수행하는 것을 말한다. 반면 병렬 처리(parallel processing)는 하나의 문제(작업)에 여러 개의 프로세서(또는 연산 자원)를 활용해 더 빠르게 또는 더 정확하게 해결하는 것을 의미한다.

공유 자원과 임계 영역

비동기적으로 실행 중인 병행 프로세스들 중 두 프로세스가 동일한 메모리 위치에 있는 데이터를 사용하게 된다면, 이는 두 프로세스가 데이터를 공유한다는 것을 의미한다. 이렇게 프로세스 간에 공유되는 데이터를 **공유 데이터**(shared data) 또는 **임계 데이터**(critical data)라고 부른다.

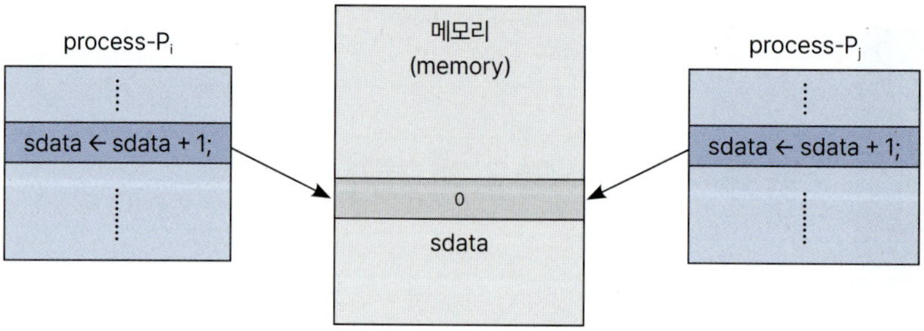

그림 6-1 공유 데이터와 임계 영역의 예

[그림 6-1]은 프로세스 P_i와 P_j가 'sdata'라는 공유 데이터를 사용하는 예를 보여준다. 두 프로세스는 각각 특정 시점에서 sdata 값을 1씩 증가시킨다. 이처럼 공유 데이터에 접근하는 코드 영역을 **임계 영역**(critical section)이라고 부른다. 이러한 상황에서 두 프로세스가 모두 임계 영역을 수행한 후 sdata 값은 어떻게 될까? 상식적으로 생각해 보면, 두 프로세스가 각각 1씩 값을 증가시켰으니 2가 될 것으로 예상할 수 있다. 하지만 실제 결과는 상황에 따라 달라질 수 있다.

경쟁 상태

각 프로세스의 임계 영역 내 명령어는 "sdata ← sdata + 1"이다. 이는 프로그램을 작성할 때 일반적으로 사용하는 형태다. 이는 고수준 명령어(high-level command)로, 실제 컴퓨터가 수행하는 명령어는 컴파일러에 의해 기계어로 번역된다.

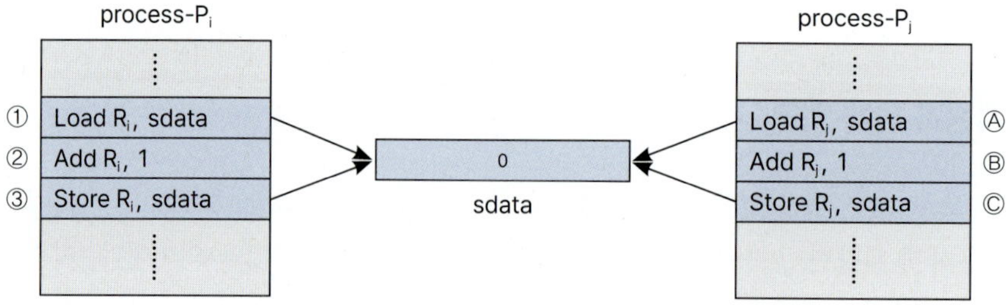

그림 6-2 [그림 6-1] 임계 영역의 기계어 명령

번역된 기계어 명령(machine instruction)은 [그림 6-2]와 같다. 각 줄의 의미는 다음과 같다. 'Load'는 메모리에서 데이터를 읽어 레지스터에 복사하는 명령어다. ① "Load R_i, sdata" 명령은 sdata의 데이터를 레지스터 R_i로 복사한다. 'Add'는 더하기 명령어로, ② "Add R_i, 1"

은 R_i에 1을 증가시킨다. 'Store'는 레지스터의 값을 메모리에 복사하는 명령어다. ③ "Store R_i, sdata"는 R_i의 값을 sdata에 복사한다.

기계어 명령은 원자성(atomicity)이라는 특성을 가지고 있다. **원자성**이란, 한 번에 하나의 명령을 수행하며, 그 명령이 수행되는 동안에는 중단되지 않는다는 것을 의미한다. 하지만 한 기계어 명령과 다른 기계어 명령 사이에는 인터럽트가 발생할 수 있다. 이는 예를 들어, 프로세스 P_i가 한 기계 명령어를 수행한 후 CPU를 프로세스 P_j에게 양보하게 될 수 있음을 의미한다.

그럼 두 프로세스의 동작을 살펴보자. 우선 프로세스 P_i가 임계 영역을 통과한 후, 프로세스 P_j가 임계 영역에 진입하는 경우를 생각해 보자. 그럼 기계어 명령의 실행 순서는 다음과 같다.

① → ② → ③ → Ⓐ → Ⓑ → Ⓒ

이 경우 최종 sdata의 값은 2가 된다. 반대로 프로세스 P_j가 먼저 임계 영역을 통과한 후, 프로세스 P_i가 임계 영역에 진입한 경우(Ⓐ → Ⓑ → Ⓒ → ① → ② → ③)도 최종 sdata의 값은 2가 된다.

그럼 다음 순서로 기계어 명령이 실행되는 경우를 생각해 보자.

① → Ⓐ → ② → Ⓑ → ③ → Ⓒ

①이 수행되면, 현재 sdata 값인 0을 읽어서 R_i에 복사한다. 다음으로 Ⓐ가 실행되면 역시 sdata의 값을 읽어 R_j에 복사한다. 현재 sdata의 값이 0이기 때문에 R_j는 0이 된다. 그다음으로 ②가 실행되면 R_i에 1을 더해 R_i는 1이 된다. Ⓑ도 유사한 방식으로 R_j에 1을 더해서 R_j는 1이 된다. 그리고 ③은 R_i 값을 sdata에 복사해 sdata 값이 1이 된다. 마지막으로 Ⓒ는 R_j 값을 sdata에 복사하면, R_j는 1이므로 최종 sdata의 값도 1이 된다.

이처럼 각 프로세스가 동일한 작업을 수행하더라도 기계어 명령 수준에서의 실행 순서에 따라 결과가 달라질 수 있다. 이러한 현상을 '**경쟁 상태**(race condition)'라고 한다. 하지만 우리가 원하는 것은 실행할 때마다 결과가 달라지는 것이 아니라, 정해진 방식에 따라 일관되게 동작하는 것이다. 그럼 이러한 경쟁 상태 문제를 어떻게 해결할 수 있을까? 다음 **6.2절**에서 그 해결 방법을 살펴보도록 하자.

요약

병행 프로세스(concurrent process)

- 서로 작업에 영향을 미치지 않고 동시에 실행되는 프로세스
  - · 각 프로세스는 독립적으로 실행
  - · 비동기적(asynchronous) 실행: 서로의 존재를 인식하지 못함

공유 데이터(shared data) 또는 임계 데이터(critical data)

- 여러 프로세스가 공동으로 사용하는 데이터

임계 영역(critical section)

- 공유 데이터에 접근하는 코드 영역
- 동시 접근 시 데이터에 일관성 문제가 발생 가능

경쟁 상태(race condition)

- 여러 프로세스가 공유 데이터에 동시에 접근하여 실행 결과가 접근 순서에 따라 달라지는 상황
- 원인
  - · 프로세스 간 실행 순서의 비결정성
  - · 원자성(atomicity)이 보장되지 않는 연산

원자성(atomicity)

- 하나의 명령이 중단 없이 완전히 수행되는 특성
- 기계어 명령은 원자성을 가짐

6.2 동기화와 상호 배제

동기화

경쟁 상태로 인한 결과 불일치 문제를 해결하기 위해서는, 병행하는 프로세스들이 서로 인지하고 행동을 조정해야 한다. 이러한 행위를 **동기화(synchronization)**라고 부른다. 이해를 돕기 위한 비유로, 싱크로나이즈드 스위밍(synchronized swimming)에서는 선수들이 동일한 동작을 맞추어 수행한다. 이와 마찬가지로 프로세스들도 서로를 인지하고 동작을 조정해야 한다. 서로를 모르고 동작하는 프로세스들을 비동기(asynchronous)적으로 작동한다고 표현하면, 동기화를 통해 동작을 조정하는 병행 프로세스들은 동기(synchronous)적으로 작동한다고 말할 수 있다.

프로세스들 사이 동기화는 크게 장벽(barrier)과 상호 배제(mutual exclusion)로 구분할 수 있다.

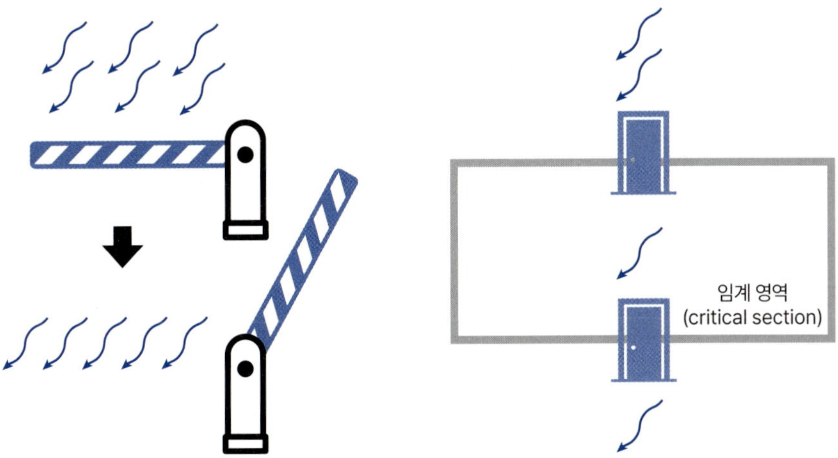

(a) 장벽(barrier) (b) 상호 배제(mutual exclusion)

그림 6-3 동기화의 두 종류, 장벽과 상호 배제

장벽(barrier)은 모든 대상 프로세스가 모여야만 통과할 수 있는 차단 장치로 볼 수 있다([그림 6-3-(a)]). 즉, 장벽이 설정된 지점에 먼저 도착한 프로세스들은 다른 프로세스가 도착할 때까지 대기해야 한다. 모든 프로세스가 도착하면 동시에 다음 명령어로 진행한다.

상호 배제(mutual exclusion)는 한 번에 하나의 프로세스만이 특정 영역의 작업을 수행하도록 하는 방식이다. 다시 말해, 하나의 프로세스만 들어갈 수 있는 공간(임계 영역, critical section)이 있고, 대상 프로세스들이 줄을 서서 들어가는 모습을 상상해 보면 적절하다([그림 6-3-(b)]).

상호 배제 구현

앞의 **6.1절**에서 살펴본 경쟁 상태를 해결하기 위해 임계 영역에 대한 프로세스들의 접근을 상호 배제적으로 제어해야 한다. **그럼 상호 배제는 어떻게 구현할 수 있을까?**

들어가는 문과 나오는 문이 서로 다른 화장실이 있다고 생각해 보자. 화장실에 들어가려는 사람은 우선 안에 사람이 있는지 노크를 해야 한다. 안에 아무도 없음을 확인하면 들어가면 된다. 그리고 누군가 안에 있다면 밖에서 기다리게 된다. 화장실 안에 있던 사람은 볼일을 다 보고 나갈 때 그냥 나가버리면 대기하고 있는 사람들이 알 수 없기 때문에, 나갈 때 이제 들어와도 된다고 말하고 나가도록 약속하면 된다.

상호 배제의 구현은 개념적으로는 위의 행위를 묘사하면 된다. 즉, 화장실을 임계 영역으로, 그리고 사람을 프로세스로 생각하고, 노크를 하는 행위와 화장실을 나올 때 기다리는 사람에게 알려주는 행위를 제공해야 하는 연산으로 정의하면 된다. 즉, 다음 두 가지 상호 배제 기본 연산(primitive)이 있으면, 상호 배제를 구현할 수 있다.

- enterCS(): 임계 영역에 진입하기 전, 다른 프로세스가 이미 임계 영역 안에 있는지 검사하는 연산
- exitCS(): 임계 영역을 벗어날 때, 시스템에 벗어남을 알리는 후처리 연산

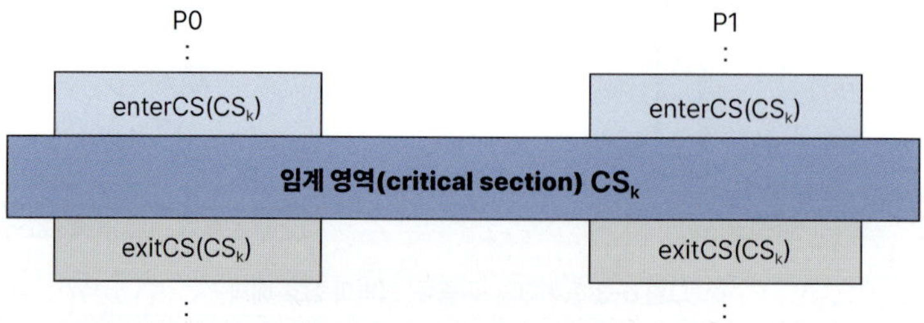

그림 6-4 상호 배제 기본 연산들

[그림 6-4]는 두 가지 상호 배제 기본 연산을 통해 상호 배제를 구현한 모습을 보여준다. 두 프로세스 사이에 임계 영역이 있다고 가정하자. 각 프로세스는 임계 영역에 진입하기 전에 enterCS()를 통해 다른 프로세스가 임계 영역 안에 있는지 확인한다. 만약 다른 프로세스가 없다면 임계 영역으로 진입한다. 만약 다른 프로세스가 있다면 임계 영역이 비워질 때까지 기다린다. 임계 영역에 진입한 후 필요한 작업을 마치면 exitCS()를 통해 임계 영역을 벗어나고 이를 시스템에 알린다. 그렇게 되면 대기 중이던 프로세스가 임계 영역으로 진입하게 된다.

● 상호 배제 기본 연산의 조건

두 기본 연산이 상호 배제를 정확하게 구현하려면 다음의 세 가지 조건을 충족해야 한다.

- **상호 배제**(mutual exclusion): 임계 영역에 프로세스가 있으면 다른 프로세스의 진입을 차단해야 한다. 이 조건은 상호 배제의 기본 정의로서, 준수되지 않으면 여러 프로세스가 공유 자원에 동시 접근하여 예상치 못한 결과를 초래할 수 있다.
- **진행**(progress): 임계 영역 밖에 있는 프로세스가 다른 프로세스의 임계 영역 진입을 방해해서는 안 된다. 즉, 임계 영역에 다른 프로세스가 없으면 진입할 수 있어야 한다. 이 조건이 없다면 한 프로세스가 미래에 해당 자원을 사용하겠다는 이유로, 다른 프로세스가 현재 자원을 사용하지 못하게 한다면 특정 프로세스가 계속 자원을 사용하지 못하는 상황이 발생할 수 있다. 또한, 해당 자원이 사용할 수 있는 상황에서도 사용되지 않아 자원의 낭비가 발생할 수 있다.
- **한정 대기**(bounded waiting): 프로세스가 임계 영역에 진입하려는 요청 이후에 무한 대기 상태에 빠지지 않아야 한다. 이는 모든 프로세스가 유한 시간 내에 임계 영역에 진입할 수 있음을 보장해야 함을 의미한다.

그렇다면 이 세 가지 조건을 충족하는 상호 배제 기본 연산들은 구체적으로 어떻게 구현할 수 있을까? 다음 내용을 보기 전에 잠시 고민해 보자.

● 상호 배제 기본 연산 구현 시도 1

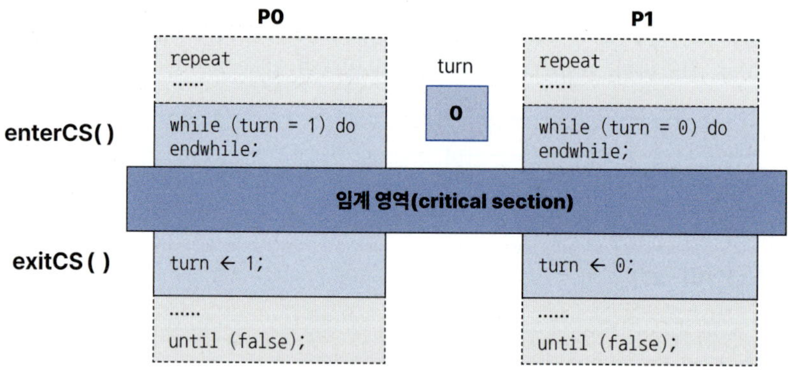

그림 6-5 두 프로세스 사이 상호 배제를 위한 기본 연산의 구현 시도 1

가장 간단하게 생각해 볼 수 있는 방법 중 하나는 현재 누가 사용할 차례인지를 기록해 두는 것이다. 즉, 한 번씩 번갈아 가며 임계 영역에 진입하기로 합의하는 것이다. [그림 6-5]는 이 방법을 사용해 두 프로세스 사이의 상호 배제 기본 연산을 구현하는 의사 코드를 보여준다.

- **turn 변수:** 먼저 중앙에 위치한 'turn'은 누가 임계 영역에 들어갈 차례인지를 표시하는 변수다. 만약 'turn'이 0이라면 프로세스 P0의 차례이고, 1이라면 프로세스 P1의 차례라는 약속이다. 'turn' 변수는 exitCS( )에서만 수정하며, exitCS( )가 수행된 후에만 다른 프로세스가 임계 영역에 진입할 수 있기 때문에 'turn'에 대한 동기화는 보장된다.
- **enterCS()의 구현:** 각 프로세스는 자신의 차례인지 확인하고, 차례가 아니면 기다려야 한다. 이 방법에서는 while 문을 사용해 자신의 차례인지 계속 검사하는 방식으로 구현하고 있다. 따라서 'turn'의 값이 자신의 번호와 같은지 계속 확인하다가, 자신의 번호가 되는 순간 임계 영역에 진입하게 된다.
- **exitCS()의 구현:** 임계 영역의 작업을 마친 프로세스는 차례를 사용했기 때문에 차례를 다른 프로세스에게 넘겨야 한다. 이를 위해 'turn' 변수의 값을 다른 프로세스의 번호로 변경하는 방식으로 구현하고 있다.

이 구현 버전은 상호 배제 기본 연산의 세 가지 조건을 만족하고 있는가?

일단 '상호 배제' 조건을 생각해 보자. 본 구현에서는 자신의 차례에만 임계 영역에 들어갈 수 있고 차례는 임계 영역에 들어간 프로세스에 의해서만 변경되기 때문에, 임계 영역에는 한순간에 하나의 프로세스만 존재하게 된다. 따라서 상호 배제 조건을 만족한다.

다음으로 '한정 대기' 조건을 생각해 보자. 본 구현에서 차례는 두 프로세스 사이를 한 번씩 이동한다. 따라서 한 프로세스가 임계 영역을 지나간 후에는 다른 프로세스 차례가 되어 임계 영역에 들어갈 수 있기 때문에 한정 대기 조건도 만족한다.

마지막으로 '진행' 조건을 만족하는지 확인하기 위해 [그림 6-6]과 같은 상황을 생각해 보자.

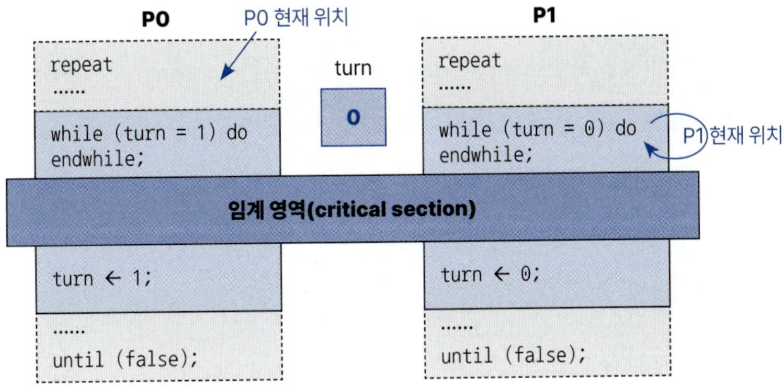

그림 6-6 구현 시도 1에서 진행 조건을 만족하지 않는 상황의 예

[그림 6-6]의 P0는 현재 임계 영역에 도착하지 않은 상황이고, P1은 임계 영역 진입을 위해 enterCS()에서 자신의 차례를 기다리는 상황이다. 'turn'의 초깃값은 0으로, P0가 아직 임계 영역에 진입하지 않았기 때문에 여전히 0으로 P0의 차례임을 나타내고 있다. 따라서 P1은 P0의 차례가 끝나기를 계속 기다린다. 그러나 만약 P0가 다양한 이유로 (예를 들어 I/O 작업을 수행 중이거나, 다른 높은 우선순위 작업을 처리 중일 경우) 임계 영역에 진입하지 않는다면, P1은 계속해서 turn 값이 바뀌기를 무한히 기다리게 될 것이다. 이는 임계 영역에 진입하지 않은 P0 때문에 P1의 임계 영역 진입이 방해받는 상황이므로 **'진행' 조건을 위반**하게 된다.

결과적으로, 이 구현 버전은 상호 배제 기본 연산의 세 가지 조건 중 '진행' 조건을 만족하지 못하기 때문에 상호 배제 기본 연산의 구현으로 적절하지 않다.

● 상호 배제 기본 연산 구현 시도 2

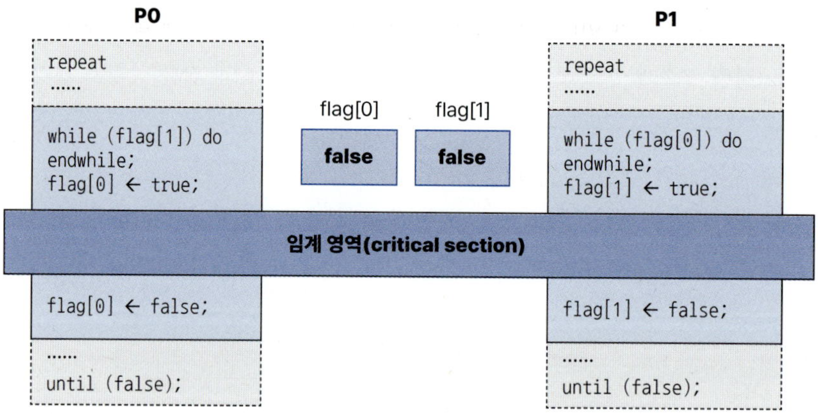

그림 6-7 두 프로세스 사이 상호 배제를 위한 기본 연산의 구현 시도 2

[버전 1]에서 turn을 이용하는 방법은 turn을 주고받는 것이 원활하지 않을 경우, 프로세스들이 서로의 동작을 방해할 수 있음을 확인했다. 이러한 문제를 해결하기 위해 차례(turn)를 주고받는 것 대신 임계 영역에 들어갔음을 표시하는 방법을 생각해 볼 수 있다. [그림 6-7]은 이 전략을 사용해 두 프로세스 사이의 상호 배제 기본 연산을 구현하는 의사 코드를 보여준다.

- **flag[i] 변수:** 임계 영역에 자신이 들어갔음을 표시하는 변수로, 임계 영역에 들어갈 때 세워 두는 깃발(flag)로 생각할 수 있다. 각 프로세스는 자신만의 깃발을 가지며, 프로세스 i의 깃발은 flag[i]로 표현된다. 깃발의 값이 'true'면 깃발이 올려진 것을, 'false'면 깃발이 내려진 것을 의미한다.
- **enterCS()의 구현:** 각 프로세스는 임계 영역에 진입하기 전에 다른 프로세스의 깃발이 올라와 있는지 확인한다. 다른 프로세스의 깃발이 세워져 있다면 해당 프로세스가 임계 영역에 들어갔음을 의미하므로 깃발이 내려갈 때까지 반복문으로 기다린다. 만약 다른 프로세스의 깃발이 세워져 있지 않다면 자신의 깃발을 세우고 임계 영역으로 진입한다.
- **exitCS()의 구현:** 임계 영역 작업을 마친 프로세스는 임계 영역을 나오면서 깃발을 내린다.

이 구현 버전은 상호 배제 기본 연산의 세 가지 조건을 만족하고 있는가?

우선 [버전 1]이 만족하지 못했던 '진행' 조건을 생각해 보자. 임계 영역에 진입을 시도하는 프로세스는 상대의 깃발이 내려가 있다면 바로 임계 영역에 진입할 수 있기 때문에, 아직 임계 영역에 도착하지 않은 프로세스가 다른 프로세스의 임계 영역 진입을 방해하는 현상은 발생하지 않는다. 즉, 진행 조건을 만족한다.

다음으로 '한정 대기' 조건을 생각해 보자. 한 프로세스가 임계 영역에 들어가 있는 경우, 해당 프로세스의 깃발이 올라가 있다. 그리고 다른 프로세스는 임계 영역에 들어간 프로세스의 깃발의 상태를 확인하면서 대기하게 된다. 그러다가 깃발이 내려가면 대기 중이던 프로세스가 임계 영역에 진입할 수 있다. 따라서 한정 대기 조건도 만족한다.

마지막으로 '상호 배제' 조건을 만족하는지 보기 위해 [그림 6-8]과 같은 상황을 생각해 보자.

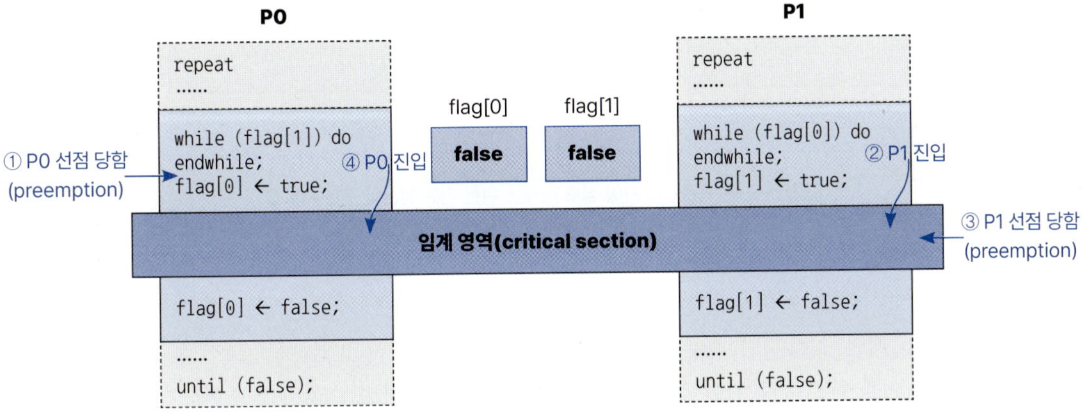

그림 6-8 구현 시도 2에서 상호 배제 조건을 만족하지 않는 상황의 예

[그림 6-8]에서 P0가 enterCS()에 진입했을 때는 아직 임계 영역에 아무도 들어가지 않았으므로 flag[0]과 flag[1]은 모두 false 상태다. 즉, 모든 깃발이 내려가 있다. 따라서 ① P0는 while 문을 벗어나 자신의 깃발을 올리려고 시도한다. 그런데, 바로 그 순간 P0는 CPU를 선점(preemption) 당하게 되어 실행이 중단된다. 그 사이 P1이 임계 영역 진입을 위해 enterCS()에 진입하게 되는데, 이때 P0는 아직 flag[0] 값을 바꾸지 않았기 때문에, flag[0]은 false 상태다. 이로 인해 ② P1은 자신의 깃발을 세우고 (flag[1] ← true) 임계 영역에 진입하게 된다. ③ P1이 임계 영역에서 작업 중 CPU가 선점되고, 다시 P0가 CPU를 할당받아 실행을 재개한다. P0는 이전에 중단된 위치, 즉 깃발을 세우는 부분부터 실행을 시작해 ④ 깃발을 세우고 임계 영역에 진입하게 된다. 이로 인해 두 프로세스가 동시에 임계 영역에 진입하는 상황이 발생하며, **상호 배제 조건을 위배**한다.

결과적으로, 이 구현 버전은 상호 배제 기본 연산의 세 가지 조건 중 '상호 배제' 조건을 만족시키지 못하기 때문에 상호 배제 기본 연산의 구현으로 적절하지 않다.

- **상호 배제 기본 연산 구현 시도 3**

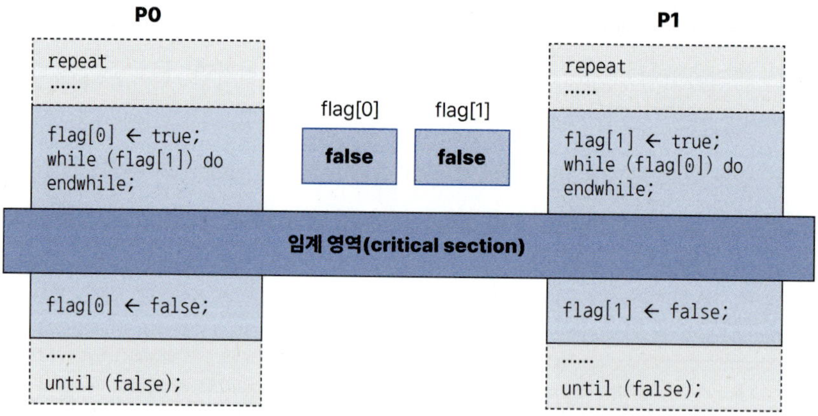

그림 6-9 두 프로세스 사이 상호 배제를 위한 기본 연산의 구현 시도 3

[버전 2]에서 사용한 깃발(flag)을 이용한 임계 영역 진입 전략에서는 CPU 선점 문제로 상호 배제 조건이 깨질 수 있다는 것을 확인했다. 이 문제의 원인은 깃발을 너무 늦게 세우는 것으로 보인다. 이를 해결하기 위한 전략으로, 임계 영역에 진입하려는 의사를 표현하기 위해 먼저 깃발을 세우는 방법을 고려할 수 있다. [그림 6-9]는 이 전략을 사용한 상호 배제 기본 연산의 의사 코드를 보여주고 있다.

- **flag[i] 변수:** 이 변수는 프로세스가 임계 영역에 진입하려는 의사를 표시하는 깃발로 사용된다. 각 프로세스는 자신만의 깃발을 가지며, 프로세스 i에 대한 깃발은 flag[i]로 표현된다. true 값은 깃발이 세워진 것을, false 값은 깃발이 내려간 것을 나타낸다.
- **enterCS()의 구현:** 프로세스는 임계 영역에 들어가려는 의사를 표시하기 위해 깃발을 세운다. 그 후, 상대 프로세스의 임계 영역 진입 의사를 확인한다. 만약 상대 프로세스의 깃발이 세워져 있다면, 그 프로세스가 임계 영역에서 작업을 완료할 때까지 대기한다. 상대 프로세스의 깃발이 내려가 있다면, 프로세스는 임계 영역에 진입한다.
- **exitCS()의 구현:** 임계 영역에서 작업을 완료한 프로세스는 깃발을 내린다.

이 구현 버전은 상호 배제 기본 연산의 세 가지 조건을 만족하고 있는가?

우선 [버전 2]에서 위배했던 '상호 배제' 조건을 만족하는지 생각해 보자. 이 구현에서는 프로세스가 먼저 자신의 깃발을 세운 후 상대 프로세스의 깃발을 확인한다. 상대 프로세스의 깃발이 세워져 있다면, 차례를 양보하므로 임계 영역에 동시에 두 프로세스가 진입하는 일은 없다. 결과적으로 '상호 배제' 조건은 만족한다.

다음으로 [버전 1]에서 위배했던 '진행' 조건을 만족하는지 생각해 보자. 각 프로세스는 자신의 깃발을 enterCS()에 진입해서 올리기 때문에, enterCS()에 진입하기 전에는 다른 프로세스의 임계 영역 진입을 방해하지 않는 것이 보장된다. 따라서 진행 조건도 만족함을 알 수 있다.

마지막으로 한정 대기 조건을 만족하는지 보기 위해 [그림 6-10]과 같은 상황을 생각해 보자.

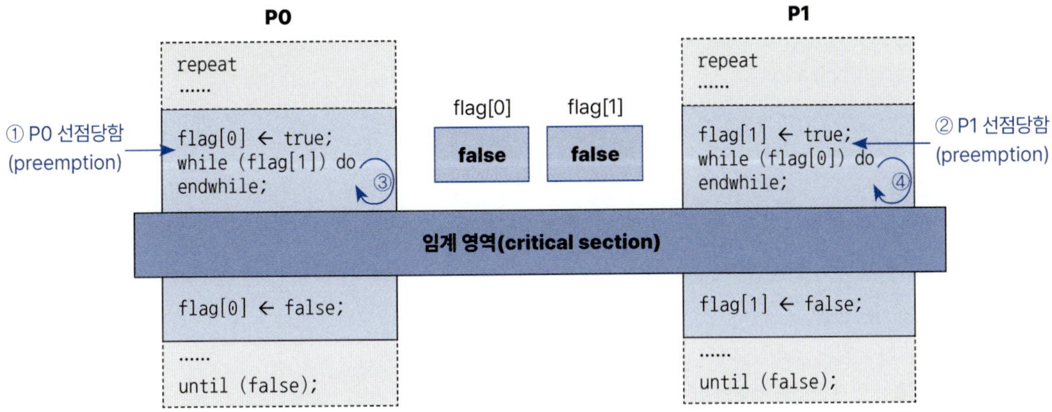

그림 6-10 구현 시도 3에서 한정 대기 조건을 만족하지 않는 상황의 예

[그림 6-10]의 상황에서는 P0 프로세스가 먼저 enterCS()에 도달하여 임계 영역 진입 의사를 깃발로 나타낸다. 그러나 ① 상대방의 깃발 상태를 확인하기 전에 CPU 선점을 당하게 된다. 이후, P1 프로세스가 CPU를 할당받아 enterCS()에 도착하고, 임계 영역 진입 의사를 나타내기 위해 자신의 깃발을 세운다. 그러나 ② P1도 상대방의 깃발 상태를 확인하기 이전에 CPU 선점을 당한다. P0가 다시 CPU를 할당받아 ③ 상대방의 깃발 상태(flag[1])를 확인하게 되는데, 깃발이 세워져 있어서 상대방의 깃발이 내려갈 때까지 기다리게 된다. 이 상태에서 P0가 다시 CPU 선점을 당하고, 이번에는 P1이 CPU를 할당받게 된다. ④ P1도 상대방의 깃발 상태(flag[0]) 때문에 기다리게 된다. 결국, 두 프로세스 모두 서로의 깃발이 내려가기를 기다리며 CPU를 번갈아 할당받게 되지만, 실제로는 무한 대기 상태에 빠지게 된다. 이는 '한정 대기' 조건을 충족시키지 못함을 의미한다.

결론적으로, [버전 3]의 구현 방법은 세 가지 상호 배제 기본 연산 조건 중 '한정 대기' 조건을 만족시키지 못하기 때문에 적절한 구현 방법이 아니다.

지금까지 세 가지 버전으로 상호 배제 기본 연산의 구현을 시도해 봤지만, 모든 버전에서 최소한 하나의 조건은 만족시키지 못했다. 이를 통해 우리는 상호 배제 문제의 해결이 단순하지 않다는 것을 알 수 있다. 이 문제를 해결하기 위한 다양한 방법들이 제시되어 왔는데, 크게 네 가지 범주로 분류할 수 있다. 소프트웨어(SW)적 해결 방법, 하드웨어(HW)적 해결 방법, 운영체제를 활용한 소프트웨어적 해결 방법, 프로그래밍 언어 수준의 해결 방법으로, 다음 절들에서 네 가지 해결 방법에 대해 알아보자.

요약

동기화(synchronization)

- 병행하는 프로세스들이 서로 인지하고 행동을 조정하는 것
- **목적**: 프로세스 간 협력과 경쟁 상태 방지
- **유형**
  - 장벽(barrier): 모든 대상 프로세스가 특정 지점에 도달할 때까지 대기
  - 상호 배제(mutual exclusion): 한 번에 하나의 프로세스만 임계 영역 진입 허용

상호 배제 기본 연산

- enterCS(): 임계 영역 진입 전 다른 프로세스의 임계 영역 사용 여부 검사
- exitCS(): 임계 영역을 벗어날 때 시스템에 알리는 후처리 연산

상호 배제 기본 연산의 조건

- **상호 배제(mutual exclusion)**: 한 프로세스가 임계 영역에 있으면 다른 프로세스 진입 불가
- **진행(progress)**: 임계 영역 외부 프로세스가 다른 프로세스의 임계 영역 진입 방해 불가
- **한정 대기(bounded waiting)**: 프로세스의 임계 영역 진입 요청 후 유한 시간 내 진입 보장

상호 배제 해결 방법의 분류

- 소프트웨어적 해결 방법
- 하드웨어적 해결 방법
- 운영체제 지원 소프트웨어적 해결 방법
- 프로그래밍 언어 수준의 해결 방법

동기화와 상호 배제의 중요성

- 다중 프로그래밍 환경에서 시스템 안정성 보장
- 데이터 일관성 유지
- 효율적인 자원 관리 및 프로세스 간 협력 가능

6.3 소프트웨어적 해결 방법

소프트웨어적 해결 방법은 상호 배제 기본 연산이 세 가지 기본 조건을 만족하는 로직을 설계해서 상호 배제 문제를 해결하는 방법이다. 본 절에서는 최초로 두 개 프로세스 사이의 상호 배제 문제를 해결한 데커(Dekker) 알고리즘과 이를 간소화한 피터슨(Peterson) 알고리즘을 알아본다. 그리고 N개의 프로세스에 대한 상호 배제 문제를 해결하는 다익스트라(Dijkstra) 알고리즘을 살펴본다.

데커(Dekker) 알고리즘

데커 알고리즘은 두 프로세스 사이의 상호 배제 문제에 대한 최초의 해결책으로 알려져 있다. 그 의사 코드는 [그림 6-11]과 같다.

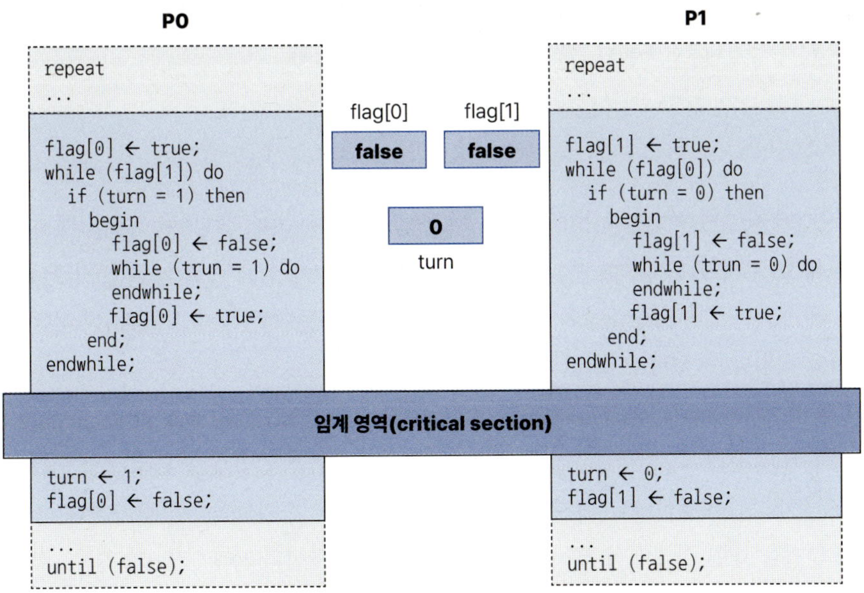

그림 6-11 데커(Dekker) 알고리즘 의사 코드

데커 알고리즘은 'flag'와 'trun' 변수들을 동시에 사용하며, 각각의 의미는 다음과 같다.

- **flag[i] 변수:** 임계 영역 진입을 희망한다는 의사를 표시하는 깃발로 사용된다. 각 프로세스는 자신만의 깃발을 가지며, 프로세스 i에 대한 깃발은 flag[i]로 표현된다. true 값은 깃발이 세워진 것을, false 값은 깃발이 내려간 것을 나타낸다.
- **turn 변수:** 어느 프로세스가 임계 영역에 들어갈 차례인지를 표시하는 변수다. 만약 0이라면 프로세스 P0의 차례이고, 1이라면 프로세스 P1의 차례라는 약속이다.

그리고, **exitCS()**에서는 차례(turn)를 상대방에게 넘겨주고, 자신은 임계 영역을 벗어났다는 의미로 깃발(flag)을 내린다는 의미를 쉽게 이해할 수 있다.

데커 알고리즘의 핵심은 임계 영역에 진입할 프로세스를 결정하는 **enterCS()** 연산으로, 그 동작 방식은 다음과 같다.

❶ 자신의 깃발을 세움(flag[i] ← true)으로써, 임계 영역에 진입하겠다는 의사를 밝힌다.

❷ 상대 프로세스의 임계 영역 진입 의사를 확인한다.

- (상대 프로세스의 깃발이 내려간 경우) 임계 영역에 진입한다.

❸ (다른 프로세스의 깃발이 세워진 경우) 자신의 깃발을 내린다.

❹ 현재 차례(turn)를 확인한다.

- (상대 프로세스의 차례인 경우) 자신의 차례가 될 때까지 대기한다.

❺ (자신의 차례인 경우) 자신의 깃발을 다시 세우고, ❷ 단계로 돌아간다.

그럼, 데커의 알고리즘이 상호 배제 기본 연산의 세 가지 조건을 만족하는지 확인해 보자.

우선 현재 임계 영역에 아무도 없는 상태에서 한 프로세스가 임계 영역 진입을 시도하는 경우를 생각해 보자. 이 경우 상대방의 깃발이 내려가 있기 때문에 현재 차례(turn)에 무관하게 임계 영역에 진입할 수 있다. 따라서 '진행' 조건을 만족한다.

다음으로 두 프로세스 모두 임계 영역에 진입하려고 하는 경우를 생각해 보자. 이 경우 두 프로세스의 깃발이 모두 올라간 상태이기 때문에 차례(turn)를 기반으로 들어갈 프로세스가 결정된다. 현재 turn이 0이라고 가정해 보자. 즉, 현재는 P0의 차례다. 현재 차례가 아닌 P1은 자신의 깃발을 내린 상태에서 자신의 차례를 기다린다. 자신의 차례인 P0의 경우, 자신의 차례이기 때문에 P1의 깃발 상태를 다시 확인하게 된다. 이때 차례가 아닌 P1은 깃발을 내리고 기다리고 있는 상태이기 때문에 P0는 바로 임계 영역에 진입하게 된다. 이처럼 두 프로세스가 모두 임계 영역에 진입하려는 경우, 차례가 아닌 프로세스는 자신의 깃발을 내리고 기다리기 때문에 하나의 프로세스만 임계 영역에 진입하게 된다. 즉, '상호 배제' 조건을 만족한다.

임계 영역을 빠져나오는 프로세스는 차례를 상대방에게 넘겨주므로, 현재 enterCS()에서 대기 중인 프로세스가 다음으로 임계 영역에 들어갈 차례가 된다. 따라서 '한정 대기' 조건도 만족한다.

결론적으로 데커의 알고리즘은 상호 배제 기본 연산 조건을 모두 만족시켜 두 프로세스 사이의 상호 배제 문제를 해결할 수 있다.

피터슨(Peterson) 알고리즘

피터슨 알고리즘은 두 프로세스 사이의 상호 배제 문제를 해결하는 방법 중 하나로, 데커 알고리즘보다 상호 배제 기본 연산을 더 간결하게 구현한다. [그림 6-12]는 피터슨 알고리즘의 의사 코드다.

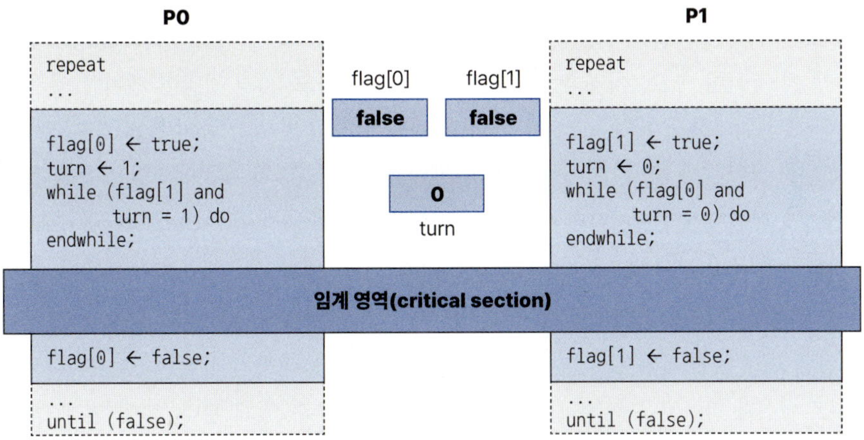

그림 6-12 피터슨(Peterson) 알고리즘의 의사 코드

피터슨 알고리즘은 데커 알고리즘과 동일하게 'flag'와 'turn' 변수를 사용한다. 이 두 변수의 의미 역시 동일하다. 하지만, enterCS()와 exitCS()의 동작 방식이 더 간결하다. 우선 exitCS()에서는 단순히 자신의 깃발을 내려놓는 동작만으로 구현된다. enterCS()의 동작은 다음과 같이 구현된다.

❶ 자신의 깃발을 세우며 임계 영역에 진입하겠다는 의사를 밝힌다 (flag[i] ← true).

❷ 현재 차례(turn)를 상대방에게 양보한다.

❸ 상대방의 깃발 상태(flag)와 차례(turn)를 확인한다.

❸-1 (상대방의 깃발이 세워져 있고, 차례가 상대방인 경우) 대기한다.

❸-2 (그 외의 경우) 임계 영역에 진입한다.

데커 알고리즘과의 가장 큰 차이점은 차례를 먼저 상대방에게 양보한다는 것이다.

피터슨 알고리즘이 상호 배제 기본 연산의 세 가지 조건을 어떻게 만족하는지 살펴보자. 첫째, 임계 영역에 아무도 없을 때 하나의 프로세스가 진입하려는 상황을 생각하면, 상대 프로세스의 깃발이 내려가 있어 while 문의 조건이 거짓이 되므로 바로 임계 영역에 진입할 수 있다. 따라서 '진행' 조건을 만족한다.

둘째, 두 프로세스가 모두 임계 영역에 진입하려고 하는 경우를 생각해 보자. 두 프로세스 모두 자신의 깃발을 세우고 턴을 상대에게 양보할 것이다. 만약 P0가 먼저 CPU를 할당받았다고 가정해 보자. P0는 차례를 P1에게 양보(turn ← 1)하고 대기하게 된다. 다음으로 P1이 CPU를 할당받게 될 것이며, P1은 차례를 P0에게 양보한다. 그리고 P0의 깃발이 세워져 있기 때문에 while 문에서 대기하게 된다. CPU가 다시 P0에게 할당되면 대기 중이던 P0가 다시 while() 문의 조건을 확인하게 되며, 이때는 자신의 차례가 되어 있었기 때문에 while 문을 빠져나와 임계 영역에 진입하게 된다. 이처럼 두 프로세스가 동시에 임계 영역에 진입하려고 하는 경우 먼저 차례를 양보한 프로세스가 먼저 임계 영역에 진입하게 되며, 해당 프로세스가 임계 영역에 있는 동안 다른 프로세스는 대기하게 된다. 즉, '상호 배제' 조건을 만족함을 알 수 있다.

셋째, 임계 영역을 빠져나오는 프로세스는 자신의 깃발을 내리기 때문에 while 문에서 대기하던 프로세스가 반복문을 빠져나와 임계 영역에 진입할 수 있게 된다. 만약 임계 영역을 빠져나온 프로세스가 CPU가 상대에게 넘어가기 전에 다시 enterCS()에 진입하더라도, 차례를 상대에게 넘기고 대기하게 되기 때문에 다음 진입은 대기 중이던 프로세스가 됨이 보장된다. 즉, '한정 대기' 조건 또한 만족함을 알 수 있다.

결론적으로 피터슨 알고리즘 역시 상호 배제 기본 연산 조건을 모두 만족시켜 두 프로세스 사이의 상호 배제 문제를 해결함을 알 수 있다.

다익스트라(Dijkstra) 알고리즘

앞서 살펴본 데커 알고리즘과 피터슨 알고리즘은 두 프로세스 사이의 상호 배제 문제를 해결하는 방법이었다. 그럼 두 개 이상의 복수 개 프로세스 사이의 상호 배제 문제는 어떻게 해결할 수 있을까? 이 문제에 대한 해결책으로 다익스트라, 쿠누스, 램포트, 핸슨 알고리즘 등이 제안되었다. 그중 하나인 다익스트라의 N개 프로세스에 대한 상호 배제 문제 해결 알고리즘을 살펴보자.

다익스트라 알고리즘 역시 데커 알고리즘과 같이 'flag'와 'turn' 변수를 사용한다. 하지만, flag는 true/false가 아닌 다음의 세 가지 상태 값을 가진다.

- idle: 프로세스가 임계 영역 진입을 시도하고 있지 않을 때
- want-in: 프로세스의 임계 영역 **진입 시도 1단계**일 때
- in-CS: 프로세스의 임계 영역 **진입 시도 2단계** 및 임계 영역 내에 있을 때

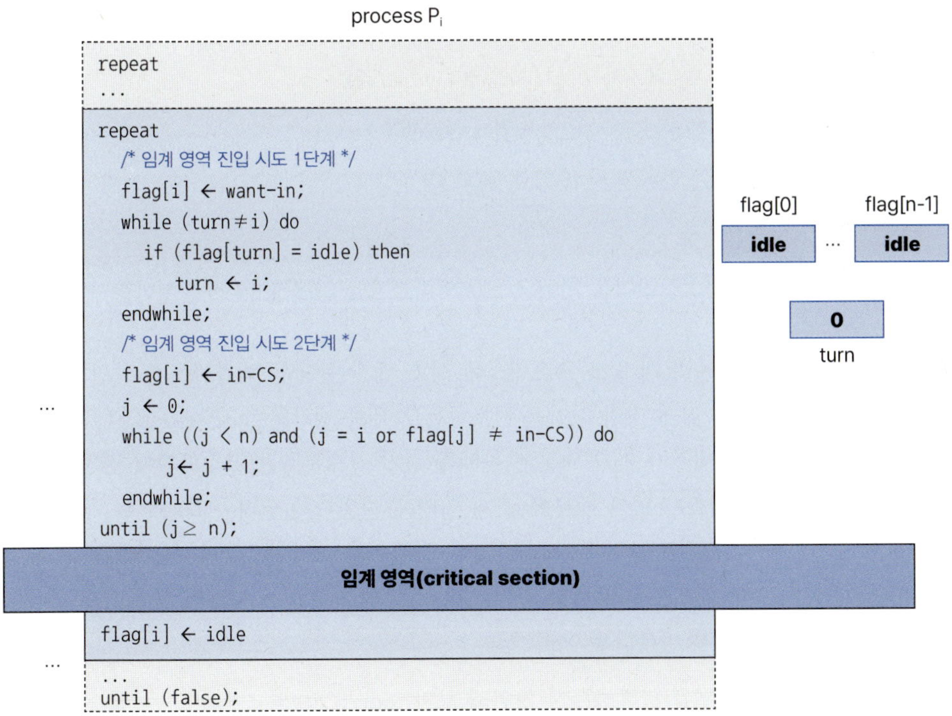

그림 6-13 다익스트라(Dijkstra) 알고리즘의 의사 코드

다익스트라 알고리즘의 의사 코드는 [그림 6-13]과 같으며, enterCS()는 크게 두 가지 단계로 구분된다.

- **임계 영역 진입 시도 1단계**

❶ 자신의 flag 값은 'want-in'으로 설정하여 임계 영역에 들어가고 싶다는 의사를 표시한다.

❷ 자신의 차례인지 확인한다.

❷-1 (차례가 자신인 경우) 2단계로 진입한다.

❷-2 (자신의 차례가 아닌 경우) 현재 차례인 프로세스의 flag 값이 idle인지 확인한다.

1. (flag[turn] 값이 idle인 경우) 현재 차례의 프로세스가 임계 영역에 없는 상태이므로 차례를 자신의 것으로 가져온다 (turn ← i). 그리고 2단계로 돌아간다.
2. (idle이 아닌 경우) ❷ 단계로 돌아간다.

- **임계 영역 진입 시도 2단계**

❶ 자신의 flag 값을 'in-CS'로 설정하여 임계 영역 진입 시도 2단계에 들어왔음을 표시한다.

❷ 2단계에 진입한 다른 프로세스가 있는지 확인한다 (while 문).

❷-1 (다른 프로세스가 없는 경우) 임계 영역에 진입한다.

❷-2 (다른 프로세스가 있는 경우) 1단계로 돌아간다.

그리고 exitCS()에서는 임계 영역을 벗어났다는 의미로 flag 값을 'idle'로 설정한다.

다익스트라 알고리즘이 어떻게 N개 프로세스에 상호 배제 문제를 해결하는지 확인해 보자. 우선 하나의 프로세스만 임계 영역 진입을 시도하는 경우를 생각해 보자. enterCS()의 1단계에 진입하면, 다른 프로세스가 없기 때문에 차례를 자기 것으로 만들고 2단계에 진입한다. 2단계에서도 다른 프로세스가 없기 때문에 임계 영역에 진입하게 된다. 그리고 두 개 이상의 프로세스가 진입을 시도하는 경우에도 enterCS()에 들어온 프로세스들은 서로 차례를 두고 경쟁하지만, 임계 영역 진입을 시도하고 있지 않은 프로세스에 의해 차례를 빼앗기는 경우는 없다. 따라서 '진행' 조건을 만족함을 알 수 있다.

다음으로 '상호 배제' 조건을 만족하는지 확인해 보자. enterCS()의 2단계에 두 개 이상의 프로세스가 진입한 경우, 먼저 다른 프로세스를 발견한 프로세스는 다시 1단계로 돌아간다. 그리고 마지막에 남은 프로세스가 임계 영역에 진입한다. 또한 임계 영역에 들어간 프로세스는 flag 값을 'in-CS'로 유지하기 때문에 임계 영역에 다른 프로세스가 들어올 수 없다. 따라서 '상호 배제' 조건을 만족함을 알 수 있다.

마지막으로, 임계 영역에 진입하는 프로세스는 1단계와 2단계를 여러 번 반복할 수는 있지만 절대 들어갈 수 없는 상황은 발생하지 않는다. 따라서 '한정 대기' 조건을 만족한다.

이처럼 다익스트라 알고리즘은 N개 프로세스에 대해서도 세 가지 조건을 만족하는 상호 배제 기본 연산을 실현한 것을 알 수 있다.

소프트웨어적 해결 방법의 단점

본 절에서 살펴본 세 가지 알고리즘들을 통해 상호 배제 문제를 소프트웨어적으로 해결할 수 있음을 알아보았다. 알고리즘들을 살펴보면 공통적으로 반복문(예: while)을 사용해서 대기하는 부분이 있으며, 이는 실제 아무 작업을 하지 않으면서 계속 자원을 사용하고 있는 매우 비효율적인 동작이다. 이처럼 의미 있는 작업을 하지 않으면서 바쁘게 대기하고 있는 상태를 **바쁜 대기**(busy waiting)라고 한다. 즉, 소프트웨어적 상호 배제 방법은 바쁜 대기에 의해 비효율적이며, 속도가 느릴 수 있다는 한계점이 있다.

또한 소프트웨어적 해결 방법의 구현 과정에서 살펴보았듯이 상호 배제 기본 연산을 만족시키기 위한 알고리즘이 복잡하다는 단점이 있다. 이와 같이 알고리즘이 복잡해지는 대표적인 이유는 상호 배제 기본 연산이 수행되는 중 언제든지 선점(preemption)이 발생할 수 있기 때문이다.

다음 절들에서 이러한 소프트웨어적 해결 방법의 한계를 극복하는 방법을 알아보자.

요약

소프트웨어적 해결 방법의 장단점

- 장점
  - 하드웨어 지원 없이 구현 가능
  - 알고리즘 수정을 통한 유연한 대응 가능
- 단점
  - 바쁜 대기(busy waiting) 문제 발생
  - 복잡한 알고리즘으로 인한 구현 어려움
  - 성능 저하 가능성

바쁜 대기(busy waiting) 문제

- 프로세스 의미 있는 작업을 하지 않으면서 바쁘게 대기하고 있는 상태
- 문제점
  - CPU 자원 낭비
  - 시스템 전체 성능 저하

6.4 하드웨어적 해결 방법 - TAS 명령어

앞서 소프트웨어적 해결 방법에서 알고리즘이 복잡해지는 이유가 상호 배제 기본 연산 수행 중 언제 선점될지 모르기 때문이라고 했다. 그럼 작업 중 선점되지 않는 연산이 제공된다면 어떨까? 이러한 아이디어를 기반으로 상호 배제 문제를 해결하는 방법이 TAS 명령어의 사용이다.

TAS는 Test-And-Set의 약자로 검사(test)와 값 적용(set)을 한 번에 수행하는 기계어를 의미한다. 여기서 기계어라는 것은 실행 중 인터럽트를 받지 않음이 보장된다는 의미를 가진다. 즉, TAS 명령어 수행 중에는 선점되지 않는 것이 보장된다.

코드 6-1 TAS 명령어의 의사 코드

```
boolean TAS(target)
{
    temp ← target
    target ← true
    return temp
}
```

[코드 6-1]은 TAS 명령어의 동작을 보여준다. TAS 명령어는 목표 변수(target)를 인자로 받는다. 그리고 해당 변수의 값을 참(true)으로 만들고, 변수의 원래 값을 반환한다. 이 동작 중 선점되지 않는 것이 보장된다. 논리적으로 한 번에 수행된다고 말할 수 있다.

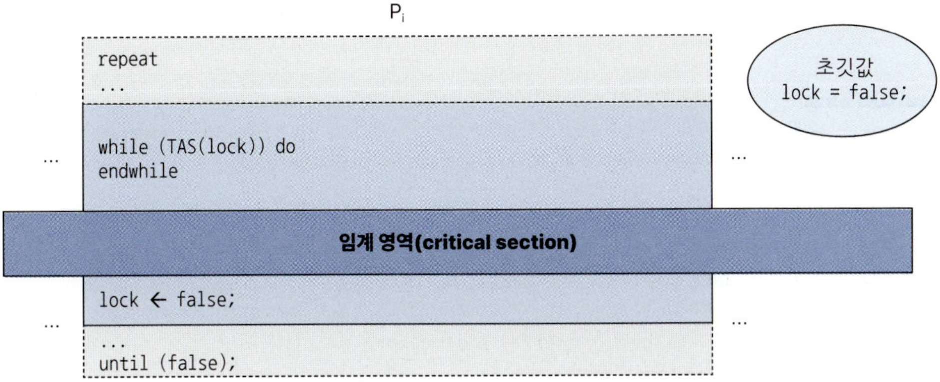

그림 6-14 TAS 명령어를 이용한 상호 배제를 위한 기본 연산 구현

TAS 명령어를 이용하면 상호 배제 기본 연산을 [그림 6-14]와 같이 간결하게 작성할 수 있다. [그림 6-14]에서는 lock 변수를 사용하며, 초깃값은 거짓(false)이다. **enterCS()**에서는 TAS(lock) 값이 참(true)인 동안 대기하게 된다. lock 변수의 초깃값이 false이기 때문에 처음 TAS(lock) 명령어가 호출되면 false가 반환되고 lock 변수의 값이 true로 변경된다. 따라서 처음 enterCS()에 진입한 프로세스는 바로 임계 영역에 진입하게 되고, 이후 도착한 프로세스들은 enterCS() 내 반복문에서 대기하게 된다. 임계 영역 내 프로세스가 작업을 마치고 나갈 때는 **exitCS()**에서 lock의 값을 false로 변경한다. 그러면 그다음 TAS(lock) 명령어 호출 시 false가 반환되면서 대기 중이던 프로세스가 임계 영역에 진입할 수 있게 된다. 만약 두 개 이상의 프로세스가 enterCS()에서 대기 중이었다면 먼저 TAS(lock)를 호출한 프로세스가 임계 영역에 진입하게 된다.

본 구현에서 TAS 명령어를 통해 lock의 값을 변경할 수 있는 프로세스는 임계 영역에 아무도 없을 때 가장 먼저 도착한 프로세스밖에 없다는 것이 보장된다. 따라서 '상호 배제' 조건과 '진행' 조건을 만족함을 알 수 있다. enterCS()에서 대기 중인 프로세스는 임계 영역 안에 있던 프로세스가 작업을 종료하면서 exitCS()를 호출하면 진입할 수 있다는 것이 보장된다. 따라서 '한정 대기' 조건도 만족한다. 즉, 상호 배제 문제를 해결함을 알 수 있다.

[그림 6-14]에서 프로세스가 세 개 이상인 경우, 특정 프로세스가 TAS(lock) 명령어 실행 타이밍을 계속 잘못 잡는 경우 계속 대기를 해야 하는 상황이 발생할 수 있다. '한정 대기' 조건에 위배된다고 생각할 수 있지만, 절대 진입하지 못하는 상황은 아니기 때문에 이는 기아(starvation) 현상에 해당한다.

세 개 이상 프로세스에 대한 기아 현상 문제도 TAS 명령어를 활용해서 [그림 6-15]와 같이 해결할 수 있다.

repeat ...	

enterCS()	wait[i] ← true
	key ← true
	while ((wait[i] = true) and (key = true)) do
	        key ← TAS(lock)
	endwhile

임계 영역(critical section)	

exitCS()	j ← (i + 1) % n
	while ((j ≠ i) and (wait[i] = true)) do
	        j ← (j + 1) % n
	endwhile
	if (j = i)
	        lock ← false
	else
	        wait[i] ← false
	endif

... until(false)	

그림 6-15 TAS 명령어를 활용한 세 개 이상의 프로세스 간 상호 배제 문제 해결 방법

이처럼 한 번에 수행되는 것이 보장되는 기계어를 하드웨어적으로 제공함으로써 상호 배제 문제가 소프트웨어적 해결 방법 대비 간단히 해결됨을 알 수 있다. 하지만, 여전히 enterCS()에서 반복문을 통해 프로세스들이 대기하는 바쁜 대기(busy waiting) 문제를 안고 있다. 이러한 바쁜 대기 문제는 운영체제의 도움으로 해결될 수 있다. 다음 절에서 운영체제가 지원하는 상호 배제 문제 해결 방법들을 알아보자.

요약

TAS(Test-And-Set) 명령어

- 검사(test)와 값 설정(set)을 한 번에 수행하는 기계어 명령
- 실행 중 인터럽트를 받지 않음(원자성 보장)

TAS의 장점

- 간단한 구현으로 상호 배제 달성 가능
- 하드웨어 지원으로 원자성 보장
- 다중 프로세스 환경에서 효과적

TAS의 단점

- 여전히 바쁜 대기 문제 존재
- 하드웨어 지원이 필요하여 이식성 제한

6.5 운영체제 지원 소프트웨어적 해결 방법

앞의 6.4절에서 하드웨어가 지원하는 연산(예: TAS)을 이용하여 상호 문제를 간단히 해결할 수 있음을 확인했지만, 이는 하드웨어의 지원이 없으면 사용할 수 없다는 제한이 있다. 그렇다면 하드웨어를 통해 보장받던 부분, 즉 **특정 연산 도중은 선점되지 않도록 하는 것을 운영체제가 보장해 준다면 어떨까?** **3장**에서 공부한 것과 같이 프로세스는 운영체제에 의해 관리되며 CPU 할당도 운영체제가 결정한다. 이는 운영체제가 프로세스가 특정 시점에 선점되지 않도록 보장해 줄 수 있음을 의미한다. 그 결과 더욱 간결한 소프트웨어적 해결 방법을 제안할 수 있다.

본 절에서는 운영체제의 지원을 받는 소프트웨어적 상호 배제 해결 전략에 대해 살펴보자.

스핀락(spinlock)

운영체제가 지원하는 소프트웨어적 상호 배제 해결 방법 중 첫 번째로 알아볼 것은 **스핀락**(spinlock)이다. 스핀락을 간단히 말하면 정수형 변수다. 하지만 일반 변수와 달리 세 가지 연산으로만 접근할 수 있는 특별한 변수다. 그리고 이 세 가지 연산은 원자(atomic)적 연산으로 연산 수행 중 선점되지 않는 것을 운영체제가 보장해 준다. 다음은 스핀락 변수에 접근할 수 있는 세 가지 연산의 정의다.

- **초기화 연산:** 스핀락 변수의 초깃값을 지정하는 연산
- **P() 연산:** 스핀락 변수의 값이 0보다 클 때 값을 1 감소시키는 연산

```
P(S) {   // S는 스핀락 변수
         while (S ≤ 0) do
         endwhile
         S ← S - 1
}
```

- **V() 연산:** 스핀락 변수의 값을 1 증가시키는 연산

```
V(S) {    // S는 스핀락 변수
          S ← S + 1
}
```

스핀락 변수 S와 P(), V() 연산의 의미는 S를 물건의 개수로, P()와 V() 연산을 물건 대여와 반납에 비유해 볼 수 있다.

우선 **P(S) 연산**을 생각해 보자. 만약 S 값, 즉 물건의 개수가 0보다 작거나 같다면 이는 물건이 없다는 것을 의미한다. 이때는 물건이 생길 때까지 기다려야 한다. 그리고 물건의 개수가 0보다 클 때, 즉 물건이 있다면 해당 물건을 꺼내가게 된다. 이 과정에서 S 값을 1 감소시켜야 한다. 반대로 V(S) 연산은 물건을 반납하는 과정에 비유할 수 있으며, 이때는 S 값을 1 증가시켜야 한다.

또는 P() 연산은 자물쇠를 거는 과정이고, V() 연산은 자물쇠를 푸는 과정으로 생각하는 것도 이해에 도움이 될 것이다.

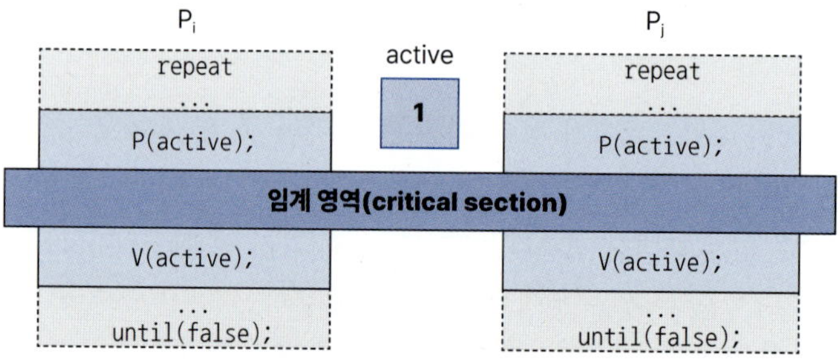

그림 6-16 스핀락(spinlock)을 이용한 상호 배제 기본 연산 구현

스핀락을 이용하면 상호 배제 기본 연산을 [그림 6-16]과 같이 간결하게 표현할 수 있다. [그림 6-16]에서 'active'는 스핀락 변수로서, 임계 영역 내에 프로세스가 존재하면 값이 0, 임계 영역이 비어 있을 경우 값이 1을 가진다.

'active' 스핀락 변수를 임계 영역의 문을 열 수 있는 열쇠에 비유하면 이해하기 쉽다. 'active' 스핀락 변수는 초기에는 1로 설정된다. 즉, 열쇠가 하나 있다고 볼 수 있다. 임계 영역에 들어가려는 프로세서는 P(active) 연산을 사용하여 열쇠가 있는지 확인한다. 'active' 값이 0일 경우 (열쇠가 없으면), while() 문 안에서 열쇠 반환을 기다리게 된다. 반면에 'active' 값이 1일

경우 (열쇠가 있으면), 그 값을 1 감소시키고 (열쇠를 가져와서) 임계 영역에 진입한다. 임계 영역의 작업을 완료한 프로세스는 V(active) 연산을 통해 'active' 값을 1 증가시켜 열쇠를 반환한다.

이런 방식으로 스핀락 변수에 대한 연산 과정 중에 선점이 발생하지 않는 것을 운영체제가 보장함으로써, 상호 배제 문제를 간단히 해결할 수 있다.

그러나 P() 연산에서 스핀락 변수의 값이 양수가 될 때까지 기다리는 과정에서 반복문을 사용하기 때문에 TAS 명령어 사용 시와 같이 바쁜 대기(busy waiting) 문제가 발생한다는 단점이 있다. 더불어 P() 연산 도중 해당 프로세스가 CPU를 지속적으로 사용하게 되므로, CPU 코어가 하나뿐인 시스템에서는 적용할 수 없고, 오직 다중 코어 시스템에서만 활용할 수 있다는 제한이 있다.

이러한 문제점들을 해결하는 방법 중 하나인 세마포어(semaphore)를 다음에서 알아보자.

세마포어(semaphore)

세마포어(semaphore)는 1965년에 다익스트라(Dijkstra)가 제안한 상호 배제 문제의 해결 방법이다. 스핀락과는 달리, 세마포어는 바쁜 대기 문제를 갖지 않는다. 그렇다면 세마포어는 바쁜 대기 문제를 어떻게 극복했을까?

세마포어는 스핀락과 유사하게 특정 연산만을 통해 접근할 수 있는 음이 아닌 정수형 변수를 의미한다. 이 변수에 접근 가능한 연산은 스핀락과 마찬가지로 초기화 연산, P() 연산, 그리고 V() 연산이며, 이들 연산은 선점되지 않는 원자적 연산으로 수행된다.

세마포어와 스핀락의 주요한 차이점은 **세마포어 변수마다 연결된 하나의 준비 큐(ready queue)가 있다**는 점이다. 이 준비 큐는 바쁜 대기 문제를 해결하는 핵심 역할을 한다. 준비 큐는 일종의 대기실이다. 즉, 임계 영역에 진입을 시도하지만 아직 들어갈 수 없는 프로세스들이 쉬면서 대기하는 방 같은 곳으로 비유할 수 있다. 이러한 준비 큐를 가진 세마포어 변수에 대한 세 가지 접근 연산은 다음과 같이 정의된다.

- **초기화 연산:** 세마포어 변수에 초깃값을 부여하는 연산
- **P() 연산:** 세마포어 변수의 값이 0보다 클 때 값을 1 감소시키는 연산

```
P(S) {   // S는 세마포어 변수
        if (S > 0) then
                S ← S - 1
        else
                wait on the ready queue of S   // S의 준비 큐에 가서 대기
        endif
}
```

- **V() 연산:** 세마포어 변수의 값을 1 증가시키는 연산

```
V(S) {   // S는 세마포어 변수
     if (Qs is not empty) then        // S의 준비 큐에 프로세스(들)가 있으면
             wake-up one of them  // 준비 큐에 있는 프로세스 중 하나를 깨움
     else
             S ← S + 1
     endif
}
```

P(S) 연산의 정의를 보면 세마포어 변수 S의 값이 양수가 아닌 경우 반복문을 통한 바쁜 대기를 하는 것이 아닌, S에 대한 준비 큐에서 대기하게 된다. 준비 큐에서의 대기는 CPU를 사용하지 않는 유휴(idle) 상태가 된다. 즉, 다른 프로세스들이 CPU를 사용할 수 있다.

V(S) 연산에서는 S에 대한 준비 큐에 대기 중인 프로세스들이 있는지 보고, 운영체제는 그중 하나를 유휴 상태에서 깨워 임계 영역에 진입시킨다. 이때 여러 프로세스 중 어떤 프로세스가 깨어날지는 알 수 없다. 즉, 깨어나는 프로세스의 순서는 비결정적이다.

세마포어는 크게 다음과 같이 두 가지 형태로 사용할 수 있다.

- **이산 세마포어(binary semaphore):** 세마포어 변수가 0과 1 두 종류 값만 가지는 경우로, 주로 상호 배제나 프로세스 동기화 목적으로 사용
- **카운팅 세마포어(counting semaphore):** 세마포어 변수가 0 이상의 정숫값을 가지는 경우로, 생산자-소비자 문제 등 다양한 문제의 해결에 사용

세마포어를 이용한 상호 배제 기본 연산 구현 방법은 'active' 변수가 세마포어라는 점 외에는 [그림 6-16]의 스핀락 때와 동일하다. 하지만, 세마포어 변수를 사용함으로써 바쁜 대기 및

단일 코어 CPU에서의 사용 불가 문제가 해결됨을 알 수 있다.

세마포어는 윈도우나 유닉스 등 운영체제의 시스템 호출에서 찾아볼 수 있으며, 실제 우리가 사용할 수 있는 기능이다. 그럼 세마포어를 이용해 단순한 상호 배제 문제를 넘어 다양한 동기화 문제를 어떻게 해결할 수 있는지 살펴보자.

● 동기화(synchronization) 문제

두 프로세스가 특정 지점에서 실행 순서를 맞추어야 하는 동기화 문제를 해결할 수 있을까? 한 예로 [그림 6-17]과 같이 P_j가 L_j 지점을 통과한 후에 P_i가 L_i 지점을 통과해야 하는 상황을 생각해 보자. 다음 내용을 확인하기 전에 직접 한 번 시도해 보면 세마포어의 동작을 더 잘 이해할 수 있을 것이다.

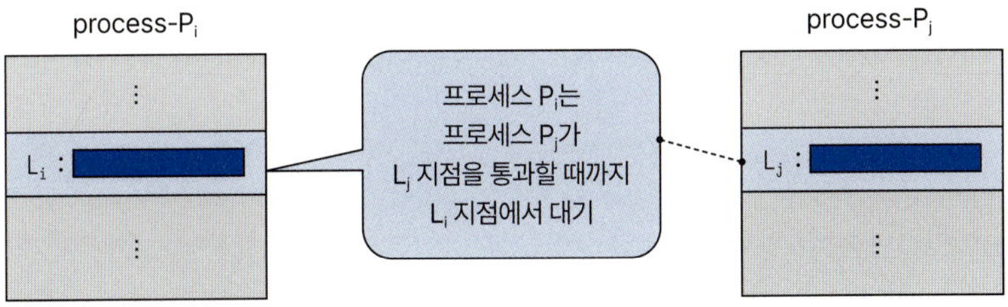

그림 6-17 프로세스들의 실행 순서를 맞추어야 하는 동기화 문제의 예

[그림 6-17]의 문제는 L 지점이 잠겨 있는 문이고, P_j가 우선 열쇠를 가지고 있는 상황으로 비유할 수 있다. 여기서 열쇠의 개수를 세마포어 변수로 표현할 수 있으며, 'sync'라는 세마포어 변수를 사용하자. 최초에 열쇠는 P_j가 가지고 있기 때문에 값은 0으로 초기화한다. P_i는 열쇠를 가지고 있지 않기 때문에 L_i 지점을 통과하기 위해 열쇠를 얻어야 한다. 열쇠를 얻어 그 개수('sync' 세마포어 변수)를 감소시키는 것은 P() 연산으로 표현할 수 있다. 따라서 L_i 지점에서 P() 연산을 호출함으로써 P_j가 L_j 지점을 지날 때까지 P_i를 L_i 지점에 대기시킬 수 있다. P_j는 L_j 지점을 통과하면 열쇠를 반납해야 하며, 이는 'sync' 값을 1 증가시키는 것과 같아 V() 연산으로 표현할 수 있다. 따라서 L_j 지점에는 V() 연산을 호출하게 함으로써, L 지점에서 두 프로세스의 실행 순서를 맞추어 줄 수 있다. [그림 6-18]은 이러한 해결 방법을 정리한 것이다.

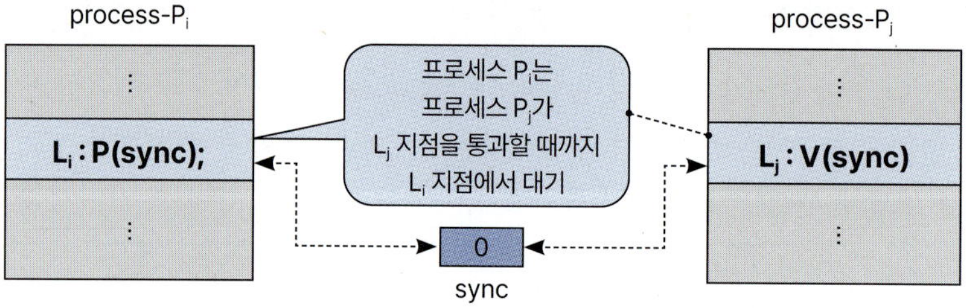

그림 6-18 세마포어를 이용한 두 프로세스의 동기화 문제 해결 방안

● 생산자-소비자(producer-consumer) 문제 - 버퍼 크기가 1인 경우

생산자-소비자 문제는 대표적인 동기화 문제 중 하나로, 한쪽에서는 데이터를 생산하고 다른 쪽에서는 데이터를 소비하는 상황을 표현한다. 이때 데이터를 생산하는 쪽을 생산자, 소비하는 쪽을 소비자로 지칭하며 각각은 하나 이상일 수 있다. 어떤 상품이 있다고 할 때, 상품을 생산하는 회사를 생산자, 상품을 구매하는 사람들을 소비자로 비유할 수 있다. 또한 웹 서비스에서 사용자의 요청을 처리하는 프로세스가 있다고 할 때, 요청을 하는 사용자를 생산자로, 그리고 요청을 처리하는 프로세스를 소비자로 볼 수 있다.

동기화 관점에서 생산자-소비자 문제는 다음과 같은 특징을 가진다.

- 동일한 데이터 보관 장소에 여러 프로세서가 동시에 접근하면 안 된다. 이는 생산자들 사이 및 소비자들 사이에도 상호 배제가 보장되어야 함을 의미한다.
- 생산자는 데이터를 기록할 공간이 비어 있는지 확인하고 데이터를 기록해야 한다.
- 소비자는 생산된 데이터가 있는지 확인하고 데이터를 소비해야 한다.

생산된 데이터를 소비하기 전까지 보관하는 장소를 일반적으로 버퍼(buffer)라고 부른다. 버퍼는 다양한 크기로 정의될 수 있지만, 문제를 간단히 하기 위해 우선 버퍼의 크기가 1인 경우(물건을 하나만 보관 가능)에 대한 생산자-소비자 문제를 세마포어로 해결해 보자. 이 문제 역시 직접 한 번 도전해 보기를 권한다.

```
(shared variables)
var consumed :    semaphore ← 1,
    produced :    semaphore ← 0,
    buffer   :    message;
```

producer P_i ---> buffer ---> consumer C_j

```
repeat
  ...
  create a new message M;
  P(consumed);
  buffer ← M;
  V(produced);
  ...
until(false);
```

```
repeat
  ...
  P(produced);
  m ← buffer;
  V(consumed);
  consume the message m;
  ...
until(false);
```

그림 6-19 세마포어를 이용한 생산자-소비자 문제 해결 방법 – 버퍼의 크기가 1인 경우

[그림 6-19]는 버퍼 크기가 1인 경우에 대한 생산자-소비자 문제를 세마포어로 해결하는 예로, 세 가지 공유 변수를 사용한다. 'buffer'는 메시지(데이터)를 보관하는 변수다. 그리고 'consumed'와 'produced'는 세마포어 변수다. 'consumed'는 메시지가 '소비됨'을 의미하며, 소비되었다면 버퍼에 메시지가 없는 것이고 'consumed' 값은 1이 된다. 반대로 'produced'는 메시지가 '생산됨'을 의미하며, 생산되었으면 버퍼에 메시지가 있는 것이고 'produced' 값이 1이 된다. 최초에는 버퍼가 비어 있으며, 'consumed'는 1로, 'produced'는 0으로 값이 초기화된다.

[그림 6-19]의 왼쪽은 생산자의 의사 코드를 보여준다. 생산자는 메시지를 만들고 생산한 메시지를 놓을 공간(버퍼)이 있는지 확인해야 한다. 공간이 있다는 것은 'consumed' 값이 1인 경우를 의미하며, 생산된 메시지를 놓기 위해 해당 공간을 예약해야 한다. 공간을 예약한다는 것은 'consumed' 값을 0으로 만든다는 것으로, 이는 P(consumed) 연산을 호출하는 것과 같다. 따라서 생산자 프로세스 P_i는 공간 예약을 위해 P(consumed)를 호출하며, 공간이 생길 때까지 대기하게 된다. 이 과정에서 생산자들 사이의 상호 배제가 이루어진다. 공간을 예약했다면 공간에 메시지를 놓고 메시지가 생산되었음을 알려야 한다. 메시지가 생산되었음은 'produced' 값을 1로 만드는 것으로 V(produced) 연산을 수행하게 된다. 그리고 V(produced) 연산 수행은 메시지가 생산되기를 기다리고 있는 소비자 프로세스들 중 한 명을 깨우게 된다.

소비자의 의사 코드는 [그림 6-19]의 오른쪽과 같다. 소비자는 메시지를 꺼내기(소비) 위해 버퍼에 소비되지 않은 메시지가 있는지 확인해야 한다. 소비되지 않은 메시지가 있다는 것은 'produced' 값이 1인 경우를 의미하며, 메시지를 꺼내 온다는 것은 'produced' 값을 1 감소시

키는 행위다. 'produced'는 세마포어 변수로 P(produced) 연산을 사용해야 한다. 따라서 소비자 프로세스 C_j는 P(produced)를 호출한다. 만약 버퍼에 메시지가 없다면 'produced' 값이 0으로, 생산자에 의해 V(produced)가 호출될 때까지 대기하게 된다. 'produced' 값이 1이 되어 P(produced) 연산을 통과하면 소비자 프로세스는 버퍼에서 메시지를 읽고, 메시지가 소비되었다는 것을 알리기 위해 V(consumed) 연산을 호출한다. V(consumed) 연산은 'consumed' 값을 1로 바꾸고, 공간이 생기기를 기다리고 있던 생산자 프로세스 중 한 명을 깨운다.

이러한 방식으로 생산자와 소비자 프로세스는 세마포어를 사용하여 버퍼 공간 접근에 대한 상호 배제 및 생산-소비의 동기화를 효과적으로 수행할 수 있다.

● 생산자-소비자(producer-consumer) 문제 - 버퍼 크기가 N인 경우

앞서 버퍼 크기가 1인 경우에 대한 생산자-소비자 문제를 해결해 보았다. 이번에는 버퍼 크기가 N인 경우의 생산자-소비자 문제를 세마포어를 이용해서 해결해 보자.

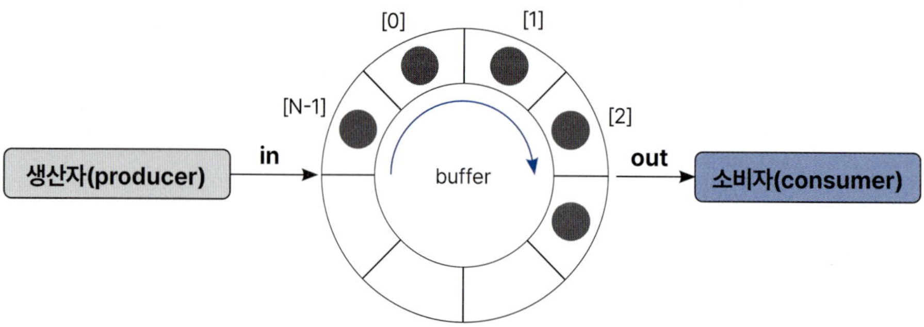

그림 6-20 원형 큐 형태의 생산자-소비자 구조

버퍼의 크기가 N인 경우, 생산자가 메시지를 놓아두는 위치와 소비자가 메시지를 꺼내기 위해 접근하는 위치가 다를 수 있다. 그리고 크기가 N인 버퍼 공간을 돌아가면서 사용하기 위해서 일반적으로 원형 큐(circular queue) 형태로 버퍼를 구현해서 사용한다. 이를 그림으로 표현하면 [그림 6-20]과 같으며, 한쪽에서는 물건[11]을 놓고 다른 쪽에서는 물건을 가져가는 컨베이어벨트에 비유해 볼 수 있다.

11 기술의 편의성을 위해 본 예제에서는 '메시지'를 '물건'으로 칭한다.

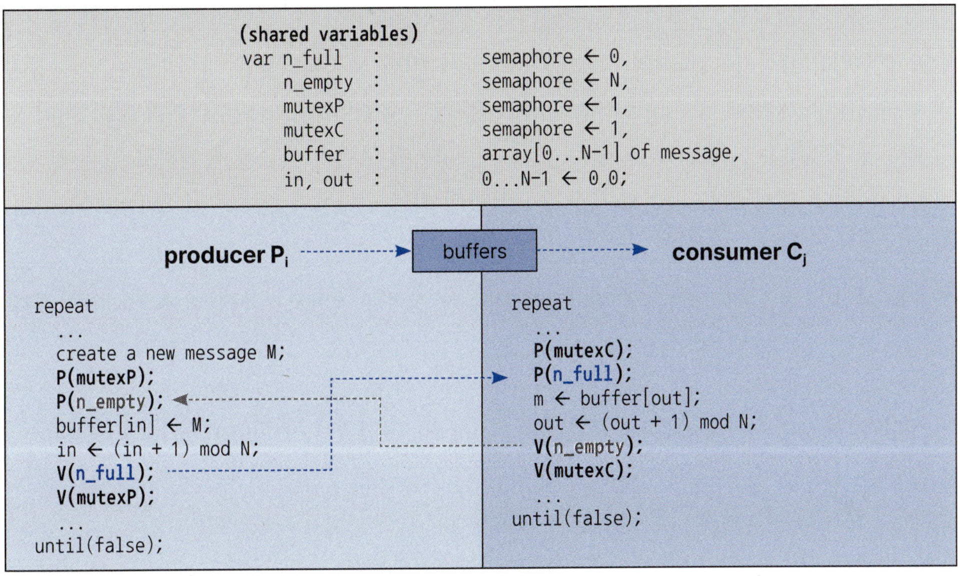

그림 6-21 세마포어를 이용한 생산자-소비자 문제 해결 방법(버퍼의 크기가 N인 경우)

[그림 6-21]은 원형 큐를 이용한 N-버퍼 생산자-소비자 문제를 세마포어를 이용해 해결하는 의사 코드를 보여준다. 버퍼 크기가 1인 경우와 달리, 최대 N개의 물건(메시지)을 버퍼에 보관할 수 있기 때문에 단순히 버퍼가 비어 있는지 여부만으로 프로세스들 사이의 상호 배제를 수행할 수 없다. 따라서 생산자들 사이, 그리고 소비자들 사이의 명시적 상호 배제가 필요하다. 공유 변수 중 'mutexP'와 'mutexC' 세마포어 변수가 각각 생산자들 사이와 소비자들 사이의 상호 배제를 위해 사용된다. 상호 배제 자체는 앞서 살펴본 것과 같이 임계 영역을 P() 연산과 V() 연산으로 감쌈으로써 간단히 구현할 수 있으며, [그림 6-21] 왼쪽의 생산자와 오른쪽의 소비자 코드에서 P(mutexP)−V(mutexP)와 P(mutexC)−V(mutexC)가 이에 해당한다. 이를 통해 임계 영역에 하나의 프로세스(생산자 또는 소비자)만 진입함이 보장되었으며, 이제 임계 영역 안쪽을 살펴보자.

버퍼의 크기가 N이기 때문에 다음에 생산자가 물건을 놓을 위치와 소비자가 물건을 가져가야 하는 위치를 알고 있어야 한다. 공유 변수 중 'in'이 생산자가 다음에 물건을 놓을 공간을, 그리고 'out'이 소비자가 다음에 물건을 꺼내어 갈 위치를 가리키는 변수다. 생산자가 물건을 놓으면 in을 1 증가시켜서 다음 위치로 이동시킨다. 마찬가지로 소비자는 물건을 꺼내어 가면 out을 1 증가시킨다. 그리고 원형 큐를 사용하고 있기 때문에 증가된 값(in 또는 out)을 버퍼의 크기 N으로 나눈 나머지 값이 되도록 나머지 연산(modulo)을 수행하게 된다.

마지막으로 생산자-소비자 사이의 동기화 부분을 살펴보자. 생산자와 소비자가 각각 고려해야 하는 것은 명료하다. 생산자는 버퍼에 공간이 있는지 확인하고 공간이 있다면 임계 영역에 진입하면 된다(생산자들 사이의 상호 배제는 앞서 이미 해결되었음을 기억하자). 남은 공간의 수를 관리하기 위해 'n_empty' 세마포어 변수를 사용하며, 최초에는 버퍼가 모두 비어 있기 때문에 초깃값은 N이 된다. 반대로 소비자는 버퍼에 물건이 있음을 확인하고 임계 영역에 진입하면 된다. 남아 있는 물건의 개수를 관리하기 위한 세마포어 변수로 'n_full'을 사용하며, 최초에는 물건이 없기 때문에 초깃값은 0이 된다.

공간과 물건의 수를 관리하는 두 세마포어 변수의 정의를 기반으로 생산자와 소비자의 동작을 다음과 같이 정의할 수 있다.

- **생산자:** 공간의 수(n_empty) 1 감소 = P(n_empty), 물건의 수(n_full) 1 증가 = V(n_full)
- **소비자:** 물건의 수(n_full) 1 감소 = P(n_full), 공간의 수(n_empty) 1 증가 = V(n_empty)

이를 그대로 코드로 옮기면 [그림 6-21]의 임계 영역 내부 코드가 된다. 그리고 버퍼에 공간이 없는 경우 생산자는 P(n_empty)에서 대기하게 되고, 소비자가 물건을 소비하고 V(n_empty) 연산을 수행하면 대기 중인 생산자 중 하나가 깨어나게 된다. 반대로 소비자는 물건이 없을 경우 P(n_full)에서 대기하고, 생산자가 V(n_full)을 호출하면 대기 중인 소비자 중 하나가 깨어나게 된다. 그 결과 생산자와 소비자는 충돌 없이 생산자는 빈 공간에 물건을 놓고, 소비자는 생산된 물건을 꺼낼 수 있게 된다.

이처럼 조금 어려워 보이는 동기화 문제도 세마포어를 사용하여 논리적 흐름만 잘 기술하면 해결할 수 있다는 것을 알 수 있다.

읽기-쓰기(reader-writer) 문제

읽기-쓰기 문제는 여러 프로세스(또는 스레드)가 공유 자원에 동시에 접근할 때 발생하는 동기화 문제의 한 유형으로, 주요 특징과 제약 사항은 아래와 같다.

- **읽기 프로세스**(readers): 한 번에 여러 읽기 프로세스가 동시에 공유 데이터를 읽을 수 있다. 그러나 어떤 쓰기 프로세스가 공유 데이터에 쓰기 작업을 수행하는 동안에는 읽기 프로세스가 데이터에 접근하면 안 된다.
- **쓰기 프로세스**(writers): 한 번에 오직 하나의 쓰기 프로세스만이 공유 데이터에 쓰기 작업을 수행할 수 있다. 쓰기 프로세스가 공유 자원에 쓰기 작업을 수행하는 동안 다른 프로세스(읽기나 쓰기)는 접근해서는 안 된다.

간단히 요약하면 공유 데이터를 동시에 여러 프로세스가 읽을 수 있지만, 공유 데이터를 쓸 때는 하나의 쓰기 프로세스만 접근할 수 있다는 의미다. 그리고 읽기-쓰기 문제는 공유 데이터에 대한 접근을 기다리는 읽기 프로세스와 쓰기 프로세스가 있을 때, 누구에게 우선권을 주는지에 따라 읽기 우선(reader preference) 또는 쓰기 우선(writer preference) 문제로 구분된다. 둘 중 읽기 우선 읽기-쓰기 문제의 동기화를 세마포어로 해결해 보자.

```
(shared variables)
var Wmutex, Rmutex        : semaphore := 1, 1,
    n_readers             : integer := 0
```

reader R_i

```
repeat
   ...
   P(Rmutex);                          ┐
   if (n_readers = 0) then             │
       P(Wmutex);                      │ ❶
   endif;                              │
   n_readers ← n_readers + 1;          │
   V(Rmutex);                          ┘
   Perform read operations;
   P(Rmutex);                          ┐
   n_readers ← nreaders - 1;           │
   if (n_readers = 0) then             │ ❷
       V(Wmutex);                      │
   endif;                              │
   V(Rmutex);                          ┘
   ...
until(false);
```

writer w_j

```
repeat
   ...
   P(Wmutex);
   Perform write operations
   V(Wmutex);
   ...
until(false);
```

그림 6-22 세마포어를 이용한 읽기-쓰기 문제 해결 방법(읽기 우선)

[그림 6-22]는 세마포어를 이용한 읽기-쓰기(읽기 우선) 문제를 해결하는 의사 코드의 예다. 공유 변수로는 현재 데이터를 읽고 있는 읽기 프로세스의 수를 표시하는 'n_readers'가 필요하다. 그리고 읽기 작업과 쓰기 작업에 대한 상호 배제를 위해 사용할 세마포어 변수인 'Rmutex'와 'Wmutex'가 필요하다.

우선 쓰기 작업은 한 번에 하나의 프로세스만 가능하기 때문에 간단한 상호 배제 문제다. 그리고 이는 P(Wmutex)−V(Wmutex)로, 쓰기 작업을 위한 임계 영역을 감싸 줌으로서 간단히 해결할 수 있다([그림 6-22]의 오른쪽 의사 코드).

다음으로 읽기 프로세스의 동작을 알아보자. 읽기 프로세스 동작의 목표는 공유 데이터의 값을 읽는 것이다. 읽기 프로세스의 동작은 [그림 6-22]의 왼쪽에 나타나 있는 ①과 ②, 두 개의 부분으로 나눌 수 있다. ①은 데이터를 읽기 위한 준비 작업, 그리고 ②는 데이터를 읽고 난 후 마무리 작업이 된다. 그리고 이 사전/사후 작업은 한 번에 하나의 프로세스만 수행할 수 있는 임계 영역이다. 따라서 각 부분이 P(Rmutex)−V(Rmutex)로 감싸지게 된다.

❶ **읽기의 사전 작업**은 현재 데이터를 읽고 있는 프로세스의 수를 증가시키는 작업이다. 이때 현재 읽기 프로세스의 수(n_reader)가 0인 경우, 즉 처음 진입하는 읽기 프로세스라면 쓰기 프로세스의 접근을 막기 위해 P(Wmutex) 연산을 호출한다. 만약 'n_reader'의 값이 1 이상이라면, 앞서 진입한 읽기 프로세스가 이미 쓰기 프로세스와의 상호 배제 작업을 해 두었기 때문에 P(Wmutex) 연산을 다시 호출할 필요가 없다. 오히려 P(Wmutex) 연산을 호출하면 해당 지점에서 대기 상태가 될 수 있다는 점을 유의하자.

❷ **읽기의 사후 작업**에서는 자신의 읽기 작업이 끝났기 때문에 읽기 프로세스의 수(n_reader)를 1 감소시킨다. 그리고 자신이 데이터를 읽고 있던 마지막 프로세스라면 쓰기 프로세스의 접근을 막기 위해 걸어 두었던 쓰기 프로세스와의 상호 배제 장치를 해제시켜야 한다. 즉 'n_reader' 값이 0이라면 V(Wmutex)를 호출해 준다. 그 결과 대기 중이던 쓰기 프로세스 중 하나가 깨어나서 쓰기 작업을 수행하게 된다.

지금까지 살펴본 읽기–쓰기 문제의 세마포어를 이용한 해결 방식은 처음에는 복잡해 보일 수 있다. 그러나 읽기와 쓰기 프로세스라는 두 주체의 동작과 동기화 조건을 정확히 이해하며 단계적으로 접근한다면 예상보다 쉽게 해결할 수 있다. 본 장에서 다룬 읽기 우선 읽기–쓰기 문제의 해결 전략을 기반으로, 쓰기 우선 읽기–쓰기 문제에도 도전해 보면 동기화 문제의 복잡성과 그 중요성을 더 깊게 이해하는 데 도움이 될 것이다.

동기화 문제의 이해와 그것을 해결하기 위한 올바른 도구의 활용 능력은 컴퓨터 공학자나 소프트웨어 개발자에게 중요한 역량이다. 본 장을 통해 동기화 문제와 그 해결 전략에 대한 깊은 이해를 얻었기를 바라며, 다음 항에서는 운영체제에서 지원하는 소프트웨어적 동기화 도구인 이벤트 카운트와 시퀀서(event count & sequencer)에 대해 살펴보자.

이벤트 카운트와 시퀀서(event–count & sequencer)

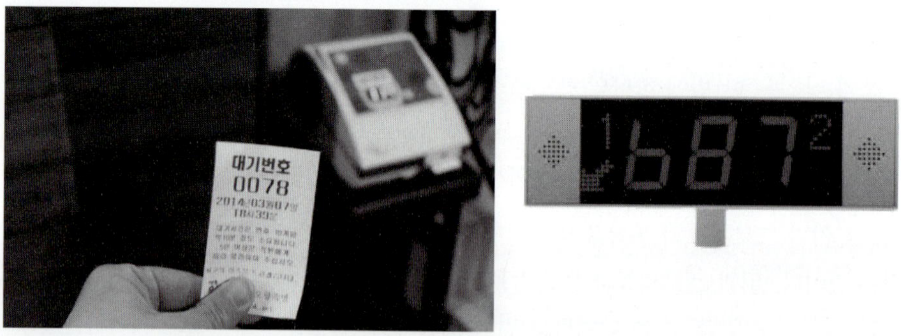

(a) 이벤트 카운트 (b) 시퀀서

그림 6–23 이벤트 카운트와 시퀀서는 번호표 발급기와 번호 호출기에 비유할 수 있다.

세마포어는 세마포어 변수마다 준비 큐를 부여함으로써 바쁜 대기 문제를 해결했지만, V() 연산에 의해 깨어날 프로세스의 순서가 비결정적이라는 단점을 가지고 있다. 이러한 단점을 해소하고 프로세스가 대기한 순서대로 서비스를 받을 수 있게 도입된 개념이 **이벤트 카운트(event-count)와 시퀀서(sequencer)**다. [그림 6-23]과 같이 이벤트 카운트와 시퀀서는 병원이나 은행 등에서 흔히 볼 수 있는 번호표 발급기와 번호 호출기에 비유할 수 있으며, 실제 동작 역시 유사하다. 병원 등에서 번호표를 뽑고 차례를 기다리던 경험을 생각하면, 이 동작 원리를 더 쉽게 이해할 수 있다.

이벤트 카운트와 시퀀서는 세마포어와 유사하게 특정 연산만을 통해 접근할 수 있는 정수형 변수다. **시퀀서**의 동작은 번호표 발급기(시퀀서)를 눌렀을 때 번호(티켓)가 나오는 것과 유사하다. 특정 연산(ticket())을 호출하면 자신의 차례(번호표)가 반환된다고 생각하면 된다. 시퀀서의 주요 특성 및 사용 가능한 연산은 아래와 같다.

- **Sequencer(시퀀서)**: 발생 사건들의 순서 유지가 목표
  - · 정수형 변수
  - · 생성 시 0으로 초기화되며, 값은 감소하지 않음
  - · ticket() 연산만으로 접근 가능
- **ticket(S) 연산**: 현재까지 ticket(S) 연산이 호출된 횟수 반환

```
integer ticket(S) {        // S는 시퀀서 변수
        temp ← S
        S ← S + 1
        return temp
}
```

다음으로 **이벤트 카운트**는 우리가 번호표를 뽑고 기다리면서 내 번호가 되었는지 확인하기 위해 보고 있는 번호 호출기와 유사하다. 그리고 이 번호 호출기(이벤트 카운트)는 서비스를 제공하는 직원(임계 영역을 빠져나가는 프로세스)이 다음 서비스 대상을 호출하기 위해 버튼을 누름으로써 번호가 하나 증가하게 되고, 다음으로 해당 번호가 된 사용자(프로세스)가 서비스를 받게 되는 실제 동작 방식과 유사하다. 이벤트 카운트의 주요 특성 및 사용할 수 있는 연산은 다음과 같다.

- **Event-Count**: 특정 사건의 발생 횟수를 기록하며, 특정 조건하에 대기 중인 프로세스를 깨우는 것을 목표로 함
  · 정수형 변수
  · 생성 시 0으로 초기화되며, 값은 감소하지 않음
  · read(E), advanced(E), await(E, v) 연산만으로 접근 가능
- **read(E) 연산**: 현재 E 값 반환

```
integer read(E) {      // E는 시퀀서 변수
        return E
}
```

- **advanced(E) 연산**: E를 1 증가시키고, 현재 E의 번호를 기다리고 있는 프로세스를 깨움

```
integer advanced(E) {          // E는 시퀀서 변수
        E ← E + 1
        wake-up the processes waiting E    // 현재 E의 값을 기다리는 프로세스를 깨움
}
```

- **await(E, v) 연산**: E 값이 v가 될 때까지 기다리는 연산으로, 현재 E가 v보다 작으면 E에 할당된 준비 큐에서 대기

```
integer await(E, v) {          // E는 시퀀서 변수
        if (E < v) then
                wait on the ready queue of E
        endif
}
```

ticket() 연산으로 차례를 부여 받은 프로세스가 자신의 차례(v)가 될 때까지 기다리는 연산이 await(E, v)에 대응한다. 직원이 다음 대기자를 호출하기 위해 번호 호출기를 누르는 행위를 advanced(E)로 대응시킬 수 있다.

● 상호 배제 문제

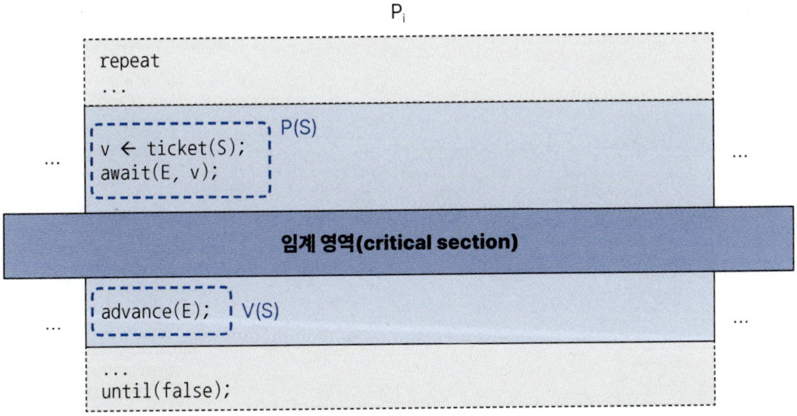

그림 6-24 이벤트 카운트와 시퀀서를 이용한 상호 배제 구현

임계 영역 진입에 대한 상호 배제를 이벤트 카운트와 시퀀서를 통해 구현하면 [그림 6-24]와 같다.

임계 영역에 진입을 원하는 프로세스는 먼저 'ticket(S)' 연산을 호출해 자신의 순번(v)를 받는다. 그 후 'await(E, v)' 연산을 통해 자신의 순번이 올 때까지 대기한다. 이러한 연산의 조합은 세마포어에서 사용하는 'P(S)' 연산과 같은 역할을 한다.

임계 영역의 작업을 완료한 후 프로세스는 'advanced(E)' 연산을 호출해 다음 순번의 프로세스를 깨운다. 이 연산은 세마포어의 'V(S)' 연산과 유사한 기능을 수행하지만, 중요한 차이점이 있다. 세마포어에서는 깨어나는 프로세스의 순서가 비결정적이다. 반면, 이벤트 카운트와 시퀀서를 사용하면 프로세스는 'ticket(S)' 연산 호출 순서에 따라 깨어나게 된다.

● 생산자-소비자 문제(버퍼 크기가 N인 경우)

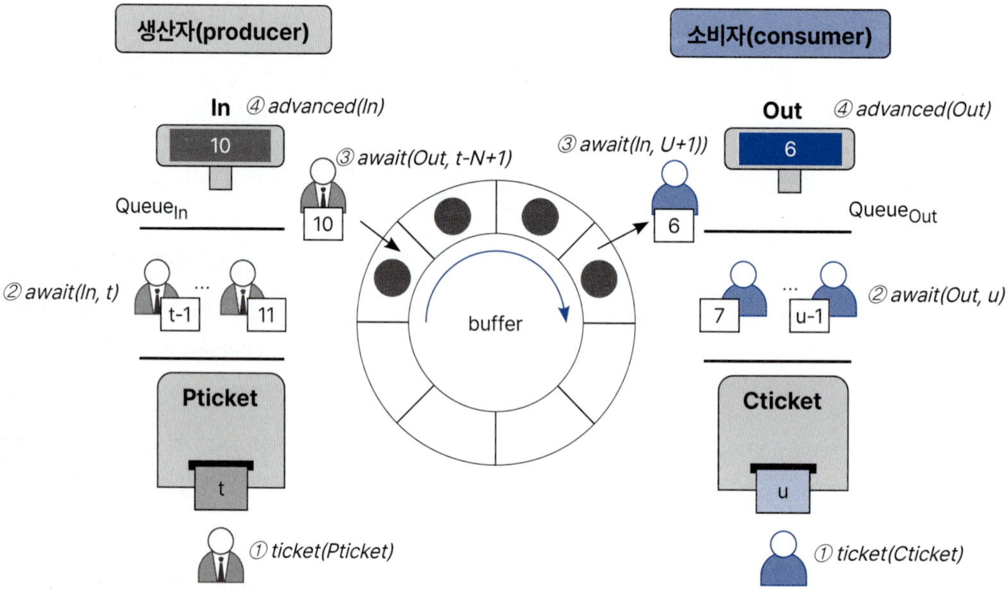

그림 6-25 이벤트 카운트와 시퀀서를 이용한 생산자-소비자 문제 해결 방법 개요

이번에는 버퍼의 크기가 N인 생산자-소비자 문제를 해결해 보자. 의사 코드 작성에 앞서 이 문제의 두 주체인 생산자와 소비자 각각의 입장에서 동작 순서를 생각해 보자. [그림 6-25]는 그 개요를 보여준다.

- 생산자의 동작

❶ 생산자는 생산한 물건을 놓기 위한 자신의 순서를 부여 받기 위해 우선 번호표 발급기(시퀀서)에서 번호를 발급받아야 하며, 이는 'ticket()' 연산으로 대응된다. 생산자들이 사용하는 번호표 발급기를 시퀀서 변수 'Pticket'으로 정의하면, 생산자는 'ticket(Pticket)' 연산을 호출한다. 그리고 발급받은 번호를 't'라고 하자.

❷ 번호를 발급받은 생산자는 대기실에서 자신의 번호가 호출되기를 기다리게 된다. 현재 차례인 생산자를 알려주는 번호 호출기를 이벤트 카운트 변수 'In'으로 정의하면 'await(In, t)' 연산이 이러한 생산자의 대기 작업에 대응된다.

❸ 자신의 번호를 호출받은 생산자는 창고(버퍼)에 들어가며, 자신이 물건을 놓을 공간이 있는지 확인해야 한다. 지금까지 생산된 물건의 수는 자신이 발급받은 번호 't'에 해당한다.[12]

12 시퀀서의 값은 0으로 초기화되기 때문에 생산된 문건의 수는 (t-1)이 아닌, t가 된다.

그리고 지금까지 소비된 물건의 수가 이벤트 카운트 변수 'Out'에 적혀 있다고 하자. 그럼 현재 버퍼에 남은 공간은 (N − t + Out)이 되며, 현재 물건을 놓을 공간이 있다는 조건은 (N − t + Out ≥ 1)이 된다. 현재 생산자가 모르는 'Out'을 한 변에 두고 정리하면 (Out ≥ t − N +1)이 된다. 이는 생산자는 'Out'의 값이 자신이 원하는 값(t − N + 1)이 되기를 기다려야 함을 의미한다. 특정 이벤트 카운트 변수의 값이 자신이 원하는 값이 되기를 기다리는 연산은 'await()'로서 'await(Out, t−N+1)' 연산이 생산자가 공간이 생기기를 기다라는 동작에 대응된다.

❹ 마지막으로 버퍼에 물건을 놓은 생산자는 다음 생산자의 차례임을 알리기 위해 번호 호출기의 번호를 증가시켜야 하며, 이는 'advanced(Pticket)' 연산에 대응된다.

이러한 생산자의 동작을 의사 코드로 옮기면 [그림 6-26]의 왼쪽과 같게 된다.

```
(shared variables)
var Pticket, Cticket     : sequencer,
    In, Out              : eventcount,
    buffer               : array[0...N-1] of message;
```

producer P_i

```
var t : integer;

repeat
  ...
  Create a new message M;
  t ← ticket(Pticket);
  await(In, t);
  await(Out, t - N + 1);
  buffer[t mod N] ← M;
  advance(In);
  ...
until(false)
```

consumer C_j

```
var u : integer;

repeat
  ...
  u ← ticket(Cticket);
  await(Out, u);
  await(In, u + 1);
  m ← buffer[u mod N];
  advance(Out);
  Consume the message M;
  ...
until(false)
```

0	1	…	N-1

그림 6-26 이벤트 카운트와 시퀀서를 이용한 생산자-소비자 문제 해결 의사 코드

• 소비자의 동작

❶ 소비자는 물건을 가져가기 위해 자신의 순서를 알아야 한다. 그렇기 때문에 번호표 발급기(시퀀서)에서 번호를 발급받아야 하며, 이는 'ticket()' 연산으로 대응된다. 소비자들이 사용하는 번호표 발급기를 시퀀서 변수 'Cticket'으로 정의하면, 소비자는 'ticket(Cticket)' 연산을 호출한다. 그리고 발급받은 번호를 'u'라고 하자.

❷ 번호를 발급받은 소비자는 대기실에서 자신의 번호가 호출될 때까지 기다리게 된다. 현재 차례인 소비자를 알려주는 번호 호출기를 이벤트 카운트 변수 'Out'으로 정의하면 'await(Out, u)' 연산이 이러한 소비자의 대기 작업에 대응된다.

❸ 자신의 번호를 호출받은 소비자는 창고(버퍼)에서 물건을 가져가기 위해 현재 창고에 물건이 있는지 확인해야 한다. 지금까지 생산된 물건의 수가 이벤트 카운트 변수 'In'에 적혀 있고, 지금까지 소비된 물건의 수는 자신이 발급받은 번호 'u'와 같다. 그럼 현재 버퍼에 남아 있는 물건의 수는 (In − u)이 되며, 물건을 가져갈 수 있는 조건은 (In − u ≥ 1)이 된다. 여기서 소비자가 기다려야 하는 이벤트 카운트 변수인 'In'을 한 변에 두고 정리하면 (In ≥ u+1)이 되고, 소비자는 'In'의 값이 (u+1)이 될 때까지 기다려야 함을 의미한다. 이는 'await(In, u+1)' 연산에 대응된다.

❹ 마지막으로 물건을 가져간 소비자는 다음 소비자의 차례임을 알리기 위해 번호 호출기의 번호를 증가시켜야 하며, 이는 'advance(Cticket)' 연산에 대응된다.

이러한 생산자의 동작을 의사 코드로 옮기면 [그림 6-26]의 오른쪽과 같게 된다.

요약

스핀락(spinlock)

- 특별한 정수형 변수로, 세 가지 원자적 연산으로만 접근 가능
- **연산**(원자적 연산 보장, 운영체제가 지원)
  - 초기화: 스핀락 변수의 초깃값 설정
  - P(): 스핀락 변수가 0보다 클 때 값을 1 감소
  - V(): 스핀락 변수의 값을 1 증가

세마포어(semaphore)

- 음이 아닌 정수형 변수로, 세 가지 원자적 연산으로만 접근 가능
- **연산**
  - 초기화: 세마포어 변수의 초깃값 설정
  - P(): 세마포어 값이 0이면 준비 큐에서 대기, 양수면 1 감소 후 진행
  - V(): 세마포어 값을 1 증가, 대기 중인 프로세스 깨움
- **특징**
  - 세마포어마다 준비 큐 존재
  - 바쁜 대기 문제 해결
- **종류**
  - 이진 세마포어: 0과 1 두 값만 가짐(상호 배제에 주로 사용)
  - 카운팅 세마포어: 0 이상의 정수값 가짐(자원 관리에 사용)

이벤트 카운트와 시퀀서(event count & sequencer)

- 프로세스 대기 순서 보장
- **이벤트 카운트**: 특정 이벤트 발생 횟수 기록
  - · 정수형 변수
  - · 생성 시 0으로 초기화되며, 값은 감소하지 않음
  - · read(E), advanced(E), await(E, v) 연산으로만 접근 가능
- **시퀀서**: 프로세스에 순차적 번호 부여
  - · 정수형 변수
  - · 생성 시 0으로 초기화되며, 값은 감소하지 않음
  - · ticket( ) 연산으로만 접근 가능

6.6 언어 레벨 해결 방법 - 모니터(monitor)

지금까지 상호 배제 문제 해결 방법으로 소프트웨어적 접근, 하드웨어적 접근, 그리고 운영체제가 지원하는 방법 등을 살펴보았다. 그리고 이러한 방법들이 다양한 상황에 적용할 수 있는 높은 유연성을 가진 것을 다양한 동기화 문제를 해결해 보면서 확인했다. 하지만 한편으로는 원하는 동작을 구현하기에 복잡한 절차를 거쳐야 한다는 것을 볼 수 있으며, 이러한 복잡성은 구현 시 논리적 오류를 발생시킬 가능성을 높인다는 단점이 있다.

이러한 복잡성을 줄이는 방법 중 하나로 프로그래밍 언어 레벨의 해결책이 제안되어 왔으며, 그중 하나가 바로 본 절에서 알아볼 '모니터'라는 기법이다. 실제 C++, 자바 등의 다양한 언어에서 모니터 기능을 지원한다.

모니터는 한마디로 정의하면 **공유 데이터(critical data)와 임계 영역(critical section)의 집합**이다. 모니터 안에는 한 번에 하나의 프로세스만 접근 가능하다. 그리고 공유 데이터에 대한 접근은 모니터 내에서만 가능하다는 특징을 가진다. 즉, 상호 배제와 정보 은닉(information hiding)의 특성을 가진다. 또한, 모니터에서 사용할 수 있는 조건부 변수(conditional variable)라는 특별한 변수가 있으며, 이 변수는 wait()와 signal() 연산을 통해 접근할 수 있다.

모니터를 책방에 비유해 보면, 대여 가능한 책들은 공유 데이터, 책 대여 또는 반납을 진행하는 곳을 임계 영역으로 생각할 수 있다. 책에 대한 대여는 책방 안에서만 가능하며, 책방에 한 번에 들어갈 수 있는 최대 인원은 한 명이다. 또한, 원하는 책이 대여 중일 때 대기자로 등록할 수 있는 대기자 명단을 조건부 변수에 비유할 수 있으며, 대기 명단에 이름을 올리는 것을 wait() 연산으로, 책이 반납되었을 때 대기자에게 알림을 주는 것을 signal() 연산으로 비유할 수 있다.

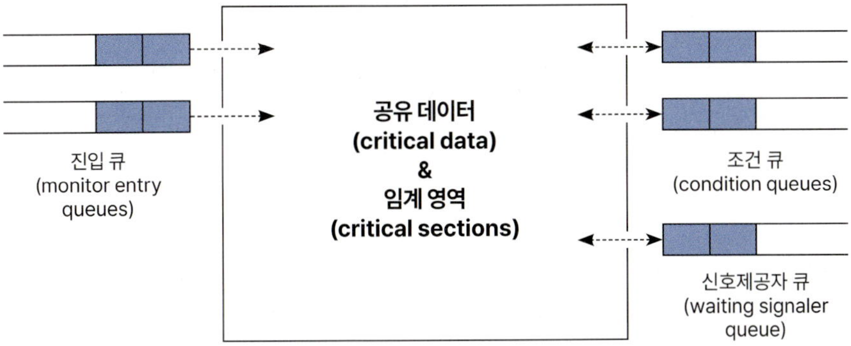

그림 6-27 모니터(monitor)의 구조

[그림 6-27]은 모니터 구조를 보여주며, 모니터의 구성 요소들은 다음과 같다.

- **진입 큐**(entry queue): 모니터 내 진입을 원하는 프로세스들이 대기하는 큐로, 대기 줄로 생각할 수 있다. 진입 큐는 모니터 내 프로시저(procedure)[13]별로 하나씩 존재한다. 책방의 비유에서 프로시저는 '대여'와 '반납'에 해당하며, 대여 줄과 반납 줄이 따로 있는 것과 같다.
- **조건 큐**(condition queue): 모니터 내의 특정 이벤트를 기다리는 프로세스가 대기하는 큐로, 일종의 대기실로 생각할 수 있다. 조건 큐는 조건부 변수마다 하나씩 생성된다. 책방의 비유에서는 원하는 책이 없는 사람이 대출 예약 대기를 걸고 해당 책이 반납되기를 기다리는 대기실로 생각할 수 있다.
- **신호제공자 큐**(signaler queue): 프로세스가 signal() 연산을 수행하기 위해 잠시 대기하는 공간으로, 모니터에는 항상 하나의 신호대기자 큐가 존재한다. 책방의 비유에서 책을 반납한 사람이 해당 책을 기다리는 대기실에 전화를 거는 전화 부스 같은 곳으로 생각할 수 있다.

자원 할당 문제

간단한 자원 할당 문제를 모니터로 해결하는 예를 통해 모니터의 동작 방식을 알아보자. 공유 자원 R이 하나 있고, 프로세스들은 작업을 수행하기 위해 R이 필요하다고 해보자. 프로세스들은 R을 할당받아 작업을 수행하고, 작업을 마치면 반납해야 한다. 따라서 자원의 할당과 반납을 위한 프로시저가 각각 필요하다. 이러한 조건을 기반으로 모니터를 구성하면 [그림 6-28]과 같다.

13 간단히 모니터에서 수행하는 함수라고 생각하면 된다.

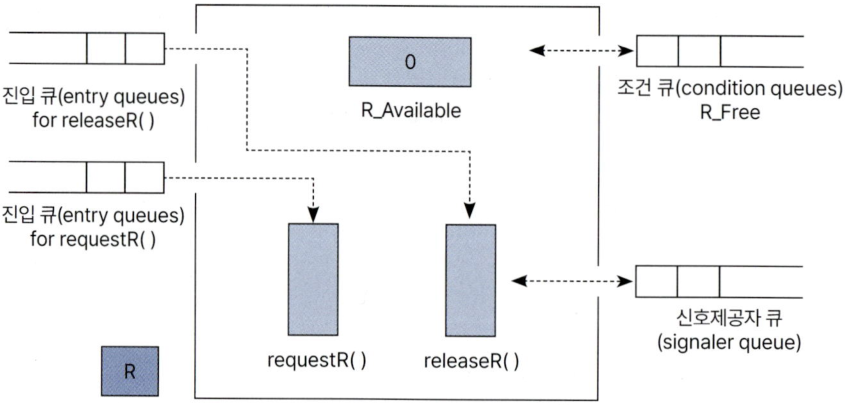

그림 6-28 자원 할당 문제를 위한 모니터의 구성

자원 할당과 반납을 위한 프로시저를 각각 'requestR()'과 'releaseR()'이라고 했을 때 각각의 프로시저에 진입 큐가 생성된다. 그리고 모니터이기 때문에 신호제공자 큐가 하나 생성되고, 자원 R이 사용 가능한지를 표시하기 위해 'R_avaible' 변수를 사용한다. 자원 R을 현재 다른 프로세스가 사용 중일 때 다른 프로세스들이 자원 R에 대한 할당을 기다릴 수 있도록 조건부 변수 'R_Free'를 사용하며, 그에 대한 조건 큐가 생성된다. [코드 6-2]는 [그림 6-28]의 구조를 기반으로 'requestR()'과 'releaseR()'의 동작을 정의한 의사 코드다.

코드 6-2 모니터 기반 자원 할당 문제 해결 의사 코드

```
Monitor R_Allocator
var     R_Available  : boolean      // 초깃값: 0(true)
        R_Free       : Conditional variable

procedure requestR()
begin
   if (R_Available = false) then
         R_Free.wait()
   R_Available ← false
end

procedure releaseR()
begin
  R_Available ← true
  R_Free.signal()
  … // 나머지 작업(예: 작업 마무리)
end
```

자원 R을 할당받으려는 프로세스가 호출하는 **'requestR()' 프로시저**에서는, 우선 자원 R의 사용 가능 여부를 'R_Available' 변수를 통해 확인한다. 만약 사용 가능하면 'R_Available'을 false로 만들고 자원을 할당받는다. 자원을 할당받은 프로세스는 모니터에서 나와 할당받은 자원으로 작업을 수행한다. 반대로 자원 R을 이미 다른 프로세스가 사용하고 있는 경우 'R_Free' 조건부 변수의 'wait()' 연산을 호출한다. 그리고 'R_Free'의 조건 큐에 가서 대기한다. 앞선 책방의 비유에 대입해 보면 'requestR()'은 대출 과정으로 책(자원 R)이 있으면 대출을 받아 나오고, 책이 없다면 대기자 명단(R_Free)에 이름을 올리고(wait() 연산) 대기실(조건 큐)에 가서 대기하는 것과 같다.

자원 사용이 끝나 자원을 반납하려는 프로세스가 호출하는 **'releaseR()' 프로시저**는 자원을 반납하고, 'R_Available'을 true로 바꾸어 이제 자원 사용이 가능함을 표시한다. 그리고 'R_Free' 조건부 변수의 'signal()' 연산을 호출한다. 실제 'signal()' 연산 호출은 신호제공자 큐에 들어가서 수행하게 된다. 책방의 비유에 대입해 보면, 책을 반납하고 책의 대기자 명단(R_Free)을 확인하고 전화 부스(신호제공자 큐)에 가서 대기실에 전화(signal() 호출)를 걸어 알려주는 것과 같다.

[그림 6-29]~[그림 6-32]는 자원 R을 할당받으려는 세 개의 프로세스 P_j, P_k, P_m이 차례로 도착하는 시나리오의 모니터 동작 과정을 보여준다. 이 과정을 따라가며 모니터의 동작 방식을 살펴보자.

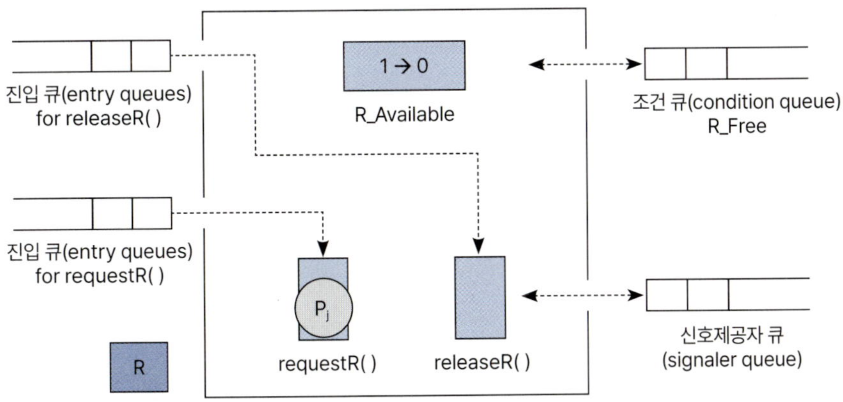

그림 6-29 모니터 기반 자원 할당 시나리오 - 간섭

❶ 가장 먼저 P_j는 자원 R을 할당받기 위해 requestR()의 진입 큐에 들어간다. 모니터 안에 아무도 없기 때문에 P_j는 바로 모니터에 진입하여 requestR()을 실행한다. 현재 R_Available 변수 값이 1(=true)로, 자원 R이 사용 가능한 상태다. 따라서 P_j가 R을 할당받고, R_

Available의 값을 0(=false)로 변경한다. 그리고 P_j는 모니터를 나와서 자원 R을 사용한다([그림 6-29]).

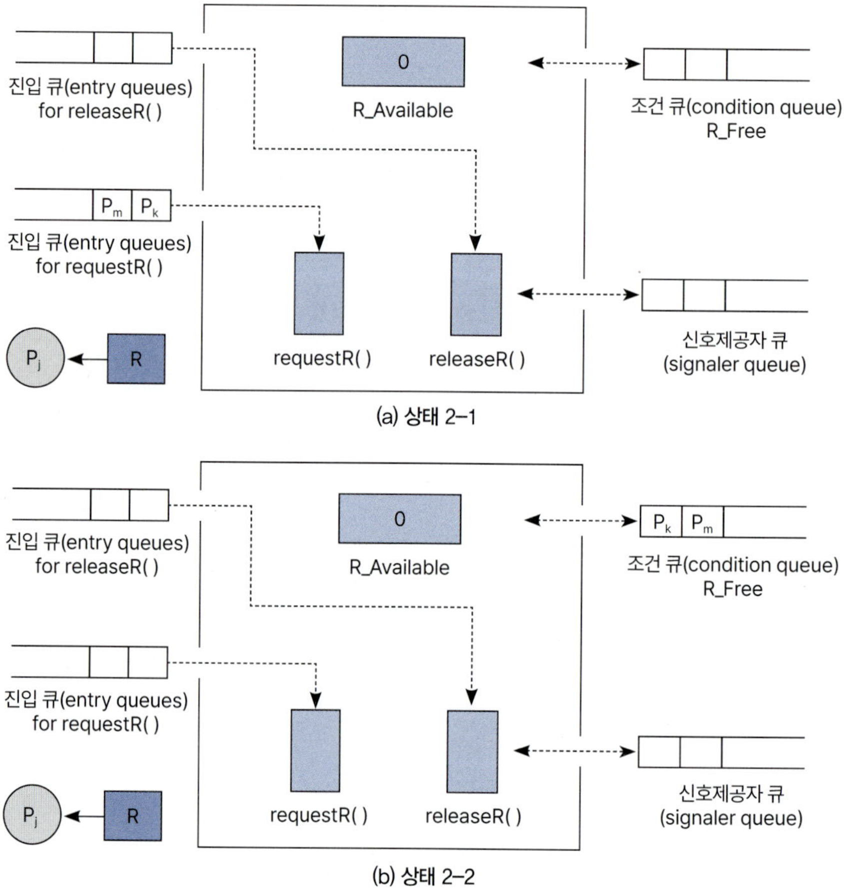

그림 6-30 모니터 기반 자원 할당 시나리오 - 상태 2

❷ P_j가 자원 R을 사용하고 있는 동안, 프로세스 P_k와 P_m이 자원 R을 할당받기 위해 requestR()의 진입 큐에 도착한다([그림 6-30-(a)]). 현재 모니터에 아무것도 없기 때문에 먼저 도착한 P_k가 모니터에 진입해 requestR()을 실행하고, 자원의 사용 가능 여부(R_Available의 값)를 확인한다. 현재 자원 R은 P_j가 사용하고 있기 때문에 R_Free 조건 큐에 들어가서 대기하게 된다(R_Free.wait() 호출). 그리고 P_m이 모니터에 진입하여 P_k와 동일한 과정을 통해 조건 큐에 들어가게 된다([그림 6-30-(b)]).

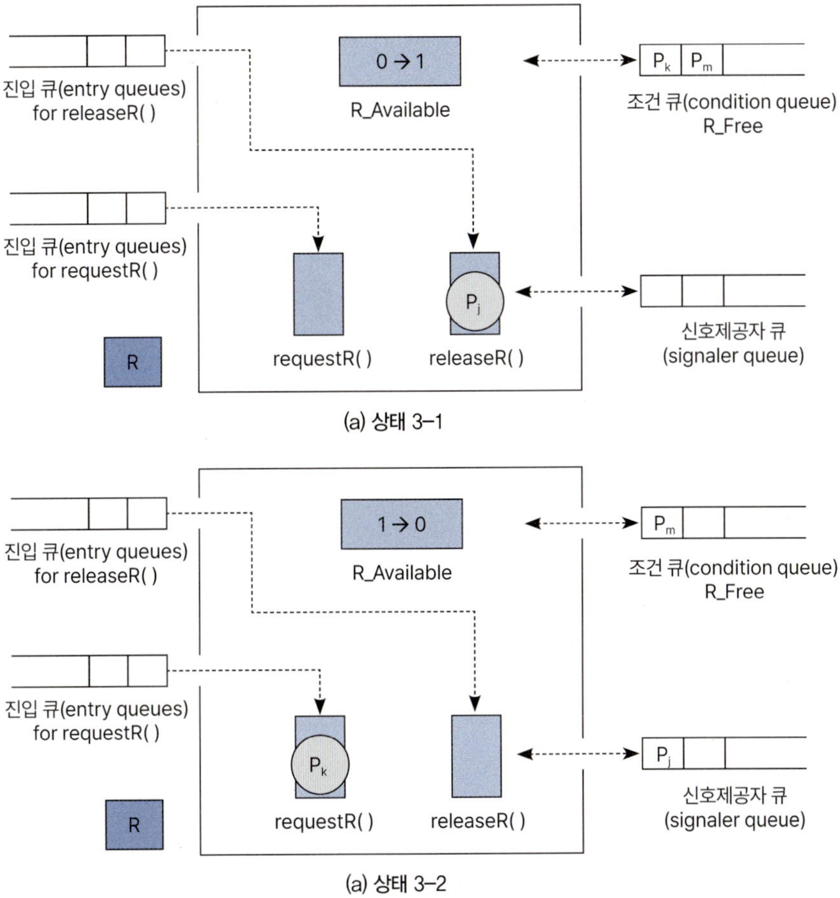

그림 6-31 모니터 기반 자원 할당 시나리오 – 상태 3

❸ 자원 R의 사용을 마친 P_j가 자원을 반납하기 위해 releaseR()의 진입 큐에 들어가며, 모니터 안에 아무도 없기 때문에 바로 진입한다. 그리고 releaseR()을 실행해 자원을 반납하고 R_Available의 값을 1로 변경한다([그림 6-31-(a)]). 다음으로 R_Free의 조건 큐에서 대기 중인 프로세스를 깨우기 위해 신호제공자 큐로 이동해 신호를 보낸다(R_Free.signal() 호출). 조건 큐의 가장 앞에 서 있던 P_k가 깨어나 모니터 안으로 진입하여 requestR()을 실행한다. 그 결과 P_k가 자원 R을 할당받고, R_Available의 값이 0으로 바뀐다.

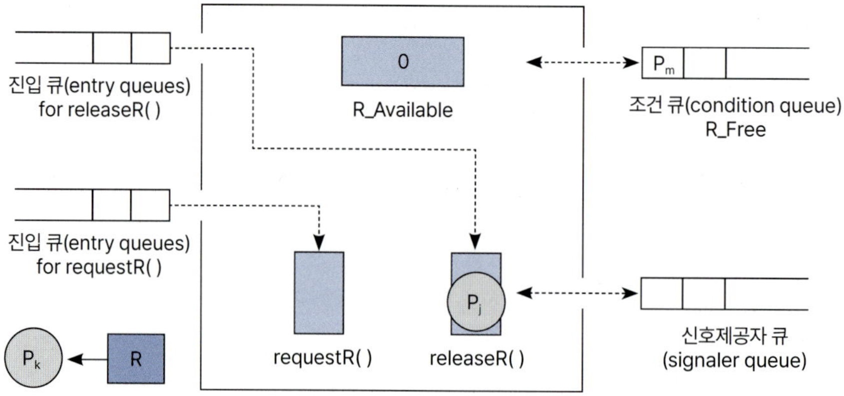

그림 6-32 모니터 기반 자원 할당 시나리오 – 상태 4

❹ 자원 R을 할당받은 P_k는 모니터 밖으로 나와 자신의 작업을 수행한다. 그리고 P_j가 다시 모니터 안으로 들어와 releaseR()에 남은 작업을 수행한다([그림 6-32]).

❺ 위와 같은 방식으로 P_k와 P_m도 자원을 할당/반납 및 작업 처리를 수행하게 된다.

두 프로시저 모두 공유 변수인 'R_Available'과 'R_Free'를 접근하는데 상호 배제 과정이 없는 것을 볼 수 있다. 이는 모니터에 한 번에 하나의 프로세스만 진입하는 것을 보장하기 때문에 프로시저 작성 시에는 상호 배제를 고려하지 않아도 되기 때문이며, 다른 상호 배제 기법들보다 프로시저의 복잡성이 낮다는 것을 알 수 있다. 즉, 모니터는 사용이 쉽고 상호 배제 과정에서 논리적 오류 발생 가능성이 낮다는 장점을 가진다. 하지만, 모니터 기능을 지원하는 언어에서만 사용 가능하며, 컴파일러가 해당 프로그램을 실행할 운영체제에 대한 이해하고 있어야 정확한 동작을 보장하는 실행 코드를 생성할 수 있다는 단점을 가진다.

생산자-소비자(producer-consumer) 문제 - 버퍼 크기가 N인 경우

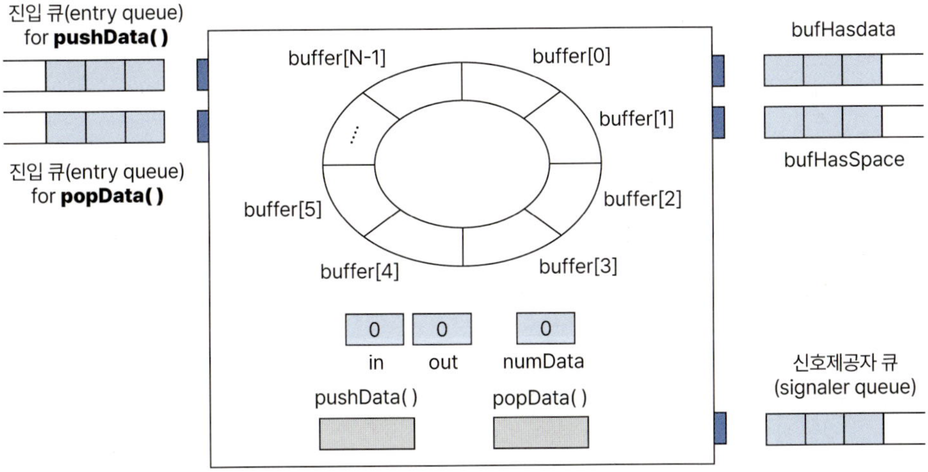

그림 6-33 생산자-소비자 문제 해결을 위한 모니터 구성

이번에는 버퍼 크기가 N인 생산자-소비자 문제를 모니터를 이용해서 해결해 보자.

● 모니터 구성

버퍼는 원형 큐를 사용하며, 생산된 물건(데이터)을 놓을 위치를 가리키는 'in' 변수와 물건을 꺼내 갈 위치를 가리키는 'out' 변수가 필요하다. 그리고 현재 버퍼 내 물건의 개수를 기록하기 위한 'numData' 변수를 추가로 사용하기로 하자. 다음으로 두 작업 주체인 생산자와 소비자의 동작을 각각 하나의 프로시저로 정의할 수 있으며, 각각 'pushData()'와 'popData()' 프로시저가 된다. 그리고 각 프로시저에 진입 큐가 할당된다. 조건부 변수들은 각 작업 주체가 언제 대기해야 하는지를 생각해 보면 쉽게 도출할 수 있다. 생산자의 경우 물건을 놓을 공간이 없을 때 (버퍼에 공간이 없을 때) 대기해야 한다. 따라서 생산자의 대기실을 'bufHasSpace' 조건 변수로 만들자. 다음으로 소비자의 경우 버퍼에 물건이 없을 때 대기해야 하며, 'bufHasData' 조건 변수를 만든다. [그림 6-33]은 생산자-소비자 문제 해결을 위한 구성된 모니터의 모습을 보여준다.

● 모니터 기반 생산자-소비자 문제 해결 의사 코드

코드 6-3 모니터 기반 생산자-소비자 문제 해결 의사 코드

```
1   Monitor circularBuffer
2   var    buffer : array[0..N-1] of message
3          validBufs       : 0...N    // 초깃값 = 0
4          in              : 0...N-1  // 초깃값 = 0
5          out             : 0...N-1  // 초깃값 = 0
6          bufHasdata      : Conditional variable
7          bufHasSpace     : Conditional variable

8   procedure pushData(Data : message):
9   begin
10    if(validBufs = N) then bufHasSpace.wait();
11    buffer[in] ← Data
12    validBufs ← validBufs + 1
13    in ← (in + 1) mod N
14    bufHasdata.signal()
15  end;

16  procedure popData(var Data : message):
17  begin
18    if (validBufs = 0) then bufHasdata.wait();
19    Data ← Buffer[out]
20    validBufs ← validBufs - 1
21    out ← (out + 1) mod N
22    bufHasSpace.signal()
23  end;
```

[코드 6-3]은 모니터 기반 생산자-소비자 문제 해결의 의사 코드다. 모니터의 특성에 따라 한 번에 하나의 프로시저만 실행되는 것이 보장된다. 따라서 상호 배제에 대한 고려 없이 작성이 가능하다.

- **pushData() 프로시저**: 버퍼에 물건을 놓는 연산으로, pushData()의 진입 큐를 통해 진입한 생산자 프로세스가 실행한다. 'pushData()' 프로시저는 우선 'validBufs'의 값을 통해 버퍼 내 물건의 개수를 확인한다(line 10). 만약 물건의 수가 N이라면 버퍼가 가득 찬

것으로, 'bufHasSpace' 조건 큐에 가서 대기하게 된다. 반대로 버퍼 내 남은 공간이 있다면 물건을 넣고(line 11–13), 물건을 기다리고 있는 소비자 프로세스를 깨우기 위해 'bufHasData'의 조건 큐로 신호(signal)를 준다(line 14).

- **popData() 프로시저**: 버퍼에서 물건을 꺼내어 가는 연산으로, popData()의 진입 큐를 통해 진입한 소비자 프로세스가 실행한다. 'popData()' 프로시저는 우선 버퍼에 물건이 있는지 확인한다(line 18). 만약 물건이 없다면(validBufs = 0), 'bufHasData'의 조건 큐에 가서 물건이 생산되기를 기다린다. 반대로 물건이 있다면 꺼내고(line 20–22), 공간이 생기기를 기다리는 프로세스를 깨우기 위해 'bufHasSpace'의 조건 큐로 신호를 준다(line 22).

6

동기화와 상호 배제

식사하는 철학자(dining philosopher) 문제

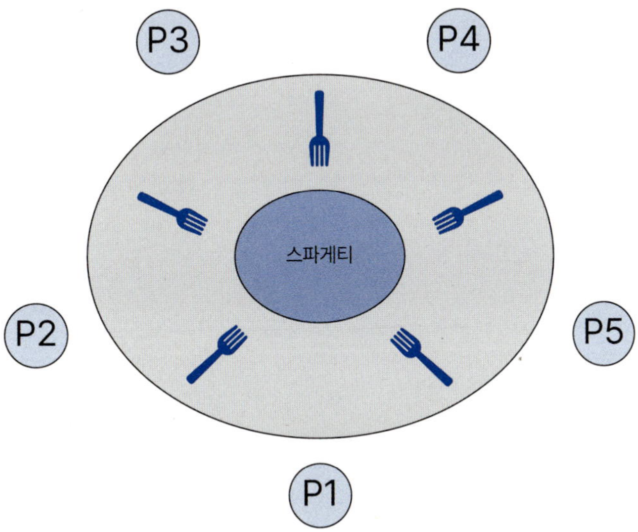

그림 6-34 식사하는 철학자 문제

식사하는 철학자 문제는 유명한 동기화 문제 중 하나로, 모니터로 이 문제를 해결해 보자. 문제의 정의는 다음과 같다.

- 5명의 철학자가 원형 식탁에 둘러 앉아 식사를 한다.
- 철학자들 사이에는 각각 하나의 포크가 놓여 있다.
- 철학자들은 두 가지 행동만 반복한다.
  · 생각하는 일
  · 스파게티를 먹는 일
- 스파게티를 먹기 위해서는 양옆의 포크 두 개를 모두 들어야 한다.

이를 그림으로 표현하면 [그림 6-34]와 같다. 스파게티는 하나의 접시에 담겨 있으며, 철학자들은 두 개의 포크를 이용해야 스파게티를 먹을 수 있다. 따라서 스파게티와 포크는 공유 자원이다. 하지만 스파게티는 동시에 여러 명이 먹을 수 있는 동시에 사용 가능한 공유 자원인 반면, 하나의 포크는 한 번에 한 명의 철학자만 사용할 수 있는 자원이라는 차이점이 있다.

우선 i-번째 철학자 P_i의 동작을 의사 코드로 표현해 보면 다음과 같다.

코드 6-4 철학자의 동작 의사 코드

```
do forever
   pickup(i)      // 자신(i)의 양옆 포크를 든다.
   eating
   putdown(i)     // 자신(i)의 양옆 포크를 내려놓는다.
   thinking
end
```

이를 통해 두 개의 프로시저, 'pickup()'와 'putdown()'이 필요하다는 것을 알 수 있다. **'pickup()' 프로시저**는 자신의 양옆 포크를 집어드는 작업으로, 원하는 포크가 없다면 해당 포크가 생길 때까지 기다려야 된다. 따라서 포크가 준비될 때까지 철학자가 기다릴 곳이 필요하다는 것을 알 수 있다. i-번째 철학자의 대기실을 'ready[i]' 조건부 변수 변수로 정의하자. 또한, 철학자별 사용 가능한 포크의 수를 numForks[] 배열로 관리한다고 하면, 'pickup()' 프로시저의 의사 코드 [코드 6-5]와 같이 작성할 수 있다.

코드 6-5 pickup() 프로시저의 의사 코드(식사하는 철학자)

```
procedure pickup(me):
   if (numForks[me] ≠ 2) then ready[me].wait()
   numForks[right(me)] ← numForks[right(me)] - 1
   numForks[left(me)] ← numForks[left(me)] - 1
end
```

'putdown()' **프로시저**는 스파게티를 먹은 후 포크를 내려놓는 작업이다. 포크를 내려놓은 후에는 해당 포크를 기다리고 있는 철학자들을 깨워주면 된다. 포크를 기다리는 철학자들은 각자 자신의 방(ready[i]의 조건 큐)에서 대기하고 있으며, 각 조건부 변수의 'signal()'을 호출하면 된다. 내려놓은 포크가 두 개이기 때문에 양옆의 철학자의 방에 신호를 주어야 한다. 이를 의사 코드로 표현하면 [코드 6-6]과 같다.

코드 6-6 putdown() 프로시저의 의사 코드(식사하는 철학자)

```
procedure putdown(me):
begin
  numForks[right(me)] ← numForks[right(me)] + 1
  numForks[left(me)] ← numForks[left(me)] + 1
  if (numForks[right(me)] = 2) then Ready[right(me)].signal()
  if (numForks[left(me)] = 2) then Ready[left(me)].signal()
end
```

도출된 프로시저, 조건부 변수를 기반으로 구성한 모니터는 [그림 6-35]와 같다.

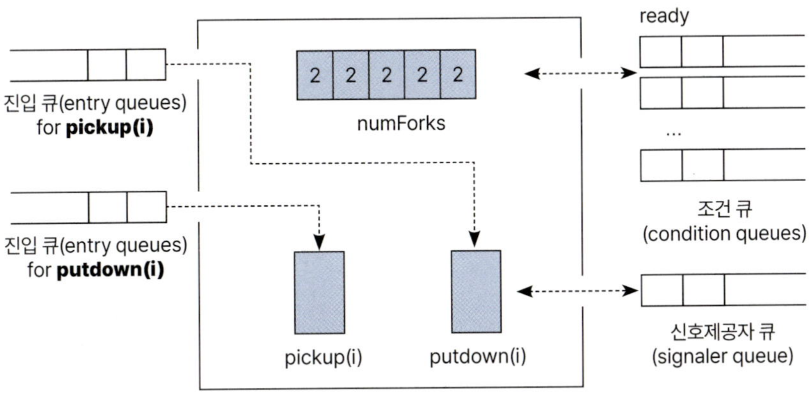

그림 6-35 식사하는 철학자 문제 해결을 위한 모니터 구성

요약

모니터의 정의

- 공유 데이터와 임계 영역의 집합
- 상호 배제와 정보 은닉(information hiding) 기능 제공

모니터 구성 요소

- **진입 큐**(entry queue): 모니터 진입을 기다리는 프로세스 대기
- **조건 큐**(condition queue): 특정 조건을 기다리는 프로세스 대기
- **신호제공자 큐**(signaler queue): signal( ) 연산 수행 프로세스 대기

모니터의 특징

- 한 번에 하나의 프로세스만 모니터 내 프로시저 실행 가능
- 공유 데이터는 모니터 내 프로시저로만 접근 가능
- 조건 변수를 통한 프로세스 동기화 지원

조건 변수(conditional variable)

- wait( ): 프로세스를 대기 상태로 전환
- signal( ): 대기 중인 프로세스 깨움

6.7 연습 문제

01 동기화 문제를 해결하기 위한 방법에 해당하는 것은?

① 세마포어
② 메모리 관리
③ CPU 스케줄링
④ 파일 시스템

02 경쟁 상태(race condition)란 무엇인가?

① 프로세스가 공유 자원을 적절히 사용하는 상태
② 여러 프로세스가 공유 자원에 접근하는 순서에 따라 결과가 달라지는 현상
③ 프로세스 스케줄링 방식의 하나
④ CPU 사용 시간을 최적화하는 기법

03 다음 중 상호 배제(mutual exclusion)를 보장하기 위한 기법은 무엇인가?

① 데드락
② 세마포어
③ 페이지 교체
④ 우선순위 스케줄링

04 임계 영역 문제를 해결하기 위한 조건에 해당하지 않는 것은?

① 상호 배제
② 진행
③ 한정 대기
④ 우선순위 증가

05 세마포어에서 P 연산과 V 연산의 목적은 무엇인가?

① 메모리 할당과 해제
② 프로세스 스케줄링
③ 상호 배제를 위한 동기화
④ CPU 시간 분배

06 경쟁 상태(race condition)가 발생하는 이유는 무엇인가?

① 여러 프로세스가 동기화하지 않고 공유 자원에 동시에 접근하기 때문이다.
② CPU가 프로세스를 충분히 할당하지 않기 때문이다.
③ 프로세스가 독립적으로 실행될 때 발생한다.
④ 운영체제가 프로세스를 종료할 때 발생한다.

07 다음 중 상호 배제를 위해 하드웨어적으로 지원하는 방법은?

① 세마포어(semaphore)
② 모니터(monitor)
③ TAS(Test And Set)
④ 이벤트 카운트와 시퀀서(event-count & sequencer)

08 다음 중 프로그래밍 언어 수준에서 상호 배제를 해결하는 방법은?

① 세마포어(semaphore)
② 모니터(monitor)
③ TAS(Test And Set)
④ 이벤트 카운트와 시퀀서(event-count & sequencer)

09 상호 배제 문제를 위한 운영체제 지원 소프트웨어적 해결 방법이 아닌 것은?

① 세마포어(eemaphore)
② 모니터(monitor)
③ TAS(Test And Set)
④ 이벤트 카운트와 시퀀서(event-count & sequencer)

10 상호 배제의 구현에서 임계 영역에 진입하기 전 확인해야 하는 것은?

① 자원 할당 여부
② 다른 프로세스의 임계 영역 진입 여부
③ CPU 우선순위
④ 메모리 상태

11 여러 프로세스가 공유 데이터에 동시 접근해 실행 결과가 접근 순서에 따라 달라지는 상황을 무엇이라 하는가?

12 임계 영역 문제에서 프로세스가 무한정 대기하지 않도록 하는 조건은?

13 여러 프로세스가 공동으로 사용하는 데이터를 무엇이라고 하는가?

14 음이 아닌 정수형 변수로, P()와 V() 연산을 제공하는 동기화 도구는 무엇인가?

15 여러 프로세스가 공유 자원을 동시에 사용하지 못하도록 제어하는 기법은?

16 경쟁 상태를 방지하기 위해서는 프로세스들이 __________ 에서 동기화되어야 한다.

17 프로세스들이 서로 동작을 맞추는 것을 __________ 라고 한다.

18 __________ 는 모든 프로세스가 특정 지점에 도달할 때까지 실행을 멈추고 대기하는 동기화 방식이다.

19 프로세스들이 의미 있는 작업을 하지 않으면서 바쁘게 대기하고 있는 상태를 __________ 라고 한다.

20 __________ 는 공유 데이터와 이에 접근하는 프로시저의 집합으로, 언어 레벨에서 제공하는 동기화 도구다.

7 장

교착 상태

학 습 목 표

본 장에서는 교착 상태의 개념과 해결하는 방법을 이해한다. 교착 상태가 발생하는 원인을 알아보고, 이를 예방하거나 해결할 수 있는 다양한 기법들을 학습한다. 또한, 교착 상태를 탐지하고 복구하는 방법들을 구체적으로 알아본다.

그림 7-1 현실에서 발생할 수 있는 교착 상태의 예

강을 가로지르는 좁은 나무다리를 상상해 보자. 이 다리는 한 번에 한 사람만 건널 수 있을 정도로 좁다. 어느 날, 강의 양쪽 끝에서 두 사람이 다리를 건너기 시작했다. 절반 지점에서 두 사람이 만나고 서로 물러나지 않으려 한다면 어떻게 될까? [그림 7-1]에서 어느 한 명이 양보하지 않는 이상, 결국 두 사람 모두 강을 건널 수 없는 상태가 될 것이다.

컴퓨터 시스템에서도 여러 프로세스가 다음 작업으로 진행하기 위해 동일한 자원을 요청하거나 서로가 가지고 있는 자원을 요청할 때 이와 유사한 상황이 발생할 수 있다. 이러한 상황을 교착 상태(deadlock)라고 한다.

교착 상태는 프로세스들이 필요한 자원을 할당받을 수 없는 상태가 되어, 더 이상 작업을 진행할 수 없는 상황을 의미한다. 필요한 자원을 받지 못한다는 측면에서 기아 상태(starvation)와 유사해 보이지만, 기아 상태는 순서에서 밀려 자원을 할당받지 못하는 것에 비해, 교착 상태는 자원을 절대로 할당받지 못하는 상황이라는 점에서 차이가 있다.

본 장에서는 컴퓨터 시스템에서 발생하는 교착 상태의 정의와 원인, 그리고 해결 방법에 대해 살펴본다.

7.1 교착 상태와 자원

프로세스들이 작업을 수행하기 위해서는 자원을 할당받아야 하며, 여러 프로세스에 대한 자원 할당 과정에서 교착 상태가 발생할 수 있다. 즉, 교착 상태를 이해하기 위해서는 자원에 대한 이해가 선행되어야 한다. 본 절에서는 자원의 종류를 살펴보고, 자원과 교착 상태의 관계를 알아본다.

자원의 종류

컴퓨터 시스템 내 자원을 구분하는 일반적인 분류법 중 하나는 하드웨어 자원과 소프트웨어 자원으로 구분하는 것이다. 자원은 이 외에도 다양한 방법으로 구분할 수 있다. 교착 상태와 관련된 구분 방법에는 선점 가능 여부에 따른 분류, 할당 단위에 따른 분류, 동시 사용 가능 여부에 따른 분류, 재사용 가능 여부에 따른 분류 네 가지가 있다.

● 선점 가능 여부에 따른 자원 분류

선점이란, 한 프로세스가 자원을 사용하고 있을 때 해당 자원을 다른 프로세스에게 빼앗기게 되는 것을 의미한다. 선점의 영향에 따라 자원은 선점 가능 자원과 선점 불가 자원으로 구분할 수 있다.

- **선점 가능 자원(preemptible resources)**: 해당 자원을 다른 프로세스에게 선점당한 후, 다시 할당받아도 작업 진행에 문제가 발생하지 않는 자원을 말한다. 대표적인 예로는 프로세서(예: CPU)와 메모리가 있다. 프로세스 관리(**3장**)에서 공부한 것과 같이, 프로세스는 프로세서와 메모리의 할당 및 반납을 반복하며 작업을 진행하며, 문맥 교환 등을 통해 작업을 문제없이 진행함을 알 수 있다.
- **선점 불가 자원(non-preemptible resource)**: 해당 자원을 다른 프로세스에게 선점당하게 되면, 이후 진행에 문제가 발생하는 자원을 말한다. 대표적인 예로는 디스크 드라이브와 같은 보조기억 장치가 있다. 프로세스가 디스크에 데이터를 저장하는 도중에 다른 프로세

스가 디스크를 선점하고 다른 데이터를 써버리게 되면, 다시 디스크를 할당받았을 때 엉뚱한 데이터가 들어가 있을 수 있는 것과 같다. 이러한 경우 작업을 처음부터 다시 시작(재시작, restart)하거나 중간 결과가 저장되어 있는 시점부터 다시 시작(롤백, rollback)하는 등의 특별한 동작을 필요로 한다.

● 할당 단위에 따른 자원 분류

할당 단위에 따라서는 자원을 전체 할당 자원과 분할 할당 자원으로 구분할 수 있다.

- **전체 할당 자원**(**total allocation resource**): 해당 자원을 프로세스에게 할당할 때, 자원 전체를 할당하는 자원이다. 대표적인 예로는 프로세서(예: CPU)와 디스크 드라이브가 있다. 한 프로세스가 CPU 코어를 사용할 때, 다른 프로세스들은 준비 상태로 대기하던 프로세스 상태 변화를 떠올리면 쉽게 이해될 것이다.
- **분할 할당 자원**(**partitioned allocation resource**): 하나의 자원을 여러 조각으로 나누어, 여러 프로세스들에게 할당하는 자원을 말한다. 대표적인 예로는 메모리가 있으며, 전체 메모리 공간을 여러 프로세스들이 나누어 사용하게 된다.

[그림 7-2]는 윈도우 운영체제의 작업 관리자 모습으로, 프로세스별 CPU와 메모리 사용량을 보여준다. CPU 사용량은 %로 표시되는 반면, 메모리 사용량은 사용하고 있는 크기(MB)로 표시되는 것을 볼 수 있다. 이는 CPU는 전체 할당 자원으로 사용 시간을 나눠 프로세스들에 할당되기 때문에 사용 비율인 %로 표시되며, 메모리는 분할 할당 자원으로 프로세스들에게 영역을 분할해서 할당하기 때문에 프로세스가 사용 중인 메모리 크기를 표시하는 것이다.

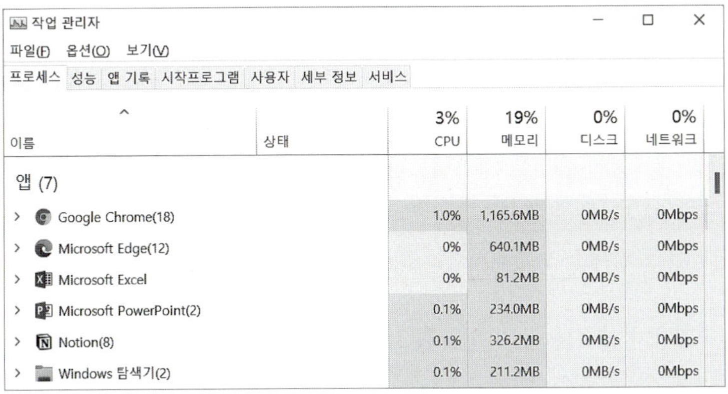

그림 7-2 윈도우 작업 관리자에서 프로세스별 CPU와 메모리 사용 표시 방법의 차이

● 동시 사용 가능 여부에 따른 분류

동시 사용 가능 여부는 한 자원을 여러 프로세스가 동시에 사용 가능한지 여부를 의미한다. 동시 사용 가능 여부에 따라서 자원은 독점 할당 자원과 공유 할당 자원으로 구분된다.

- **독점 할당 자원**(exclusive allocation resource): 한순간에 하나의 프로세스만 사용 가능한 자원을 말한다. 대표적인 예로는 프로세서와 메모리, 그리고 디스크 드라이브 등을 생각할 수 있다. CPU를 한순간에 하나의 프로세스만 사용한다는 것을 알고 있으며, 메모리의 경우도 한 프로세스에게 할당된 공간은 다른 프로세스가 접근할 수 없다는 측면에서 독점 할당 자원에 해당한다.
- **공유 할당 자원**(shared allocation resource): 동시에 여러 프로세스가 함께 사용 가능한 자원이다. 대표적인 예로는 프로그램(소프트웨어)과 공유 데이터를 생각할 수 있다. 프로그램은 대표적인 소프트웨어(SW) 자원 중 하나로, 우리가 워드 프로세서를 동시에 여러 개 띄울 수 있다는 것이 같은 프로그램(워드 프로세서)을 동시에 여러 프로세스가 사용 가능하다는 것을 보여준다.

● 재사용 가능 여부에 따른 분류

재사용 가능 여부에 따라 자원은 직렬-재사용 가능 자원과 소모성 자원으로 구분된다.

- **직렬-재사용 가능 자원**(serially-reusable resources): 시스템 내에 항상 존재하는 자원으로, 한 프로세스가 사용을 끝내면 다른 프로세스가 사용가능한 자원이다. 대표적인 예로는 프로세서, 메모리, 디스크, 프로그램 등이 있다. 이러한 자원들은 프로세스들이 할당과 반복을 반복한다는 점에서 재사용하고 있음을 알 수 있다.

- **소모성 자원**(consumable resources): 한 프로세스가 사용한 후에 사라지는 자원이다. 소모성 자원의 대표적인 예로는 시그널(signal) 또는 메시지(message)와 같은 소프트웨어적 자원이 있다. 시그널은 프로세스들 사이 또는 시스템 자원들 사이에 주고받는 신호로, 신호를 전달받은 프로세스가 처리하면 사라진다는 점에서 소모성 자원에 속한다.

[표 7-1]은 지금까지 살펴본 네 가지 자원 구분에 따른 주요 자원의 분류를 정리한 것이다.

표 7-1 자원 구분 방법에 따른 주요 자원의 분류

구분 기준	CPU	메모리	디스크	프로그램	시그널
선점 가능	O	O	X	O	X
할당 단위	전체	분할	전체	전체	전체
동시 사용 가능	X	X	X	O	X
재사용 가능	O	O	O	O	X

교착 상태와 자원의 종류

다양한 자원 중에 교착 상태를 유발할 수 있는 자원은 어떤 형태의 자원일까? 앞서 살펴본 자원의 종류를 기준으로 생각해 보자.

• 선점 가능 여부와 교착 상태

교착 상태는 프로세스들이 필요한 자원을 할당받지 못할 때 발생한다. 선점 가능 자원은 다른 프로세스가 사용 중인 자원을 선점하여 사용할 수 있다. 이러한 성질 때문에 선점 가능 자원은 교착 상태를 유발하지 않는다. 반면에 선점 불가 자원은 현재 사용 중인 프로세스가 자원을 반납할 때까지 다른 프로세스가 사용할 수 없다. 이러한 성질 때문에 선점 불가 자원은 교착 상태를 유발할 수 있다.

• 할당 단위와 교착 상태

할당 단위에 따른 자원 분류는 교착 상태의 유발에 직접적인 영향을 주지 않는다. 교착 상태는 자원의 할당 가능 여부에 직접적으로 연관되어 있으며, 할당 단위는 이러한 상황에 큰 영향을 미치지 않는다.

• 동시 사용 가능 여부와 교착 상태

교착 상태는 여러 프로세스가 동시에 자원에 접근하려 할 때 발생할 수 있다. 독점 할당 자원은 한순간에 하나의 프로세스만 사용 가능하기 때문에, 여러 프로세스가 동시에 접근하려 할 때 교착 상태가 발생할 수 있다. 반면에, 공유 할당 자원은 동시에 여러 프로세스가 사용할 수 있으므로 이러한 자원은 교착 상태의 주요 원인이 되지 않는다.

• 재사용 가능 여부와 교착 상태

교착 상태는 재사용 가능 여부와 직접적인 관련이 있다. 직렬-재사용 가능 자원은 프로세스

가 사용을 마친 후 다른 프로세스가 사용할 수 있으므로, 이러한 자원은 교착 상태를 유발할 수 있다. 소모성 자원은 사용 후 사라지기 때문에 해당 자원을 필요하는 하는 프로세스가 있는 경우 교착 상태를 발생시킬 수 있다. 하지만, 소모성 자원은 일반적으로 특정 프로세스를 위해 생성되며 소모성 자원까지 고려한 교착 상태 모델은 매우 복잡하여 본 교재에서는 다루지 않는다.

정리하면, 교착 상태를 유발할 수 있는 자원의 형태는 다음과 같다.

- 선점 불가 자원(non-preemptible resource)
- 독점 할당 자원(exclusive allocation resource)
- 직렬-재사용 가능 자원(serially reusable recourse)

요약

교착 상태(deadlock)

- 프로세스들이 필요한 자원을 할당받지 못해 더 이상 작업을 진행할 수 없는 상태

자원의 분류

- **선점 가능 여부에 따른 분류**
  - 선점 가능 자원: 다른 프로세스에 의해 선점되어도 작업에 문제가 없는 자원(예: CPU, 메모리)
  - 선점 불가 자원: 선점 시 작업에 문제가 발생하는 자원(예: 디스크 드라이브)
- **할당 단위에 따른 분류**
  - 전체 할당 자원: 자원 전체를 한 프로세스에 할당(예: CPU, 디스크 드라이브)
  - 분할 할당 자원: 자원을 여러 조각으로 나누어 할당 가능(예: 메모리)
- **동시 사용 가능 여부에 따른 분류**
  - 독점 할당 자원: 한순간에 하나의 프로세스만 사용 가능(예: CPU, 메모리, 디스크 드라이브)
  - 공유 할당 자원: 여러 프로세스가 동시에 사용 가능(예: 프로그램, 공유 데이터)
- **재사용 가능 여부에 따른 분류**
  - 직렬-재사용 가능 자원: 여러 프로세스가 순차적으로 사용 가능(예: CPU, 메모리, 디스크)
  - 소모성 자원: 한 번 사용하면 사라지는 자원(예: 시그널, 메시지)

교착 상태를 유발할 수 있는 자원의 특성

- 선점 불가 자원
- 독점 할당 자원
- 직렬-재사용 가능 자원

교착 상태와 기아 상태의 차이

- **교착 상태**: 자원을 절대로 할당받지 못하는 상황
- **기아 상태**: 자원 할당 순서에서 계속 밀려나 오랫동안 자원을 할당받지 못하는 상황

7.2 교착 상태 모델

앞의 **7.1절**에서는 교착 상태와 자원의 관계를 알아보았다. 본 절에서는 교착 상태를 표현하는 모델들에 대해서 살펴본다. 그리고 교착 상태가 발생하기 위한 필요 조건에 대해 알아본다.

교착 상태 발생의 예

프로세스 P1	시간	프로세스 P2
...	t1	...
request R2 ← ❶	t2	...
...	t3	request R1 ← ❷
request R1 ← ❸	t4	...
...	t5	request R2 ← ❹
...	t6	...
release R1 ←	t7	...
...	t8	release R1 ←
release R2 ←	t9	...
...	t10	release R2 ←
...	t11	...

그림 7-3 교착 상태 발생의 예

시스템 내에 두 개의 프로세스(P1, P2)와 두 개의 자원(R1, R2)이 존재한다고 가정해 보자. P1은 먼저 R2를 할당받은 후 R1을 요청하는 반면, P2는 R1을 할당받고 이어서 R2를 요청한다. 이들 프로세스는 독립적으로 작동하기 때문에 실행 순서는 비결정적이다. 만약 P1이 먼저 두 자원을 모두 할당받는다면, P2는 P1이 작업을 마치고 자원을 반납할 때까지 대기한 후 실행할 것이다. 반면에 P2가 먼저 R1과 R2를 할당받는 경우, P2가 작업을 완료한 후 P1이 작업을 수행할 것이다. 어느 경우든 교착 상태는 발생하지 않는다.

그러나 [그림 7-3]과 같은 순서로 프로세스가 실행된다고 가정해 보자.

❶ P1은 R2를 할당받고, CPU 할당은 P2로 전환된다.

❷ P2는 R1을 할당받는다.

❸ CPU를 다시 할당받은 P1은 R1을 요청한다. 그러나 R1은 P2가 사용 중이므로 P1은 대기 상태에 들어가고, CPU는 다시 P2에게 넘어간다.

❹ P2는 R2를 요청하지만, R2는 이미 P1에 의해 사용 중이므로, P2도 대기 상태에 들어간다.

이 시점에서 두 프로세스 모두 필요한 자원을 할당받지 못하고 서로의 자원을 기다리는 상황에 빠진다. 이게 바로 교착 상태이며, 이 상황에서는 양쪽 모두 더 이상 진전을 이룰 수 없다.

이처럼 각 프로세스가 실행되는 순서에 따라 교착 상태의 발생 여부가 결정될 수 있다. 하지만 모든 실행 순서를 하나씩 따라가며 교착 상태의 발생 가능성을 판단하는 것은 실제 시스템에서는 실현하기 어려운 일이다. 이러한 복잡성을 해결하고자 교착 상태 모델이 개발되었다. 교착 상태 모델은 프로세스와 자원 할당의 관계를 정형화된 형태로 표현함으로써 교착 상태의 발생 가능성을 더 명확하게 파악할 수 있는 기법이다.

본 절에서는 교착 상태 모델 중에서 특히 그래프 모델과 상태 전이 모델에 대해 자세히 살펴본다.

그래프 모델(graph model)

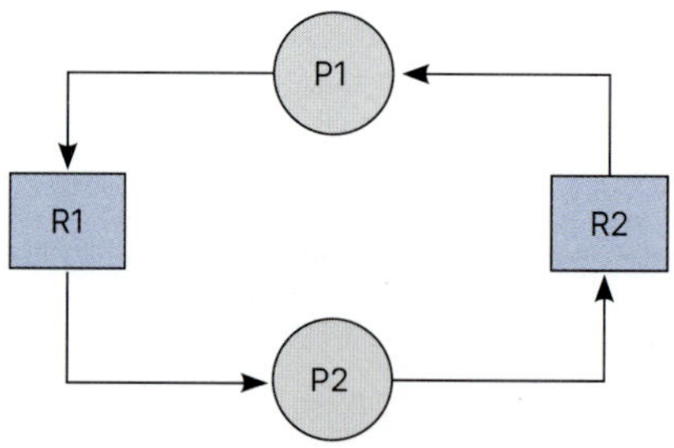

그림 7-4 교착 상태 그래프 모델

그래프 모델은 컴퓨터 시스템 내의 프로세스와 자원 간의 상호작용을 시각적으로 표현한 것으로, 교착 상태 발생의 가능성을 직관적으로 파악하는 데 유용하다. 이 모델에서는 프로세스와 자원을 각각 다른 형태의 노드로 표현하고, 이들 사이의 관계를 간선으로 나타낸다.

● **노드의 종류**

- **프로세스 노드:** 원형으로 표현되며, 시스템에서 실행되고 있는 개별 프로세스를 나타낸다.
- **자원 노드:** 사각형으로 표현되며, 시스템 내에서 프로세스에 의해 요청되고 사용되는 자원을 나타낸다.

● **간선의 방향과 의미**

- **자원에서 프로세스로의 간선(R_j → P_i):** 자원 R_j가 프로세스 P_i에 할당되었음을 나타내며, P_i가 R_j를 사용 중임을 의미한다.
- **프로세스에서 자원으로의 간선(P_i → R_j):** 프로세스 P_i가 자원 R_j를 요청하지만, 아직 할당받지 못했음을 나타낸다.

교착 상태는 이 그래프 모델에서 순환 경로(cycle)가 존재할 때 발생한다. **순환 경로**가 존재한다는 것은 둘 이상의 프로세스가 서로를 기다리는 상태, 즉 서로가 상대방이 요청한 자원을 보유하고 있는 상태를 의미한다. 이러한 상태는 더 이상 진행할 수 없는 교착 상태의 고전적인 예다.

[그림 7-4]는 두 프로세스 P1과 P2가 각각 자원 R1과 R2를 요청하고 할당받는 상황을 나타낸다. P1이 R2를 할당받고 R1을 요청하는 동안, P2는 R1을 할당받고 R2를 요청하고 있다. 이 상황은 순환 경로를 형성하여 두 프로세스 모두 필요한 자원을 할당받지 못하고 서로를 기다리는 교착 상태에 빠진 것을 시각적으로 보여준다.

이러한 그래프 모델을 통해 시스템 설계자나 운영자는 교착 상태의 발생을 예측하고, 필요한 경우 시스템의 자원 할당 정책을 조정하여 교착 상태를 예방하거나 해결할 수 있다.

상태 전이 모델(state transition model)

상태 전이 모델은 프로세스와 자원의 상호작용을 시간의 흐름에 따라 나타내는 방식으로, 교착 상태 발생 과정을 분석하는 데 유용하다. 이 모델에서는 각 프로세스의 상태를 명확하게 정의하고, 프로세스가 자원을 요청하거나 반납하는 동안에 발생하는 상태 변화를 추적한다.

[표 7-2]는 시스템 내 자원이 두 개 존재한다고 했을 때, 프로세스가 가질 수 있는 다섯 가지 상태와 해당 상태에서의 자원 할당 및 요청 상황을 나타낸다.

표 7-2 프로세스의 상태 표

상태(state)	할당 자원의 수	추가 자원 요청	설명
0	0	X	프로세스가 어떠한 자원도 할당받지 않은 초기 상태
1	0	O	프로세스가 자원을 요청하고 있지만, 아직 할당받지 못한 상태
2	1	X	프로세스가 하나의 자원을 할당받았으나 추가 자원을 요청하지 않은 상태
3	1	O	프로세스가 하나의 자원을 할당받고 추가 자원을 요청하고 있는 상태
4	2	X	프로세스가 두 개의 자원을 모두 할당받은 상태

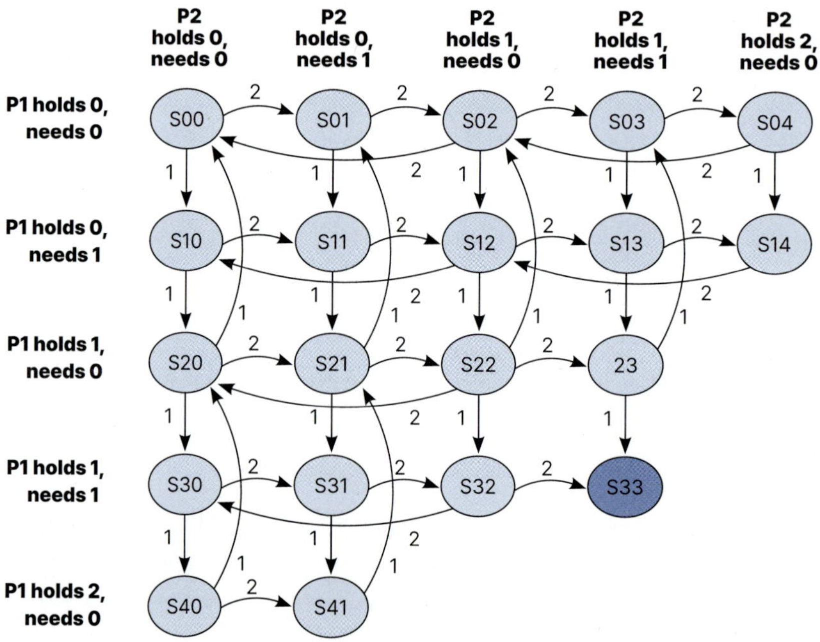

그림 7-5 교착 상태 상태 전이 모델

[그림 7-5]는 동일한 종류의 자원 두 개와 해당 자원을 사용하는 프로세스 두 개가 있을 때의 상태 전이를 시각화한 것이다. 각각의 상태 노드(S00, S01, S10 등)가 프로세스의 가능한 상태를 나타내며, 각 노드는 프로세스가 현재 가진 자원의 수와 자원 요청의 상태를 반영한다. 상태 노드 Sxy에서 'x'와 'y'는 각각 P1과 P2의 상태를 나타낸다. 즉, S10은 P1은 1번 상태(할당 자원 0개, 추가 자원 요청 중), P2는 0번 상태(할당 자원 0개, 자원 요청하지 않음)에 있음을 의미한다.

상태 노드 사이 간선은 상태 전이를 표현하며, 간선에 표시된 숫자는 상태 전이를 발생시키는 프로세스의 번호를 의미한다. 즉, 1로 표시된 간선은 P1에 의한 상태 변화, 2로 표시된 간선은 P2에 의한 상태 변화를 나타낸다. 이는 프로세스의 동작 순서와 그 결과를 추적하는 데 도움을 준다. 예를 들어, S10에서 S20으로의 전이는 P1 프로세스가 자원을 하나 더 할당받은 상태 변화를 의미한다. [그림 7-5]에서 수직 방향으로의 전이는 P1에 의한 전이, 수평 방향으로의 전이는 P2에 의한 변이를 나타낸다.

우리가 주의 깊게 볼 상태는 진한 파란색으로 표시된 S33 상태 노드다. 두 프로세스 모두 두 개의 자원을 할당받은 상태에서 추가 자원을 요구하고 있다. 하지만, 남은 자원이 없기 때문에 두 프로세스 모두 더 이상 상태 변화가 불가능한 상태, 즉 교착 상태임을 나타낸다.

이처럼 상태 전이 모델은 프로세스와 자원 사이의 상호 의존성 때문에 발생하는 문제점과 교착 상태 발생 시점을 예측하는 데 도움을 줄 수 있다.

교착 상태 발생 필요 조건

본 절에서 살펴본 교착 상태의 예와 교착 상태 모델을 통해, 교착 상태는 프로세스가 자원을 하나 이상 가지고 있는 상태에서 다른 자원을 요청할 때 발생할 수 있다는 것을 알 수 있다. 또한, 이러한 프로세스들의 자원 보유 및 요청 관계가 순환(cycle) 형태가 될 때 발생한다는 것 또한 확인할 수 있다. 앞의 **7.1절**에서 살펴본 교착 상태와 자원의 관계와 본 절에서 살펴본 프로세스의 상태와 교착 상태의 관계를 종합하면, 네 가지 조건을 모두 만족할 때 교착 상태가 발생함을 알 수 있다. 즉, 다음의 네 가지 필요 조건을 도출할 수 있다.

- **독점 할당 자원**(exclusive use of resources): 시스템 내의 자원이 한 시점에 하나의 프로세스에 의해서만 사용될 수 있어야 한다. 이는 자원이 공유되지 않고, 프로세스 간 독점적으로 할당됨을 의미한다.
- **선점 불가 자원**(non-preemptible resources): 프로세스가 자원을 한 번 할당받으면, 그 자원은 사용이 완료될 때까지 선점될 수 없다. 즉, 다른 프로세스에 의해 강제로 빼앗길 수 없는 자원이다.
- **보유 및 대기**(hold and wait, partial allocation): 프로세스가 최소 하나의 자원을 보유한 상태에서 다른 추가 자원을 대기하는 상황을 의미한다. 이는 프로세스가 이미 할당받은 자원을 유지하면서 새로운 자원을 요청하고 대기하고 있음을 나타낸다.
- **순환 대기**(circular wait): 프로세스의 집합에서 각 프로세스가 순환적으로 다음 프로세스가 요구하는 자원을 보유하고 있는 상황이다. 이는 프로세스들이 서로를 기다리는 꼬리에 꼬리를 무는 대기 사슬을 형성하게 됨을 의미한다.

이 조건들 중 하나라도 만족하지 않으면 교착 상태는 발생하지 않는다. 따라서 이러한 조건들을 기반으로 교착 상태 해결 전략을 수립할 수 있다. 교착 상태를 해결하는 전략에는 교착 상태 예방, 교착 상태 회피, 교착 상태 탐지 및 복구 세 가지가 있으며, 다음 절들에서 각각을 자세히 살펴본다.

요약

그래프 모델(graph model)

- 프로세스와 자원 간의 관계를 시각적으로 표현한 모델
- **구성 요소**
  - 프로세스 노드: 원형으로 표현
  - 자원 노드: 사각형으로 표현
  - 간선(edge): 자원 할당 및 요청을 나타냄
- **교착 상태 판단**: 그래프 내 순환 경로(cycle) 존재 여부로 판단

상태 전이 모델(state transition model)

- 프로세스와 자원의 상호작용을 시간에 따라 나타내는 모델
- **교착 상태 판단**: 더 이상 상태 변화가 불가능한 지점 확인

교착 상태 발생 필요 조건

- **독점 할당 자원**(exclusive use of resources)
  - 자원이 한 번에 하나의 프로세스에만 할당
- **선점 불가 자원**(non–preemptible resources)
  - 할당된 자원을 강제로 회수 불가
- **보유 및 대기**(hold and wait)
  - 프로세스가 자원을 보유한 상태에서 추가 자원 요청
- **순환 대기**(circular wait)
  - 프로세스들이 순환적으로 서로의 자원 요청

7.3 교착 상태 예방

교착 상태 예방(deadlock prevention) 전략은 교착 상태가 절대 발생하지 않도록 하는 것을 목표로 하며, 그 방법은 교착 상태 발생의 필수 네 가지 조건 중 하나를 제거하는 것이다. 그럼 각각의 조건 제거 가능 여부 및 방법을 알아보자.

독점 할당 자원 조건 제거

독점적 할당 자원 조건을 없애는 것은 이론적으로는 모든 자원을 공유할 수 있게 만드는 것을 의미한다. 하지만 현실적으로 모든 자원을 공유할 수 있게 만드는 것은 불가능하며, 특히 입출력 장치와 같은 일부 자원은 공유할 경우 심각한 문제를 초래할 수 있다.

선점 불가 자원 조건 제거

선점 불가 조건을 없애기 위해서는 모든 자원을 선점 가능하게 해야 한다. 즉, 어떤 자원이라도 사용 중에 다른 프로세스에 의해 선점될 수 있어야 한다. 이는 작업 중인 프로세스가 자원을 잃을 수 있음을 의미하며, 이 경우 작업을 처음부터 다시 시작해야 할 수도 있다. 현실적으로는 이 역시 어려운 방법이다.

선점 불가 자원 조건 제거와 유사한 효과를 기대할 수 있는 유사한 방법으로, 프로세스가 할당받을 수 없는 자원을 요청한 경우 기존에 가지고 있던 자원을 모두 반납하고 작업을 취소하게 하는 방법을 생

각할 수 있다. 이 경우 해당 프로세스가 직접 작업을 중단하기 때문에 작업 중단에 대해 대비(예: 작업 상황 저장 등)할 수 있다. 또한 해당 프로세스가 가지고 있던 자원이 반납됨에 따라 교착 상태를 예방할 수 있다. 하지만, 이는 잦은 프로세스 중단 및 자원 할당/반납이 유발됨에 따라 심각한 자원 낭비를 발생할 수 있어 여전히 비현실적이다.

보유 및 대기 조건 제거

보유 및 대기 조건을 제거하는 것은 프로세스가 작업을 시작하기 전에 필요한 모든 자원을 일괄적으로 할당(total allocation)받는 방법을 말한다. 이렇게 할 경우 프로세스는 작업을 수행하는 동안 추가 자원 요청을 하지 않아 교착 상태 발생 가능성을 사전에 차단할 수 있다.

그러나 이 방법은 자원 활용도의 측면에서 매우 비효율적이다. 프로세스가 현재 사용하지 않는 자원도 보유하고 있어야 하므로, 다른 프로세스가 이용할 수 있는 자원의 양이 감소한다. 결과적으로 자원 활용도가 낮아져 시스템의 전체 성능이 저하될 수 있다.

더욱이 프로세스가 요구하는 모든 자원을 한꺼번에 할당받아야 한다면, 자원의 할당을 기다리는 프로세스 수가 증가하여 기아 상태(starvation)나 무한 대기(infinite blocking) 현상이 발생할 위험이 있다. 이는 다수의 프로세스가 자원을 기다리는 동안 아무런 작업도 진행하지 못하고 시스템 자원이 유휴 상태로 남아 있게 만든다.

순환 대기 조건 제거

순환 대기 조건을 제거하는 방법은 프로세스가 자원을 요청할 때 자원에 사전 정의된 일련의 순서를 따르도록 함으로써 실현된다. 이 접근 방식은 각 자원에 고유한 순서를 할당하고, 프로세스가 이 번호 순서대로 자원을 요청하게 해 순환 대기 상태를 회피한다.

	R1	R2	R3	R4
P1	○	○	○	○
P2	○		○	

예를 들어, 프로세스 P1은 자원 R1, R2, R3, R4를, P2는 자원 R1, R3을 필요로 한다고 가정해 보자. 프로세스는 항상 번호가 낮은 자원부터 요청해야 하며, 높은 번호의 자원을 먼저 요청할 수 없다. P1이 R1을 할당받은 경우,

P2는 R1을 기다려야 하며, P1이 R2, R3, R4를 순차적으로 요청하고 할당받아 작업을 완료한다. 이 시스템에서는 P2가 R1을 할당받는 경우에도 P1이 기다리게 되므로, R3에 대한 경쟁 없이 P2가 자신의 작업을 완료할 수 있다.

이 방식은 순환 대기를 효과적으로 방지하여 교착 상태를 예방하지만, 자원 활용의 효율을 저하시키는 단점이 있다. 프로세스가 필요한 자원을 사용할 수 있더라도 순서 때문에 할당받지 못하고 대기해야 할 수 있으므로, 자원이 유휴 상태로 남아 있을 가능성이 있다. 이러한 방법은 교착 상태를 피하는 데는 효과적이지만, 전체 시스템의 성능과 자원 활용도 측면에서는 비효율적일 수 있다.

교착 상태의 필수 조건 중 하나를 제거함으로써 교착 상태를 예방하는 방법은 이론적으로는 명확하지만, 실제 시스템에서는 여러 가지 제약 사항으로 인해 실현하기 어려운 게 사실이다. 각 조건을 제거하는 것이 자원의 효율적인 활용이라는 시스템의 기본 목표와 충돌할 수 있으며, 교착 상태를 완전히 배제하기 위한 조치들은 종종 과도한 자원 낭비로 이어질 수 있다.

특히 독점적 자원 사용 조건을 제거하는 것은 현실적으로 불가능하게 하며, 선점 불가 자원 조건을 제거하는 것은 프로세스의 작업 중단과 재시작을 반복하게 할 수 있다. 보유 및 대기 조건을 제거하는 것은 자원 할당의 효율성을 저하시키고, 순환 대기 조건을 제거하는 것은 자원의 순차적 할당을 강제하여 유휴 자원이 생기는 상황을 초래할 수 있다.

이와 같은 이유로 교착 상태 예방 전략은 실제 시스템 설계에 있어서 비현실적이다.

요약

교착 상태 예방

- 교착 상태 발생 필수 조건 중 하나 이상을 제거해 교착 상태 발생을 원천적으로 방지하는 방법

독점 할당 자원 조건 제거

- 모든 자원을 공유 가능하게 만듦
- **문제점**: 현실적으로 불가능하며, 일부 자원(예: 입출력 장치)은 공유 시 심각한 문제 발생 가능

선점 불가 자원 조건 제거

- **방법 1**: 모든 자원을 선점 가능하게 만듦
  - 문제점: 작업 중인 프로세스가 자원을 잃을 수 있어 작업을 처음부터 다시 시작해야 할 수 있음
- **방법 2**: 할당 불가능한 자원 요청 시 기존 자원 모두 반납 후 작업 취소
  - 문제점: 잦은 프로세스 중단 및 자원 할당/반납으로 인한 심각한 자원 낭비 발생

보유 및 대기 조건 제거

- 프로세스 시작 시 필요한 모든 자원을 일괄 할당(전체 할당)
- **장점**: 교착 상태 예방 가능

- 문제점
  - 자원 활용도 저하(사용하지 않는 자원도 보유)
  - 기아 상태나 무한 대기 현상 발생 가능
  - 시스템 전체 성능 저하

순환 대기 조건 제거

- 자원에 순서 번호를 부여하고, 프로세스가 번호 순서대로만 자원 요청 가능
- **장점**: 순환 대기를 효과적으로 방지
- **문제점**
  - 자원 활용 효율성 저하
  - 사용 가능한 자원이 있어도 순서 때문에 할당받지 못하는 상황 발생

교착 상태 예방 전략의 한계

- 시스템 자원 활용 효율성 저하
- 처리량 감소
- 기아 상태 발생 가능성
- 시스템 전반적 성능 저하

7.4 교착 상태 회피

교착 상태 회피(deadlock avoidance)는 시스템이 교착 상태에 빠질 수 있는 상황을 미리 인지하고 이를 회피하는 방법이다. 이 접근법에서는 시스템이 교착 상태에 빠질 가능성이 있는 자원 할당 요청을 보류하는 전략을 사용하여 시스템을 항상 안전 상태(safe state)로 유지하는 것을 목표로 한다. 본 절에서는 안전 상태의 정의를 살펴보고, 대표적인 교착 상태 회피 알고리즘인 은행원 알고리즘을 소개하고, 이를 이용한 안전 상태 유지 방법을 알아본다.

안전 상태(safe state)와 불안전 상태(unsafe state)

교착 상태 회피 기법에서 중요한 개념은 안전 상태다. **안전 상태**(safe state)란, 현재 시스템 내 모든 프로세스가 정상 종료 가능한 상태를 말한다. 즉, 모든 프로세스가 요청한 모든 자원을 최종적으로 할당받을 수 있는 순서가 존재하는 상태를 말한다. 이때 모든 프로세스가 정상 종료가 가능한 자원 할당 순서를 **안전 순서**(safe sequence)라고 하며, 안전 순서가 존재함은 교착 상태가 되지 않을 수 있음을 의미한다. 즉, 안전 순서가 존재하면 현재 시스템은 안전 상태에 있다고 말할 수 있다.

반대로 **불안전 상태**(unsafe state)는 모든 프로세스가 요청한 자원을 최종적으로 할당받을 수 있는 순서가 존재하지 않는 상태를 말한다. 이 상태에서는 특정 자원 할당 요청으로 인해 시스템이 교착 상태에 빠질 위험이 있다. 그러나 불안전 상태가 반드시 교착 상태로 이어지는 것은 아니다. 불안전 상태는 교착 상태로 이어질 가능성이 있는 상황을 나타내지만, 실제로 교착 상태가 발생한다는 것을 보장하지는 않는다. 하지만 불안전 상태는 위험한 상태이기 때문에 교착 상태 회피 기법에서는 이러한 상태를 피하는 것이 중요하다.

은행원 알고리즘(banker's algorithm)

교착 상태 회피 전략의 핵심은 시스템이 불안전 상태에 빠지는 것을 피해 항상 안전 상태를 유지하는 것이며, 이를 실현하기 위한 다양한 알고리즘들이 제안되었다.

그중 대표적인 알고리즘이 다익스트라(Dijkstra)가 제안한 교착 상태 회피에 대한 간단한 이론적 기법인 은행원 알고리즘이다. 이 알고리즘은 실제 은행에서 대출을 결정하는 방식과 유사하게, 각 프로세스가 요구할 수 있는 최대 자원(최대 대출 요구)의 양을 미리 파악하고, 시스템의 가용 자원(은행의 보유 자금)을 고려해 자원 할당(대출 대상) 결정을 내린다.

은행원 알고리즘에서 사용하는 주요 개념은 다음과 같다.

- **최대 요구량**(maximum demand): 각 프로세스가 실행을 완료하는 데 필요한 최대 자원 양
- **할당량**(allocation): 현재 각 프로세스에 할당된 자원의 양
- **가용 자원**(available): 시스템에서 현재 할당되지 않고 사용할 수 있는 자원의 양
- **추가 요구량**(additional need): 프로세스가 작업을 완료하기 위해 아직 필요로 하는 자원의 양 (최대 요구량에서 현재 할당량을 뺀 값)

은행원 알고리즘은 프로세스가 자원을 요청하면 다음과 같은 방식으로 할당 여부를 결정한다.

❶ 자원을 요청한 프로세스에게 자원을 할당한 상황을 가정한다.

❷ 가정한 상황에서 안전 순서가 있는지 검사한다.

❸-1 가정한 상황이 안전 순서가 하나 이상 존재하는 안전 상태라면, 자원 할당 요청을 수락하고 자원을 할당한다.

❸-2 가정한 상황에서 안전 순서가 존재하지 않으면 불안전 상태로, 자원 할당 요청을 거절한다.

● 은행원 알고리즘의 예 1

표 7-3 은행원 알고리즘 - 시스템 상태 1

프로세스	최대 요구량	할당량	추가 요구량
P1	3	1	2
P2	9	5	4
P3	5	2	3

동일한 형태의 자원을 10개 가지고 있는 시스템에 세 개의 프로세스가 [표 7-3 (상태 1)]과 같고, P1이 추가 자원 하나를 요청했을 경우를 생각해 보자. P1의 요청을 들어줄 것인지를 은행원 알고리즘으로 판단하기 위해 우선 P1에게 하나의 자원을 추가 할당했을 경우를 가정해 보면 [표 7-4 (상태 1-1)]과 같게 된다.

표 7-4 은행원 알고리즘 - 시스템 상태 1-1: P1에 자원 할당 가정

프로세스	최대 요구량	할당량	추가 요구량
P1	3	**2**	**1**
P2	9	5	4
P3	5	2	3

[표 7-4 (상태 1-1)]에서 현재 할당된 총 자원은 9개로, 잔여 자원은 1이다. 이 상황에서 ① 남은 자원 하나를 P1에게 할당하면 P1이 작업을 마칠 수 있으며, P1이 작업을 마치면 모든 자원을 반납해 잔여 자원이 3개가 된다. ② 다음으로 3개의 자원을 P3에게 할당하면 P3가 작업을 마칠 수 있으며, P3가 작업을 마치고 자원을 반납하면 총 5개의 잔여 자원이 생긴다. ③ 마지막으로, 잔여 자원 중 4개를 P2에게 할당하면 P2가 작업을 마칠 수 있으며, 모든 프로세스가 작업을 완료하게 된다.

즉, P1 → P3 → P2 순으로 작업을 마칠 수 있는 안전 순서가 존재하며, [표 7-4 (상태 1-1)]은 안전 상태다. 따라서 은행원 알고리즘은 [표 7-3 (상태 1)]에서 P1의 자원 할당 요청을 수락한다.

은행원 알고리즘의 예 2

이번에는 [표 7-3 은행원 알고리즘 - 시스템 상태 1 (상태 1)]에서 P2가 하나의 자원을 추가로 요청하는 경우를 생각해 보자. P2의 요청을 수락했다고 가정했을 때 시스템은 [표 7-5 (상태 1-2)]가 된다.

표 7-5 은행원 알고리즘 - 시스템 상태 1-2: P2에 자원 할당 가정

프로세스	최대 요구량	할당량	추가 요구량
P1	3	1	2
P2	9	**6**	**3**
P3	5	2	3

[표 7-5 (상태 1-2)]에서 현재 할당된 총 자원은 9개로, 잔여 자원은 1이다. 하지만, 세 프로세스 모두 추가 요구량이 1보다 크기 때문에 남은 자원을 어느 프로세스에게 주더라도 작업 완료 및 자원 할당을 보장받을 수 없다. 즉, [표 7-5 (상태 1-2)]에서 안전 순서를 찾을 수 없으며, 이는 불안전 상태다. 따라서 은행원 알고리즘은 P2의 자원 할당 요청을 거절한다.

하버만 알고리즘(Harbermann's algorithm)

하버만의 알고리즘은 다익스트라의 은행원 알고리즘을 자원이 여러 종류인 시스템으로 확장한 알고리즘으로, 시스템을 항상 안전 상태로 유지하기 위한 전략은 다익스트라의 알고리즘과 동일하다. 즉, 프로세스의 요청을 수락한 것을 가정한 상황에서 안전 순서를 찾고, 안전 순서가 있다면 자원 할당 요청을 수락한다.

세 종류(A, B, C)의 자원이 있고 각 자원의 총 개수가 (10, 5, 7)인 시스템에서 [표 7-6 (상태 2)]을 예로 하버만의 알고리즘의 동작 방식을 살펴보자.

표 7-6 하버만 알고리즘 - 시스템 상태 2

프로세스	최대 요구량			할당량			추가 요구량		
	A	B	C	A	B	C	A	B	C
P1	7	5	3	0	1	0	7	4	3
P2	3	2	2	2	0	0	1	2	2
P3	9	0	2	3	0	2	6	0	0
P4	2	2	2	2	1	1	0	1	1
P4	4	3	3	0	0	2	4	3	1

● 하버만 알고리즘의 예 1

[표 7-6 (상태 2)]에서 P2가 A, B, C 자원을 각각 (1, 0, 2)개 요청하는 경우를 생각해 보자. P2의 요청을 수락했다고 가정했을 때 시스템의 상황은 [표 7-7 (상태 2-1)]이 된다.

표 7-7 하버만 알고리즘 – 시스템 상태 2-1

프로세스	최대 요구량			할당량			추가 요구량		
	A	B	C	A	B	C	A	B	C
P1	7	5	3	0	1	0	7	4	3
P2	3	2	2	**3**	**0**	**2**	**0**	**2**	**0**
P3	9	0	2	3	0	2	6	0	0
P4	2	2	2	2	1	1	0	1	1
P4	4	3	3	0	0	2	4	3	1

[표 7-7 (상태 2-1)]에서 A, B, C 각각의 잔여 자원은 (2, 3 ,0)개다. 이 상태에서 잔여 자원을 P2 → P4 → P1 → P3 → P5 순서로 할당하면 모든 프로세스가 정상 종료할 수 있음을 알 수 있다. 즉, 안전 순서가 존재하기 때문에 [표 7-7 (상태 2-1)]은 안전 상태이며, 하버만 알고리즘은 [표 7-6 (상태 2)]에서 P2의 요청을 수락한다.

● 하버만 알고리즘의 예 2

이번에는 [표 7-6 (상태 2)]에서 P1이 A, B, C 자원을 각각(0, 3, 0) 요청하는 경우를 생각해 보자. P1의 요청을 수락한다고 가정하면, 시스템 상태는 [표 7-8 (상태 2-2)]와 같아진다.

표 7-8 하버만 알고리즘 – 시스템 상태 2-2

프로세스	최대 요구량			할당량			추가 요구량		
	A	B	C	A	B	C	A	B	C
P1	7	5	3	**0**	**4**	**0**	**7**	**1**	**3**
P2	3	2	2	2	0	0	1	2	2
P3	9	0	2	3	0	2	6	0	0
P4	2	2	2	2	1	1	0	1	1
P4	4	3	3	0	0	2	4	3	1

[표 7-8 (상태 2-2)]에서 A, B, C 각각의 잔여 자원은 (3, 0 ,2)개이며, 추가 요구량이 이보다 작은 프로세스를 찾을 수 없다. 즉 안전 순서를 찾을 수 없는 불안전 상태로, 하버만 알고리즘은 [표 7-8 (상태 2-2)]에서 P1의 요청을 거절함으로써 안전 상태를 유지하게 된다.

이처럼 은행원 알고리즘과 같은 교착 상태 회피 방법은 교착 상태 예비 방법 대비 자원을 효율적으로 사용하면서 교착 상태를 효과적으로 회피할 수 있다는 장점을 가진다. 하지만 은행원 알고리즘 적용을 위해서는 프로세스의 최대 자원 요구량을 미리 알아야 하며, 시스템을 항상 감시하면서 자원 할당에 대한 복잡한 계산이 필요한 점에서 실제 적용에 어렵다는 한계점을 가진다.

이러한 한계점으로 인해 교착 상태 회피 전략도 실제 시스템 적용 측면에서는 비현실적이다. 대신, 교착 상태의 발생을 허용하되 이를 효과적으로 관리하고 해결하는 전략이 실제 시스템에서 더 자주 사용된다. 이러한 전략에는 교착 상태 탐지와 복구가 포함되며, 다음 절에서 이에 대해 자세히 다룬다.

요약

교착 상태 회피

- 시스템이 교착 상태에 빠질 가능성이 있는 자원 할당 요청을 보류하여 안전 상태를 유지하는 방법

안전 상태(safe state)

- 모든 프로세스가 정상 종료 가능한 상태
- 안전 순서(safe sequence) 존재

불안전 상태(unsafe state)

- 교착 상태 발생 가능성이 있는 상태
- 반드시 교착 상태로 이어지지 않음

은행원 알고리즘(banker's algorithm)

- 핵심 개념
  - 최대 요구량(maximum demand)
  - 할당량(allocation)
  - 가용 자원(available)
  - 추가 요구량(additional need)
- 동작 방식
  - 자원 할당 요청 시 할당 가정 상황 검사
  - 안전 순서 존재 여부 확인
  - 안전 상태 유지 가능 시 요청 수락, 불가능 시 거절

하버만의 알고리즘(harbermann's algorithm)

- 은행원 알고리즘을 다중 자원 유형으로 확장

교착 상태 회피 방법의 장점

- 교착 상태 예방보다 자원을 효율적으로 사용
- 시스템의 전반적인 처리량 향상 가능

교착 상태 회피 방법의 단점

- 프로세스의 최대 자원 요구량을 미리 알아야 함
- 자원 할당 상태를 지속적으로 감시해야 함
- 복잡한 계산 필요
- 시스템 활용도 저하 가능성

7.5 교착 상태 탐지 및 복구

교착 상태 탐지 및 복구(deadlock detection and recovery) 접근법은 시스템에서 교착 상태 발생을 허용하되, 교착 상태가 발생하면 이를 탐지하고 해결하는 데 초점을 맞춘다. 이 방법은 교착 상태를 미리 예방하거나 회피하기 위한 복잡한 알고리즘과 자원 관리를 피하고, 대신 교착 상태 발생 후 적절한 조치를 취하여 시스템을 복구한다. 본 절에서는 교착 상태를 탐지하는 방법 중 하나인 그래프 축소 방법을 알아보고, 다양한 교착 상태 복구 방법을 살펴본다.

교착 상태 탐지(deadlock detection)

교착 상태 탐지 및 복구 접근법에서는 교착 상태 방지를 위한 사전 작업을 하지 않기 때문에 교착 상태가 발생할 수 있다. 따라서 주기적으로 시스템이 교착 상태인지와 그렇다면 어떤 프로세스가 교착 상태인지를 확인해야 한다. 교착 상태 탐지 방법 중 대표적인 것은 자원 할당 그래프를 이용하는 것이다.

• 자원 할당 그래프

자원 할당 그래프(Resource Allocation Graph, RAG)는 프로세스의 자원 요청과 자원 할당 상태를 표현하는 그래프로, 방향성을 가지는 이분 그래프(directed, bipartite graph)다. RAG는 다음과 같이 정의한다.

방향성 그래프 $G = (N, E)$

- $N = \{N_p, N_r\}$
  - 프로세스 노드 $N_p = \{P_1, P_2, \ldots, P_n\}$, n: 프로세스의 수
  - 자원 노드 $N_r = \{R_1, R_2, \ldots, R_m\}$, m: 자원의 종류 수
- $E = \{e_1, e_2, \ldots\}$
  - 간선은 N_p와 N_r 사이에만 존재(이분 그래프)
  - $e = (P_i, R_j)$: 프로세스 P_i가 자원 R_j 요청(자원 요청)
  - $e = (R_j, P_i)$: 자원 R_j가 프로세스 P_i에 할당됨(자원 할당)
- 표기법 정의
  - R_k: k 유형의 자원
  - t_k: k 유형 자원의 수
  - $|(a, b)|$: (a, b) 간선의 수

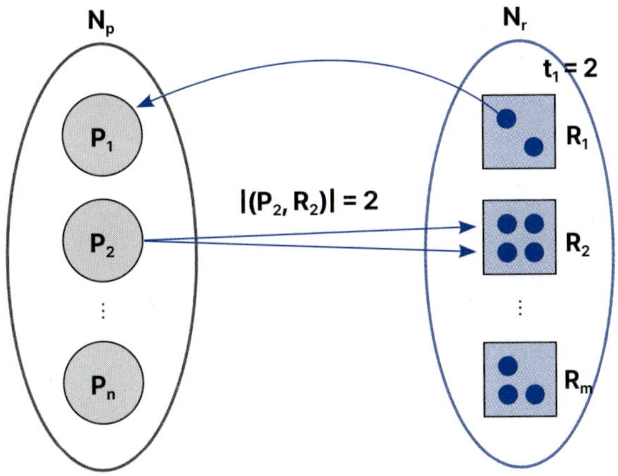

그림 7-6 자원 할당 그래프의 정의

[그림 7-6]은 자원 할당 그래프의 정의 및 표기법을 보여준다. 프로세스 노드 그룹과 자원 노드 그룹이 분리되어 있으며, 둘 사이에만 간선이 있는 것을 볼 수 있다. 또한, 하나의 자원 노드는 한 종류의 자원을 의미하며, k 유형의 자원 수가 t_k로 정의되고 R_k 노드 안에 작은 원으로 표시된다. 그리고 자원의 할당은 자원 노드 속 작은 원에서 프로세스 쪽으로 가는 간선으로 표현함으로써 남은 자원의 수를 직관적으로 알 수 있다. 반면, 자원 할당 요청은 프로세스에서 자원 노드로 향함으로써 해당 유형의 자원을 요청한다는 것을 표현하고 있다.

● 그래프 축소(graph reduction) 교착 상태 검출 알고리즘

R1, R2 유형의 자원이 각각 세 개, 두 개 있는 시스템이 있다고 가정해 보자. P1 프로세스가 R1을 두 개 할당받고 R2를 하나 요청하고 있고, P2 프로세스는 R1과 R2를 각각 하나씩 할당받은 상태에서 R1과 R2를 각각 하나씩 더 요청하고 있다. **시스템은 현재 교착 상태인가?**

R2가 하나 남아 있기 때문에 P1에게 R2를 먼저 할당해서 작업을 완료하고, P1이 반납한 자원을 P2에게 줌으로써 P2의 작업을 완료할 수 있다. 즉, 안전 순서를 찾음으로써 교착 상태가 아님을 판단할 수 있을 것이다. 하지만, 더 많은 수의 프로세스와 자원 유형이 있는 복잡한 시스템에 대해서는 이렇게 수기로 하나씩 따져보기에 한계가 있다.

복잡한 시스템 상황에서 교착 상태를 검출하는 대표적인 방법은 RAG를 기반으로 한 **그래프 축소(graph reduction) 알고리즘**이다. 그래프 축소 알고리즘은 RAG에서 간선을 하나씩 지워가며 교착 상태 여부를 판단한다. 알고리즘에 의해 모든 간선이 제거되면 현재 교착 상태에 빠진 프로세스가 없음을 의미한다. 반면 제거할 수 없는 간선이 존재하면, 하나 이상의 프로세스가 교착 상태임을, 즉 시스템이 교착 상태에 빠짐을 의미한다.

그래프 축소 알고리즘의 동작은 다음과 같다.

❶ 비차단(unblocked) 프로세스에 연결된 모든 간선을 제거한다.

❷ 비차단 프로세스가 없을 때까지 ❶을 반복한다.

❸ 최종 그래프에서

- 모든 간선이 제거(completely reduced)되면 → 현재 교착 상태가 아님
- 일부 간선이 남아(irreducible) 있으면 → 교착 상태

비차단 블록은 필요한 자원을 모두 할당받을 수 있는 프로세스를 의미한다. 프로세스 P_i가 다음 조건을 만족하면 비차단 프로세스로 정의된다.

$$\forall j(|(P_i, R_j)| \le t_j - \sum_{all\ k} |(R_j, P_k)|)$$

여기서 왼쪽 항 $|(P_i, R_j)|$는 프로세스 P_i가 요청하는 자원 R_j의 수다. 오른쪽 항의 $\sum_{all\ k} |(R_j, P_k)|$는 현재 할당된(사용 중인) 자원 R_j 수를 나타내며, $(t_j - \sum_{all\ k} |(R_j, P_k)|)$는 현재 남은 R_j가 된다. 따라서 $(|P_i, R_j| \le t_j - \sum_{all\ k} |(R_j, P_k)|)$는 남은 R_j의 수가 프로세스 P_i가 요청하는 수보다 많거나 같은, 즉 P_i가 원하는 수의 R_j를 할당받을 수 있는지에 대한 조건이다. 모든

(∀) j에 대해 이 조건을 만족하면, P_i가 필요로 하는 모든 자원을 할당받을 수 있음을 의미한다. 즉, P_i는 작업을 끝낼 수 있는 조건이다.

이처럼 비차단 블록을 판단하는 조건을 수식으로 표현할 수 있으며, 이는 알고리즘으로 바로 구현할 수 있어 체계적인 교착 상태 탐지를 수행할 수 있다.

- **그래프 축소 교착 상태 검출 알고리즘의 예 1**

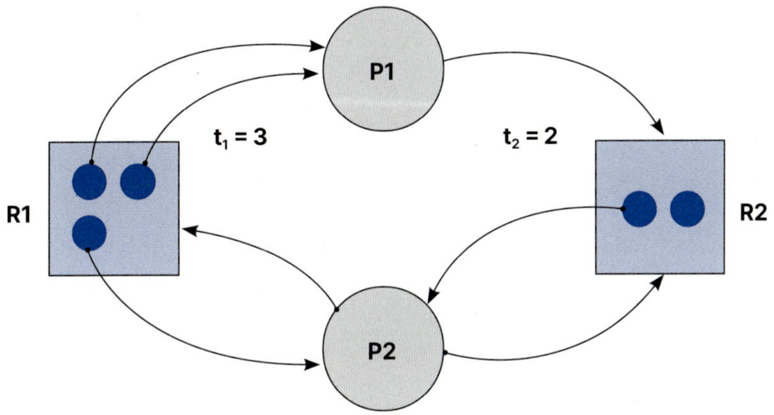

그림 7-7 시스템의 상황을 자원 할당 그래프로 표현한 예

앞서 설명한 시스템 상황에 그래프 축소 알고리즘을 적용해 보자. 이 시스템 상황을 자원 할당 그래프(RAG)로 표현하면 [그림 7-7]과 같다. P1은 현재 자원 R1을 2개 할당받았고, R2를 하나 요청($|(P1,\ R2)|=1$)하고 있다. 시스템에 자원 R2는 2개 존재($t2 = 2$)하며, P2에 하나 할당($\sum_{all\ k}|(R2,\ Pk)| = 1$)되어 있다. 즉, R2는 하나 남아 있는 상태로 P1의 요청 양과 같다($|P1,\ R2| = t2 - \sum_{all\ k}|\mathrm{R2},\ PK)|$). 따라서 P1은 비차단 블록이며, P1의 모든 간선을 제거할 수 있다. [그림 7-8]은 P1의 모든 간선을 제거한 모습이다.

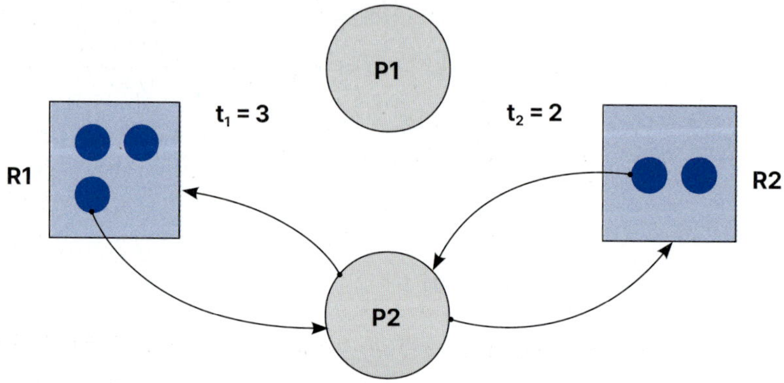

그림 7-8 [그림 7-7 시스템의 상황을 자원 할당 그래프로 표현한 예]의 상황에서 P1의 간선을 제거한 모습

P1에 대한 간선이 모두 제거된 상태에서 P2가 비차단 블록인지 판단해 보자. 현재 $|(P2, R1)| = 1$이고 $t_1 - \sum_{all\ k}|(R_1, P_k)| = 2$로, P2는 R1을 원하는 만큼 할당받을 수 있다. 또한, $|P_2, R_2| = 1$이고, $t_2 - \sum_{all\ k}|(R_2, P_k)| = 1$로, P2가 원하는 수의 R2를 할당할 수 있다. 따라서 P2는 비차단 블록이며, P2에 연결된 모든 간선을 제거할 수 있다.

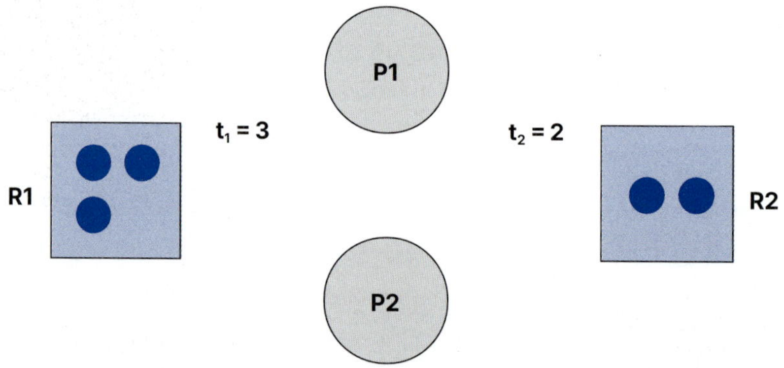

그림 7-9 [그림 7-8 [그림 7-7]의 상황에서 P1의 간선을 제거한 모습]의 상황에서 P2의 간선을 제거한 모습

[그림 7-9]는 P2의 간선을 모두 제거한 모습으로, RAG에서 모든 간선이 제거된 것을 볼 수 있다. 따라서 [그림 7-7]의 상황은 교착 상태가 아님을 알 수 있다.

● 그래프 축소 교착 상태 검출 알고리즘의 예 2

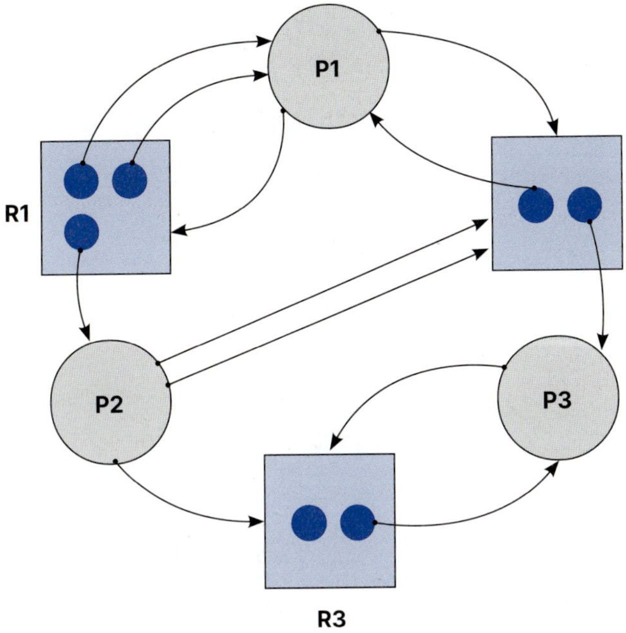

그림 7-10 자원 할당 그래프로 표현된 시스템의 상황 예 2

[그림 7-10]은 그래프 축소 알고리즘을 적용해 볼 시스템 상황의 두 번째 예다. 세 개의 프로세스 중, 비차단 블록을 찾아보자.

P1은 R1을 하나 요청하고 있지만, 현재 R1은 모두 사용 중인 상태로 비차단 블록의 조건을 만족하지 않는다. P2도 R2를 두 개 요청하고 있으나, R2는 이미 모두 사용 중으로 P2 또한 비차단 블록의 조건을 만족하지 않는다. P3은 R3을 하나 요청하고 있다. 현재 잔여 R3이 하나 있으며, P3은 이 자원을 할당받으면 작업을 완료할 수 있다($|P_3, R_3| \leq t_3 - \sum_{all\ k} |(R_3, P_k)|$). 따라서 P3는 비차단 블록이며, P3의 간선을 모두 제거하면 [그림 7-11]과 같다.

7

교착 상태

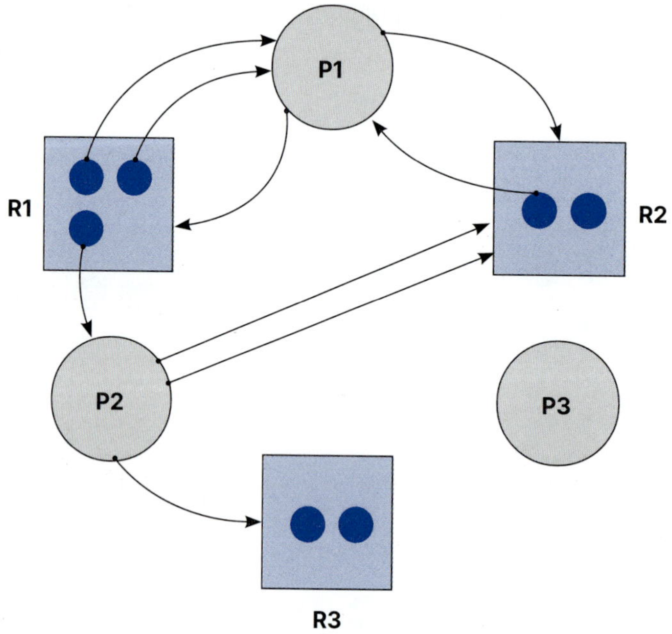

그림 7-11 [그림 7-10]의 상황에서 P3의 간선을 제거한 모습

[그림 7-11]에서 비차단 블록을 찾아보자. 여전히 R1은 여유 자원이 없기 때문에 P1은 비차단 블록의 조건을 만족하지 않는다. R2의 경우 할당 가능한 자원이 하나 생겼다. 하지만, P2는 R2를 두 개 요구하고 있어 여전히 비차단 블록의 조건을 만족하지 않는다. 따라서 현재 상황에서 비차단 블록을 찾을 수 없다. 즉, 교착 상태임을 알 수 있다.

앞선 두 예를 통해 살펴본 것과 같이 자원 할당 그래프와 그래프 축소 알고리즘을 통해 교착 상태를 체계적으로 파악할 수 있다는 장점이 있다. 하지만, 각 프로세스가 비차단 블록인지를 검사해야 하는 부하가 존재하는 것 또한 알 수 있다. 특히 노드(프로세스, 자원)가 많은 경우 이러한 부담은 커지며 검사 주기에 따라 부하가 달라질 수 있다.

교착 상태 복구(deadlock recovery)

교착 상태 회피(avoidance)는 미래의 교착 상태 가능성을 사전에 차단하는 방법으로, 최악의 시나리오를 예방하는 데 초점을 맞춘다. 반면, 교착 상태 탐지(detection)는 현재 상태에 집중해 교착 상태 발생 여부를 탐지한다. 따라서 교착 상태가 발생할 수 있으며, 이를 해결하는 과정이 필요하다. 검출된 교착 상태를 회복하는 작업을 교착 상태 복구(deadlock recovery)라고 한다. 교착 상태 복구 방법은 크게 프로세스 종료와 자원 선점 접근법으로 구분할 수 있다.

● 프로세스 종료(process termination)

교착 상태 해결의 한 방법으로, 특정 프로세스들을 강제 종료함으로써 교착 상태를 해소하는 방법이 있다. 이 방법은 해당 프로세스들이 사용 중인 자원을 해제하고, 이를 다른 프로세스에게 재할당해 교착 상태를 벗어나게 하는 접근이다. 프로세스 종료는 작업을 처음 또는 중간 지점부터 재시작해야 하는 상황을 발생시킨다.

어떤 프로세스를 종료할지를 선택하는지가 교착 상태 해결에 소요되는 총 비용에 큰 영향을 미친다. 이때 고려해야 할 중요한 요소는 프로세스 종료 비용이다. **종료 비용**(termination cost)은 해당 프로세스를 강제 종료하는 데 드는 총 비용을 의미하며, 이는 프로세스의 중요도, 종류, 현재까지 수행한 작업량, 재시작에 필요한 시간, 사용자에 미치는 영향 등 다양한 요소를 고려해 산정된다. 이러한 다양한 요소를 고려해 종료 비용 산정 방식, 종료 비용 모델을 만들 수 있다.

종료 비용 모델이 수립되면 두 가지 종료 프로세스 선택 전략을 생각할 수 있다.

• **최소 종료 비용 프로세스 우선**(lowest-termination cost process first) **전략**

이 전략은 종료 비용이 작은 프로세스부터 하나씩 종료하면서 교착 상태를 해결하는 방법이다. 만약 최소 종료 비용 프로세스가 종료됨에도 여전히 교착 상태라면, 다음으로 종료 비용이 작은 프로세스를 종료시키며, 교착 상태가 해결될 때까지 이 과정을 반복한다.

최소 종료 비용 프로세스 우선 전략은 현재 상황에서 가장 종료 비용이 작은 프로세스만 찾으면 되기 때문에 부하가 적고 간단하다는 장점을 가진다. 하지만, 교착 상태 해결에 도움이 되지 않는 프로세스들이 종료될 가능성이 높다는 단점을 가진다.

• **최소 복구 비용**(minimum cost recovery) **전략**

최소 복구 비용 전략은 교착 상태를 최소 종료 비용으로 해결할 수 있는 프로세스들을 선택해서 종료하는 방법이다. 이 방법은 교착 상태 해소에 불필요한 프로세스 종료를 피할 수 있다는 장점이 있다. 하지만, 최소 복구 비용을 찾기 위해 모든 경우의 수를 고려해야 한다는 점에서 복잡하다는 단점을 가진다. 또한 경우의 수는 프로세스의 수(p)에 대해 지수적으로 증가($O(2^P)$)하기 때문에 프로세스 수가 많아질수록 연산 부하가 크게 증가해 사용하기 어렵다는 한계점을 가진다.

- **자원 선점(resource preemption)**

교착 상태를 해결하는 또 다른 방법은 교착 상태를 유발하는 자원을 선점하는 것이다. 이 접근법에서는 하나 또는 여러 프로세스로부터 자원을 강제로 회수하여 교착 상태를 해소한다. 프로세스 종료 전략은 적은 수의 프로세스를 종료하지만 특정 프로세스의 종료가 교착 상태를 해결한다는 보장하기 어렵다는 점과 달리, 자원 선점 전략은 교착 상태를 유발한 자원을 직접 회수함에 따라 교착 상태를 빠르게 해결할 수 있다는 장점을 가진다. 하지만, 특정 종류의 자원을 모두 회수함에 따라 교착 상태가 아닌 프로세스도 같이 종료될 수 있다는 단점을 가진다.

교착 상태를 유발하는 다양한 자원 중 어떤 자원을 회수할지 결정하기 위해서는 선점 비용 모델(preemption cost model)의 정의가 필요하며, 선점 비용은 자원의 중요도, 자원을 사용 중인 프로세스의 상태 등과 같은 많은 요소를 고려하여 정의될 수 있다.

선점 비용 모델이 수립되면, 최소 복구 비용 전략을 사용해서 선점할 자원을 선택한다. 자원 선점 방법에 대한 최소 복구 비용 전략은 각 자원에 대해서 한 번씩만 비용을 계산하면 되기 때문에 프로세스 종료 전략보다 적은 연산 부하(O(r), r: 자원의 종류 수)를 가진다.

- **체크포인트-재시작(checkpoint-restart) 방법**

교착 상태를 해결하기 위한 프로세스 종료 및 자원 선점 방법 모두 다수의 프로세스가 종료될 수 있음을 확인했다. 즉, 교착 상태 탐지 및 복구 방법에서 프로세스의 강제 종료는 필수적이다. 프로세스가 아무런 준비 없이 종료된다면, 지금까지 진행한 작업 정보가 사라지고 최악의 경우 모든 작업을 처음부터 다시 시작해야 한다. 이는 그동안의 자원 사용이 모두 무효가 되는 것과 같기 때문에, 시스템 입장에서 매우 비효율적이다. 따라서 강제 종료된 프로세스가 종료 직전 시점의 상황까지 빠르게 복구하도록 하는 것이 중요하다.

강제 종료된 프로세스를 효율적으로 복구하기 위한 방법의 하나는 프로세스 수행 중 특정 시점마다 문맥(context)을 저장해 두는 것이다. 여기서 특정 시점을 **체크포인트(checkpoint)**라고 부르며, 실제 그 시점은 프로세스의 특성 및 운영체제의 정책에 따라 달라질 수 있다. 그리고 프로세스가 강제 종료되면, 가장 최근 체크포인트부터 프로세스를 **재시작(restart)**함으로써 프로세스를 효율적으로 복구할 수 있다. 게임할 때, 중간중간 저장했다가 다시 게임을 시작할 때 저장 위치부터 다시 시작하는 것과 유사하다. 이때 프로세스 상태를 특정 체크포인트 시점으로 복구하는 것을 **롤백(rollback)**이라고 한다.

요약

교착 상태 탐지 및 복구

- 교착 상태 발생을 허용하되, 주기적으로 탐지하고 발생 시 해결하는 방식

자원 할당 그래프(Resource Allocation Graph, RAG)

- 프로세스와 자원 간의 관계를 표현하는 방향성 이분 그래프
- **구성**: 프로세스 노드, 자원 노드, 할당 및 요청 간선

그래프 축소(graph reduction) 알고리즘

- 비차단(unblocked) 프로세스의 간선을 제거하며 그래프 축소
- 모든 간선이 제거되면 교착 상태 없음, 남은 간선이 있으면 교착 상태 존재

교착 상태 복구 방법

- **프로세스 종료**(process termination)
  - 교착 상태 해결될 때까지 한 프로세스씩 종료
- **자원 선점**(resource preemption)
  - 교착 상태를 유발한 자원을 강제로 회수

체크포인트-재시작(checkpoint-restart) 방법

- 프로세스 실행 중 주기적으로 상태 저장
- 강제 종료 시 최근 체크포인트부터 재시작 가능

교착 상태 탐지 및 복구 방법의 장점

- 교착 상태 예방이나 회피보다 시스템 자원 활용도가 높음

7.6 연습 문제

01 다음 중 교착 상태를 유발할 가능성이 가장 높은 자원의 특성은?

① 선점 가능 자원
② 공유 할당 자원
③ 선점 불가 자원
④ 소모성 자원

02 교착 상태 발생의 필요 조건이 아닌 것은?

① 독점 할당 자원
② 선점 불가 자원
③ 보유 및 대기
④ 자원의 무한성

03 그래프 모델에서 교착 상태의 존재를 나타내는 것은?

① 고립된 노드
② 순환 경로(cycle)
③ 단방향 간선
④ 연결되지 않은 그래프

04 교착 상태 예방 전략 중 '보유 및 대기(hold and wait)' 조건을 제거하는 방법은?

① 모든 자원을 공유 가능하게 만듦
② 프로세스 시작 시 모든 필요한 자원 할당
③ 자원에 순서 번호 부여
④ 모든 자원을 선점 가능하게 만듦

05 은행원 알고리즘의 주요 목적은?

① 교착 상태 예방
② 교착 상태 회피
③ 교착 상태 탐지
④ 교착 상태 복구

06 안전 상태(safe state)의 특징은?

① 모든 프로세스가 최대 자원을 할당받은 상태
② 교착 상태가 발생한 상태
③ 안전 순서(safe sequence)가 존재하는 상태
④ 모든 자원이 할당된 상태

07 교착 상태 탐지를 위해 사용되는 알고리즘은?

① 은행원 알고리즘
② 그래프 축소 알고리즘
③ 라운드 로빈 알고리즘
④ 최소 복구 비용 알고리즘

08 교착 상태 복구 방법 중 하나인 '자원 선점'의 의미는?

① 모든 프로세스 강제 종료
② 교착 상태를 유발한 자원을 강제 회수
③ 새로운 자원 할당
④ 프로세스의 우선순위 변경

09 체크포인트-재시작(checkpoint-restart) 방법의 주요 목적은?

① 교착 상태 예방
② 교착 상태 회피
③ 교착 상태 탐지
④ 강제 종료된 프로세스의 효율적인 복구

10 교착 상태 탐지 및 복구 방법의 단점이 아닌 것은?

① 교착 상태 탐지를 위한 시스템 오버헤드 발생
② 복구 과정에서 일부 프로세스의 작업 손실 가능성
③ 탐지 주기 설정의 어려움
④ 자원 활용도가 낮음

11 프로세스들이 필요한 자원을 할당받지 못해 더 이상 작업을 진행할 수 없는 상태를 무엇이라고 하는가?

12 프로세스와 자원 간의 관계를 시각적으로 표현한 모델을 무엇이라고 하는가?

13 모든 프로세스가 정상 종료 가능한 상태를 무엇이라고 하는가?

14 교착 상태 복구 방법 중, 교착 상태에 관련된 하나 이상의 프로세스를 강제로 중단하는 방법을 무엇이라고 하는가?

15 교착 상태 발생의 네 가지 필요 조건 중, 할당된 자원을 강제로 회수할 수 없는 조건을 무엇이라고 하는가?

16 그래프 모델에서 교착 상태의 존재는 그래프 내 __________ 의 존재 여부로 판단한다.

17 교착 상태 회피 기법 중 하나인 __________ 알고리즘은 다익스트라가 제안한 방법으로, 시스템이 안전 상태를 유지하도록 자원 할당을 관리한다.

18 __________ 상태는 모든 프로세스가 정상적으로 종료될 수 있는 자원 할당 순서가 존재하는 상태를 의미한다.

19 교착 상태 복구 방법 중 __________ 방식은 교착 상태를 유발한 자원을 강제로 회수해 다른 프로세스에게 할당하는 방법이다.

20 교착 상태 발생의 필요 조건 중 __________ 조건은 프로세스가 이미 할당받은 자원을 보유한 상태에서 추가 자원을 요청하는 상황을 의미한다.

8 장

메모리 관리

학 습 목 표

운영체제의 메모리 관리 기법과 메모리 할당 방식을 이해한다. 이를 위해 메모리 주소 바인딩 방식을 알아보고, 고정 분할 다중 프로그래밍 환경에서의 메모리 할당 방법들을 학습한다.

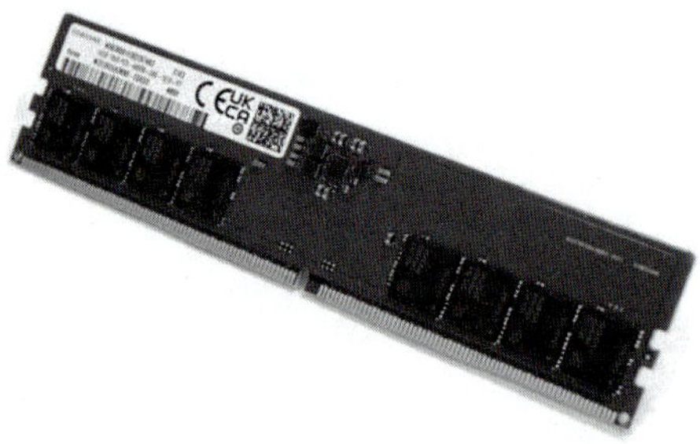

그림 8-1 DRAM의 예

큰 의미에서 메모리란 데이터를 저장하는 모든 공간을 통칭한다. 컴퓨터 시스템 내 메모리는 레지스터, 캐시, 주기억 장치, 보조기억 장치로 구분된다. 하지만 좁은 의미에서 컴퓨터 시스템의 '메모리'는 주로 주기억 장치를 지칭한다. 우리가 흔히 RAM이라고 부르는 장치가 물리적인 주기억 장치 공간에 해당한다.

주기억 장치(이하 '메모리')는 연산 장치가 접근할 수 있는 가장 먼 저장 장치이며, 데이터를 사용하기 위해서는 반드시 메모리에 해당 데이터가 올라와 있어야 한다. 프로그램도 데이터의 일종으로, 우리가 프로그램을 실행한다는 것은 프로그램을 메모리에 올리는 것과 같다. 즉, 각 프로세스는 자신만의 메모리 공간을 필요로 한다.

다중 프로그래밍 환경에서는 여러 프로세스가 시스템에 동시에 존재하며, 이들은 메모리 공간을 나누어 사용하게 된다. 따라서 프로세스들에게 메모리 공간을 할당하고 관리하는 것은 운영체제의 중요한 역할 중 하나다. 본 장에서는 운영체제의 메모리(주기억 장치) 관리에 대해 알아본다.

8.1 배경지식

운영체제의 메모리 관리에 대해 알아보기에 앞서, 메모리와 관련된 기본 개념과 용어를 살펴보자.

메모리 계층 구조

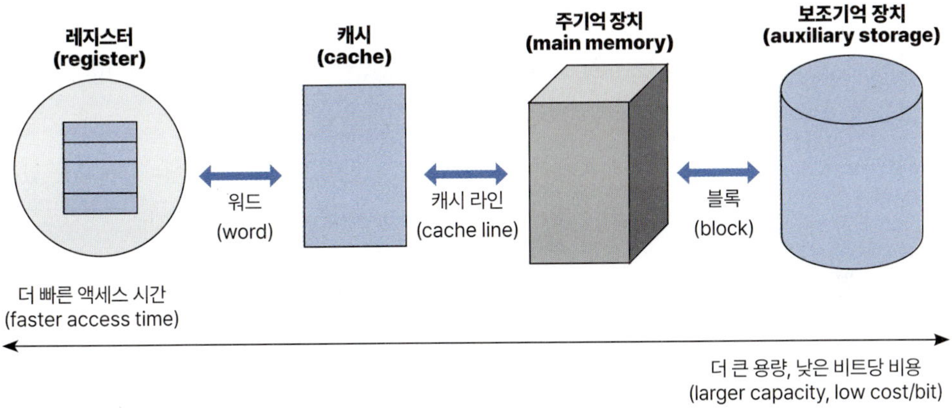

그림 8-2 메모리 계층 구조

컴퓨터 시스템의 메모리는 네 종류의 저장 장치가 계층 구조를 이루고 있다. [그림 8-2]는 메모리 계층 구조를 보여준다. 왼쪽으로 갈수록 접근 속도가 빠르며, 오른쪽으로 갈수록 접근 속도가 느려진다. 대신 오른쪽으로 갈수록 메모리 공간의 크기가 크다. 메모리 계층 구조가 필요한 이유 및 각 저장 장치의 특징은 **1.3절**에서 살펴보았으니 참고하자.

데이터는 계층에 따라 인접한 계층 사이에 전달된다. 예를 들어 보조기억 장치(예: SSD)에 있는 데이터를 사용하기 위해서는 주기억 장치(예: DRAM)로 가져와야 한다. 그리고 데이터가 처리되는 과정에서 주기억 장치 속 데이터 중 일부가 캐시에 올라가게 되며, 프로세서(예: CPU)가 처리할 데이터는 캐시에서 레지스터로 전달되어 처리된다. 프로세서의 연산 결과는 레지스터에 저장되며, 캐시를 거쳐 주기억 장치로 전달된다. 그리고 지속해서 보관해야 하는 데이터는 메모리에서 보조기억 장치로 전달되어 저장된다. 중간 계층을 건너뛰어서 데이터를 전달할 수는 없음을 기억하자.

두 메모리 계층 사이 데이터 전송은 보통 일정한 크기로 이루어진다. 이는 프로세스가 데이터에 접근할 때 여러 비트 또는 여러 바이트 단위로 처리하기 때문에 한 비트씩 옮기는 것보다 일정 크기의 데이터 덩어리를 한 번에 전송하는 것이 더 효율적이기 때문이다. 우리가 프로그램을 작성할 때 사용하는 변수가 주로 1~4 바이트 크기인 점을 생각하면 이 개념을 이해하는 데 도움이 된다. 또한, 이 데이터 전송 크기는 두 계층 사이 통신 인터페이스의 크기에 따라 결정된다. 인터페이스(interface)는 두 장치를 연결하는 선(또는 케이블)과 같은 것으로, 일종의 데이터가 사용하는 도로로 생각할 수 있다. 하지만 각 차선을 따로는 사용할 수 없는 도로다. 즉, 한 비트(bit)의 데이터만 필요한 경우라도 정해진 단위 크기로 데이터 접근이 진행된다.

메모리 계층에서 두 계층 사이의 데이터 전송 단위는 다음과 같다.

- **블록(block)**: 보조기억 장치와 주기억 장치 사이의 데이터 전송 단위로, 일반적으로 1~4 KB 크기를 가진다. 운영체제에 따라 사용자가 블록 크기를 직접 설정 가능한 경우도 있다.
- **캐시 라인(cache line) 또는 캐시 블록(cache block)**: 주기억 장치와 캐시 사이의 데이터 전송 단위로, 보통 32~128 B(바이트) 크기다.
- **워드(word)**: 주기억 장치와 레지스터 사이의 데이터 전송 단위를 나타낸다. 캐시가 있는 시스템의 경우, 캐시와 레지스터 사이의 데이터 전송 단위를 의미하기도 한다.

각 계층 사이의 데이터 전송 단위는 하드웨어에 따라 달라질 수 있으므로 위에 제시된 크기는 참고만 하자.

워드의 크기는 일반적으로 16~64 비트다. 또한, 워드는 프로세서의 비트 수를 나타내기도 한다. 예를 들어 64 비트 CPU의 경우, 해당 CPU의 워드 크기를 64 비트로 간주할 수 있다. 그리고 워드의 크기는 일반적으로 시스템 버스의 크기와 같으며, 이는 메모리 주소의 범위를 의미하기도 한다.

32 비트 CPU 시스템의 메모리 주소 범위는 0부터 $2^{32}-1$(4,294,967,295)로, 32 비트 시스템의 최대 메모리 크기가 4 GB인 이유가 바로 여기에 있다. 64 비트 CPU의 경우, 메모리 주소의 범위가 0부터 $2^{64}-1$까지로, 최대 메모리가 16 TB 이상이다.

물리 주소와 논리 주소

프로그램이 실행되기 위해서는 반드시 메모리에 올라가야 한다. DRAM 등과 같은 물리적인 메모리는 일련의 저장 공간의 집합이다. 각 칸의 크기가 일정한 책꽂이가 일렬로 쭉 나열된 도서관과 같은 모습으로 생각할 수 있다. 메모리의 저장 공간은 일반적으로 1-바이트 단위로 나뉘어져 있으며, 앞에서부터 0번부터 차례로 번호가 부여된다. 이 번호가 각 메모리 공간에 대한 물리적인 주소, 즉 **물리 주소**(physical address)다. [그림 8-3]은 물리 주소의 개념을 보여준다.

0	1	2	3	4	5	6	7
8	9	10	11	12	13	14	15
16	17	18	19	20	21	22	23
24	25	26	27	28	29	30	31
32	33	34	35	36	37	38	39
40	41	42	43	44	45	46	47
48	49	50	51	52	53	54	55
56	57	58	59	60	61	62	63

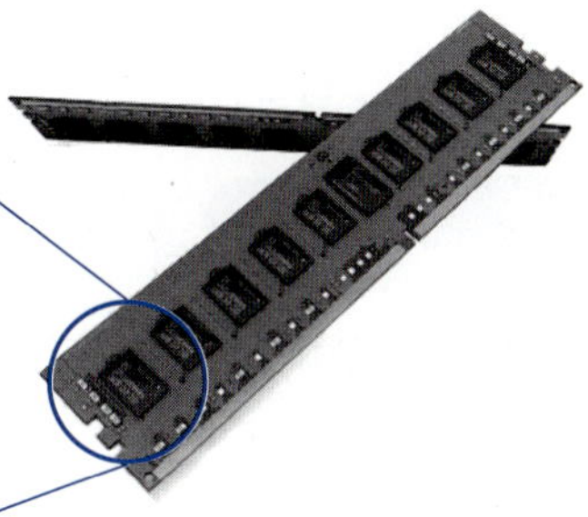

그림 8-3 메모리 물리 주소의 개념

우리가 사용하는 프로그램이 어떤 데이터를 가져오기 위해서는 가져올 데이터가 있는 메모리 공간의 물리 주소를 알아야 한다. 그런데 우리가 프로그램을 작성할 때 각 변수의 값이 저장된 물리 주소를 생각하면서 작성하는가? 그렇지 않다. 우리는 일반적으로 변수에 데이터를 저장해서 사용한다. 그럼 변수란 무엇이고 어디에 있는 것일까? 변수(variable)는 데이터를 저장하는 공간으로, 메모리 관점에서는 메모리의 특정 위치에 붙여진 이름과 같다. 즉, **논리 주소**(logical address)라고 말할 수 있다. [그림 8-4]는 메모리 관점에서 변수의 개념을 보여준다. 예를 들어 'dataB'라는 변수는 메모리의 54번 위치부터 2-바이트를 사용하는 공간에 붙여진 이름이다.

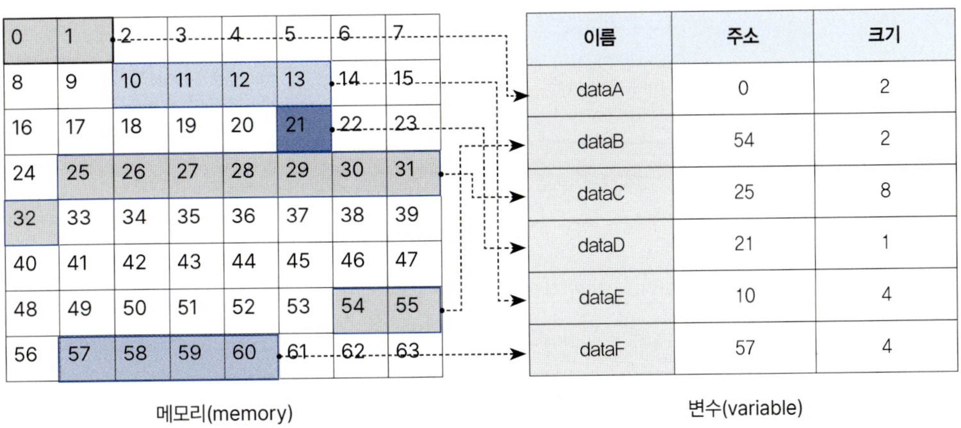

그림 8-4 메모리 관점에서 변수의 개념

따라서 논리 주소를 물리 주소로 변환하는 작업이 필요하다. 이 과정에 대해서는 다음의 '주소 바인딩'에서 알아보자.

주소 바인딩

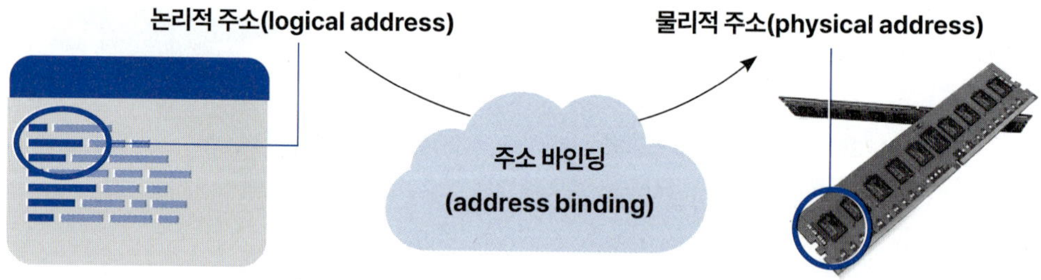

그림 8-5 주소 바인딩의 개념

주소 바인딩(address binding)은 프로그램의 논리 주소를 실제 메모리의 물리 주소로 변환하는 매핑(mapping) 작업이다([그림 8-5]). 주소 바인딩을 이해하려면 우리가 작성한 프로그램이 컴퓨터에 실행될 때까지의 과정을 알아야 한다.

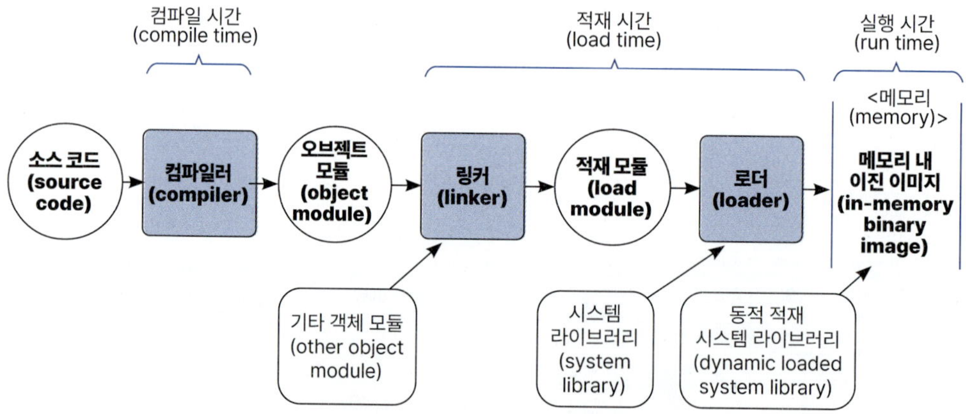

그림 8-6 프로그램이 실행되기까지의 과정

[그림 8-6]은 소스 코드가 실행되기까지의 과정을 도식화한 것이다. 우리가 작성한 소스 코드(source code)는 컴파일러에 의해 오브젝트 모듈(또는 오브젝트 파일)로 변환(컴파일, compile)된다. 오브젝트 모듈(object module)은 기계어로 번역한 결과물로, 아직 실행 가능한 형태는 아니다. 오브젝트 모듈은 링커(linker)에 의해 다른 오브젝트 모듈들과 결합(링

킹, linking)되어 적재 모듈이 된다. 적재 모듈(load module)은 실행 가능한 상태의 프로그램으로, 우리가 흔히 보는 실행 파일 등이 이에 해당한다. 적재 모듈은 운영체제([그림 8-6]의 loader 부분)에 의해 메모리에 적재(로딩, loading)되어 실행된다. 이 과정에서 시스템 호출 등의 사용을 위해 시스템 라이브러리가 함께 적재된다. 일부 시스템 라이브러리 등(예: 동적 라이브러리)은 동적으로 메모리에 로드되어서 사용된다.

주소 바인딩은 프로그램의 실행 과정 중 언제 바인딩이 수행되는지에 따라 컴파일 시간, 적재 시간, 그리고 실행 시간 바인딩으로 나누어진다.

● 컴파일 시간 바인딩(compile time binding)

컴파일 시간 바인딩은 컴파일러가 데이터(변수, 함수 등)의 메모리 주소를 결정하는 주소 바인딩 방식이다. 이 방식은 프로세스(프로그램)가 메모리에 적재될 위치를 컴파일러가 알 수 있음을 전제로 한다. 또한, 프로그램 실행 전에 주소가 고정되는 정적 바인딩(static binding) 방식으로, 컴파일 시 한 번 메모리 주소가 결정되면 변경되지 않는다. 따라서 프로그램 전체가 메모리의 항상 같은 위치에 올라가야 한다.

컴파일 시간 바인딩은 함수 또는 변수의 위치를 미리 알 수 있어, 실행 시점에서 주소 결정 작업이 불필요하다는 점에서 프로그램의 성능을 향상시킬 수 있다. 또한 기존 함수 또는 변수의 주소가 고정되어 있기 때문에, 새로운 함수 또는 변수를 추가하더라도 기존 함수 또는 변수의 주소를 변경하지 않고 프로그램을 확장할 수 있다는 점에서 확장성이 높다.

하지만 컴파일 시 정해진 특정 메모리 위치에서만 실행될 수 있고, 다른 프로세스와의 메모리 공간 조정이 어렵다는 점에서 유연성이 떨어진다는 단점을 가진다. 또한, 하나의 시스템에 맞추어 주소 바인딩이 된 프로그램은 다른 메모리 구성을 가진 시스템에서 사용할 수 없다는 점에서 재사용성이 낮다는 한계를 가진다. 그리고 각 함수 및 변수 등의 메모리 주소가 프로그램에 포함된다는 점에서 프로그램의 크기가 증가할 수 있다는 단점이 있다.

컴파일 시간 바인딩은 메모리 관리의 유연성과 효율성이 덜 중요했던 초기 컴퓨터 시스템에서 자주 사용되었다. 하지만 현대의 다중 프로그래밍 환경에서는 더 동적이고 유연한 메모리 관리 방식이 필요하다.

● 적재 시간 바인딩(load time binding)

적재 시간 바인딩은 프로그램이 실제 메모리에 적재될 때 물리 주소를 결정하는 주소 바인딩 방식이다. 이 방식에서 프로그램은 상대 주소(relative address)를 사용해 기술되며, 메모리에 적재되는 순간 실제 메모리 주소로 변환된다.

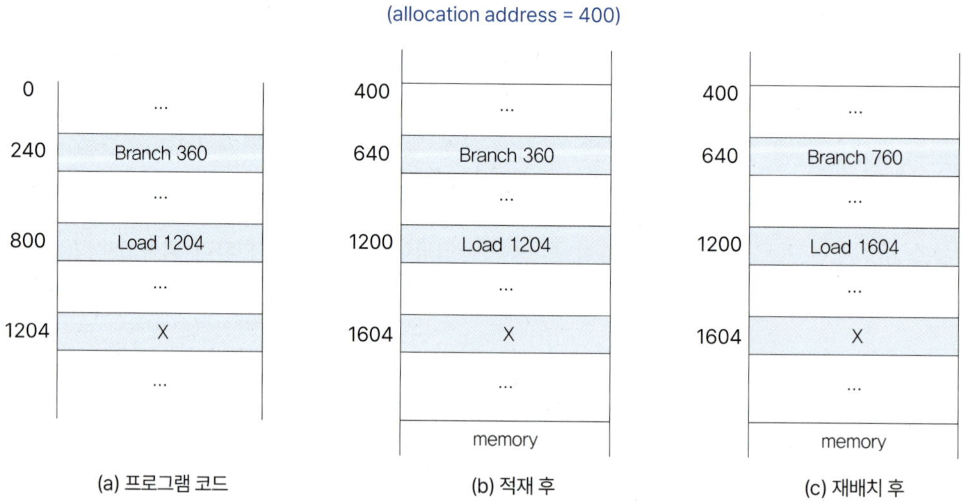

그림 8-7 적재 시간 바인딩의 예

적재 시간 바인딩에서 컴파일러는 메모리 주소가 아닌 상대 주소 또는 가상 주소를 사용하여 프로그램을 컴파일한다. **상대 주소(relative address)**는 프로그램 시작 부분을 0으로 가정하고 각 함수 및 변수가 프로그램 내에서 상대적으로 어디에 위치하는지를 나타낸다. 예를 들어, [그림 8-7]에서 'Branch 360'은 프로그램 시작 지점으로부터 360번째 위치로 이동하라는 명령이며, 'Load 1204'는 상대 주소 1204에 위치한 데이터를 불러오라는 명령이다.

적재 시간 바인딩에서는 프로그램이 메모리에 적재되는 시점에 실제 메모리 주소로의 변환이 이루어진다. 예를 들어, [그림 8-7-(b)]에서 프로그램이 메모리의 400번 위치에 적재된다고 가정했을 때, 모든 상대 주소에 400을 더하여 물리 주소로 변환한다. 이 과정을 '재배치(relocation)'라고 하며, [그림 8-7-(c)]는 이러한 변환 후의 모습을 보여준다.

이 방식의 장점은 프로그램이 메모리 내에서 위치를 유연하게 조정할 수 있으며, 실행 중 메모리 위치를 변경할 수 있다는 점이다. 그러나 프로그램 전체가 메모리에 한 번에 적재되어야 한다는 제약이 있으며, 적재 시마다 주소 변환 과정이 필요하기 때문에 적재 시간이 길어질 수 있고, 이로 인해 프로그램 실행 속도가 컴파일 시간 바인딩 대비 저하될 수 있다는 단점이 있다.

• 실행 시간 바인딩(run-time binding)

실행 시간 바인딩은 프로그램이 실제로 실행되는 동안 메모리 주소를 결정하는 주소 바인딩 방식으로, 프로그램 실행 시점에 명령어나 데이터의 물리 주소가 동적으로 결정된다.

이 방식에서는 프로그램이 연속적이며 독립적인 주소 공간에 적재된 것으로 가정하며, 논리 주소 또는 가상 주소를 사용한다. 이러한 주소 공간을 가상 주소 공간(virtual memory space) 또는 논리 주소 공간(logical address space)이라고 부르며, 프로그램은 논리 주소를 통해 명령어를 실행하거나 데이터에 접근한다. 프로그램이 사용하는 논리 주소는 운영체제에 의해 물리 주소로 변환되며, 변환된 물리 주소를 통해 실제 데이터에 접근하게 된다. 이 과정은 메모리 관리 유닛(Memory Management Unit, MMU)이라는 하드웨어의 도움을 받는다. [그림 8-8]은 실행 시간 바인딩에서 논리 주소의 물리 주소 변환 과정을 보여준다.

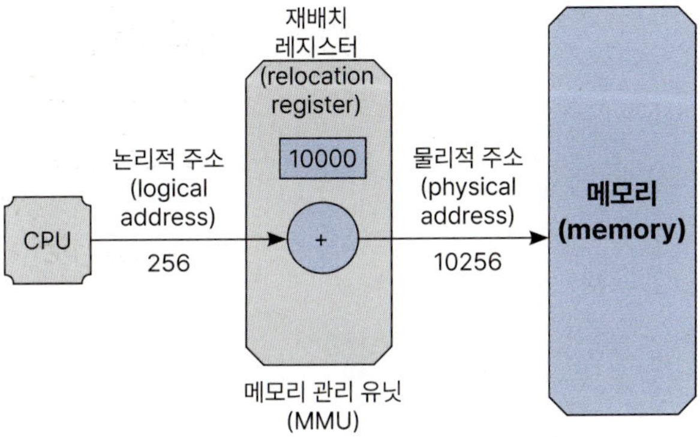

그림 8-8 실행 시간 바인딩의 개념

실행 시간 바인딩은 프로그램이 메모리 내에서의 위치를 실시간으로 변경할 수 있고, 실제 물리 메모리 크기에 구애받지 않는 가상의 메모리 공간을 사용할 수 있다는 장점을 가진다. 이를 통해 메모리를 보다 효율적으로 관리할 수 있다. 또한, 각 프로그램은 논리적으로 분리된 주소 영역을 사용하여 메모리 충돌을 피할 수 있으며, 보안에 유리하다. 그러나 이 방식은 메모리 관리 유닛(MMU) 등과 같은 하드웨어 및 소프트웨어의 지원이 필요하며, 매번 논리 주소를 물리 주소로 변환하는 부담을 가진다.

실행 시간 바인딩은 다중 프로그래밍 환경과 대규모 프로그램을 효율적으로 지원하기 위해 필수적인 메모리 관리 방식으로, 현대의 대부분 운영체제에서 사용되는 방식이다.

- **동적 바인딩**(dynamic binding)

동적 바인딩은 실행 시간 바인딩의 한 형태로, 프로그램의 모든 루틴을 교체 가능한 형태로 디스크에 저장하고, 실제 호출되기 전까지는 해당 루틴을 메모리에 적재하지 않는다. 이 방식은 프로그램이 실행될 때 메인 루틴만 먼저 메모리에 적재되어 실행을 시작하고, 필요한 각 루틴은 호출될 때 메모리에 적재되어 주소 바인딩이 이루어진다. 이 접근법의 중요한 장점은 실제 프로그램의 크기가 물리 메모리의 크기를 초과하는 대규모 프로그램도 실행할 수 있다는 것이다. 예를 들어, 수십 GB의 용량을 가진 대형 게임이 수 GB의 메모리를 가진 시스템에서도 실행될 수 있는 것은 이 동적 바인딩 덕분이다. 실제 필요한 부분만 메모리에 올려 사용하기 때문에, 메모리 공간을 보다 효율적으로 활용할 수 있다. 가상 메모리 시스템은 동적 바인딩의 개념을 기반으로 하며, 이에 대한 자세한 내용은 **9장**에서 다룬다.

스와핑(swapping)

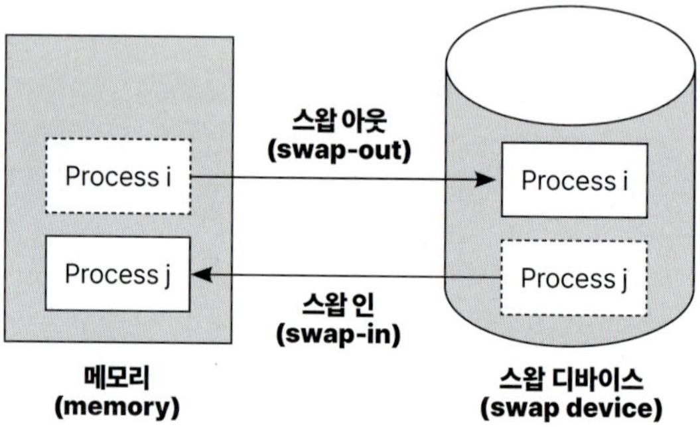

그림 8-9 스와핑의 개념

실시간 바인딩 방식에서는 프로세스가 메모리에 상주하지 않아도 실행될 수 있다. 이는 여러 프로세스가 동시에 실행되는 다중 프로그래밍 환경에서 현재 프로세서(CPU)를 할당받지 않은 프로세스 일부를 메모리에서 내려놓음으로써 제한된 메모리 공간을 효율적으로 사용할 수 있음을 의미한다. 이때 메모리에서 내려온 프로세스는 보조기억 장치에 임시 저장된다. 이 과정에서 프로세스의 메모리 상태를 임시로 저장하는 공간을 **스왑 디바이스**(swap-device)라고 부른다.

메모리에서 스왑 디바이스로 프로세스의 메모리 정보를 옮기는 것을 스왑 아웃(swap-out)이라고 하며, 프로세스의 실행을 재개하기 위해 스왑 디바이스에서 메모리로 다시 정보를 가져오는 것을 스왑 인(swap-in)이라고 한다([그림 8-9]). **3.2절**에서 살펴본 프로세스 상태 중 차단된/대기(suspended) 상태와 관련된 스왑 인, 스왑 아웃의 개념과 일치한다. 스왑 아웃과 스왑 인 과정을 통해 메모리를 사용할 프로세스를 교체하는 것을 **스와핑**(swapping)이라고 부른다.

요약

메모리 계층 구조

- 컴퓨터 시스템의 메모리는 레지스터, 캐시, 주기억 장치, 보조기억 장치로 구성
- '메모리'는 일반적으로 주기억 장치(RAM)를 지칭
- **메모리 계층 특성**
  - 상위 계층: 빠른 접근 속도, 작은 용량
  - 하위 계층: 느린 접근 속도, 큰 용량

데이터 전송 단위

- **블록**: 보조기억 장치 ↔ 주기억 장치(1~4 KB)
- **캐시 라인**: 주기억 장치 ↔ 캐시(32~128 바이트)
- **워드**: 주기억 장치/캐시 ↔ 레지스터(16~64 비트)

물리 주소와 논리 주소

- **물리 주소**: 실제 메모리상의 위치를 나타내는 주소
- **논리 주소**: 프로그램에서 사용하는 가상의 주소
- **주소 바인딩**: 논리 주소를 물리 주소로 변환하는 과정

주소 바인딩 유형

- **컴파일 시간 바인딩**
  - 컴파일 시 물리 주소 결정
  - 장점: 실행 시 주소 결정 불필요, 성능 향상
  - 단점: 유연성 부족, 메모리 위치 변경 어려움
- **적재 시간 바인딩**
  - 프로그램 실행 직전 물리 주소 결정
  - 상대 주소 사용, 메모리 적재 시 실제 주소로 변환
  - 장점: 메모리 위치 유연성 제공
  - 단점: 적재 시간 증가, 실행 속도 저하 가능성
- **실행 시간 바인딩**
  - 프로그램 실행 중 물리 주소 결정
  - 가상 주소 공간 사용, MMU를 통한 주소 변환
  - 장점: 높은 유연성, 메모리 관리 효율성
  - 단점: 하드웨어 지원 필요, 주소 변환 오버헤드

8.2 메모리 할당 방법

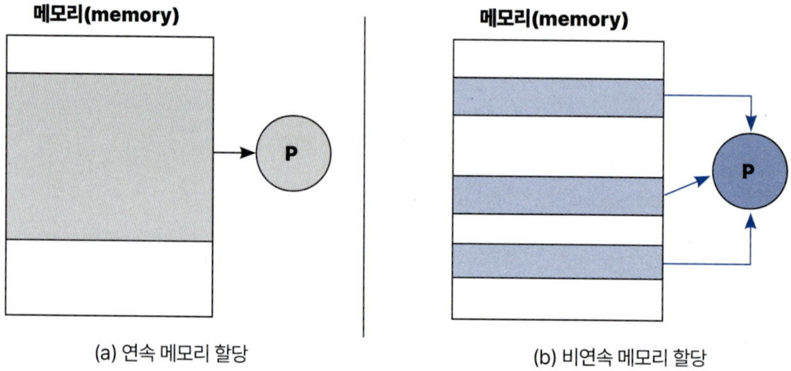

그림 8-10 연속 메모리 할당과 비연속 메모리 할당의 개념

프로세스에 메모리를 할당하는 방법은 크게 두 가지로 나뉜다([그림 8-10]). 첫 번째는 연속된 메모리 블록을 할당하는 '연속 메모리 할당' 방법이다. 두 번째는 여러 개의 분산된 메모리 블록을 할당하는 '비연속 메모리 할당' 방법으로, 이는 프로세스의 메모리 공간이 물리적으로 서로 다른 위치에 있을 수 있음을 의미한다. 비연속 메모리 할당은 메모리 블록의 크기가 고정되어 있는지 여부에 따라 '페이징 기법'과 '세그먼테이션 기법'으로 구분된다. 본 장에서는 연속 메모리 할당 방법에 중점을 두고, 비연속 메모리 할당 방법은 **9장**에서 자세히 살펴본다.

연속 메모리 할당(continuous memory allocation)은 프로세스에게 연속된 메모리 블록을 할당하는 방식이다. 이는 프로세스의 프로그램, 데이터, 스택 등이 메모리상에서 연속적으로 위치하게 된다는 의미다. 연속 메모리 할당 시스템을 구성할 때 고려해야 할 정책들은 다음과 같다.

- **다중 프로그래밍 정도**(multi-programing degree): 메모리에 동시에 적재될 수 있는 프로세스의 수를 결정하는 정책이다.

· **단일 프로그래밍 환경**: 한 번에 하나의 프로세스만 메모리에 적재될 수 있는 환경

다중 프로그래밍 정도 = 1

· **다중 프로그래밍 환경**: 동시에 여러 프로세스가 메모리에 적재될 수 있는 환경

다중 프로그래밍 정도 = 허용되는 최대 프로세스 수

- **각 프로세스에게 할당할 메모리 공간의 크기**: 프로세스가 요구하는 메모리 공간의 전체를 할당하는지, 아니면 정해진 크기만 할당하는지에 대한 정책이다.
- **메모리 분할 방법**: 메모리 공간을 분할하는 방식에 대한 정책이다.

· **고정 분할(fixed partitioning)**: 메모리 공간을 미리 정해진 크기로 분할하여 사용하는 방식

· **가변 분할(variable partitioning)**: 메모리 공간을 필요에 따라 동적으로 분할하여 사용하는 방식

요약

연속 메모리 할당(continuous memory allocation)

- 프로세스에 연속된 메모리 블록을 할당하는 방식
- 프로세스의 프로그램, 데이터, 스택 등이 메모리상에서 연속적으로 위치
- **고려해야 할 정책들**
  - · 다중 프로그래밍 정도: 메모리에 동시에 적재될 수 있는 프로세스의 수
  - · 각 프로세스에 할당할 메모리 공간 크기
  - · 메모리 분할 방법: 고정 분할 또는 가변 분할

비연속 메모리 할당(discontinuous memory allocation)

- 프로세스의 메모리 공간이 물리적으로 서로 다른 위치에 있을 수 있는 방식
- 페이징 기법과 세그먼테이션 기법 등이 있음

8.3 단일 프로그래밍 환경의 메모리 할당

단일 프로그래밍 환경(uni-programming environment)은 시스템에서 한 번에 오직 하나의 프로세스만 실행되는 환경을 말한다. 이는 시스템 메모리에 단 하나의 프로세스만 적재될 수 있음을 의미한다. 초기 컴퓨터 시스템은 한 번에 한 명의 사용자만 작업을 수행했으며, 멀티태스킹이 일반화되기 이전에는 대부분의 시스템이 이러한 단일 프로그래밍 환경을 채택하고 있었다. 현대에도 특정 목적을 위해 설계된 시스템들, 예를 들어 특정 디지털 장치(예: 스마트 워치 등)와 같은 장치들은 여전히 단일 프로그래밍 환경을 사용할 수 있다.

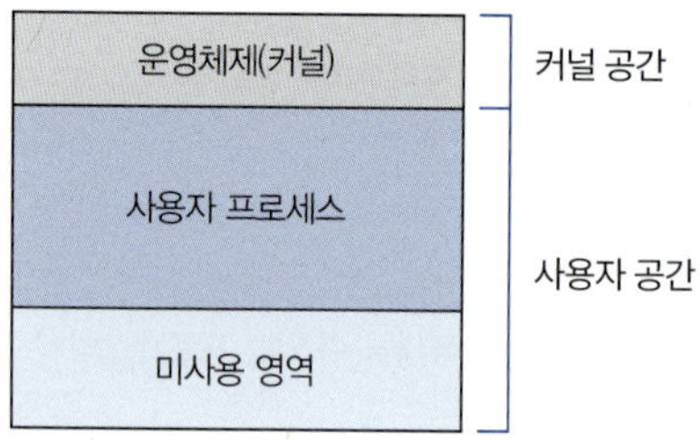

그림 8-11 단일 프로그래밍 환경에서 메모리의 모습

단일 프로그래밍 환경에서 메모리 영역은 [그림 8-11]과 같은 모습이 된다. 시스템을 운영하기 위한 커널(운영체제) 영역을 제외하고는 전체 메모리가 하나의 프로세스에게 할당되기 때문에, 프로세스 사이의 메모리 충돌이나 자원 공유 등에 대한 고려가 필요 없다. 즉, 메모리 관리가 간단하다. 하지만 현재 프로세스가 사용하지 않는 공간이 있음에도 다른 프로세스가 사용하지 못하는, 메모리 낭비가 발생할 수 있다는 점에서 메모리 자원 활용도가 낮아질 수 있다는 단점을 가진다.

경계 레지스터

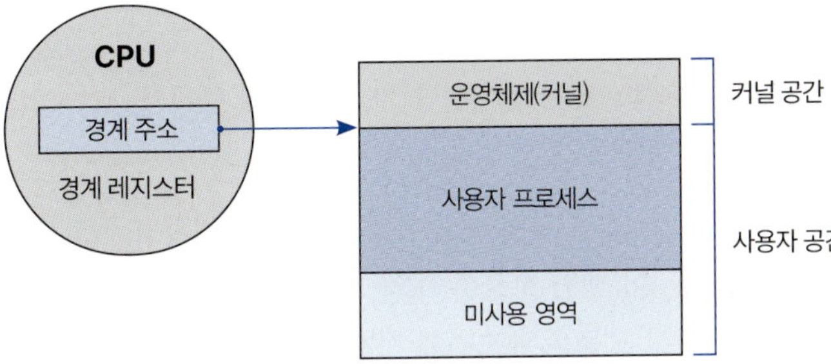

그림 8-12 경계 레지스터와 경계 주소

단일 프로그래밍 환경에서 메모리 관리를 수행할 때는 커널 영역의 보호가 중요한 고려 사항이다. 사용자 프로세스가 커널 영역에 잘못 접근하게 되면 운영체제가 손상될 수 있으며, 이는 시스템 전체에 심각한 문제를 일으킬 수 있다. 이러한 잘못된 접근을 방지하기 위해 **경계 레지스터**(boundary register)가 사용된다([그림 8-12]). CPU 내부의 경계 레지스터는 커널 공간과 사용자 공간 사이의 경계 주소(boundary address)를 저장하고, 프로세스의 메모리 접근 요청이 이 경계 주소를 벗어날 경우 접근을 거절함으로써 커널 영역에 대한 불법적인 접근을 차단한다. 이를 통해 시스템의 안정성과 보안성을 유지할 수 있다.

8

메모리 관리

메모리 오버레이

프로그램의 전체 크기가 사용 가능한 메모리보다 클 때, 메모리 오버레이 기법을 활용하여 문제를 해결할 수 있다. **메모리 오버레이**(overlay)는 프로그램을 여러 모듈이나 데이터 단위로 나누어 필요할 때마다 필요한 부분만 메모리에 적재하는 방식이다.

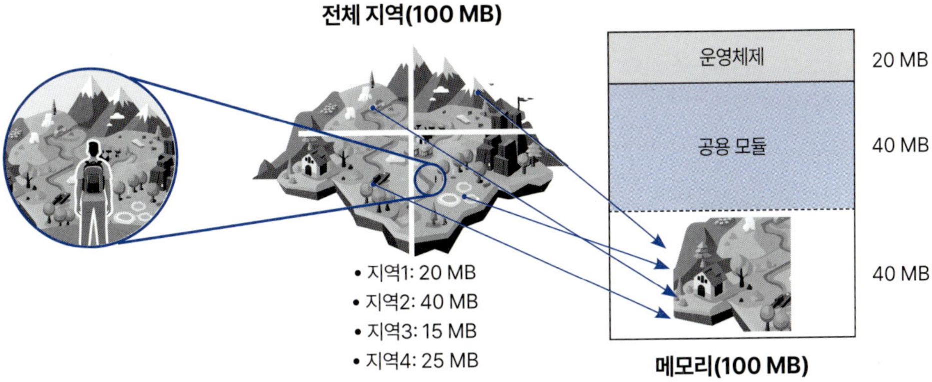

그림 8-13 메모리 오버레이 적용의 예

오픈 월드 게임 개발을 가정해 보자. 게임의 전체 용량이 140 MB인데, 해당 게임을 실행해야 하는 시스템의 메모리 용량은 100 MB이고 운영체제가 이미 20 MB를 사용 중이다. 이로 인해 실제로 게임에 할당할 수 있는 메모리는 80 MB에 불과하다. 프로그램 데이터는 실행을 위해 메모리상에 존재해야 하지만, 전체 데이터를 한 번에 메모리에 올릴 수 없는 상황이다. 어떻게 하면 이 시스템에서 게임을 구동할 수 있을까?

게임의 데이터를 분석해 보니, 핵심 구동 모듈이 40 MB를 차지하고 있고, 전체 지역 정보가 나머지 100 MB를 차지한다. 이 핵심 모듈은 게임 실행 동안 계속 필요하므로 항상 메모리에 로드되어야 한다. 따라서 핵심 모듈을 메모리에 적재하면 남는 공간은 40 MB에 불과하다. 그러나 전체 지형 데이터 100 MB를 모두 적재할 공간은 부족하다.

오픈 월드 게임의 특성상 플레이어 캐릭터는 게임 내 세계를 자유롭게 이동할 수 있지만, 한 순간에 전체 지역 중 특정 지역만 탐험한다. 따라서 현재 필요한 지역 정보만 메모리에 적재할 수 있다면 메모리 부족 문제를 해결할 수 있다. 이를 위해 게임 세계를 여러 지역으로 나누고, 플레이어 캐릭터가 현재 위치한 지역의 데이터만 메모리에 적재하는 방식을 적용할 수 있다. 각 지역의 데이터 크기를 잔여 메모리 용량인 40 MB 이하로 분할하고, 플레이어 캐릭터의 위치에 따라 해당 지역 데이터만 메모리에 적재하여 사용하는 방식이다. 이는 실제 수십GB가 넘는 게임들에서 적용하는 기법이기도 하다.

[그림 8-13]은 이러한 문제 해결 방법을 개괄적으로 보여준다. 이러한 접근법이 바로 메모리 오버레이 방법이다. 이처럼 메모리 오버레이는 전체 프로그램을 여러 모듈로 분할하고, 메모리에는 실제로 필요한 부분만 적재하는 기법이다. 이 접근 방식은 프로그램 전체 크기가 실제 메모리 용량을 초과하는 상황에서도 프로그램 실행을 가능하게 하는 장점을 제공한다.

하지만 메모리 오버레이 기법을 적용하기 위해서는, 언제 어떤 데이터를 메모리로 올리고 내릴지를 프로그램을 개발하는 사람이 정확히 알고 있어야 한다. 즉, 개발자가 프로그램의 개발 흐름 및 자료 구조를 모두 이해하고 있어야 한다는 어려움이 있다.

가상 메모리는 이러한 복잡성을 추상화하고 메모리 관리를 운영체제가 담당하게 함으로써, 개발자가 직접 오버레이를 관리할 필요 없이 자동으로 처리할 수 있게 해준다. 가상 메모리에 대해서는 **9장**에서 다룬다.

요약

단일 프로그래밍 환경

- 시스템에서 한 번에 하나의 프로세스만 실행되는 환경
- 메모리에는 단 하나의 프로세스만 적재
- **메모리 구조**
  - 커널(운영체제) 영역
  - 사용자 프로세스 영역
- **특징**
  - 간단한 메모리 관리
  - 프로세스 간 메모리 충돌 없음
  - 자원 공유 문제없음
- **단점**
  - 메모리 자원 활용도가 낮음
  - 현재 프로세스가 사용하지 않는 공간이 있어도 다른 프로세스가 사용 불가

경계 레지스터(boundary register)

- 커널 영역과 사용자 영역 사이의 경계 주소 저장
- 사용자 프로세스의 불법적인 커널 영역 접근 방지
- 시스템 보안과 안정성 유지에 중요한 역할

메모리 오버레이(memory overlay)

- 프로그램 크기가 사용 가능한 메모리보다 클 때 사용하는 기법
- 프로그램을 여러 모듈로 나누고 필요한 부분만 메모리에 적재
- **예제**: 오픈 월드 게임에서의 활용
  - 게임의 전체 용량이 메모리 용량을 초과할 때
  - 핵심 모듈은 항상 메모리에 유지
  - 나머지 데이터(예: 지역 정보)는 필요에 따라 적재 및 교체
- **장점**: 제한된 메모리로 큰 프로그램 실행 가능
- **단점**
  - 개발자가 프로그램의 구조를 정확히 이해해야 함
  - 오버레이 관리의 복잡성

8.4 다중 프로그래밍 환경에서의 메모리 할당

단일 프로그래밍 환경은 메모리 관리의 단순함이라는 장점을 가지고 있지만, 한 번에 오직 한 프로그램만 실행 가능하다는 큰 제약으로 인해 시스템의 자원 활용도가 상대적으로 낮다. 이런 환경은 멀티태스킹이 필수적인 현대 컴퓨터 시스템의 요구 사항을 충족시키기 어렵다. 이에 대응하여 다중 프로그래밍 환경은 시스템 메모리를 여러 프로세스가 공유하며 동시에 실행될 수 있도록 함으로써, 자원 활용도를 극대화하는 방향으로 메모리 관리 기법이 발전했다.

본 절에서는 다중 프로그래밍 환경에서의 기본적인 메모리 분할 방식인 고정 분할 방식과 가변 분할 방식에 대해 알아본다.

고정 분할 다중 프로그래밍(FPM)

고정 분할 다중 프로그래밍(Fixed Partition Multiprogramming, FPM) 방식에서 시스템 메모리는 고정된 크기의 여러 구역으로 나뉘어진다. 이 각각의 구역은 독립된 프로세스에 할당되어 사용되며, 프로세스와 메모리 구역은 1:1 관계를 유지한다. 다중 프로그래밍의 정도, 즉 동시에 메모리에 적재될 수 있는 프로세스의 최대 수는 이 분할된 구역의 수에 의해 결정된다.

● 메모리 분할 관리

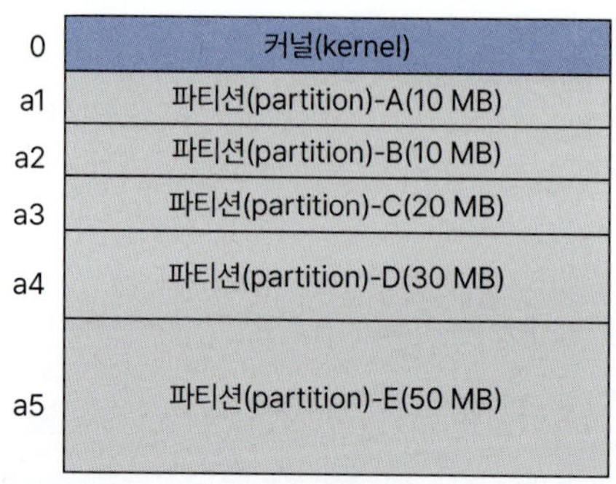

그림 8-14 고정 분할 다중 프로그래밍에서 메모리 분할의 예

[그림 8-14]는 고정 분할 다중 프로그래밍에서 메모리 분할의 예를 보여주며, 메모리가 다양한 크기의 구역으로 나뉘어져 있다. 예를 들어, 분할 A와 B는 각각 10 MB의 공간을 차지하고, 분할 C, D, E는 각각 20 MB, 30 MB, 40 MB로 설정되어 있다. 이와 같이 다양한 크기로 분할하는 이유는 프로세스의 크기가 상이할 수 있기 때문이다. 분할된 메모리 공간을 여러 '방'으로 생각한다면, 프로세스가 메모리를 요청할 때 해당 프로세스를 수용할 수 있는 '방'에 할당하는 방식으로 메모리 관리가 이루어진다.

표 8-1 메모리 분할 테이블

분할 이름 (partition)	시작 메모리 주소 (start address)	분할 크기 (size)	현재 프로세스 ID (current process ID)	기타 (other fields)
A	a1	10 MB	–	…
B	a2	10 MB	–	…
C	a3	20 MB	–	…
D	a4	30 MB	–	…
E	a5	50 MB	–	…

고정 분할 다중 프로그래밍에서 메모리 관리는 분할 테이블(partition table) 또는 상태 테이블(state table)을 통해 이루어진다. 이 테이블은 메모리의 각 구역에 대한 기본 정보와 현재 어떤 프로세스에 할당되어 있는지 등의 상세 정보를 포함한다. [표 8-1]은 분할 테이블의 예시로, '분할의 이름', '시작 메모리 주소', '분할의 크기' 등의 기본 정보를 제공한다. 또한, '현재 프로세스 ID' 열을 통해 해당 분할이 현재 어떤 프로세스에 할당되어 있는지를 알 수 있다. 이 외에도 메모리 관리의 효율성을 높이기 위한 추가 정보들이 포함될 수 있다.

고정 분할 다중 프로그래밍 환경에서 각 분할은 할당받은 프로세스만의 전용 공간으로 작동한다. 이 구조에서 다른 프로세스가 해당 공간에 접근하려 하면 시스템에 문제가 발생할 수 있다. 또한, 하나의 프로세스가 여러 분할에 걸쳐 배치되는 것도 허용되지 않는다. 시스템은 이러한 분할된 메모리 공간을 효과적으로 보호하고 관리할 책임이 있다.

이를 위해 시스템은 각 분할의 경계를 정의하는 경계 레지스터를 활용한다. 프로세서 내에 설정된 이 경계 레지스터들은 각 분할의 시작 주소를 저장하고, 프로세스가 메모리 접근을 요청할 때마다 해당 프로세스의 요청 범위가 자신에게 할당된 분할의 경계를 초과하지 않는지 검사한다. 이런 방식으로 시스템은 잘못된 메모리 접근을 방지하고, 각 프로세스가 안정적으로 자신의 메모리 공간을 사용할 수 있도록 보장한다.

● 단편화(fragmentation)

고정 분할 메모리 할당 방식은 분할 테이블과 같은 단순한 데이터 구조를 활용해, 프로세스의 메모리 요구 사항에 가장 근접한 분할을 할당함으로써 메모리 관리를 용이하게 할 수 있다는 장점이 있다. 그러나 이 방식은 단편화 문제로 인해 메모리 사용 효율이 저하될 수 있다.

단편화(fragmentation)란 메모리 공간이 파편화된다는 의미를 가지며, 내부 단편화와 외부 단편화 두 가지 유형으로 나누어진다.

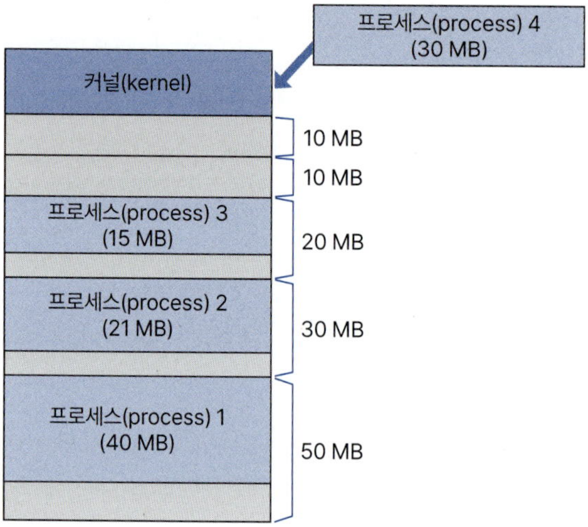

그림 8-15 메모리 단편화의 예

• 내부 단편화(internal fragmentation)

내부 단편화는 고정 분할 메모리 할당 방식에서 자주 발생하는 현상이다. 예를 들어, [그림 8-15]의 상황에서 40 MB 크기의 프로세스 1이 50 MB 크기의 분할에 할당되면, 이 분할 내에서 10 MB의 메모리 공간이 남는다. 마찬가지로 21 MB와 15 MB 크기의 프로세스 2와 3도 각각 9 MB와 5 MB의 여유 공간을 남기고 할당된다. 그럼 이 여유 공간은 활용할 수 있을까?

고정 분할 방식에서 각 분할에는 하나의 프로세스만 들어갈 수 있다. 따라서 고정 분할 방식에서 각 분할에 할당된 프로세스가 해당 분할의 전체 메모리 공간을 완전히 사용하지 않을 경우 남은 공간이 발생한다. 이 남은 공간은 그 분할에 할당된 프로세스 외에는 사용될 수 없어, 메모리 자원이 낭비되고 전체 시스템의 메모리 효율이 저하된다. 이를 **내부 단편화**(internal fragmentation)라고 하며, 분할 크기와 프로세스의 크기(메모리 요구량) 사이 불일치로 인해 발생한다. 분할 내부에 조각(단편)이 생겼다라는 의미로 이해하면 기억하기 쉬울 것이다.

- **외부 단편화**(external fagmentation)

외부 단편화는 고정 분할 메모리 할당 방식에서 나타나는 또 다른 문제다. [그림 8-15]의 상황을 다시 살펴보면, 세 개의 프로세스가 세 개의 분할을 사용 중이고, 10 MB짜리 분할 두 개가 남아 있다. 이때 30 MB를 요구하는 프로세스 4가 시스템에 들어온다면, 할당할 분할을 찾기 어렵다. 프로세스 4에게 필요한 분할은 30 MB 이상이어야 하지만, 이미 사용 중인 분할들로 인해 할당이 불가능하다. 따라서 프로세스 4는 다른 프로세스가 작업을 마치고 메모리를 반납할 때까지 대기해야 한다.

하지만 전체 메모리를 살펴보면 현재 사용되지 않는 메모리는 총 44MB(10+10+5+9+10)로 프로세스 4가 필요로 하는 30 MB보다 크다. 그럼에도 불구하고 고정된 크기의 분할로 인해 이 메모리를 연속적으로 할당할 수 없다. 이처럼 충분한 양의 메모리가 있음에도 불구하고 분할된 구조로 인해 효율적으로 사용할 수 없는 현상을 **외부 단편화**(external fragmentation)라고 한다.

고정 분할 다중 프로그래밍 방식은 메모리 공간을 사전에 정해진 크기의 분할로 나누고, 각 프로세스를 가장 적합한 분할에 할당하는 방식으로, 메모리 관리의 복잡성과 부하를 줄일 수 있는 장점이 있다. 이는 메모리 할당과 회수 절차가 단순화되며, 시스템의 전반적인 효율성을 높일 수 있다. 그러나 고정된 분할 크기로 인한 내부 단편화와 분할 간의 공간 활용 문제로 인한 외부 단편화는 메모리 사용의 효율성을 저하시킬 수 있는 단점도 있다.

가변 분할 다중 프로그래밍(VPM)

가변 분할 다중 프로그래밍(Variable Partitioning Multiprogramming, VPM)은 프로세스의 요구에 따라 메모리 공간을 동적으로 분할하고 할당하는 방식이다. 고정 분할 방식에서 발생하는 내부 및 외부 단편화 문제의 근본적인 원인은 메모리 공간을 사전에 고정된 크기로 분할해 놓는 것에 있다. 이를 해결하기 위해 VPM은 메모리 공간을 사전에 분할하지 않고, 프로세스가 메모리를 요청할 때마다 그 크기에 맞추어 메모리를 할당한다. 이 방식은 케이크를 미리 조각내어 판매하는 대신 고객의 요청에 따라 그때그때 원하는 크기로 케이크를 잘라주는 것과 유사하다. 이를 통해 프로세스의 메모리 요구에 더 유연하게 대응할 수 있으며, 메모리 활용도를 높일 수 있다.

● 메모리 할당 및 관리

다음 시나리오를 따라가며, 가변 분할 다중 프로그래밍의 동작 방식을 살펴보자.

- 시스템 메모리 크기: 120 MB
- 시나리오
  1. 초기 상태
  2. 프로세스 A(20 MB) 적재
  3. 프로세스 B(10 MB) 적재
  4. 프로세스 C(25 MB) 적재
  5. 프로세스 D(20 MB) 적재
  6. 프로세스 B 작업 종료 및 메모리 반납
  7. 프로세스 E(15 MB) 적재
  8. 프로세스 D 작업 종료 및 메모리 반납

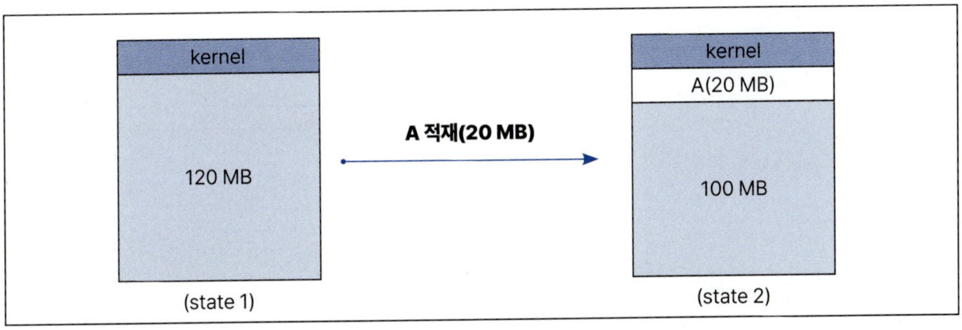

<상태 테이블(state table)>

partition	start address	size	current process ID	other field
1	u	120	none	…

(a) state 1

partition	start address	size	current process ID	other field
1	u	20	A	…
2	u+20	100	none	…

(b) state 2

그림 8-16 VPM에서의 메모리 상태 변화(state 1 → stage 2)

가변 분할 다중 프로그래밍(VPM)에서 메모리 관리 또한 상태 테이블(또는 분할 테이블)을 통해 관리할 수 있다. [그림 8-16]의 하단에서 상태 테이블의 예를 볼 수 있다. 기본적인 구성은 '분할의 이름', '시작 메모리 주소', '분할의 크기', 현재 분할을 사용하고 있는 '현재 프로세스의 ID'로 고정 분할 다중 프로그래밍(FPM)과 동일하다. FPM과의 가장 큰 차이점은 [그림 8-16-(a)]와 같이 분할이 미리 나누어져 있지 않고, 최초에는 전체 메모리 공간이 통으로 하나의 분할이라는 점이다.

최초 상태(state 1)에서 프로세스 A(20 MB)가 시스템에 들어오면, 시스템은 프로세스의 요구에 맞춰 메모리를 분할한다. 즉, 처음에 120 MB인 메모리를 20 MB만큼 잘라 프로세스 A에 할당하고, 남은 100 MB는 새로운 분할로 남긴다. 이 과정을 [그림 8-16-(b)]에서 상태 테이블을 통해 볼 수 있다. 분할 1에 20 MB가 할당되어 프로세스 A가 사용 중이며, 분할 1 뒤부터 시작하는 아직 할당되지 않은 100 MB가 분할 2로 표시된다.

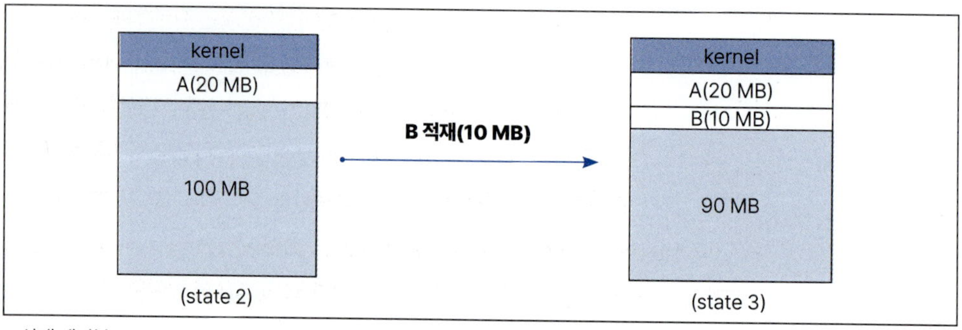

<상태 테이블(state table)>

partition	start address	size	current process ID	other field
1	u	20	A	…
2	u+20	100	none	…

(b) state 2

partition	start address	size	current process ID	other field
1	u	20	A	…
2	u+20	10	B	…
3	u+30	90	none	…

(c) state 3

그림 8-17 VPM에서의 메모리 상태 변화(state 2 → stage 3)

다음으로 [state 2]에서 10 MB 크기의 프로세스 B가 들어오면, 시스템은 분할 2에서 10 MB를 잘라 프로세스 B에 할당하고, 남은 90 MB는 분할 3으로 새롭게 만든다([그림 8-17-(c)]).

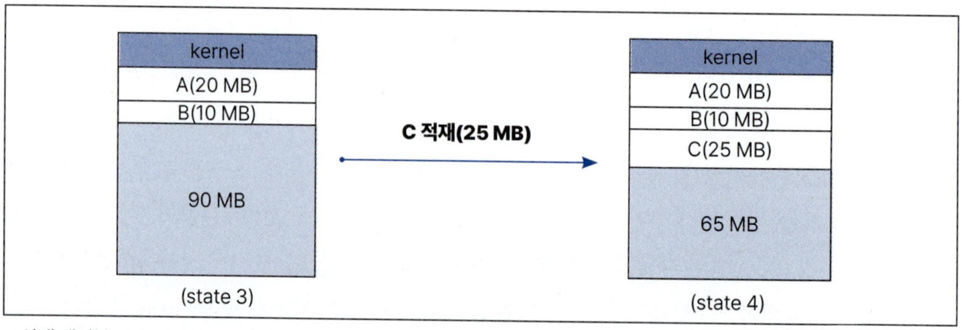

<상태 테이블(state table)>

partition	start address	size	current process ID	other field
1	u	20	A	…
2	u+20	10	B	…
3	u+30	90	none	…

(c) state 3

partition	start address	size	current process ID	other field
1	u	20	A	…
2	u+20	10	B	…
3	u+30	25	C	…
4	u+55	65	none	…

(d) state 4

그림 8-18 VPM에서의 메모리 상태 변화(state 3 → stage 4)

이어서 [State 3]에서 크기가 25 MB인 프로세스 C가 메모리를 요청하면, 시스템은 분할 3에서 25 MB를 분할해 프로세스 C에 할당하고, 남은 65 MB를 분할 4로 만든다([그림 8-18-(d)]).

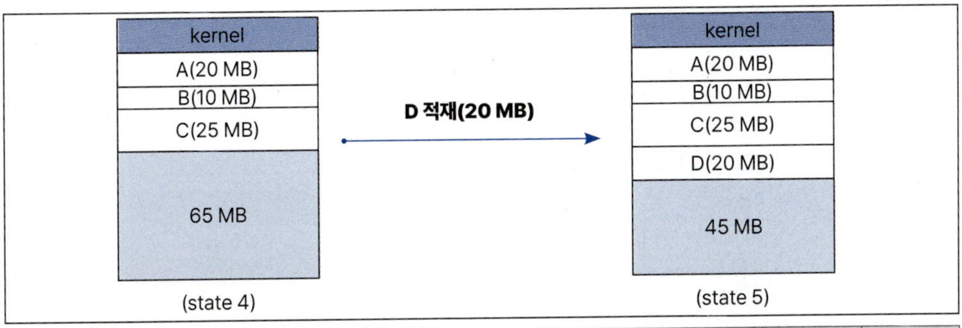

partition	start address	size	current process ID	other field
1	u	20	A	…
2	u+20	10	B	…
3	u+30	25	C	…
4	u+55	65	none	…

(d) state 4

partition	start address	size	current process ID	other field
1	u	20	A	…
2	u+20	10	B	…
3	u+30	25	C	…
4	u+55	20	D	…
5	u+75	45	none	…

(e) state 5

그림 8-19 VPM에서의 메모리 상태 변화(state 4 → stage 5)

유사하게 [state 4]에서 20 MB 크기의 프로세스 D가 메모리를 요청하면, 시스템은 분할 4에서 20 MB를 잘라 프로세스 D에 할당하고, 남은 45 MB는 새로운 분할 5로 만든다. 이에 따라 [state 5]가 된다([그림 8-19-(e)]).

[state 5]까지는 프로세스들이 계속 추가되었으며, 빈 분할에서 새로운 프로세스의 크기에 맞게 메모리를 나눠 할당하고 남은 공간은 빈 분할로 유지하는 방식으로 메모리가 관리되었다. 다음으로 메모리를 사용하던 프로세스가 작업을 완료하고 나가는 상황을 보자.

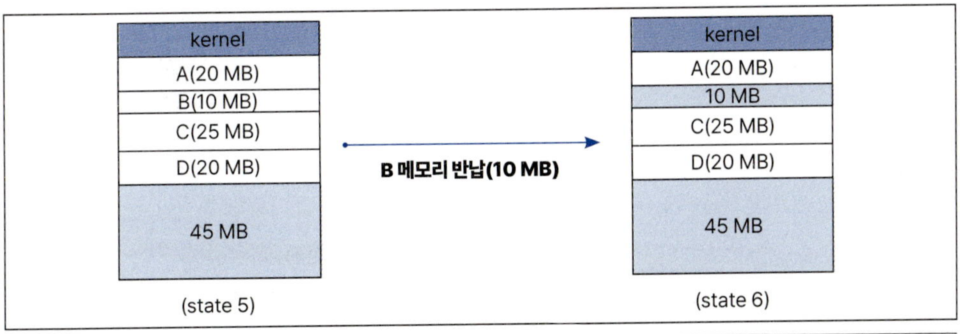

partition	start address	size	current process ID	other field
1	u	20	A	…
2	u+20	10	B	…
3	u+30	25	C	…
4	u+55	20	D	…
5	u+75	45	none	…

(e) state 5

partition	start address	size	current process ID	other field
1	u	20	A	…
2	u+20	10	none	…
3	u+30	25	C	…
4	u+55	20	D	…
5	u+75	45	none	…

(f) state 6

그림 8-20 VPM에서의 메모리 상태 변화(state 5 → stage 6)

[state 5]에서 프로세스 B가 작업을 마치고 사용하던 메모리를 반환하면, 프로세스 B가 차지하던 분할 2가 비게 된다. 이로 인해 상태 테이블의 분할 2에 해당하는 '현재 프로세스 ID' 란이 '없음(none)'으로 변경되어 [state 6]으로 전환된다([그림 8-20-(f)]).

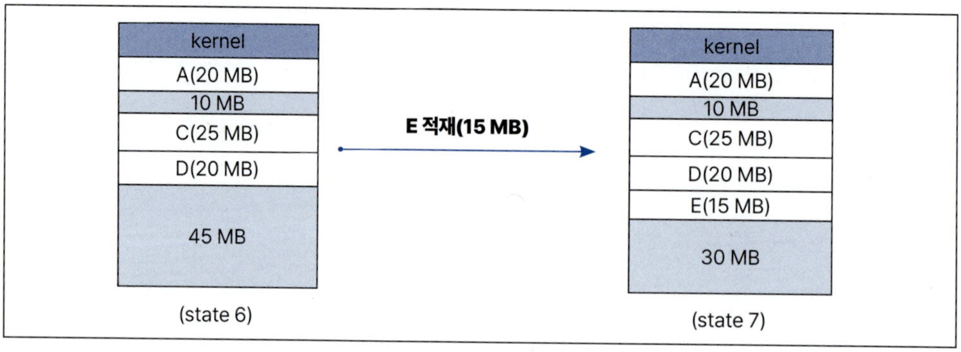

<상태 테이블(state table)>

partition	start address	size	current process ID	other field
1	u	20	A	…
2	u+20	10	none	…
3	u+30	25	C	…
4	u+55	20	D	…
5	u+75	45	none	…

(f) state 6

partition	start address	size	current process ID	other field
1	u	20	A	…
2	u+20	10	none	…
3	u+30	25	C	…
4	u+55	20	D	…
5	u+75	15	E	…
6	u+90	30	none	…

(g) state 7

그림 8-21 VPM에서의 메모리 상태 변화(state 6 → stage 7)

[state 6]에서는 사용되지 않는 분할이 두 개 존재한다. 이때 15 MB를 필요로 하는 프로세스 E가 시스템에 요청하면 어떻게 메모리를 할당할까? 15 MB를 수용할 수 있는 분할은 분할 5이다. 따라서 분할 5에서 15 MB를 잘라 프로세스 E에 할당하고, 남은 공간은 새로운 분할 6으로 만든다([그림 8-21-(g)]). 이처럼 프로세스의 메모리 할당과 반납이 이루어짐에 따라 여러 개의 미사용 분할이 생성될 수 있다. 새로운 프로세스가 시스템에 들어올 때, 해당 프로세스를 수용할 수 있는 분할을 찾아 할당하는 방식으로 메모리 관리가 이루어진다.

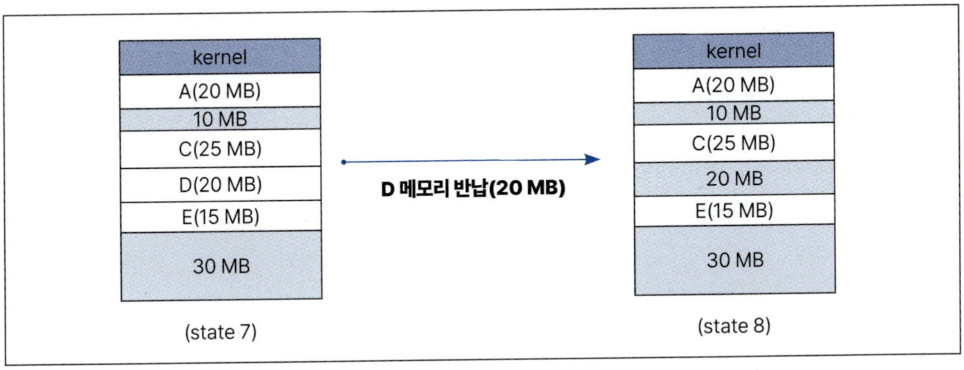

<상태 테이블(state table)>

partition	start address	size	current process ID	other field
1	u	20	A	…
2	u+20	10	none	…
3	u+30	25	C	…
4	u+55	20	D	…
5	u+75	15	E	…
6	u+90	30	none	…

(g) state 7

partition	start address	size	current process ID	other field
1	u	20	A	…
2	u+20	10	none	…
3	u+30	25	C	…
4	u+55	20	none	…
5	u+75	15	E	…
6	u+90	30	none	…

(h) state 8

그림 8-22 VPM에서의 메모리 상태 변화(state 7 → stage 8)

마지막으로 [state 7]에서 프로세스 D가 작업을 마치고 메모리를 반납하면, 사용하던 분할 4도 미사용 상태가 된다. 시스템의 메모리 상태는 [그림 8-22-(h)]처럼 [state 8]로 전환된다.

이와 같이 가변 분할 다중 프로그래밍에서는 프로세스의 요청에 따라 메모리 공간을 동적으로 할당하고 반납함으로써 메모리 활용도를 높이고 단편화 문제를 최소화할 수 있다.

● 배치 전략(placement strategy)

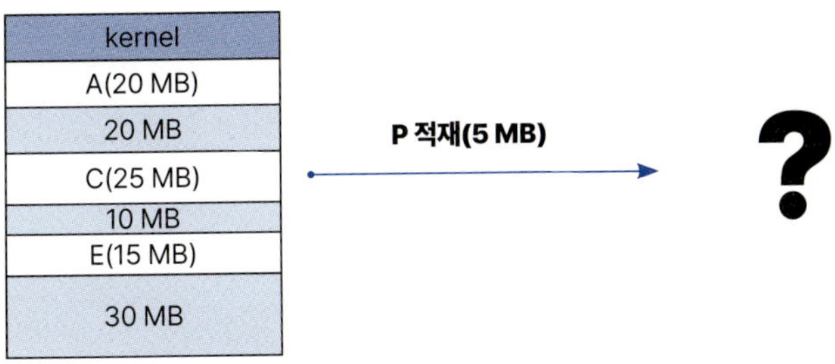

그림 8-23 VPM에서 배치 전략이 필요한 경우의 예

[그림 8-23] 상황에서 세 개의 빈 분할이 있을 때, 5 MB 크기의 프로세스 P가 메모리 할당을 요청한다고 가정해 보자. 모든 분할이 5 MB를 수용할 수 있기 때문에, 어떤 분할에 할당할지를 결정해야 한다. 어떤 분할을 선택할지는 시스템이 채택한 배치 전략에 의해 결정된다.

배치 전략(placement strategy)은 할당 가능한 여러 분할 중에서 하나를 선택하는 방식을 정의한다. 주로 사용하는 배치 전략으로는 최초 적합(first-fit), 최적 적합(best-fit), 최악 적합(worst-fit), 순차 최초 적합(next-fit) 등이 있다. 각 전략의 특징과 장단점을 살펴보자.

- **최초 적합**

최초 적합(first-fit)은 메모리의 시작 지점부터 탐색을 시작하며, 첫 번째로 발견한 프로세스 크기를 수용할 수 있는 충분히 큰 분할에 프로세스를 할당하는 방식이다. 이 정책하에서 [그림 8-24] 상황에서의 프로세스 P는 분할 2에 할당되며, 필요한 공간만큼 분할 2가 나뉘어 새로운 분할(15 MB)을 형성한다. [그림 8-24]에서 이 과정의 결과를 확인할 수 있다.

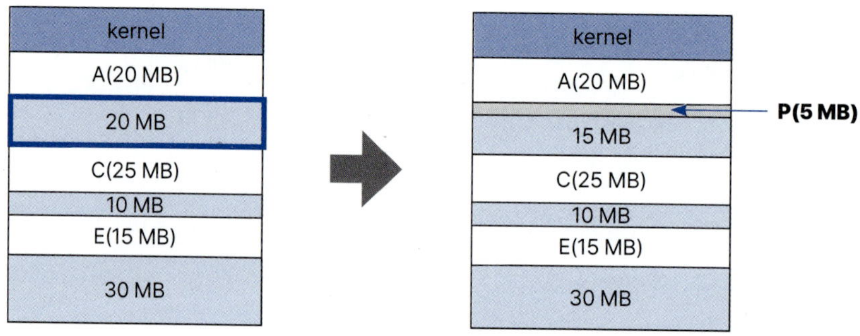

그림 8-24 최초 적합 적용 결과

최초 적합 방식은 메모리의 처음부터 순차적으로 탐색하면서 프로세스의 크기보다 큰 첫 번째 분할을 찾아 할당하기 때문에, 탐색 시간이 상대적으로 짧고 탐색에 따른 부하가 적다는 장점을 가진다. 그러나 메모리의 앞부분에 소규모 분할들이 자주 형성되어, 큰 프로세스에 대한 메모리 할당에 어려움이 생길 수 있으며, 이는 메모리 활용 효율의 저하로 이어질 수 있다. 더불어 메모리의 앞부분이 물리적으로 집중적으로 사용되는 경향이 있어 이로 인한 단점도 발생할 수 있다.

- **최적 적합**

최적 적합(best-fit)은 프로세스를 수용할 수 있는 모든 분할 중에서 가장 잘 맞는, 즉 크기가 프로세스와 가장 비슷한 가장 작은 분할에 프로세스를 할당하는 방식이다. 이 전략을 사용하면 프로세스의 크기에 가장 근접한 분할을 선택함으로써, 파편화되어 사용하기 어려운 크기의 분할 수를 최소화할 수 있다. 즉, 낭비되는 메모리 공간을 최소화할 수 있다. 예를 들어, [그림 8-23]의 상황에서 5 MB 크기의 프로세스 P를 메모리에 할당할 때, 프로세스 P는 분할 4에 할당되고, 필요한 공간만큼 분할 4에서 5 MB가 할당된 후 남은 공간(5 MB)이 새로운 분할로 만들어진다. 이 과정의 결과는 [그림 8-25]에서 확인할 수 있다.

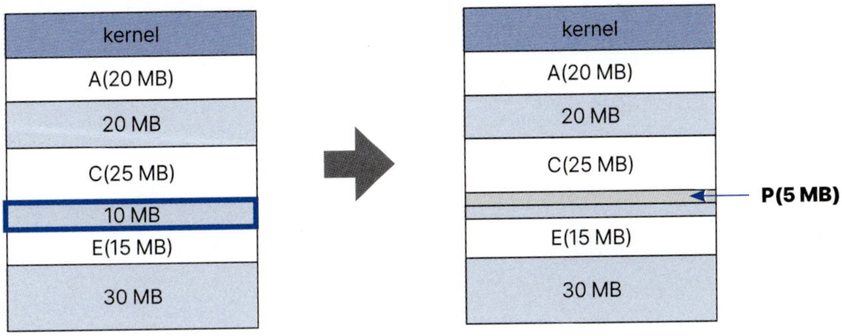

그림 8-25 최적 적합 적용 결과

최적 적합 전략은 낭비되는 메모리 공간을 줄여 메모리 활용 효율을 높일 수 있다는 장점이 있지만, 많은 작은 분할들이 생성되어 메모리 단편화를 악화시킬 수 있다는 단점도 있다. 작은 분할들이 많이 생기게 되면, 큰 프로세스가 메모리에 적재될 때 충분한 크기의 연속된 공간을 찾기 어렵게 만들 수 있다. 또한, 모든 분할을 검사해야 하므로 탐색 시간이 길어질 수 있으며, 시스템의 전반적인 성능에 부정적인 영향을 줄 수 있다.

- **최악 적합**

최악 적합(worst-fit) 전략은 프로세스를 수용 가능한 분할 중 가장 큰 분할에 할당한다. 이 방식은 남는 분할이 여전히 큰 크기를 유지하게 함으로써, 나중에 큰 프로세스의 요청을 수용할 수 있게 한다. 예를 들어, [그림 8-23]의 상황에서 5 MB 크기의 프로세스 P를 메모리에 할당할 때, 가장 큰 여유 공간을 가진 분할 6에 프로세스 P가 할당된다. 그 결과 [그림 8-26]과 같이 새로 생성된 분할 7의 크기는 25 MB로, 큰 크기의 분할이 생성됨을 알 수 있다.

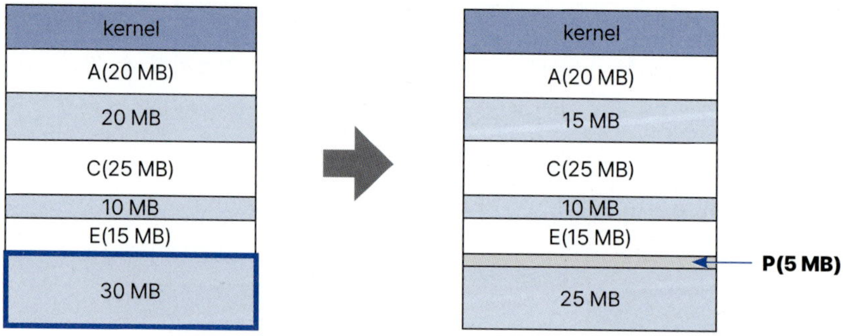

그림 8-26 최악 적합 적용 결과

최악 적합 전략은 큰 분할을 유지하려는 목적이 있지만, 시간이 지나면서 평균 분할 크기가 작아지는 경향이 있다. 이는 매우 큰 프로세스가 메모리 요청을 할 때 할당하기 어려울 수 있다는 단점을 가진다. 또한, 모든 분할을 검사해야 하므로 탐색 시간이 길어져 시스템의 전반적인 성능에 부정적 영향을 줄 수 있다.

- **순차 최초 적합**

순차 최초 적합(next-fit) 전략은 최초 적합 방식의 변형으로, 마지막으로 프로세스를 할당한 분할의 다음 위치부터 탐색을 시작한다. 즉, 상태 테이블의 마지막 탐색 위치부터 순차적으로 메모리 공간을 탐색하면서 처음으로 발견한 충분히 큰 분할에 프로세스를 할당한다.

이 방식은 순차적인 탐색으로 분할을 찾기 때문에 탐색 시간이 짧고 탐색 부하가 적다는 장점이 있다. 또한, 최초 적합 방식에서 메모리의 앞부분만 집중적으로 사용되는 단점을 해소해 전체 메모리 공간을 보다 균등하게 활용할 수 있게 한다. 하지만 메모리 전반에 걸친 단편화를 유발할 수 있으며, 큰 메모리 공간을 유지하기 어려울 수 있다는 단점이 있다.

앞서 살펴본 네 가지 배치 전략은 각각의 장단점을 가지고 있으며, 어떤 전략이 더 우월하다고 일반화할 수는 없다. 시스템의 특징과 운영되는 프로그램의 요구 사항을 면밀히 고려하여 가장 적합한 전략을 선택하는 것이 중요하다. 더 나아가 이러한 기본 배치 전략들을 토대로 시스템의 특성에 맞는 새로운 전략을 개발하고 적용하는 것도 가능하다.

빈 메모리 공간 관리

가변 분할 다중 프로그래밍은 초기에 전체 메모리를 하나의 큰 분할로 다루며, 프로세스의 요구에 따라 필요한 만큼 메모리를 잘라서 할당한다. 이로 인해 내부 단편화 문제는 발생하지 않지만, 여러 프로세스의 할당과 해제가 반복됨에 따라 다수의 작은 분할들이 생기고, 이는 외부 단편화 문제로 이어질 수 있다.

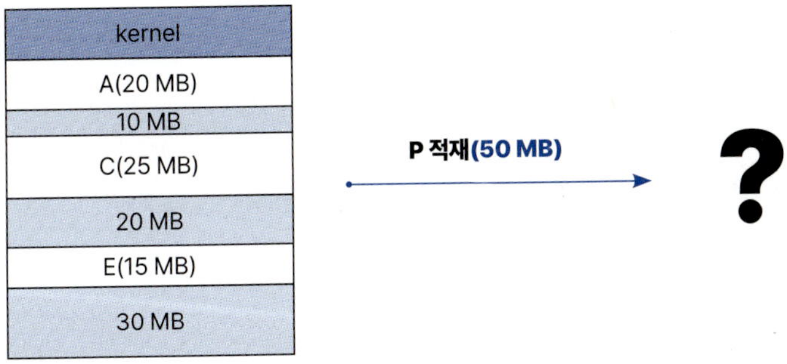

그림 8-27 가변 분할 다중 프로그래밍 환경에서 외부 단편화 발생의 예

예를 들어, [그림 8-27]에서 비어 있는 분할들의 총합은 60 MB이지만, 이들이 서로 다른 크기로 분산되어 있어 50 MB의 연속된 공간을 필요로 하는 프로세스 P를 수용할 수 없는 상황이 발생할 수 있다. 이러한 외부 단편화 문제는 고정 분할 다중 프로그래밍 환경에서는 해결하기 어렵지만, 가변 분할 환경에서는 분할의 크기와 위치를 조절함으로써 해결할 수 있다. 주요 해결 방법으로는 공간 통합과 메모리 압축이 있다.

- 공간 통합

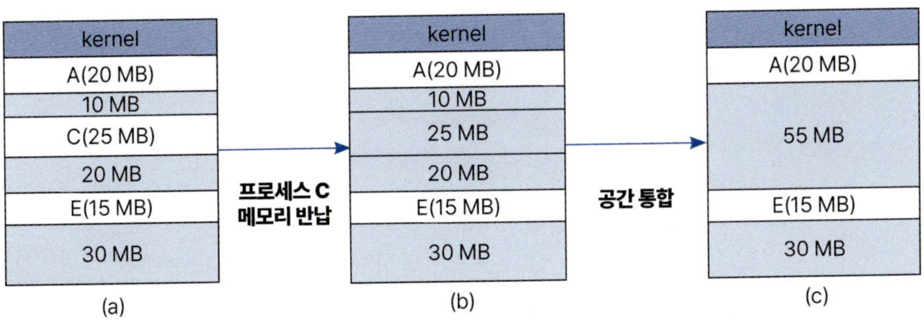

partition	start address	size	current process ID
1	u	20	A
2	u+20	10	none
3	u+30	25	C
4	u+55	20	none
5	u+75	15	E
6	u+90	30	none

partition	start address	size	current process ID
1	u	20	A
2	u+20	10	none
3	u+30	25	none
4	u+55	20	none
5	u+75	15	E
6	u+90	30	none

partition	start address	size	current process ID
1	u	20	A
2	u+20	55	none
3	u+75	15	E
4	u+90	30	none

그림 8-28 공간 통합의 예

공간 통합(coalescing holes)은 인접한 빈 분할을 하나의 큰 분할로 통합하는 방법이다. 공간 통합은 프로세스가 분할을 반납한 시점에서 수행된다. [그림 8-28]은 공간 통합의 예를 보여준다. (a) 상황에서 프로세스 C가 작업을 마치고 분할을 반납함에 따라 분할 3이 비게 되고, (b)와 같이 비어 있는 분할 세 개가 이웃한 상태가 된다. (c) 그리고 이 세 개 분할이 하나로 통합 되어 큰 분할 하나가 된다.

공간 통합은 프로세스가 메모리를 반납하는 시점에서만 고려되므로, 메모리 관리에 큰 부담을 주지 않는다. 인접한 빈 분할들만 통합하기 때문에 구현도 간단하다. 그러나 이 방식의 단점은 큰 메모리 공간을 필요로 하는 프로세스가 적절한 크기의 분할을 기다리는 동안 대기 시간이 길어질 수 있다는 점이다.

- **메모리 압축**

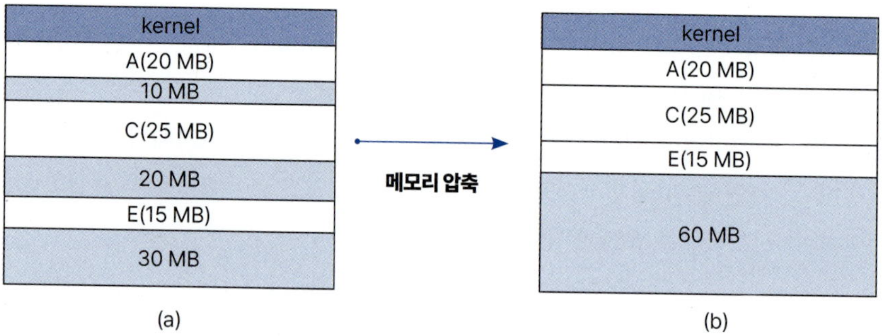

partition	start address	size	current process ID
1	u	20	A
2	u+20	10	none
3	u+30	25	C
4	u+55	20	none
5	u+75	15	E
6	u+90	30	none

partition	start address	size	current process ID
1	u	20	A
2	u+20	25	C
3	u+45	15	E
4	u+60	60	none

그림 8-29 메모리 압축의 예

메모리 압축(storage compaction)은 시스템 전체의 빈 분할을 재배치하여, 사용되지 않는 공간을 하나의 연속된 큰 빈 분할로 만드는 방법이다. 이 방법은 프로세스들을 메모리의 한쪽으로 몰아붙여서, 다른 쪽에는 큰 연속된 공간을 생성한다.

메모리 압축은 외부 단편화 문제를 근본적으로 해결하는 확실한 방법이다. 그러나 이 과정에서 이미 메모리에 적재된 프로세스들의 위치를 바꿔야 하며, 이는 해당 프로세스들의 실행을 일시 중단해야 함을 의미한다. 그 결과 프로세스 데이터의 이동과 문맥 교환과 같은 상당한 시스템 부하를 발생시키고, 이는 시스템 성능의 저하로 이어질 수 있다.

메모리 압축은 시스템의 전체 메모리 사용 효율을 향상시키는 장점이 있지만, 자주 수행되면 시스템 성능 전반에 부정적인 영향을 끼칠 수 있다. 따라서 큰 메모리 공간이 필요한 작업을 수행하기 전이나 메모리 사용량이 상당히 높아져 필수적인 상황에서 신중하게 사용해야 한다.

알아두세요 **직접 운영체제를 만들지 않을건데, 이런 내용을 알아야 할까?**

운영체제에 대한 이해는 실제로 직접 운영체제(OS)를 만들지 않더라도 우리가 개발하는 프로그램의 성능과 효율성을 크게 향상시킬 수 있는 중요한 기초가 된다. 실제로, 우리가 작성하는 프로그램은 하나의 '미니 운영체제'로 볼 수 있다. 즉, 시스템(운영체제)으로부터 할당받은 자원(프로세서, 메모리 등)을 프로그램의 목적에 맞추어 효율적으로 사용하기 위한 다양한 작업을 처리하며, 이러한 작업들은 운영체제의 핵심 기능과 매우 비슷하다.

예를 들어, 동적 메모리 할당은 시스템 호출이 필요한 부하가 매우 큰 작업이다. 이런 동적 할당의 부담을 줄이기 위해 한 번에 큰 메모리 공간을 운영체제로부터 할당받은 후, 프로그램 내부적으로 이 공간을 필요에 따라 동적으로 사용함으로써 시스템 호출의 부하를 줄이고 프로그램의 성능을 높일 수 있다. 이러한 방법을 메모리 풀(memory pool) 기법이라고 한다. 이 경우 운영체제의 메모리 관리 전략을 이해하고 있다면 보다 효율적인 메모리 할당 및 해제 방식을 적용할 수 있다. 또한, 여러 작업을 동시에 처리해야 하는 멀티스레딩 환경에서는 운영체제의 작업 스케줄링 방식을 참고하여 프로그램 내에서 스레드들을 효율적으로 관리할 수 있는 전략을 세울 수 있다.

이처럼 운영체제의 원리와 기능을 이해하는 것은 우리가 개발하는 프로그램의 성능을 최적화하고, 사용자에게 더 나은 경험을 제공하는 데 있어 매우 중요한 역할을 한다. 따라서 운영체제에 대한 깊은 이해는 실제 운영체제 개발뿐 아니라, 일반 소프트웨어 개발에서도 큰 가치를 가질 수 있다.

요약

다중 프로그래밍 환경

- 여러 프로세스가 동시에 메모리에 적재되어 실행되는 환경
- 메모리 공간을 여러 프로세스가 공유

고정 분할 다중 프로그래밍(Fixed Partition Multiprogramming, FPM)

- 메모리를 고정된 크기의 여러 구역으로 나누어 할당
- **특징**
  - 각 분할은 독립된 프로세스에 할당
- **장점**
  - 구현이 간단하고 관리 용이
- **단점**
  - 내부 단편화 발생
  - 외부 단편화 발생 가능
  - 메모리 사용 효율이 낮을 수 있음

가변 분할 다중 프로그래밍(Variable Partition Multiprogramming, VPM)

- 프로세스의 요구에 따라 메모리 공간을 동적으로 분할하고 할당
- **특징**
  - 프로세스 크기에 맞춰 메모리 할당
- **장점**
  - 메모리 사용 효율이 높음
  - 내부 단편화 발생하지 않음
- **단점**
  - 외부 단편화 발생 가능
  - 메모리 관리 복잡

배치 전략(placement strategy)

- **최초 적합**(first-fit)
  - 메모리의 시작부터 탐색하여 처음 발견한 충분히 큰 공간에 할당
- **최적 적합**(best-fit)
  - 프로세스 크기와 가장 근접한 공간을 찾아 할당
- **최악 적합**(worst-fit)
  - 가장 큰 공간을 찾아 프로세스 할당
- **순차 최초 적합**(next-fit)
  - 이전 할당 위치 다음부터 탐색하여 첫 번째 적합한 공간에 할당

공간 관리

- **공간 통합**(coalescing holes)
  - 인접한 빈 분할을 하나의 큰 분할로 통합
- **메모리 압축**(storage compaction)
  - 사용 중인 메모리를 한쪽으로 모아 큰 공간 확보

8.5 연습 문제

01 다음 중 주기억 장치와 캐시 사이의 데이터 전송 단위는?

① 블록
② 워드
③ 캐시 라인
④ 바이트

02 프로그램에서 사용하는 가상의 주소를 무엇이라고 하는가?

① 물리 주소
② 논리 주소
③ 실제 주소
④ 절대 주소

03 컴파일 시 물리 주소를 결정하는 주소 바인딩 방식은?

① 컴파일 시간 바인딩
② 적재 시간 바인딩
③ 실행 시간 바인딩
④ 동적 바인딩

04 연속 메모리 할당의 장점이 아닌 것은?

① 구현이 간단함
② 메모리 접근이 빠름
③ 외부 단편화가 발생하지 않음
④ 관리가 용이함

05 단일 프로그래밍 환경의 특징이 아닌 것은?

① 간단한 메모리 관리
② 높은 메모리 자원 활용도
③ 프로세스 간 메모리 충돌 없음
④ 자원 공유 문제없음

06 메모리 오버레이 기법의 단점은?

① 제한된 메모리로 큰 프로그램 실행 불가능
② 개발자가 프로그램 구조를 정확히 이해해야 함
③ 메모리 사용 효율이 낮음
④ 프로세스 간 메모리 충돌 발생

07 고정 분할 다중 프로그래밍(FPM)의 특징이 아닌 것은?

① 메모리를 고정된 크기의 여러 구역으로 나눔
② 내부 단편화 발생 가능
③ 외부 단편화 발생하지 않음
④ 분할 테이블을 통해 관리

08 가변 분할 다중 프로그래밍(VPM)의 장점이 아닌 것은?

① 메모리 사용 효율이 높음
② 내부 단편화가 발생하지 않음
③ 메모리 관리가 간단함
④ 프로세스 크기에 맞춰 메모리 할당

09 다음 중 배치 전략(placement strategy)이 아닌 것은?

① 최초 적합(first-fit)
② 최적 적합(best-fit)
③ 랜덤 적합(random-fit)
④ 최악 적합(worst-fit)

10 사용 중인 메모리를 한쪽으로 모아 큰 공간을 확보하는 기법은?

① 메모리 압축
② 공간 통합
③ 페이지 교체
④ 세그먼트 병합

11 논리 주소를 물리 주소로 변환하는 과정을 무엇이라고 하는가?

12 프로세스를 메모리에서 스왑 디바이스로 이동하는 과정을 무엇이라고 하는가?

13 인접한 빈 메모리 공간을 하나의 큰 공간으로 합치는 기법을 무엇이라고 하는가?

14 프로그램 크기가 사용 가능한 메모리보다 클 때, 프로그램을 여러 모듈로 나누고 필요한 부분만 메모리에 적재하는 기법은?

15 가변 분할 다중 프로그래밍에서 프로세스 크기와 가장 근접한 공간을 찾아 할당하는 배치 전략은?

16 메모리 계층 구조에서 보조기억 장치와 주기억 장치 사이의 데이터 전송 단위를 ________ 이라고 한다.

17 프로그램에서 사용하는 가상의 주소를 ___________라고 하며, 실제 메모리상의 위치를 나타내는 주소를 ________ 주소라고 한다.

18 프로그램 실행 중 물리 주소를 결정하는 주소 바인딩 방식을 ________ 바인딩이라고 한다.

19 커널 영역과 사용자 영역 사이의 경계 주소를 저장하는 레지스터를 ________ 레지스터라고 한다.

20 메모리 할당 과정에서 메모리 공간이 파편화되어, 사용하기 어려운 공간이 발생하는 현상을 __________라고 한다.

9 장

가상 메모리

학 습 목 표

가상 메모리 시스템의 기본 개념과 주요 기법을 이해한다. 본 장에서는 비연속 메모리 할당 방식을 기반으로 가상 메모리의 구조를 학습하고, 페이징 시스템과 세그먼테이션 기법에 대해 알아본다. 그리고 페이징과 세그먼테이션을 결합한 하이브리드 시스템에 대해 학습한다.

메모리 할당 방식에는 연속 메모리 할당과 비연속 메모리 할당 방식이 있다. **8장**에서 살펴본 바와 같이 연속 메모리 할당은 프로세스의 메모리가 물리적으로 연속적인 공간에 위치하는 것을 의미한다. 반면, 비연속 메모리 할당은 프로세스의 메모리가 물리적으로 분산되어 있을 수 있으며, 이는 가상 메모리의 핵심 개념과 밀접하게 연관되어 있다. 본 장에서는 비연속 메모리 할당을 기반으로 한 가상 메모리 시스템의 원리와 작동 방식을 탐구한다. 가상 메모리는 물리 메모리의 제약을 극복하고, 프로세스의 메모리 관리를 더 유연하게 하는 핵심 기술이다.

9.1 가상 메모리와 주소 매핑

비연속 메모리 할당(non-continuous memory allocation)은 하나의 프로세스가 물리적으로 분산된 여러 메모리 공간에 걸쳐 저장될 수 있음을 의미한다. 비연속 할당에서 프로세스는 여러 조각, 또는 블록 단위로 분할된다. 모든 블록은 기본적으로 스왑 디바이스(swap device)에 저장된다. 스왑 디바이스란 주로 하드 디스크 드라이브(HDD) 또는 솔리드 스테이트 드라이브(SSD)의 일부 영역을 가상 메모리로 사용하는 것을 의미한다. 비연속 메모리 할당에서는 프로세스가 실행될 때 실행 과정에서 필요한 블록들만 메모리에 적재해서 사용한다.

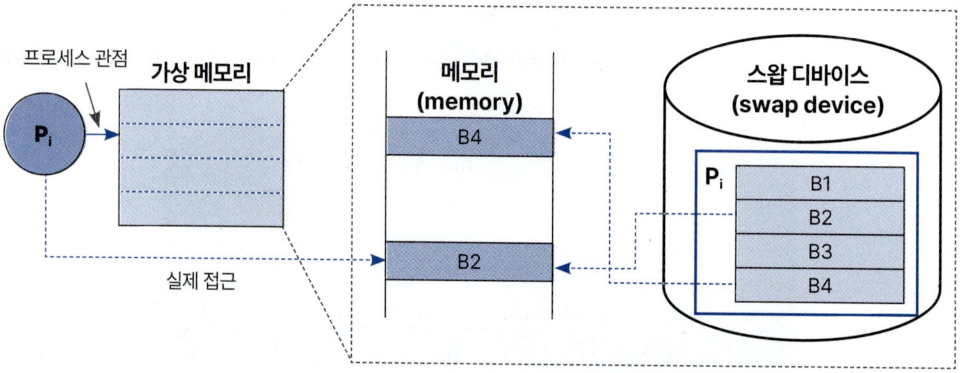

그림 9-1 가상 메모리(비연속 메모리 할당) 시스템의 개념

[그림 9-1]은 이러한 비연속 메모리 할당 시스템, 즉 가상 메모리(virtual storage 또는 virtual memory)의 개념을 보여준다. 프로세스는 가상 메모리 공간을 연속적인 공간으로 인식하며, 필요한 데이터에 접근을 요청한다. 이에 대응하여 운영체제는 해당 데이터가 있는 블록을 스왑 디바이스에서 메모리로 적재하고, 적재된 블록의 주소를 기반으로 프로세스의 데이터 접근 요청을 처리한다. 이러한 방식은 메모리 관리의 효율성을 높이고, 프로세스의 메모리 사용을 보다 유연하게 만든다.

비연속 메모리 할당 시스템에서 프로세스가 사용하는 메모리 주소, 즉 가상 메모리 공간에서의 주소를 **가상 주소**(virtual address)라고 한다. 가상 주소는 연속된 메모리 할당을 가정한 주소로, 상대 주소(relative address) 또는 논리 주소(logical address)라고도 한다. 그리고 실제 물리 메모리에 데이터가 적재된 주소를 **실제 주소(real address)** 또는 절대 주소(absolute address)라고 한다.

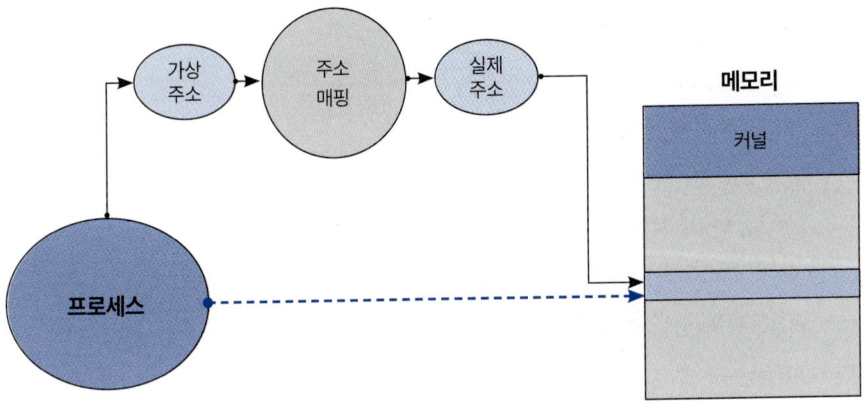

그림 9-2 비연속 메모리 할당에서 주소 매핑의 개념

운영체제가 프로세스의 데이터 접근 요청을 처리하는 과정에서 가상 주소를 실제 주소로 변환해 주는 과정이 필요하며, 이 과정을 **주소 매핑**(address mapping)이라고 한다. [그림 9-2]는 비연속 메모리 할당에서 주소 매핑의 개념을 보여준다.

● 블록 매핑(block mapping)

가상 주소가 실제 주소로 변환되는 과정을 더 자세히 살펴보자. 비연속 메모리 할당에서는 프로세스를 여러 블록으로 나누어 관리한다. 이러한 시스템에서 가상 주소는 특정 데이터가 위치한 블록 번호와 그 블록 내에서의 상대적 위치, 즉 오프셋으로 구성된다. 가상 주소 v는 다음과 같이 표현할 수 있다.

$$v = (b, d)$$

여기서 b는 블록의 번호, d는 해당 블록의 시작점으로부터의 거리(displacement, 변위)인 오프셋(offset)을 나타낸다. [그림 9-3]은 이런 가상 주소의 구조를 시각적으로 표현한 것이다.

9 가상 메모리

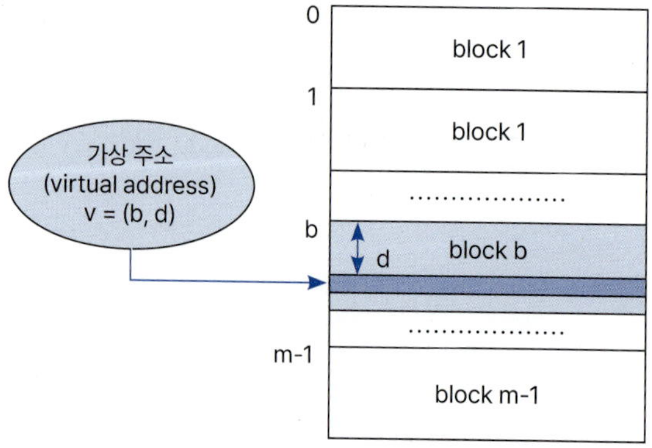

그림 9-3 가상 메모리 주소 v = (b,d)의 의미

블록 기반 가상 주소를 실제 주소로 변환하는 과정을 **블록 매핑**(block mapping)이라고 한다. 이 과정에서 사용되는 메모리 할당 및 주소 정보는 **블록 맵 테이블**(Block Map Table, BMT)에 의해 관리된다.

블록 번호 (block number)	거주 비트 (residence bit)	…	실제 주소 (real address)
0 1 2 …		⋮	
b	1	……	a
… m–1		⋮	

그림 9-4 블록 맵 테이블(BMT)

블록 맵 테이블은 블록 번호, 거주 비트, 그리고 실제 주소의 세 가지 핵심 정보를 담고 있다([그림 9-4]). 프로세스마다 독립적인 BMT가 할당되며, 이는 시스템의 커널 영역에서 관리된다. 테이블의 각 행은 프로세스를 구성하는 개별 블록을 대표하며, **블록 번호**(block number)는 이러한 블록들을 식별하는 데 사용된다.

거주 비트(residence bit)는 블록이 현재 메모리에 적재되어 있는지 여부를 나타내는 지표로, 블록이 메모리에 없으면 0(비거주 상태), 메모리에 적재되어 있으면 1(거주 상태)의 값을 가진다. 가상 메모리 시스템에서는 모든 블록이 기본적으로 스왑 디바이스에 저장되며, 필요에 따라 일부 블록만이 실제 메모리에 적재된다. 따라서 어떤 블록이 실제 메모리에 적재된 상태인지를 표시하는 것이 중요하며, 이를 위해 거주 비트가 사용된다.

실제 주소(real address) 열은 거주 상태인 블록의 물리 메모리상의 위치를 나타낸다. 이 정보는 블록이 메모리에 적재되어 있을 때 해당 블록을 찾기 위해 필요하다. 예를 들어, BMT에서 특정 블록이 거주 상태이고, 메모리 주소 a의 위치에서 시작되는 것으로 표시된다면, 이는 해당 블록이 실제로 메모리 주소 a에 위치해 있음을 의미한다.

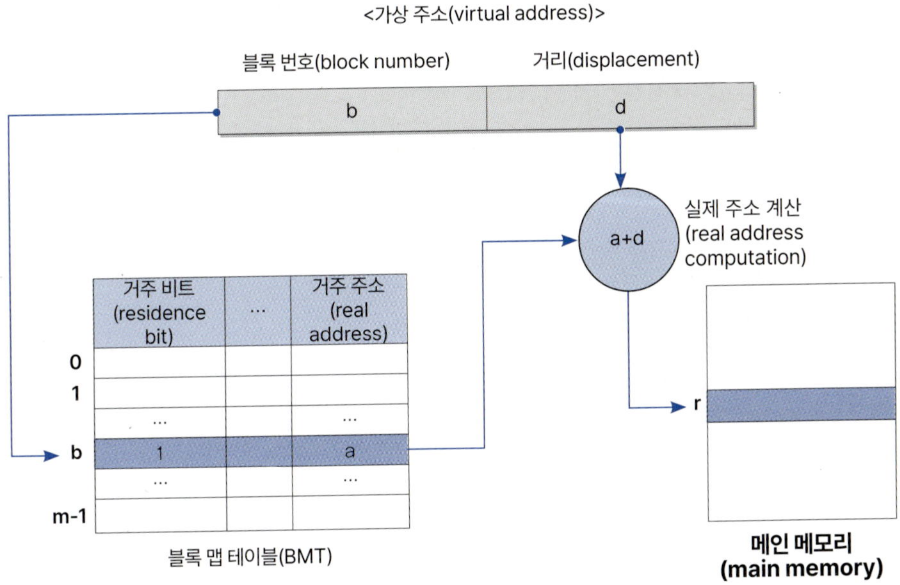

그림 9-5 블록 매핑 과정

[그림 9-5]는 BMT를 이용한 주소 매핑 과정을 표현한 것으로, 프로세스로의 가상 주소 접근 요청을 실제 메모리 주소로 변환화는 과정을 보여준다. 가상 주소 (b,d)가 주어지면, 운영체제는 BMT를 조회하여 해당 블록이 메모리에 적재되었는지 확인하고(거주 비트를 통해), 적재되었다면 실제 주소를 계산해 메모리에 접근한다. 블록 매핑을 통한 데이터 접근 과정은 다음과 같다.

❶ **가상 주소 요청:** 프로세스는 가상 주소 (b,d)로 데이터에 접근하고자 한다.

❷ **BMT 조회:** 운영체제는 BMT에서 블록 번호 b에 해당하는 행을 찾는다.

❸ **거주 비트 확인:** 운영체제는 거주 비트가 1인지 확인하여 해당 블록이 메모리에 적재되었는지를 판단한다.

❹ **실제 주소 계산:** 거주 비트가 1이라면, BMT에서 얻은 실제 주소 a에 오프셋 d를 더하여 최종 메모리 주소 r = a+d를 계산한다.

❺ **메모리 접근:** 계산된 실제 주소(r)로 메모리에 접근하여 필요한 데이터를 읽거나 쓴다.

본 절에서는 비연속 메모리 할당의 이론적 배경과 가상 메모리의 기본 개념을 알아보았다. 또한, 블록 매핑을 사용한 가상 메모리 시스템의 메모리 관리 및 접근 방법에 대한 개괄적으로 살펴보았다. 실제 가상 메모리 시스템은 이러한 개념을 바탕으로 다양한 기법을 통해 구현될 수 있으며, 그중 페이징 시스템과 세그먼테이션 시스템이 가장 널리 채택되고 있다. 이어지는 절들에서는 이 두 가지 방식에 대해 자세히 알아본다.

요약

비연속 메모리 할당

- 하나의 프로세스가 물리적으로 분산된 여러 메모리 공간에 걸쳐 저장 가능
- 프로세스는 여러 조각 또는 블록 단위로 분할
- 모든 블록은 기본적으로 스왑 디바이스에 저장
- 실행 시 필요한 블록만 메모리에 적재하여 사용

가상 메모리(virtual storage 또는 virtual memory)

- 비연속 메모리 할당 시스템 지칭
- 프로세스는 가상 메모리 공간을 연속적으로 인식
- 운영체제가 실제 데이터 접근 관리

주소 개념

- **가상 주소**(virtual address): 가상 메모리 공간에서의 주소
- **실제 주소**(real address): 물리 메모리에 데이터가 적재된 주소
- **주소 매핑**(address mapping): 가상 주소를 실제 주소로 변환하는 과정

블록 매핑(block mapping)

- **가상 주소 구성**: v = (b, d)
  - b: 블록 번호
  - d: 블록 내 오프셋(displacement)
- **블록 맵 테이블**(Block Map Table, BMT) **사용**
  - 블록 번호, 거주 비트, 실제 주소 정보 포함
- **매핑 과정**
  1. 가상 주소 요청
  2. BMT 조회
  3. 거주 비트 확인
  4. 실제 주소 계산
  5. 메모리 접근

9.2 페이징 시스템

페이징 시스템(paging system)은 프로세스를 동일한 크기의 여러 페이지로 분할하여 가상 메모리 내에서 관리하는 기법이다. 각 **페이지**(page)는 프로세스의 일정 부분을 담고 있으며, 모든 페이지는 표준화된 동일한 크기를 갖는다. 이 시스템에서는 메모리 역시 동일한 크기의 블록, 즉 **페이지 프레임**(page frame)으로 분할된다. 페이지 프레임은 각각의 페이지가 적재되는 메모리 내의 틀을 의미한다.

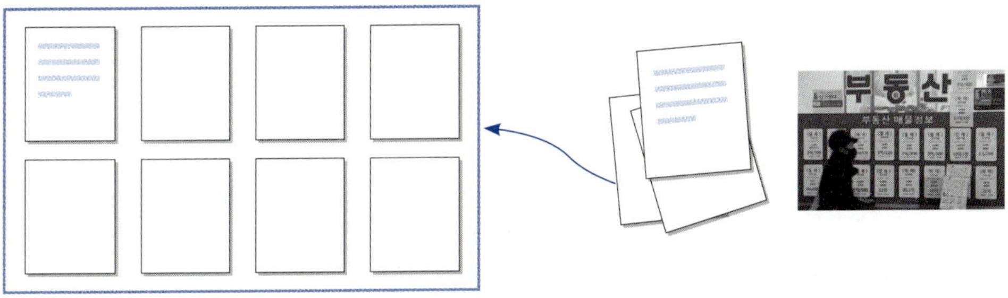

그림 9-6 페이징 시스템 비유: 종이와 게시판

페이징 시스템은 종이와 게시판의 관계에 비유할 수 있다([그림 9-6]). 데이터를 표준 A4 용지에 인쇄하는 것처럼, 정보가 페이지의 크기에 맞게 분할되어 저장된다. 게시판의 틀에 종이를 끼워넣는 것과 마찬가지로, 메모리 내의 페이지 프레임은 페이지를 적재하는 구조를 제공한다. 필요에 따라 게시판에서 종이를 교체하듯, 페이징 시스템에서도 더 이상 필요하지 않은 페이지를 메모리에서 제거하고 새로운 페이지로 대체한다.

페이징 시스템의 특징

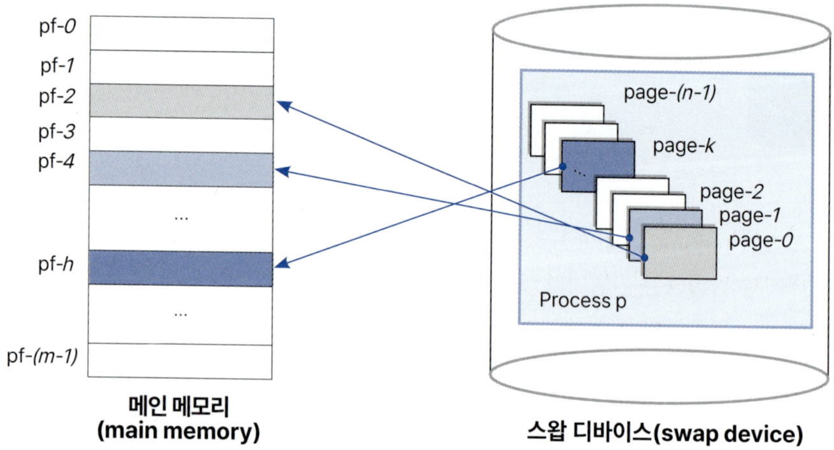

그림 9-7 페이징 시스템의 개념

[그림 9-7]은 페이징 시스템의 개념을 보여준다. 하나의 프로세스가 n개의 페이지로 분할되어 있으며, 스왑 디바이스에 모든 페이지가 저장되어 있다. 메모리는 m개의 페이지 프레임(pf)로 분할되어 있으며, 각 크기는 페이지의 크기와 같다. 그리고 프로세스를 구성하는 페이지 중 일부(예: page-0, page-1, page-k)만 메모리에 적재된 상태를 나타낸다.

페이징 시스템은 다음과 같은 특징을 가진다.

- **논리적 분할이 아닌, 크기에 따른 분할을 한다.**

  크기만을 고려해서 분할하기 때문에 프로세스의 논리적 구조가 반영되지 않는다. 예를 들어 하나의 페이지가 담고 있는 정보가 관련성이 없는 데이터일 수 있다. 또한, 관련된 데이터들이 여러 페이지에 나뉘어 저장될 수 있다.

  이처럼 논리적인 구성을 고려하지 않았다는 점에서, 페이지에 대한 공유(sharing) 및 보호(protection) 과정이 복잡할 수 있다.

- **메모리 관리 과정이 간단하고 효율적이다.**

  페이지와 페이지 프레임의 크기가 동일하기 때문에 메모리 적재 및 교체 작업이 간단해진다.

- **외부 단편화(external fragmentation)가 발생하지 않는다.**

  메모리가 페이지 프레임 단위로 나뉘어 있고, 페이지 크기와 일치하기 때문에 빈 페이지 프레임이 있으면 언제든지 페이지를 적재할 수 있다.

단, 내부 단편화(internal fragmentation)는 발생 가능하다. 프로세스의 크기가 페이지 크기의 배수가 아니면 마지막 페이지는 페이지 프레임보다 작을 수 있고, 이 경우 사용되지 않는 메모리 공간이 생겨 내부 단편화가 발생한다.

알아두세요 **마이크로소프트 윈도우(Windows) 운영체제 속 페이징 시스템**

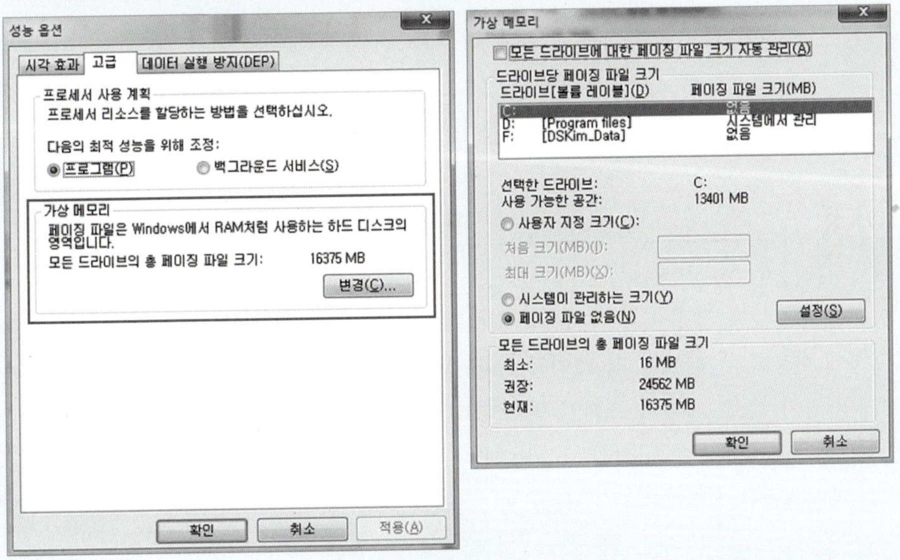

그림 9-8 윈도우 운영체제 속 페이징 시스템

널리 사용되는 운영체제 중 하나인 마이크로소프트의 윈도우 시스템도 페이징 기법을 사용한다. 이 시스템 내에서 페이징의 적용은 '제어판'에서 '시스템'으로 들어가, '고급 시스템 설정'을 선택한 후, '성능' 섹션의 '설정'을 클릭하여 [고급] 탭을 찾아가면, '가상 메모리' 항목에서 확인할 수 있다. [그림 9-8]은 이러한 메뉴 경로를 통해 가상 메모리 설정을 볼 수 있는 화면의 예시를 보여준다. 여기서 〈변경〉 버튼을 클릭하면, 시스템 내에서 스왑 디바이스로 사용되고 있는 디스크의 부분과 그에 할당된 크기를 확인할 수 있다. 윈도우에서 페이지의 크기는 일반적으로 4 KB로 알려져 있다(시스템마다 다를 수 있음).

페이징 시스템의 주소 매핑

페이징 시스템에서 가상 주소 v는 페이지 번호(p)와 해당 페이지 내의 위치(d)로 표현된다.

$$v = (p, d)$$

표 9-1 페이지 맵 테이블(PMT)

페이지 번호 (page number)	거주 비트 (residence bit)	보조기억 장치 주소 (secondary storage address)	기타 (other fields)	페이지 프레임 번호 (page frame number)
0	1	S_0	…	2
1	1	S_1	…	4
2	0	S_2	…	–
…	…	…	…	…
k	1	S_k	…	h
…	…	…	…	…
n–1	0	S_{n-1}	…	–

블록 매핑에서 블록 맵 테이블을 사용한 것처럼, 페이징 시스템에서는 페이지 맵 테이블을 주소 매핑에 사용한다. **페이지 맵 테이블**(Page Map Table, PMT)은 페이지 번호, 거주 비트, 보조기억 장치 주소, 페이지 프레임 번호의 네 가지 핵심 정보를 담고 있다([표 9-1]). 테이블의 각 행은 프로세스를 구성하는 개별 페이지를 대표하며, **페이지 번호**(page number)는 이러한 페이지들을 식별하는 데 사용된다.

- **거주 비트**(residence bit): 페이지가 현재 메모리에 적재되어 있는지 여부를 나타내는 지표로, 페이지가 메모리에 없으면 0(비거주 상태), 메모리에 적재되어 있으면 1(거주 상태)의 값을 가진다.
- **보조기억 장치 주소**(secondary storage address): 해당 페이지가 보관되어 있는 스왑 디바이스 상의 주소다. 스왑 디바이스는 보조기억 장치의 일부 영역을 사용한다는 점을 기억하면, 이름의 의미를 쉽게 이해할 수 있다. 모든 페이지는 기본적으로 스왑 디바이스에 저장되어 있기 때문에, 거주 비트의 값과 무관하게 모든 페이지가 보조기억 장치 주소를 가지고 있는 것을 볼 수 있다.
- **페이지 프레임 번호**(page frame number): 페이지가 실제로 적재된 메모리 내의 위치를 나타낸다. 블록 매핑이 메모리 주소를 직접 기록하는 것과는 대조적으로, 페이징 시스템에서는 페이지 프레임 번호를 사용한다. 메모리가 고정된 크기의 페이지 프레임으로 나뉘기 때문에, 페이지 프레임 번호만으로 메모리상의 정확한 위치를 파악할 수 있다. 이는 긴 메모리 주소를 기록할 필요 없이 정수로 된 번호만 저장하므로, PMT에 필요한 저장 공간을 효율적으로 줄일 수 있는 장점이 있다.

페이징 시스템에서의 주소 매핑 방법은 크게 세 가지로, 직접 매핑, 연관 매핑, 그리고 하이브리드 직접/연관 매핑 방법이 있다. 각각의 방법을 하나씩 살펴보자.

● 직접 매핑(direct mapping)

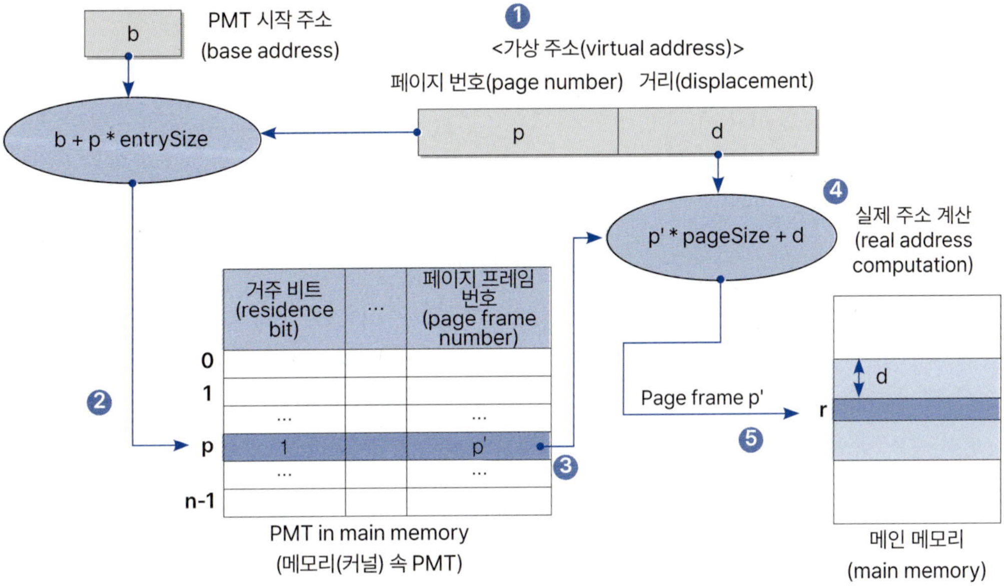

그림 9-9 페이징 시스템에서 직접 매핑

[그림 9-9]는 페이징 시스템에서의 직접 매핑 과정을 도식화한 것이다. PMT의 한 엔트리(entry 또는 행)의 크기를 'entrySize', 페이지의 크기를 'pageSize'로 정의할 때 직접 매핑 과정은 다음과 같다.

❶ **가상 주소 요청:** 프로세스는 가상 주소 (p,d)로 데이터에 접근하고자 한다.

❷ **PMT 조회:** 해당 프로세스의 PMT에서 페이지 번호 p에 해당하는 엔트리를 찾는다.

- p 번째 엔트리의 위치 = b+p×entrySize (b는 PMT의 시작 주소)

❸ **거주 비트 검사:** 찾은 엔트리의 거주 비트 값을 확인한다.

❸-1 거주 비트의 값이 0인 경우(페이지 폴트)

· 스왑 디바이스에서 해당 페이지를 가져와 메모리에 적재한 후

· PMT를 갱신한 후 '❸-2 단계' 수행

❸-2 거주 비트의 값이 1인 경우

· 해당 엔트리에서 페이지 프레임 번호 p'를 확인한다.

❹ **실제 주소 계산:** 페이지 프레임 번호(p')와 가상 주소의 변위(d)를 사용하여 실제 주소(r)를 계산한다.

- $r = p' \times pageSize + d$

❺ **메모리 접근:** 계산된 실제 주소(r)로 데이터에 접근한다.

- **페이지 폴트(page fault)**

직접 매핑 과정에서 접근하려는 페이지가 메모리에 적재되지 않은 경우(거주 비트 = 0), 즉 필요한 페이지가 메모리에 없는 상황을 **페이지 폴트(page fault)**라고 한다. 페이지 폴트가 발생하면 해당 페이지를 스왑 디바이스에서 메모리로 이동해야 한다. 스왑 디바이스 접근은 보조기억 장치에 대한 접근으로, 이는 디스크 I/O 작업과 유사하다. 프로세스가 I/O 작업을 수행하려면 실행 상태(running state)에서 차단 상태(blocked state)로 전환되어야 한다(**3.2절** 참고). 따라서 페이지 폴트는 문맥 교환(context switching, **3.3절** 참고)을 유발하며, 이는 시스템에 큰 부하를 준다. 잦은 페이지 폴트는 시스템의 효율성을 저하시킬 수 있으므로, 페이지 폴트의 발생 빈도를 줄이는 것은 운영체제의 중요한 역할 중 하나다. 실제로 운영체제는 페이지 폴트를 모니터링하고([그림 9-10] 참고), 발생 빈도를 줄이기 위해 다양한 전략을 사용한다. 페이지 폴트를 줄이기 위한 전략에 대해서는 **10장**에서 자세히 다룰 예정이다.

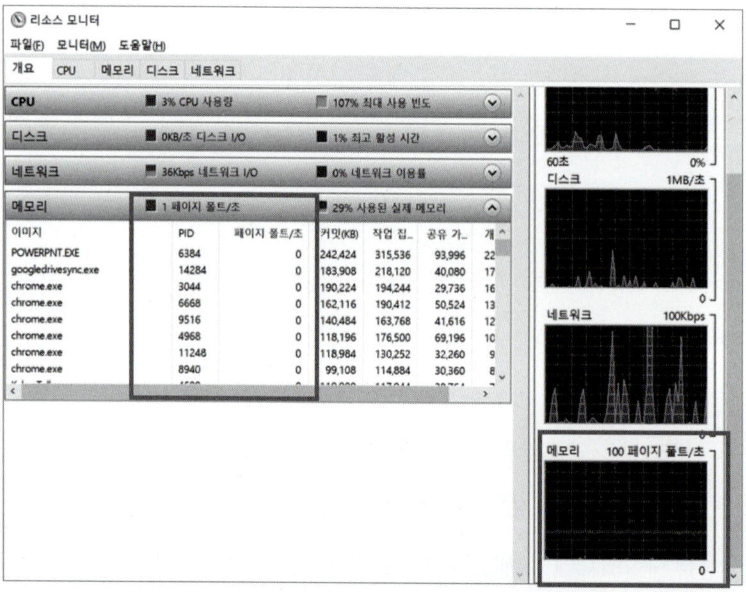

그림 9-10 윈도우 운영체제의 페이지 폴트 모니터링 모습

직접 매핑 과정은 데이터 접근을 위해 두 번의 메모리 접근이 필요하다. 첫 번째 접근은 페이지 맵 테이블(PMT)에 대한 것이며, 두 번째는 실제 데이터에 대한 접근이다. 이는 각 데이터 접근 시마다 PMT를 거쳐야 함을 의미하며, 이러한 빈번한 메모리 접근은 시스템의 성능 저하를 초래할 수 있다. 또한, 각 프로세스의 PMT를 메모리(특히 커널 공간) 내에 유지해야 하는 공간적 부담도 있다.

이러한 시간적 및 공간적 부담을 경감하기 위해, 연관 매핑(associative mapping), 계층적 페이징(hierarchical paging), 해시화된 페이지 테이블(hashed page tables)과 같은 다양한 기술이 개발되었다. 다음 항에서는 이 중 하나인 연관 매핑에 대해 살펴볼 것이다.

● 연관 매핑(associative mapping)

연관 매핑(associative mapping)은 직접 매핑과 유사하게 페이지 맵 테이블(PMT)을 활용하지만, PMT를 **TLB(Translation Look-aside Buffer)**라는 특수한 고속 메모리에 저장하여 사용하는 방식이다. TLB는 병렬 검색이 가능한 매우 빠른 메모리로, PMT 탐색 과정에서 모든 엔트리를 동시에 검색(병렬 검색)하는 방식을 채택한다. 이를 통해 요청된 가상 주소와 일치하는 페이지 프레임을 신속하게 찾아낼 수 있으므로, PMT 탐색에 따른 시간적 부하를 줄일 수 있다.

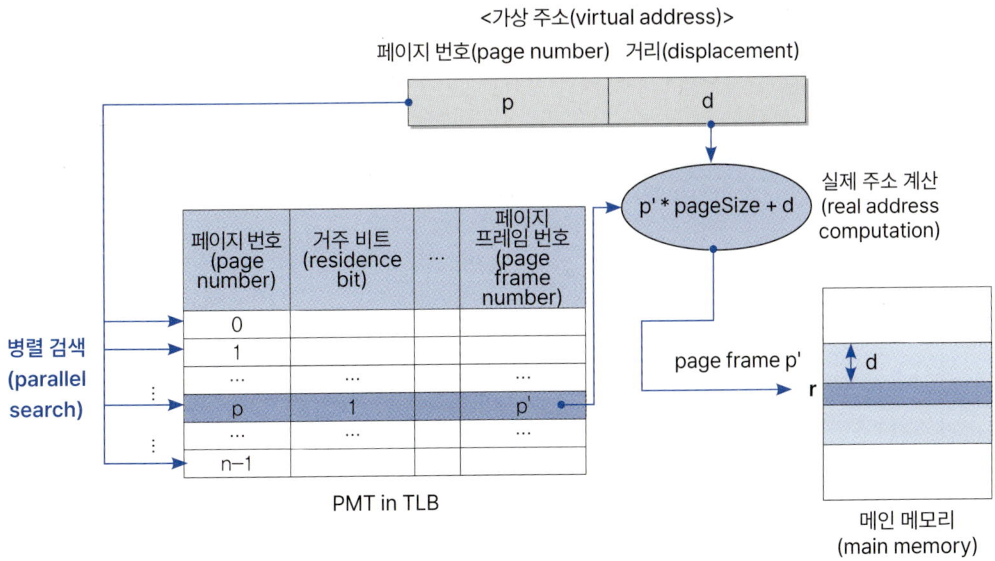

그림 9-11 페이징 시스템에서 연관 매핑

TLB를 통한 PMT의 병렬 탐색을 통해 연관 매핑은 주소 매핑 과정을 빠르게 수행할 수 있다는 장점을 가진다. 하지만 TLB는 고가의 하드웨어로 그 크기를 크게 하기 어렵다는 제약이 있다. 연관 매핑을 위해서는 PMT 전체가 TLB에 올라가야 한다는 점에서, 큰 크기의 PMT(크기가 큰 프로세스)를 다루기 어렵다는 한계를 가진다.

- **하이브리드 직접/연관 매핑(hybrid direct/associative mapping)**

직접 매핑은 PMT를 메모리(커널 공간)에 저장함으로써 큰 크기의 PMT 관리에 대한 부담이 적지만, PMT 탐색 시간이 직접 사상 대비 오래 걸린다는 단점이 있다. 반면, 연관 매핑은 TLB를 사용함으로써 PMT 탐색 시간을 크게 줄일 수 있지만, 고가의 TLB의 용량 제한으로 큰 크기의 PMT를 다루기 어렵다는 단점이 있다.

하이브리드 직접/연관 매핑(hybrid direct/associative mapping)은 직접 매핑의 저장 공간 효율성과 연관 매핑의 빠른 검색 속도의 이점을 결합한 방식이다. 이 접근 방식은 하드웨어 비용을 절감하면서 연관 매핑의 장점인 신속한 PMT 탐색 속도를 유지하는 것을 목표로 한다. 기본적으로 하이브리드 매핑은 PMT 전체를 메모리에 저장하고, PMT 중 일부, 특히 최근에 자주 사용된 엔트리들을 TLB에 적재하여 사용한다. 이는 지역성의 원리를 활용하는 것으로 **1.3절**에서 배운 캐시의 동작 원리와 유사하다.

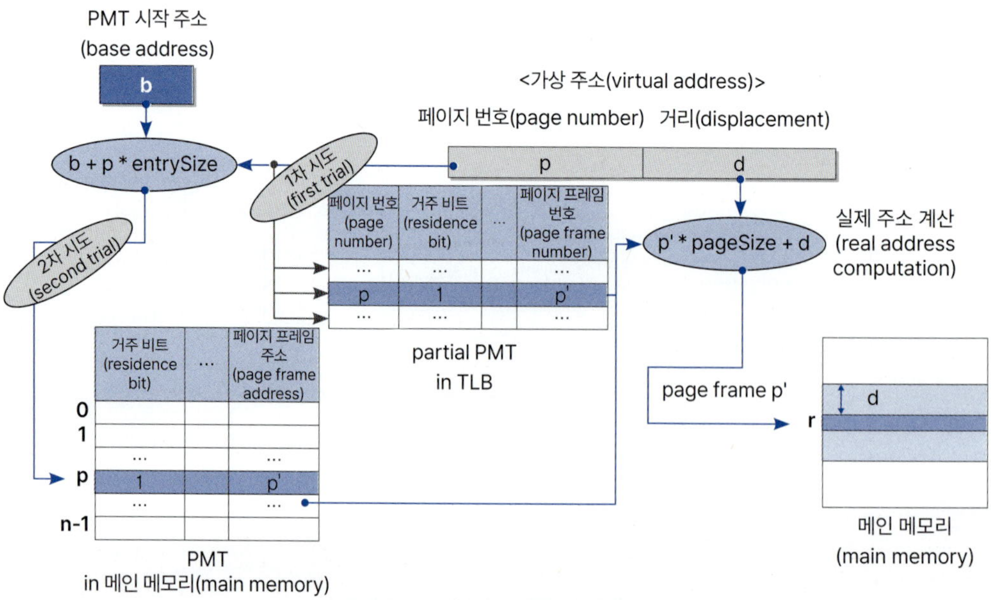

그림 9-12 페이징 시스템에서 하이브리드 직접/연관 매핑

[그림 9-12]는 페이징 시스템에서 하이브리드 직접/연관 매핑의 과정을 도식화한 것이다. 이 방법의 핵심인 PMT를 탐색하는 과정은 다음과 같다.

❶ **TBL 탐색(1차 시도)**: TLB에 목표 페이지(p)에 대한 PMT 엔트리가 적재되어 있는지 확인한다.

- **TLB에 적재되어 있는 경우**
  - 거주 비트를 검사 및 페이지 프레임 번호(p') 확인(거주 비트가 0인 경우, 페이지의 메모리 적재 과정 포함)
  - PMT 탐색 과정 종료
- **TLB에 적재되어 있지 않은 경우 ❷단계로 이동**

❷ **PMT 탐색(2차 시도)**

- PMT에서 목표 페이지(p)의 거주 비트를 검사 및 페이지 프레임 번호(p') 확인(직접 사상 방식)
- 해당 엔트리를 TLB에 적재 후 PMT 탐색 과정 종료

페이징 시스템의 메모리 관리

페이징 시스템은 메모리를 동일한 크기의 페이지 프레임으로 미리 분할하여 관리하는 방식에서 고정 분할 다중 프로그래밍(Fixed Partition Multiprogramming, FPM) 기법과 유사성을 보인다.

$Free_{start}$ → 0

페이지 프레임 번호 (page frame number)	할당 여부 (allocated)	프로세스 번호 (PID)	링크 (link)
0	0		
1	1	P2	
2	1	P1	
…			
k−1	0	–	
k	1	P1	
k+1	0	–	
…			
m−1	0	–	

그림 9-13 페이지 테이블

페이징 시스템에서는 메모리 관리를 위해 페이지 테이블(page table)을 사용한다([그림 9-13]). 페이지 테이블의 각 엔트리는 '페이지 프레임 번호', '할당 여부', '프로세스 번호', 그리고 '링크'의 네 가지 핵심 정보를 담고 있다. 그리고 비어 있는 페이지 프레임들의 정보를 관리하기 위한 '빈 공간의 시작($Free_{start}$)' 정보를 함께 사용한다. 테이블의 **페이지 프레임 번호**(page frame number)는 이러한 페이지 프레임들을 식별하는 데 사용된다.

할당 여부(allocated)는 해당 페이지 프레임의 사용 중 여부, 즉 프로세스에게 할당되었는지 여부를 표시하며, 할당된 상태이면 1, 할당되지 않은 상태이면 0의 값을 가진다.

프로세스 번호(PID)는 해당 페이지 프레임을 사용 중인 프로세스의 번호(ID)를 담고 있다. 만약 페이지 프레임이 미사용 중이라면 이 항목은 비어 있게 된다.

링크(link)는 미사용 중인 페이지 프레임들을 연결해 두기 위해 사용되는 항목으로, 현재 페이지 프레임이 미사용 중인 경우에만 사용된다. 해당 페이지 프레임이 비어 있는 경우에는, 링크 항목은 다른 비어 있는 페이지 프레임의 위치 정보를 가진다. 연결 리스트(linked list)와 같은 형태로 이해하면 된다.

빈 페이지 프레임들의 목록(free list)이 링크 항목으로 관리되며, 이 목록의 시작은 **빈 공간의 시작**($Free_{start}$)에 의해 표시된다. 페이지 프레임 할당이 필요한 경우, $Free_{start}$가 가리키고 있는 페이지 프레임을 할당하고, 그 페이지 프레임의 링크 값을 $Free_{start}$에 복사해 줌으로써 목록을 갱신한다. 페이지 프레임이 반납되는 경우, 목록의 마지막에 있는 페이지 프레임의 링크를 반납된 페이지 프레임을 가리키게 하여 목록 정보를 갱신한다.

페이지 공유 및 보호

연속 메모리 할당에서 각 프로세스는 연속된 메모리 공간을 사용하며, 서로의 메모리 영역에 접근하는 것이 허용되지 않는다. 반면에 비연속 메모리 할당 방식에서는 여러 프로세스가 특정 메모리 블록을 공유할 수 있는 가능성이 있다. 이는 메모리가 불연속적으로 분할되어 있고, 일부 블록의 경우 공통으로 사용하는 내용일 수 있기 때문이다. 이러한 블록 공유는 메모리 공간을 효율적으로 사용할 수 있다는 장점을 가진다. 하지만 공유된 데이터에 대한 보호 등과 같은 세심한 관리가 동반되어야 한다.

이번 항에서는 페이징 시스템에서의 페이지 공유와 보호에 대해 알아보자.

● 페이지 공유(page sharing)

페이지 공유(sharing)는 효율적인 메모리 사용을 위해 동일한 정보를 담은 페이지를 여러 프로세스가 접근할 수 있게 하는 공유 메커니즘이다. 페이징 시스템도 비연속 메모리 할당 방식

중 하나로, 특정 페이지를 여러 프로세스들이 공유할 수 있다. 공유 가능한 페이지들은 프로시저 페이지와 데이터 페이지로 구분해 볼 수 있다.

프로시저 페이지(procedure page)는 순수하게 프로그램 코드(여기서는 실행 가능한 상태의 기계어 코드)만 담고 있는 페이지를 의미한다. 프로그램 코드는 일을 처리하는 절차로, 프로세스에 따라 달라지지 않고 모두 동일하다. 예를 들어, 우리가 인터넷 창을 여러 개 띄우면 창마다 하나의 프로세스가 생성된다. 각 창이 담당하는 웹페이지(입력)는 다를 수 있지만, 각 프로세스가 하는 일은 방문한 웹페이지를 해석하고 화면에 표시하는 작업으로 동일하다. 즉, 작업을 처리하는 코드는 동일하며 해당 코드를 담고 있는 페이지는 공유해서 사용할 수 있다.

데이터 페이지(data page)는 읽기 전용과 읽기/쓰기 가능한 페이지로 구분될 수 있다. 읽기 전용 데이터 페이지는 데이터에 대한 접근이 데이터를 바꾸지 않기 때문에 여러 프로세스가 같이 접근해도 문제가 되지 않는다. 즉, 항상 공유 가능하다. 이는 여러 사람이 게시판의 게시물을 동시에 읽는 것과 유사하다. 동시에 읽는다고 해서 내용이 변경되지는 않는다. 그러나 읽기/쓰기 가능한 데이터 페이지는 여러 프로세스가 동시에 접근해서 쓰기 작업(데이터 변경)을 하는 경우, 잘못된 데이터가 생성되는 등의 문제가 발생할 수 있다. 따라서 여러 프로세스의 접근을 조율하는 병행성(concurrency) 제어[14] 기법 관리하에서만 공유가 가능한다. 이는 하나의 스케치북에 여러 명이 동시에 그림을 그리는 것과 유사하다. 서로 약속 없이 작업을 하면 그림이 엉망이 될 수 있다.

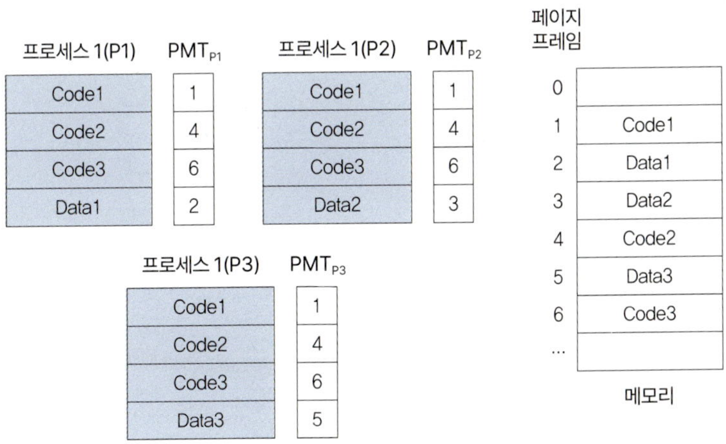

그림 9-14 페이지 공유의 예

14 병행성(concurrency)이란 여러 프로세스가 동시에 작업을 하는 것을 의미하며, 병행성 제어는 여러 프로세스가 공유 자원에 접근하려고 할 때 접근 순서 및 권한 등을 관리하는 것을 의미한다.

- **페이지 공유의 예**

워드 프로세서가 세 개의 프로시저 페이지(Code1, Code2, Code3)를 사용하고, 각 문서의 내용은 별도의 데이터 페이지에 저장된다고 가정하자. 이를 설명하는 [그림 9-14]에서, 한 문서를 담당하는 프로세스 P1은 세 개의 프로시저 페이지와 하나의 데이터 페이지로 구성된다. P1의 페이지 맵 테이블(PMT)에 따르면, 프로시저 페이지들은 각각 1, 4, 6번 페이지 프레임에, 데이터 페이지(Data1)는 2번 페이지 프레임에 위치한다.

새로운 문서를 여는 경우, 새로운 프로세스 P2가 생성된다. 프로시저 페이지들은 모든 문서에서 공통적이므로, P2는 P1의 프로시저 페이지들을 공유하며, P2의 PMT는 이 프로시저 페이지들을 P1과 동일한 페이지 프레임 번호로 참조한다. P2의 데이터 페이지(Data2)는 새로 할당된 메모리 공간에 저장된다. 이러한 방식으로 프로세스 P3 역시 프로시저 페이지를 공유하며, 자신의 데이터 페이지(Data3)를 5번 페이지 프레임에 저장한다.

만약 프로시저 페이지를 공유하지 않는다면, 세 프로세스 각각에게 독립된 메모리 공간을 할당해야 하므로 총 12개의 페이지 프레임이 필요할 것이다. 그러나 프로시저 페이지를 공유함으로써 필요한 페이지 프레임 수를 6개로 줄일 수 있다. 이는 메모리 사용을 절약하고 효율을 극대화하는 데 기여한다.

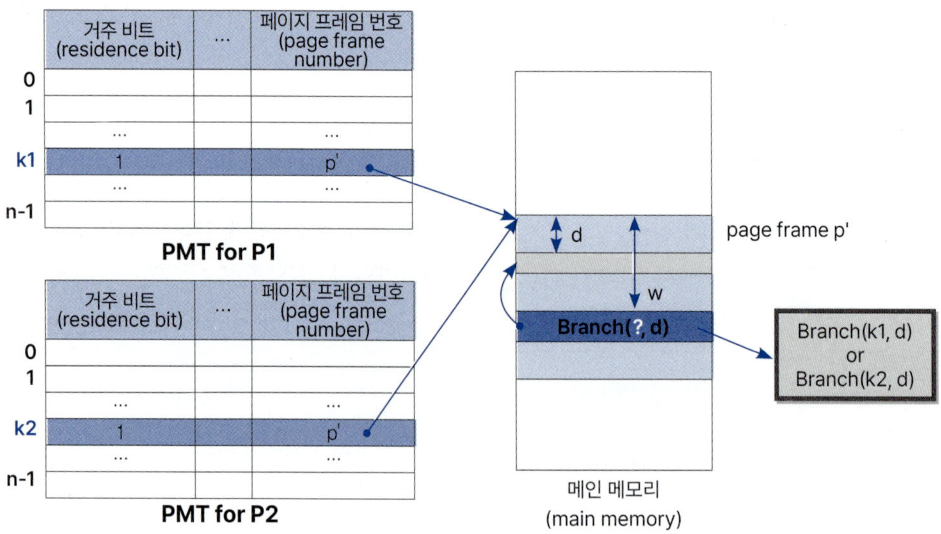

그림 9-15 공유된 프로시저 페이지 내 분기문이 있는 경우(문제 상황)

페이지 공유는 메모리 사용을 최적화할 수 있지만, 관리가 잘못되면 문제가 발생할 수 있다. [그림 9-15]와 같이 프로세스 P1과 P2가 동일한 프로시저 페이지를 p'번 페이지 프레임에서 공유하는 경우를 생각해 보자. P1의 PMT에서는 이 페이지를 k1번 엔트리로, P2의 PMT에서는 k2번 엔트리로 참조하고 있다.

프로시저 페이지에는 특정 조건에서 다른 코드 부분으로 분기하는 'Branch' 명령어가 포함될 수 있다(예: if 문 등). 페이징 시스템은 가상 주소를 사용하므로, 분기 목적지도 가상 주소 형식으로 지정되어야 한다. 이 가상 주소는 페이지 번호(p)와 오프셋(d)으로 구성된다. 프로세스에 따라 PMT에서의 페이지 번호가 k1 또는 k2로 다를 수 있는데, 이 경우 Branch 명령어에서 사용되는 페이지 번호에 따라 서로 다른 프로세스에서 분기 동작이 올바르게 수행되지 않을 수 있다.

이는 Branch 명령어에 사용되는 가상 주소가 프로세스마다 달라질 수 있다는 것을 의미하며, 이로 인해 한 프로세스에서 의도한 대로 작동하는 동안 다른 프로세스에서는 예상치 못한 동작을 할 수 있는 문제를 일으킬 수 있다.

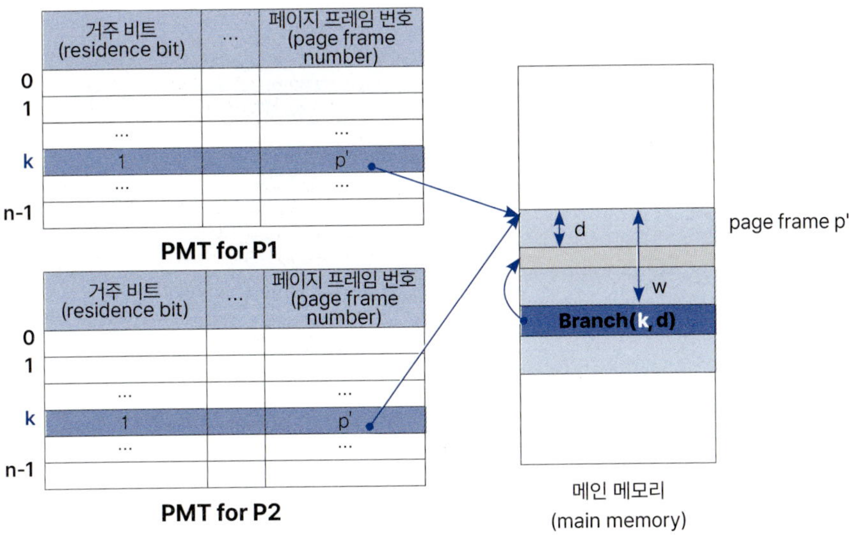

그림 9-16 공유된 프로시저 페이지 내 분기문이 있는 경우(해결책)

페이지 번호 불일치 문제를 해결하기 위한 한 가지 방법은, 프로세스들이 페이지를 공유할 때 모든 프로세스에서 해당 페이지에 동일한 번호를 부여하는 것이다. [그림 9-16]에서 볼 수 있듯이, PMT에서 동일한 엔트리 번호를 가지도록 설정하여 공유 페이지에 대한 일관된 참조를 유지한다. 이 방식은 가상 주소 공간에서 동일한 페이지에 대해 모든 프로세스가 같은 식별 번호를 사용함으로써, 공유 페이지 내의 명령이나 데이터에 대한 접근이 일관성 있게 이루어질 수 있도록 보장한다.

- **페이지 보호(page protection)**

페이지 공유는 여러 프로세스가 동일한 페이지에 접근하여 데이터를 수정할 수 있음을 의미한다. 이러한 공유 상황에서 중요한 고려 사항 중 하나는 페이지 보호다.

페이지 보호(page protection)의 목적은 프로세스의 페이지에 대한 잘못된 접근을 막는 것이다. 잘못된 접근이란 자신이 가진 권한을 벗어난 행동을 하는 것으로 정의할 수 있다. 대표적으로, 페이지의 내용을 변경할 권한이 없는 프로세스가 데이터를 변경하는 것을 예로 들 수 있다. 따라서, 공유 페이지를 보호하기 위해서는 각 프로세스가 공유 페이지에 대해 갖는 권한을 기억하고, 프로세스의 요청이 권한에 맞는지를 검사하는 방법으로 페이지를 보호할 수 있다. 그리고 프로세스가 각 페이지에 대해 가지는 권한은 일반적으로 PMT 내 보호 비트(protection bit)를 통해 관리된다.

- **R**: Read
- **W**: Write
- **X**: eXecution

페이지 번호 (page number)	거주 비트 (residence bit)	보호 비트 (protection bit, RWX)	페이지 프레임 번호 (page frame number)
0	1	100	2
1	1	111	4
2	0	–	–
…	…		…
k	1	110	5

page map table for P_i

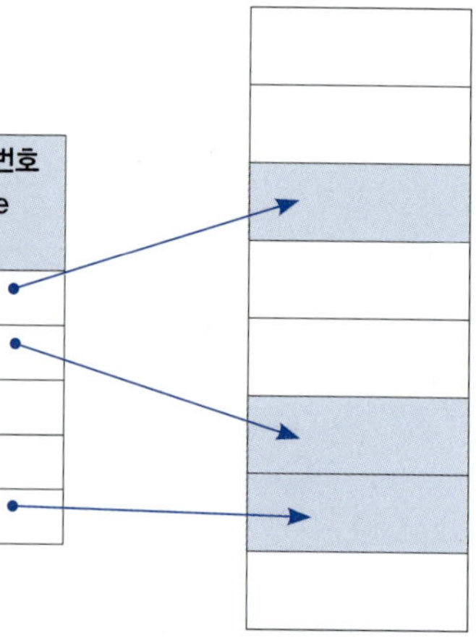

그림 9-17 보호 비트를 통한 공유 페이지 보호의 예

[그림 9-17]은 보호 비트를 통한 페이지 보호의 예를 보여준다. 읽기(R), 쓰기(W), 실행(X) 권한에 대한 각각 하나의 비트(bit)를 부여하고, 권한이 있는 경우 1, 권한이 없는 경우 0으로 표기하여 권한을 간단히 관리할 수 있다.

페이징 시스템에서 페이지 공유와 보호를 어렵게 하는 요소 중 하나는 프로세스를 동일한 크기의 페이지로 분할한다는 것이다. 이러한 분할 전략은 페이지에 속하는 데이터의 종류에 대한 고려를 하지 않는다. 따라서, 하나의 페이지에 공유가 가능한 내용(예: 코드)과 공유할 수 없는 내용(예: 프로세스 개별 데이터)이 혼재될 수 있다. 그리고 이처럼 내용이 혼재된 페이지는 통으로 공유할 수 없기 때문에, 페이지를 공유하지 않거나 공유 페이지 내 공유 영역을 관리하는 등의 복잡한 메커니즘이 필요할 수 있다. 이러한 측면에서 세그먼테이션 시스템 대비, 페이징 시스템은 공유와 보호가 복잡하다고 말할 수 있다.

요약

페이징 시스템(paging system)

- 프로세스를 동일한 크기의 페이지로 분할하여 가상 메모리 내에서 관리
- 물리 메모리를 페이지 프레임(page frame)으로 분할
- **특징**
  - 논리적 분할이 아닌, 크기에 따른 분할
  - 메모리 관리 과정이 간단하고 효율적
  - 외부 단편화 발생하지 않음
  - 내부 단편화 발생 가능

주소 매핑 방법

- **직접 매핑**(direct mapping)
  - PMT를 메모리에 저장
  - 가상 주소 요청 → PMT 조회 → 거주 비트 검사 → 실제 주소 계산 → 메모리 접근
- **연관 매핑**(associative mapping)
  - PMT를 TLB(Translation Look-aside Buffer)에 저장
  - 병렬 검색으로 빠른 주소 변환 가능
- **하이브리드 직접/연관 매핑**(hybrid direct/associative mapping)
  - PMT는 메모리에 저장, 일부 항목은 TLB에 저장
  - TLB 탐색 → PMT 탐색 순으로 진행

페이지 폴트(page fault)

- 접근하려는 페이지가 메모리에 없는 상황
- 시스템에 큰 부하를 주는 요인
- 운영체제는 페이지 폴트 발생 빈도를 줄이는 것이 중요

페이지 테이블(page table)

- 메모리 관리를 위해 사용
- **구성 요소**: 페이지 프레임 번호, 할당 여부, 프로세스 번호, 링크
- 빈 페이지 프레임 관리를 위한 연결 리스트 사용

페이지 공유 및 보호

- **공유 가능한 페이지**: 프로시저 페이지, 데이터 페이지
- 보호를 위해 PMT 내 보호 비트(protection bit) 사용

9.3 세그먼테이션 시스템

세그먼테이션 시스템(segmentation system)은 프로세스를 논리적 단위인 세그먼트로 나눠 가상 메모리에서 관리하는 기법이다. 각 **세그먼트**(segment)는 함수, 모듈, 데이터 블록 등 논리적으로 하나의 객체를 포함하며, 그 크기는 내용에 따라 달라질 수 있다. 이 시스템에서는 메모리도 가변적으로 분할되며, 가변 분할 다중 프로그래밍(8.4절)과 유사하게 관리된다.

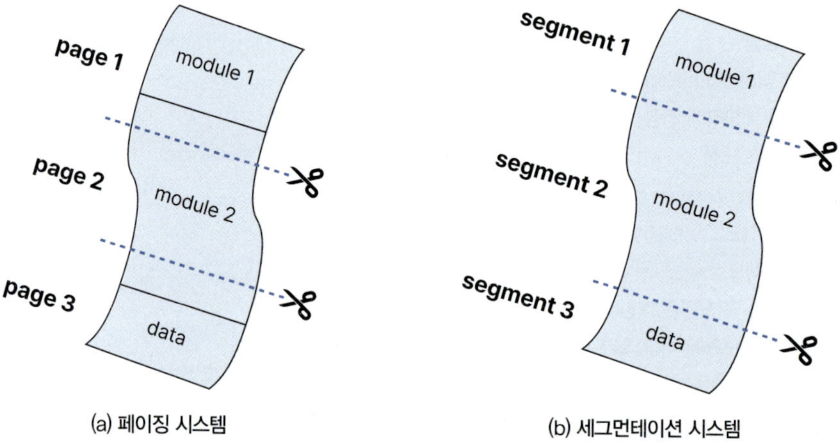

그림 9-18 페이징 시스템과 세그먼테이션 시스템의 개념 비교

[그림 9-18]은 페이징 시스템과 세그먼테이션 시스템의 개념을 비교한 것이다. 페이징 시스템의 경우, 내용과 무관하게 동일한 크기의 페이지로 분할하기 때문에 하나의 페이지에 여러 논리적 객체가 담길 수 있다([그림 9-18-(a)]). 반면, 세그먼테이션 시스템은 논리적으로 같은 내용을 하나의 세그먼트로 자르며, 그 크기가 서로 다를 수 있음을 알 수 있다.

페이징 시스템과 세그먼테이션 시스템을 옷장에 비유하면, 페이징 시스템은 모든 옷을 똑같은 크기의 상자에 넣어 정리하는 것과 같다. 이때, 하나의 상자 안에는 다양한 종류의 옷이 섞여 들어갈 수 있다. 반면, 세그먼테이션 시스템은 옷을 종류별로 다른 크기의 선반에 나누어 보관하는 것과 유사하다. 여기서 각 선반의 크기는 보관되는 옷 종류나 양에 따라 달라진다.

본 절에서는 세그먼테이션 시스템의 개념과 특징을 자세히 살펴보자.

세그먼테이션 시스템의 특징

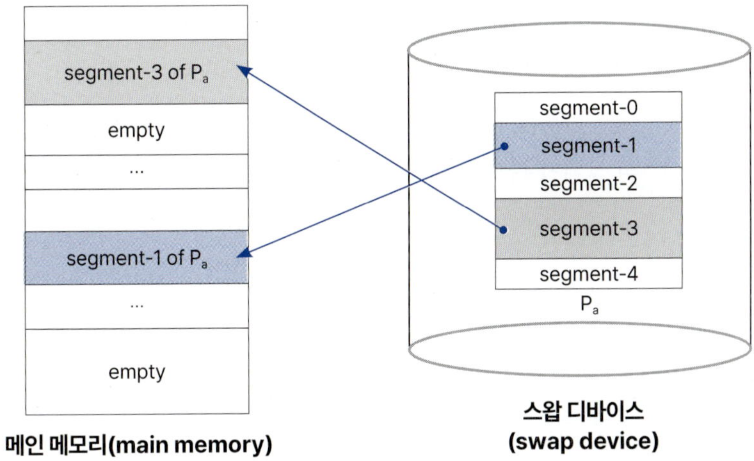

그림 9-19 세그먼테이션 시스템 개념

[그림 9-19]는 세그먼테이션 시스템의 개요를 보여준다. 하나의 프로세스가 5개의 세그먼트로 분할되어 있으며, 스왑 디바이스에 모든 세그먼트가 저장되어 있다. 메모리는 적재할 세그먼트에 맞추어 동적으로 분할되며, 그 크기는 세그먼트의 크기에 따라 달라진다. 이 과정에서 메모리 공간의 파편화가 진행될 수 있으며, [그림 9-19]에서 그 모습을 확인할 수 있다. 또한, 프로세스를 구성하는 일부 세그먼트(예: segment-1, segment-3)만이 메모리에 적재된 상태를 나타낸다.

세그먼테이션 시스템은 다음과 같은 특징이 있다.

- **크기에 따른 분할이 아닌, 논리적 분할이다.**

  각 세그먼트는 함수, 모듈 또는 데이터 블록 등과 같이 논리적으로 하나의 객체를 담고 있으며, 그 크기는 내용에 따라 가변적이다.

- **세그먼트 공유 및 보호가 용이하다.**

  하나의 페이지에 다양한 논리적 객체가 공존할 수 있는 페이징 시스템과 달리, 하나의 세그먼트는 단일 논리 객체를 담고 있기 때문에 공유 및 보호가 페이징 시스템에 비해 간결하다는 장점을 가진다.

- **메모리를 미리 분할하지 않는다.**

  각 세그먼트의 크기는 서로 다를 수 있기 때문에, 메모리 공간을 미리 나눠 놓을 수 없다.

따라서, 적재할 세그먼트에 맞추어 메모리 공간을 동적으로 분할해 주어야 한다.

- **메모리 관리 과정이 복잡하다.**

  메모리를 동적으로 분할해서 사용하기 때문에, 메모리 공간의 파편화가 발생할 수 있다. 따라서, 파편화된 메모리 공간을 통합하는 등의 작업이 필요하다는 점에서 페이징 시스템 대비 메모리 관리 과정이 복잡하다.

  또한, 각 세그먼트의 크기가 다르기 때문에 주소 매핑 과정에서 세그먼트의 크기까지 고려해야 한다.

- **내부 단편화(internal fragmentation)가 발생하지 않는다.**

  세그먼트의 크기에 맞춰 메모리 공간을 분할하여 사용하기 때문에 분할 내 자투리 공간이 생기는 내부 단편화가 발생하지 않는다.

  그러나 메모리 할당 및 회수가 반복됨에 따라 파편화가 발생하게 되어, 외부 단편화가 발생할 수 있다.

세그먼테이션 시스템의 주소 매핑

세그먼테이션 시스템에서 가상 주소 v는 세그먼트 번호(s)와 해당 세그먼트 내 변위(d)로 표현된다.

$$v = (s, d)$$

표 9-2 세그먼트 맵 테이블(SMT)

세그먼트 번호 (segment number)	거주 비트 (residence bit)	보조기억 장치 주소 (secondary storage address)	세그먼트 길이 (segment length)	보호 비트 (protection bits – R/W/X/A)	기타 (other fields)	메모리상 세그먼트 주소 (segment address in memory)
0	1	S_0	l_0	RW	…	a_0
1	1	S_1	l_1	RW	…	a_1
2	0	S_2	l_2	RX	…	–
…	…	…	…	…	…	…
k	1	S_k	l_k	RX	…	a_k
…	…	…	…	…	…	…
n–1	0	S_{n-1}	l_{n-1}	RWA	…	–

세그먼테이션 시스템의 주소 매핑은 세그먼트 맵 테이블(Segment Map Table, SMT)을 사용하여 이루어진다. SMT는 세그먼트 번호, 거주 비트, 보조기억 장치 주소, 세그먼트 길이, 보호 비트, 그리고 메모리상 세그먼트 주소의 여섯 가지 핵심 정보를 담고 있다([표 9-2]). 각 행은 프로세스를 구성하는 개별 세그먼트를 대표하며, **세그먼트 번호**(segment number)는 이러한 세그먼트들을 식별하는 데 사용된다.

거주 비트(residence bit)는 세그먼트가 현재 메모리에 적재되어 있는지 여부를 나타내며, 0(비거주 상태) 또는 1(거주 상태)의 값을 가진다.

보조기억 장치 주소(secondary storage address)는 해당 세그먼트가 보관되어 있는 스왑 디바이스상의 주소를 의미한다. 모든 세그먼트는 기본적으로 스왑 디바이스에 저장되어 있기 때문에, 거주 비트의 값과 무관하게 모든 세그먼트가 보조기억 장치 주소를 가지고 있는 것을 볼 수 있다.

세그먼트 길이(segment length)는 세그먼트의 크기를 의미한다. 페이징 시스템의 경우, 모든 페이지의 크기가 동일하기 때문에 길이 정보가 필요하지 않지만, 세그먼테이션 시스템에서는 세그먼트의 크기가 내용에 따라 가변적이기 때문에 크기 정보를 관리해야 한다는 점에서 차이가 있다.

보호 비트(protection bits)는 세그먼트에 대한 프로세스의 접근 권한 정보로, 부여된 권한으로만 세그먼트에 접근할 수 있다. R, W, X, A는 각각 읽기(Read), 쓰기(Write), 실행(eXecute), 붙이기(Append) 권한을 의미한다. 보호 비트는 세그먼트 공유 과정에서도 중요하게 사용된다.

메모리상 세그먼트 주소(segment address in memory)는 해당 세그먼트가 적재된 메모리의 시작 위치다. 세그먼테이션 시스템에서는 각 세그먼트의 크기가 내용에 따라 가변적이므로, 세그먼트의 시작 위치와 길이 정보가 필수적이다. 이는 페이징 시스템과 대조적이다. 페이징 시스템에서는 모든 페이지가 동일한 크기를 가지므로, 페이지의 시작 위치를 추적하기 위해 페이지 프레임 번호만 필요하다.

세그먼테이션 시스템에서의 주소 매핑은 페이징 시스템과 유사하게 크게 세 가지, 직접 매핑, 연관 매핑, 그리고 하이브리드 직접/연관 매핑 방법으로 수행할 수 있다. 전반적인 동작 방식이 유사하기 때문에 여기서는 직접 매핑 방법만 살펴보도록 하자.

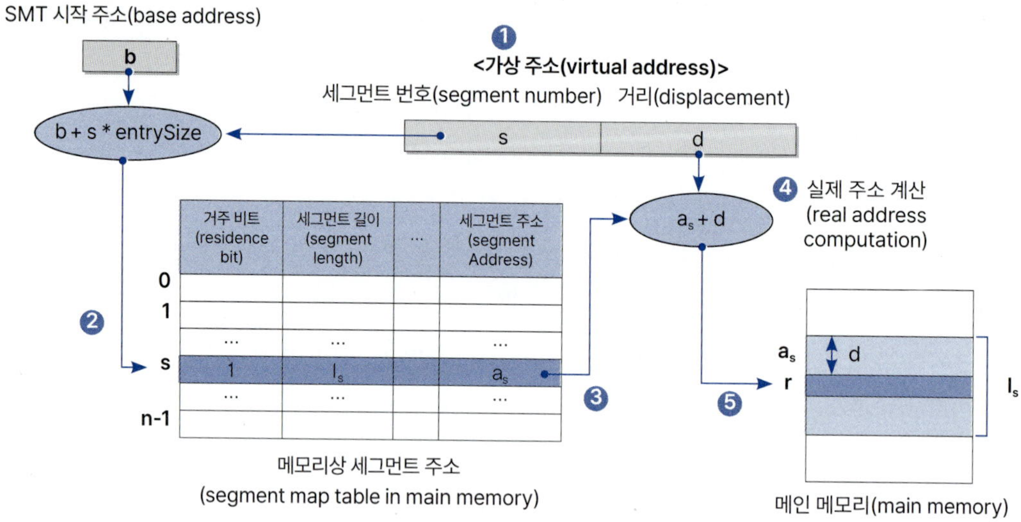

그림 9-20 세그먼테이션 시스템에서 직접 매핑

[그림 9-20]은 세그먼테이션 시스템에서의 직접 매핑 과정을 도식화한 것이다. SMT의 한 엔트리(entry 또는 행)가 메모리에서 차지하는 공간의 크기를 'entrySize'로 정의할 때 직접 매핑 과정은 다음과 같다.

❶ **가상 주소 요청**: 프로세스가 가상 주소 (s, d)로 데이터에 접근하고자 한다.

❷ **SMT 조회**: 해당 프로세스의 SMT에서 세그먼트 번호 s에 해당하는 엔트리를 찾는다.

- s번째 엔트리의 위치는 $b + s \times entrySize$이다. 여기서 b는 SMT의 시작 주소다.

❸ **찾아진 엔트리에 대해 다음 단계를 순차적으로 실행한다.**

❸-1 **거주 비트가 0인 경우(세그먼트 폴트, segment fault)**: 스왑 디바이스에서 해당 페이지를 메모리에 적재한 후, SMT를 갱신한다.

❸-2 **변위가 세그먼트 길이보다 큰 경우(d > l_s)**: 세그먼트 오버플로우(segment overflow) 예외 처리 모듈을 호출한다.

❸-3 **허가되지 않은 연산일 경우(보호 비트 검사)**: 세그먼트 보호(segment protection) 예외 처리 모듈을 호출한다.

❹ **실제 주소 계산**: 메모리상의 세그먼트 주소(a_s)와 변위(d)를 사용해 실제 주소(r)를 계산한다.

- $r = a_s + d$

❺ **메모리 접근**: 계산된 실제 주소(r)로 데이터에 접근한다.

전반적인 직접 매핑 과정은 페이징 시스템과 유사한 것을 볼 수 있다. 세그먼테이션 시스템과의 차이점 중 하나는 세그먼트의 길이를 고려한다는 점이다. 가상 주소의 변위가 세그먼트의 길이보다 크다면 해당 세그먼트의 영역을 넘어서게 되며, 이는 다른 세그먼트 영역에 대한 잘못된 접근으로 이어진다. 이를 세그먼트의 길이를 넘어선다는 의미에서 **세그먼트 오버플로우**(segment overflow)라고 한다.

페이징 시스템에서 직접 매핑과의 또 다른 차이점은 실제 주소 계산 부분이다. 페이징 시스템에서는 페이지 프레임 번호를 찾고, 페이지 프레임 번호에 페이지 크기를 곱하는 방법으로 메모리상 해당 페이지의 시작 위치를 찾아 갔다. 반면, SMT에는 세그먼트의 메모리상 주소가 직접 적혀 있기 때문에 해당 주소와 변위를 더해주는 것으로 간단히 목표 데이터의 주소를 계산한다.

> 알아두세요 **세그먼테이션 폴트 오류(segmentation fault error)**
>
> 프로그램을 작성하는 과정에서 컴파일 시에는 오류가 없는데, 실행하면 오류가 나면서 프로그램이 죽는 경험을 한 적이 있을 것이다. 이때 자주 볼 수 있는 오류 메시지 중 하나가 "segmentation fault"다. 오류명에 우리가 공부한 '세그먼트'가 들어가 있으며, 이를 통해 뭔가 가상 메모리와 관련 있다는 것을 유추할 수 있을 것이다. 세그폴트(segfault)라고도 불리는 이 오류는 프로그래밍이 부적절한 메모리 접근을 시도할 때 발생하는 오류다. 부적절한 메모리 접근은 허용되지 않은 메모리 영역을 접근하거나 잘못된 방법으로 메모리에 접근을 시도하는 것으로, 우리가 공부한 세그먼트 오버플로우, 세그먼트 보호 오류 등과 같다. 실제로 본인이 작성한 프로그램에서 세그폴트 오류가 난다면, 코드에서 메모리 접근을 잘못하는 부분(예: 선언한 배열의 범위를 벗어나는 인덱스 사용 등)이 없는지를 체크해 보면 도움이 된다.

세그먼테이션 시스템의 메모리 관리

세그먼테이션 시스템의 메모리 관리 방법은 메모리 공간을 세그먼트의 크기에 따라 동적으로 분할하는 것으로, 이는 가변 분할 프로그래밍(VPM, **8.4절** 참고) 방식과 유사하다. [표 9-3]은 이러한 세그먼테이션 시스템 내에서 사용되는 분할 테이블(partition table)의 예를 보여주며, 각 세그먼트의 시작 주소, 크기, 현재 프로세스 ID, 세그먼트 번호 등의 중요 정보를 포함하여 메모리를 효과적으로 관리하는 데 활용된다. 테이블의 각 항목(행)은 시스템에 의해 할당된 메모리 세그먼트에 해당하며, 이 정보들을 통해 운영체제는 프로세스가 메모리에 접근할 때 필요한 정보를 빠르게 찾을 수 있다.

표 9-3 세그멘테이션 시스템의 메모리 분할 테이블

파티션 (partition)	시작 주소 (start address)	크기 (size)	현재 프로세스 ID (current process ID)	세그먼트 번호 (segment number)	기타 (other fields)
0	a_0	l_0	P_x	x_1	
1	a_1	l_1	none	…	…
2	a_2	l_2	P_y	y_1	
3	a_3	l_3	P_x	x_2	
…	…	…	…	…	…

세그먼트 공유 및 보호

페이징 시스템과 유사하게, 세그멘테이션 시스템에서도 여러 프로세스가 동일한 세그먼트를 공유할 수 있다. 세그먼트 공유는 특정 세그먼트의 메모리상 시작 주소와 길이를 여러 프로세스의 세그먼트 맵 테이블(SMT)에 일치하게 기록함으로써 실현된다.

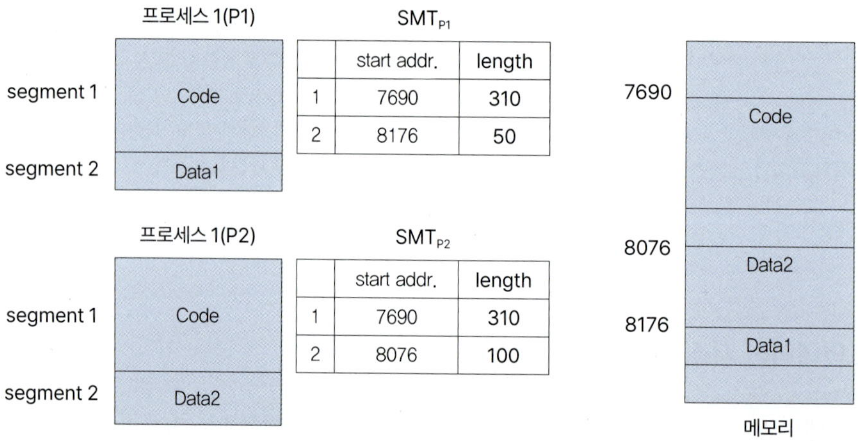

그림 9-21 세그먼트 공유의 예

[그림 9-21]에서 보는 바와 같이, 예를 들어 워드 프로세서에서는 코드(프로시저) 부분과 데이터(사용자 작성 내용) 부분이 각각 별도의 세그먼트로 관리될 수 있다. 이때, 코드 세그먼트는 여러 프로세스에 의해 공유될 수 있는 반면, 데이터 세그먼트는 각각의 프로세스에 독립적으로 할당될 수 있다. 각 프로세스의 SMT에서 첫 번째 세그먼트(프로시저)의 메모리상 시작 주소와 길이를 동일하게 설정함으로써, 여러 프로세스가 코드 세그먼트를 공유할 수 있다. 세그멘테이션 시스템의 이러한 특성은 공유되는 코드 영역을 쉽게 설정할 수 있게 하며, 페이징

시스템에서 발생할 수 있는 각 프로세스 내에서 공유 페이지가 다른 엔트리로 인식되는 문제를 방지한다(**9.2절** 참고). 코드 영역 전체가 하나의 세그먼트로 관리되기 때문에 해당 세그먼트 내에서 분기가 이루어지며, 이는 세그먼테이션 시스템이 페이징 시스템에 비해 메모리를 보다 효율적으로 관리할 수 있게 하는 이점 중 하나다.

세그먼테이션 시스템은 각 세그먼트가 단일 논리적 객체를 포함하므로, 페이징 시스템처럼 하나의 페이지에 다수의 논리 객체가 혼재하는 상황이 발생하지 않는다. 따라서 각 세그먼트에 대한 보호가 용이하다. 즉, 세그먼트마다 권한을 명시하는 간단한 방법으로 세그멘트에 대한 보호를 관리할 수 있다.

요약

세그먼테이션 시스템(segmentation system)

- 프로세스를 논리적 단위인 세그먼트로 분할하여 가상 메모리 내에서 관리
- 각 세그먼트의 크기는 내용에 따라 가변적

주소 매핑 방법

- 직접 매핑(direct mapping)
- 연관 매핑(associative mapping)
- 하이브리드 직접/연관 매핑(hybrid direct/associative mapping)

세그먼트 오버플로우(segment overflow)

- 변위가 세그먼트의 길이보다 큰 경우 발생
- 잘못된 메모리 접근을 방지하기 위해 검사 필요

세그먼트 공유 및 보호

- **공유**: 동일한 세그먼트를 여러 프로세스의 SMT에 동일하게 기록
- **보호**: SMT의 보호 비트를 통해 접근 권한 관리

세그먼테이션 시스템의 장단점

- 장점
  - 논리적 분할로 인한 모듈화 용이
  - 세그먼트 단위의 공유와 보호가 용이
  - 내부 단편화 발생하지 않음
- 단점
  - 외부 단편화 발생 가능
  - 메모리 관리가 복잡
  - 세그먼트 크기가 다양하여 메모리 할당이 어려울 수 있음

9.4 하이브리드 페이징/세그먼테이션 시스템

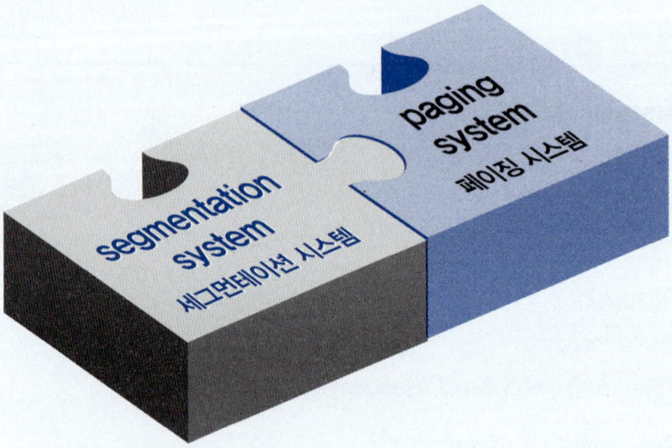

페이징 시스템 vs 세그먼테이션 시스템

표 9-4 페이징 시스템과 세그먼테이션 시스템 비교

구분		페이징 시스템	세그먼테이션 시스템
프로세스 분할	분할 단위	페이지(고정 크기)	세그먼트(가변 크기)
	분할 기준	정해진 크기	논리 단위
단편화	외부 단편화	X	O
	내부 단편화	O	X
공유 및 보호		복잡함	쉬움
메모리 관리 비용		낮음	높음
구현 용이성		간단함	복잡함

[표 9-4]는 페이징 시스템과 세그먼테이션 시스템을 비교한 표다. 페이징 시스템은 구현이 간단하며 메모리 관리 비용이 낮다는 장점을 가지지만, 페이지에 대한 공유 및 보호 과정이 복잡하다는 단점을 가진다. 반면, 세그먼테이션 시스템은 논리 단위로 구분된 세그먼트를 사용함에 따라 페이지 공유 및 보호에 용이하다는 장점을 가진다. 하지만, 세그먼트의 크기가 가변적이라는 점에서 구현 및 메모리 관리 비용이 높다는 단점을 가진다.

그럼 이 두 기법에서 장점만 취할 수 있는 방법은 없을까? 이러한 목표로 제시된 방법 중 하나가 두 방식을 결합한 하이브리드 페이지/세그먼테이션 시스템이다. 본 절에서는 이 기법에 대해 자세히 알아보자.

하이브리드 페이징/세그먼테이션 시스템

하이브리드 페이징/세그먼테이션 시스템은 두 메모리 관리 기법의 장점을 결합한 시스템이다. 세그먼트의 논리적 관리 용이성과 페이징의 물리적 메모리 관리의 장점을 모두 활용하여 더욱 효율적인 메모리 관리를 목표로 한다.

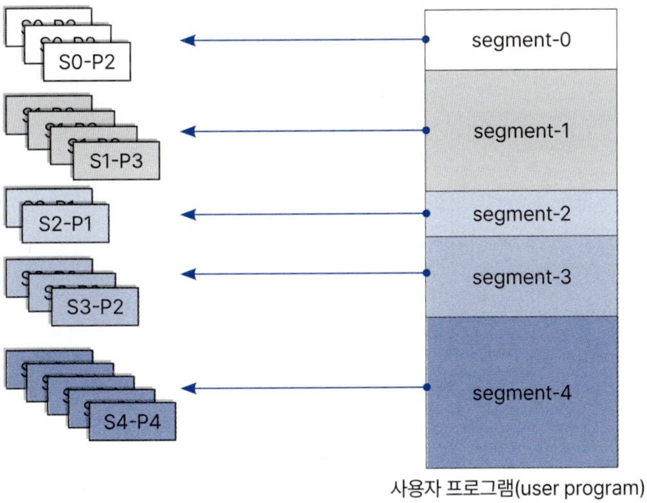

그림 9-22 하이브리드 페이징/세그먼테이션의 개념

하이브리드 페이징/세그먼테이션 기법은 먼저 프로세스를 세그먼트로 구분하고, 각 세그먼트를 페이지로 분할한다. [그림 9-22]는 이 방법의 개념을 보여준다. 세그먼트를 페이지로 나눈다는 점에서 '페이지화된 세그먼테이션 시스템'이라고도 부를 수 있다.

프로세스의 기본 분할은 논리적인 단위인 세그먼트로 분할하기 때문에 공유, 보호 등에 대해 논리적 관리가 용이하다. 또한, 각 세그먼트는 페이지로 분할되고, 메모리에 대한 적재는 페이지 단위로 이루어지기 때문에 물리적 메모리 관리가 간단하고 효율적이라는 페이징 시스템의 특징을 가진다.

하이브리드 페이징/세그먼테이션 시스템의 주소 매핑

하이브리드 페이징/세그먼테이션 시스템에서 가상 주소 v는 프로세스를 분할한 세그먼트 번호(s)와 각 세그먼트를 분할한 페이지 번호(p), 그리고 해당 페이지 내의 위치(d)로 표현된다.

$$v = (s, p, d)$$

페이지 맵 테이블(PMT) 또는 세그먼트 맵 테이블(SMT) 하나만 가지는 페이징 또는 세그먼테이션 시스템과 달리, 하이브리드 페이징/세그먼테이션 시스템은 PMT와 SMT를 모두 가진다. 좀더 정확히는 프로세스마다 하나의 SMT를 가지고, 세그먼트마다 하나의 PMT를 가진다.

표 9-5 하이브리드 페이징/세그먼테이션 시스템의 세그먼트 맵 테이블(SMT)

세그먼트 번호 (segment number)	보조기억 장치 주소 (secondary storage address)	세그먼트 길이 (segment length)	보호 비트 (protection bits – R/W/X/A)	기타 (other fields)	PMT 주소 (address)
0	S_0	l_0	RW	…	b_0
1	S_1	l_1	RW	…	b_1
2	S_2	l_2	RX	…	b_2
…	…	…	…	…	…
k	S_k	l_k	RX	…	b_k
…	…	…	…	…	…
n–1	S_{n-1}	l_{n-1}	RWA	…	b_{n-1}

[표 9–5]는 하이브리드 페이징/세그먼테이션 시스템에서의 SMT의 모습이다. 세그먼테이션 시스템에서 SMT와의 두 가지 차이점이 있다. 첫 번째는, 거주 비트(residence bit) 정보가 없다는 것이다. 이는 메모리에 적재되는 것은 세그먼트가 아닌 세그먼트를 분할한 페이지이기 때문이다.

같은 맥락에서 두 번째 차이점은, 메모리상 세그먼트 주소(segment address in memory) 정보가 없는 대신, 페이지 맵 테이블의 주소가 있다는 점이다. **페이지 맵 테이블의 주소(PMT address)**는 해당 세그먼트를 구성하는 페이지들의 정보를 관리하는 PMT가 저장된 메모리 주소를 의미한다.

표 9-6 하이브리드 페이징/세그먼테이션 시스템의 세그먼트 k의 페이지 맵 테이블(PMT_k)

페이지 번호 (page number)	거주 비트 (residence bit)	보조기억 장치 주소 (secondary storage address)	기타 (other fields)	페이지 프레임 번호 (page frame number)
0	1	S_{k0}	…	P_{k0}
1	1	S_{k1}	…	P_{k1}
2	0	S_{k2}	…	–
…	…	…	…	…
k	1	S_{ki}	…	P_{ki}
…	…	…	…	…
n–1	0	$S_{k,n-1}$	…	–

[표 9-6]은 하이브리드 페이징/세그먼테이션 시스템에서 세그먼트 k에 대한 PMT의 모습이다. SMT에 없던 거주 비트가 있는 것을 볼 수 있으며, 페이징 시스템에서의 PMT와 동일한 형태인 것을 확인 할 수 있다. 차이점은 이러한 PMT가 각 세그먼트마다 존재한다는 점이다.

9

가상 메모리

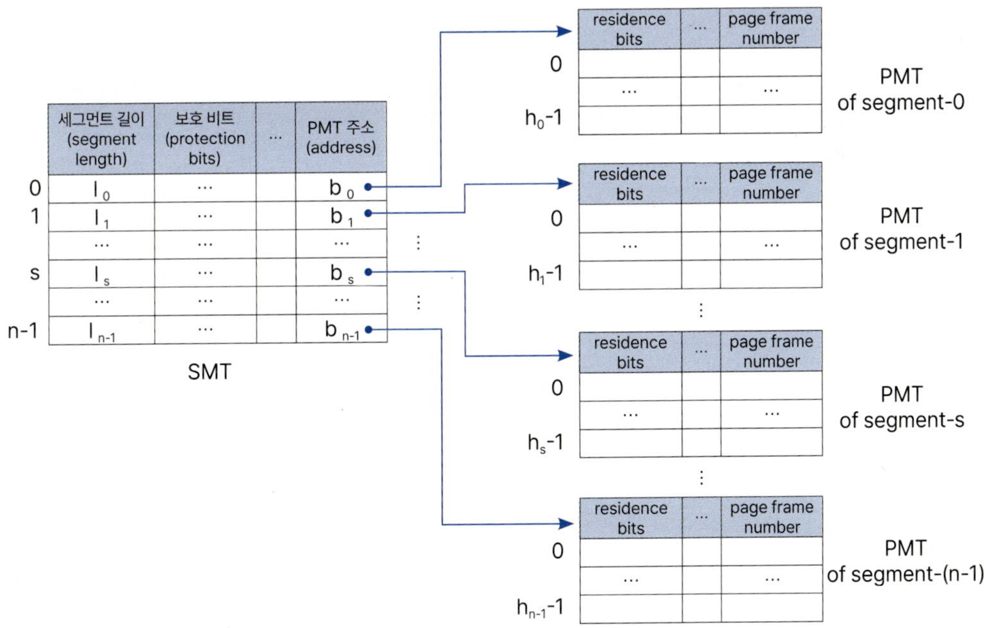

그림 9-23 하이브리드 페이징/세그먼테이션 시스템의 SMT와 PMT의 관계

[그림 9-23]은 하이브리드 페이징/세그먼테이션 시스템에서 SMT와 PMT의 관계를 보여준다. 각 세그먼트의 PMT 주소 정보를 통해 해당 세그먼트를 분할한 페이지들의 정보를 담고 있는 PMT들에 접근할 수 있음을 알 수 있다. 그리고 페이징이나 세그먼테이션 시스템에 비해서 많은 수의 맵 테이블(특히 PMT)이 관리해야 한다는 점에서 다른 기법들 대비 많은 메모리 공간을 사용한다는 특징을 알 수 있다.

하이브리드 페이징/세그먼테이션 시스템에서 주소 매핑 또한 직접 매핑, 연관 매핑, 그리고 하이브리드 직접/연관 매핑 방법으로 수행할 수 있다. 전반적인 동작 방식이 유사하기 때문에 여기서는 직접 매핑 방법만 살펴보도록 하자.

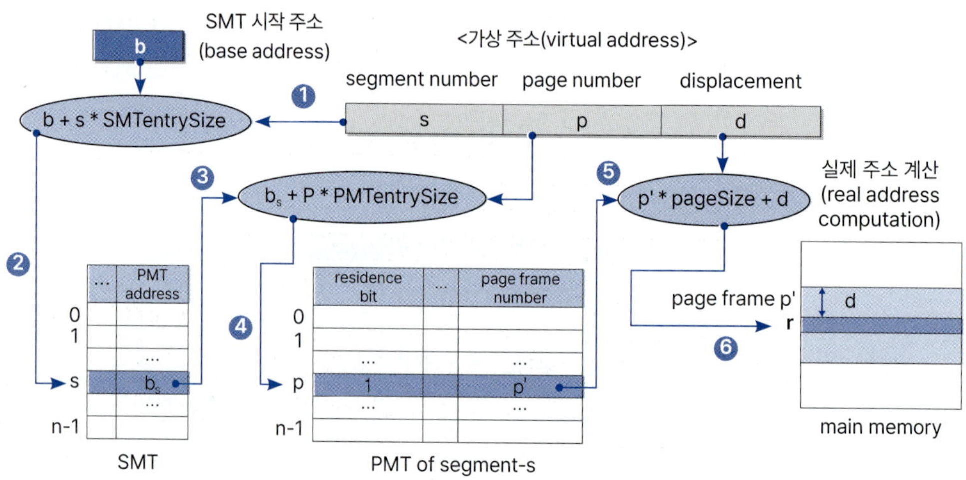

그림 9-24 하이브리드 페이징/세그먼테이션 시스템에서 직접 매핑

[그림 9-24]는 하이브리드 페이징/세그먼테이션 시스템에서 직접 매핑 과정을 도식화한 것이다. SMT와 PMT의 한 엔트리(entry 또는 행)가 메모리에서 차지하는 공간의 크기를 'SMTentrySize'와 'PMTentrySize', 그리고 페이지의 크기를 'pageSize'로 정의할 때, 직접 매핑 과정은 다음과 같다.

❶ **가상 주소 요청:** 프로세스가 가상 주소 (s,p,d)로 데이터에 접근하고자 한다.

❷ **SMT 조회:** 해당 프로세스의 SMT에서 세그먼트 번호 s에 해당하는 엔트리를 찾는다.

- s번째 엔트리의 위치는 $b + s \times SMTentrySize$ (b는 SMT의 시작 주소)

❸ **PMT 조회:** 찾아진 엔트리에서 PMT의 주소를 확인한 후, 해당 PMT에서 페이지 번호 p에 해당하는 엔트리를 찾는다.

- p번째 엔트리의 위치는 $b_s + p \times PMTentrySize$ (b_s는 세그먼트 s의 PMT 시작 주소)

❹ **거주 비트 검사:** 찾은 엔트리의 거주 비트 값을 확인한다.

❹-1 **거주 비트의 값이 0인 경우(페이지 폴트):** 스왑 디바이스에서 해당 페이지를 가져와 메모리에 적재하고, PMT를 갱신한 후 ❹-2 단계를 수행한다.

❹-2 **거주 비트의 값이 1인 경우:** 해당 엔트리에서 페이지 프레임 번호(p')를 확인한다.

❺ **실제 주소 계산:** 페이지 프레임 번호(p')와 변위(d)를 사용하여 실제 주소(r)를 계산한다.

- $r = p' \times pageSize + d$

❻ **메모리 접근:** 계산된 실제 주소(r)를 사용하여 데이터에 접근한다.

전체 과정 중 ❸단계 이후는 페이징 시스템과 동일하다는 것을 알 수 있다. 하지만, PMT에 접근하기 위해 SMT 접근을 먼저 거친다는 점에서 차이점이 있다. 이는 주소 매핑을 위해 페이징 시스템과 세그먼테이션 시스템 대비 메모리 접근을 한 번 더 요구함을 의미한다.

이처럼 하이브리드 페이징/세그먼테이션 시스템은 논리적 세그먼테이션의 관리 용이성과 물리적 페이징의 효율성을 접목시킴으로써 메모리 관리를 최적화한다. 그러나 이 시스템은 두 가지 방식을 결합함으로써 발생하는 복잡성과 더 많은 메모리 공간을 요구하는 테이블 관리가 필요하다는 단점이 있다. 즉, PMT와 SMT 같은 테이블 관리를 위한 메모리 사용량이 증가하며, 이는 시스템의 전체적인 메모리 오버헤드를 높일 수 있다. 또한, 이 시스템을 효과적으로 구현하고 운영하기 위해서는 운영체제가 보다 복잡한 주소 변환 메커니즘을 지원해야 하며, 이는 시스템의 성능에 영향을 줄 수 있다. 따라서, 대상 컴퓨터 시스템의 목적 및 제약에 맞추어 적절한 가상 메모리 관리 방법을 선택할 필요가 있다.

요약

하이브리드 페이징/세그먼테이션 시스템

- 페이징과 세그먼테이션의 장점을 결합한 시스템
- 프로세스를 세그먼트로 나누고, 각 세그먼트를 다시 페이지로 분할

주소 구성

- 가상 주소: v = (s, p, d)
  - s: 세그먼트 번호
  - p: 페이지 번호
  - d: 페이지 내 오프셋

주소 변환 테이블

- **세그먼트 맵 테이블(SMT)**
  - 구성: 세그먼트 번호, 보조기억 장치 주소, 세그먼트 길이, 보호 비트, PMT 주소
- **페이지 맵 테이블(PMT)**
  - 세그먼트마다 독립적인 PMT 존재
  - 구성: 페이지 번호, 거주 비트, 보조기억 장치 주소, 페이지 프레임 번호

하이브리드 페이징/세그먼테이션 시스템 장단점

- 장점
  - 세그먼트 단위의 논리적 분할 가능
  - 효율적인 메모리 관리(외부 단편화 감소)
  - 유연한 메모리 보호와 공유 기능
- 단점
  - 복잡한 주소 변환 과정
  - 다수의 테이블 관리로 인한 메모리 오버헤드
  - 구현 및 관리의 복잡성 증가

9.5 연습 문제

01 가상 메모리 시스템에서 프로세스가 사용하는 메모리 주소를 무엇이라고 하는가?

① 물리 주소
② 실제 주소
③ 가상 주소
④ 논리 주소

02 페이징 시스템에서 물리 메모리를 일정한 크기로 나눈 단위를 무엇이라고 하는가?

① 페이지
② 세그먼트
③ 블록
④ 페이지 프레임

03 페이지 맵 테이블(PMT)에 포함되지 않는 정보는?

① 페이지 번호
② 거주 비트
③ 페이지 프레임 번호
④ 세그먼트 길이

04 접근하려는 페이지가 메모리에 없는 상황을 무엇이라고 하는가?

① 페이지 히트
② 페이지 폴트
③ 페이지 교체
④ 페이지 스왑

05 페이징 시스템에서 발생 가능한 단편화는?

① 외부 단편화
② 내부 단편화
③ 외부 단편화와 내부 단편화 모두
④ 단편화가 발생하지 않음

06 세그먼테이션 시스템에서 각 세그먼트의 크기는?

① 모두 동일하다.
② 내용에 따라 가변적이다.
③ 항상 페이지 크기의 배수이다.
④ 운영체제가 미리 정한다.

07 세그먼트 맵 테이블(SMT)에 포함되지 않는 정보는?

① 세그먼트 번호
② 세그먼트 길이
③ 보호 비트
④ 페이지 프레임 번호

08 세그먼테이션 시스템에서 발생 가능한 단편화는?

① 외부 단편화
② 내부 단편화
③ 외부 단편화와 내부 단편화 모두
④ 단편화가 발생하지 않음

09 TLB(Translation Look-aside Buffer)의 주요 목적은?

① 페이지 교체
② 주소 변환 속도 향상
③ 메모리 압축
④ 세그먼트 보호

10 페이지 공유가 가능한 페이지 유형이 아닌 것은?

① 프로시저 페이지
② 읽기 전용 데이터 페이지
③ 읽기/쓰기 가능 데이터 페이지
④ 스택 페이지

11 페이지 맵 테이블에서 해당 페이지가 메모리에 있는지 여부를 나타내는 비트는?

12 접근하려는 페이지가 메모리에 없는 상황을 무엇이라고 하는가?

13 변위가 세그먼트의 길이보다 큰 경우 발생하는 오류를 무엇이라고 하는가?

14 주소 변환 속도를 향상시키기 위해 사용되는 고속의 주소 변환용 캐시는?

15 페이징 시스템에서 페이지 크기보다 프로세스의 크기가 작을 때 발생하는 메모리 낭비 현상은?

16 가상 메모리 시스템에서 가상 주소를 실제 주소로 변환하는 과정을 ________ 이라고 한다.

17 페이징 시스템에서 프로세스를 일정한 크기로 나눈 단위를 ________ 라고 한다.

18 하이브리드 페이징/세그먼테이션 시스템에서 가상 주소는 (________ , ________ , ________) 세 가지 요소로 구성된다.

19 TLB의 전체 이름은 ________ ________ ________ 이다.

20 세그먼테이션 시스템에서 발생 가능한 메모리 낭비 현상을 ________ 단편화라고 한다.

10 장

가상 메모리 관리

학 습 목 표

가상 메모리 관리의 원리와 주요 기법을 이해한다. 본 장에서는 가상 메모리의 성능을 결정하는 요인과 이를 기술하는 비용 모델을 학습하고, 페이지 교체의 필요성을 바탕으로 다양한 페이지 교체 알고리즘을 비교 분석한다. 또한, 가상 메모리에서의 메모리 할당 전략을 살펴보고, 고정 할당과 가변 할당 방식을 통해 운영체제가 메모리 자원을 어떻게 효율적으로 관리하는지 파악하는 데 중점을 둔다.

앞선 **9장**에서 가상 메모리의 개념과 주소 매핑 방법, 그리고 가상 메모리를 관리하기 위한 기본적인 자료구조(테이블)에 대해 알아보았다. 가상 메모리가 가지는 가장 큰 특징은 프로세스를 구성하는 데이터 중, 현재 사용하는 부분만 메모리에 올려 넣고 사용할 수 있다는 점이다. 그리고 이러한 특징은 물리적인 메모리 크기보다 큰 프로세스를 다룰 수 있게 하며, 제한된 메모리 공간으로 여러 프로세스를 효율적으로 처리할 수 있다는 장점으로 이어진다.

그러나 가상 메모리 시스템을 효율적으로 관리하기 위해서는 여러 요소를 고려해야 한다. 본 장에서는 가상 메모리를 관리하는 데 필요한 기본 요소들을 검토하고(**10.1절**), 가상 메모리의 활용 효율을 결정하는 핵심 요소인 페이지 교체 기법에 대해 깊이 있게 알아본다(**10.2절**).

가상 메모리는 페이징, 세그먼테이션, 또는 하이브리드 시스템으로 구현될 수 있지만, 본 장에서는 기술의 편의를 위해 페이징 시스템을 중심으로 설명한다. 하지만, 대부분의 내용은 다른 가상 메모리 시스템에도 유사하게 적용된다.

OPERATING SYSTEM

10.1 가상 메모리 관리 기본 요소

본 절에서는 가상 메모리의 성능을 기술하기 위한 비용 모델을 살펴보고, 가상 메모리 관리를 위한 하드웨어와 소프트웨어 컴포넌트에 대해 알아본다.

비용 모델

가상 메모리 관리의 주요 목적은 성능을 최적화하는 것이다. 하지만 '성능'이라는 것은 모호한 표현으로, 성능을 판단할 수 있는 명확한 기준이 필요하다. 이러한 기준은 목적이나 대상에 따라 여러 가지 형태로 정의 될 수 있으며, 가상 메모리 시스템에서는 관리를 위해 발생하는 부하(overhead)를 정량화한 **비용 모델(cost model)**을 사용할 수 있다.

가상 메모리 시스템에서 가장 큰 비용(부하)을 발생시키는 것은 페이지 폴트(page fault)다. 즉, 필요한 페이지가 메모리에 없는 상황으로, 이 경우 프로세스는 동작을 멈추고 가상 메모리 시스템은 페이지 교체 작업을 수행한다. 즉, 컴퓨터 시스템에서 높은 비용을 요구하는 문맥 교환과 디스크 입출력(커널의 개입)이 발생한다. 따라서 일반적으로 **가상 메모리 시스템 관리의 주요 목표는 페이지 폴트를 최소화하는 것**이다.

가상 메모리 시스템을 위한 비용 모델은 주로 페이지 폴트에 기반해 정의된다. 대표적인 비용 모델로는 페이지 폴트 발생 빈도(page fault frequency)와 페이지 폴트 발생률(page fault rate)이 있다. 페이지 폴트 발생률(F)은 다음과 같이 정의된다.

$$F(\omega) = \frac{\text{페이지 폴트 발생 횟수}}{|\omega|}$$

위의 식에서 ω는 페이지 참조 문자열(page reference string)의 기호로 프로세스가 수행 중 참조한 페이지의 번호 순서의 나열을 의미한다. 프로세스가 i번째로 참조한 페이지의 번호를 r_i라고 할 때, ω는 다음과 같이 표현할 수 있다.

$$\omega = r_0\ r_1 \cdots r_k \cdots r_{N-1}$$

그리고 |ω|는 페이지 참조 문자열의 길이를 의미하며, 위 참조 문자열의 경우 N이 된다. 따라서 페이지 폴트 발생률 F(ω)는 전체 페이지 참조 횟수 중 페이지 폴트의 비율을 의미한다.

가상 메모리 시스템의 성능 또는 비용 모델은 다양한 방식으로 정의될 수 있지만, 본 장에서는 페이지 폴트 발생률을 기준으로 사용한다.

하드웨어 컴포넌트

가상 메모리를 위한 하드웨어 컴포넌트란 가상 메모리 관리 및 효율을 높이기 위한 하드웨어 장치들을 말한다. 대표적인 하드웨어 컴포넌트 중 하나는 주소 매핑의 효율을 높이기 위해 사용되는 **주소 사상 장치**(address translation device)가 있으며, 연관 매핑(9.2절)에서 사용되는 TLB가 이에 속한다.

또 다른 대표적인 하드웨어 컴포넌트로는 메모리에 적재된 페이지를 관리하기 위해 사용되는 **비트 벡터**(bit vector)가 있다. 비트 벡터는 참조 비트와 갱신 비트로 구성되며, 페이지 맵 테이블(PMT) 안에서 관리된다. 그리고 각 페이지 프레임마다 참조 비트와 갱신 비트 한 쌍이 매칭된다([그림 10-1]).

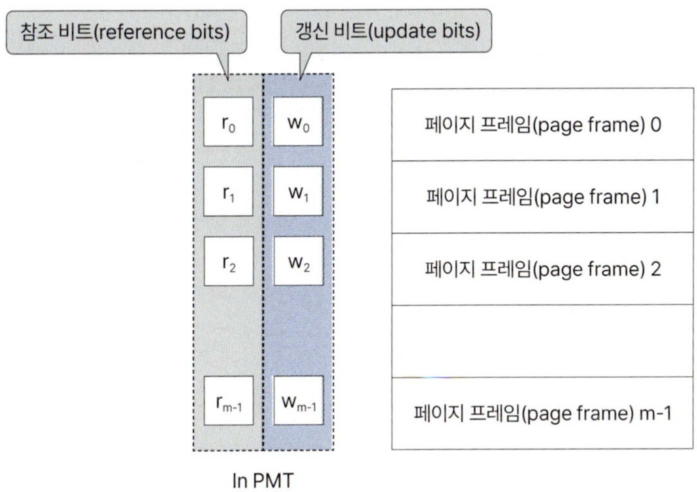

그림 10-1 가상 메모리 관리를 위한 비트 벡터

● 참조 비트

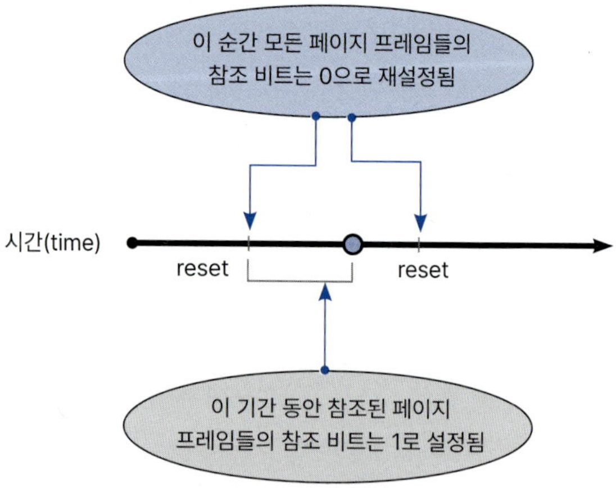

그림 10-2 참조 비트의 동작

참조 비트(reference bit 또는 used bit)는 메모리에 적재된 페이지가 최근 참조되었는지를 표시한다. [그림 10-2]는 참조 비트의 동작 방식을 보여준다. 특정 페이지가 참조되면 해당 페이지를 담고 있는 페이지 프레임의 참조 비트는 1로 설정된다. 그리고 참조 비트는 특정 주기로 0으로 초기화된다. 즉, 참조 비트가 1이라는 것은 최근에 해당 페이지 프레임에 있는 페이지가 참조되었음을 의미한다. 따라서 가상 메모리 시스템은 참조 비트들만 확인함으로써 최근에 참조된 페이지들을 확인할 수 있다. 이 정보는 가상 메모리 시스템이 교체할 페이지를 선택할 때 활용될 수 있다.

● 갱신 비트

갱신 비트(update bit 또는 dirty bit)는 페이지가 메모리에 적재된 후, 프로세스에 의해 수정(데이터 변경)되었는지를 표시한다. 페이지가 최초에 메모리에 적재될 때는 갱신 비트가 0으로 초기화되며, 수정이 발생한 경우 갱신 비트의 값이 1로 변경된다. 즉, 갱신 비트가 1이라는 것은, 메모리에 있는 페이지의 내용과 스왑 디바이스에 있는 페이지의 내용이 서로 다름을 의미한다. 따라서 해당 페이지가 메모리에서 내려갈 때는 스왑 디바이스에 그 내용을 반영(write-back)해야 한다. 갱신 비트는 페이지의 내용에 변경이 있음을 기록하고 있어야 하기 때문에 참조 비트와 달리 주기적인 초기화가 없으며, 스왑 디바이스에 변경 내용이 반영된 후에 0으로 초기화된다.

소프트웨어 컴포넌트

가상 메모리를 위한 소프트웨어 컴포넌트란 가상 메모리의 성능 향상을 위한 관리 기법들을 의미한다. 본 절에서는 가상 메모리의 할당, 적재, 배치, 교체, 부하 조절 전략들의 개요를 살펴본다.

● 할당 전략

가상 메모리 시스템에서 **할당 전략**(allocation strategy)은 각 프로세스에게 물리 메모리 공간을 얼마만큼 할당할지를 결정하는 중요한 역할을 한다. 페이징 시스템 입장에서는 프로세스에게 몇 개의 페이지 프레임을 할당해 줄지를 결정한다고 말할 수 있다.

할당 방법에는 고정 할당과 가변 할당이 있다.

고정 할당(fixed allocation)은 프로세스에게 최초 할당해 준 메모리의 크기가 변하지 않는, 즉 프로세스의 실행 동안 고정된 메모리 공간을 할당해 주는 방법이다. 이 방법은 메모리 할당 및 관리가 용이하다는 장점을 가지지만, 프로세스의 상황 변화에 유연하게 대응하지 못한다는 단점을 가진다. 또한, 최초에 얼마만큼의 메모리를 할당해 줄지 결정하기 어렵다는 한계점이 있다.

가변 할당(variable allocation)은 프로세스의 실행 동안 할당하는 메모리의 크기를 유동적으로 변경하는 방법이다. 이 방법은 프로세스의 상황에 따라 유연하게 대처할 수 있다는 장점을 가지지만, 메모리 공간 할당 및 관리가 복잡하다는 단점을 가진다. 또한, 메모리 할당량을 조절하는 기준 및 조절량을 결정하기 어렵다는 한계점이 있다.

두 방법 모두 프로세스에게 얼마만큼의 메모리 공간을 할당해야 할지에 대한 고려가 필요하다는 공통점을 가진다. 그리고 이를 위해서는 프로세스의 실행에 필요한 메모리의 양을 예측해야 한다는 어려움이 있다.

만약 프로세스가 요구하는 것보다 너무 큰 메모리 공간을 할당하게 된다면, 메모리 공간이 낭비되고, 다른 프로세스가 사용할 수 있는 메모리 공간이 줄어들어 전체적인 시스템 성능을 저하시킬 수 있다. 반대로 너무 적은 메모리 공간을 할당해 준다면, 페이지 폴트 발생 횟수가 증가하게 된다. 이 또한 시스템 성능을 저하시키는 원인이 된다.

이처럼 할당 전략은 가상 메모리 시스템의 성능에 큰 영향을 주는 요소로, 프로세스마다 적절한 양의 메모리를 할당하는 것이 중요하다.

● **적재 전략**

가상 메모리 시스템에서 **적재 전략**(fetch strategy)은 특정 페이지를 메모리에 언제 적재할 것인지, 즉 적재 시점을 결정하는 역할을 한다. 적재 전략은 크게 요구 적재와 예상 적재 두 가지 방법이 있다.

요구 적재(demand fetch)는 프로세스가 실제 참조하는 페이지들만 메모리에 적재하는 전략이다. 즉, 프로세스가 참조하는 순간 메모리에 없으면 메모리로 해당 페이지를 가져오는 방법이다. 요구가 있으면 페이지를 가져온다는 점에서, 요구 페이징(demand paging)이라고도 한다. 이 방법은 실제 사용하는 페이지들만 메모리로 가져오기 때문에 메모리 공간을 효율적으로 사용할 수 있다는 장점을 가진다. 하지만, 페이지를 참조할 때 페이지 폴트가 자주 발생한다는 점에서 시스템의 부하가 크다는 단점을 가진다.

예상 적재(anticipatory fetch) 전략은 참조될 가능성이 높은 페이지들을 미리 메모리에 적재하는 방법이다. 페이지를 미리 적재한다는 점에서 사전 페이징(pre-paging)이라고도 한다. 이 방법은 가까운 미래에 참조될 가능성이 높은 페이지들을 선제적으로 적재함으로써, 페이지 폴트가 발생하지 않고 필요한 데이터에 빠르게 접근할 수 있다는 장점이 있다. 프로세스와 디스크가 독립적으로 동작할 수 있기 때문에, 프로세스의 연산과 디스크 입출력을 병렬로 수행하는 전략을 활용한다. 그러나 어떤 페이지가 실제로 참조될지를 예측하는 데는 커널의 개입이 필요하며, 이로 인한 예상 비용이 상당할 수 있다. 또한, 예측이 실패할 경우 불필요한 디스크 입출력을 초래하여 자원을 낭비하게 되며, 이는 예상 적재 전략의 성능이 예상 적중률(hit ratio)에 크게 의존한다는 단점이 있다.

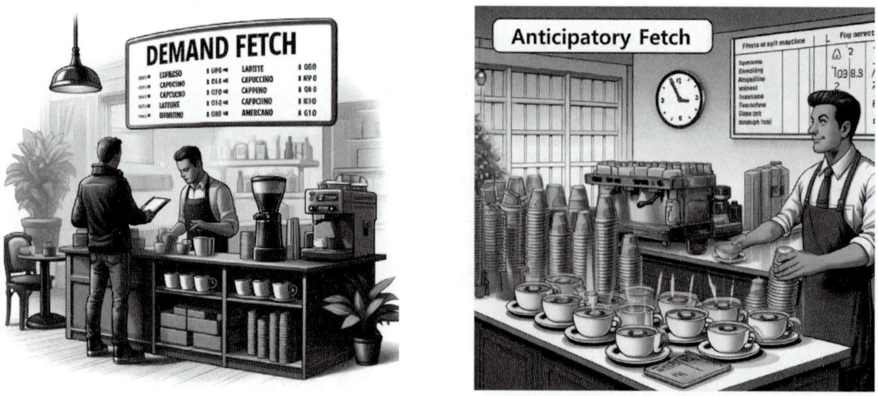

요구 적재　　예상 적재

그림 10-3 적재 전략의 카페 커피 주문 비유

요구 적재와 예상 적재는 카페에서 커피를 주문하는 상황으로 비유할 수 있다([그림 10-3]). 요구 적재는 손님이 카페에 들어와 커피를 주문하고 난 후에, 바리스타가 그 주문을 받고 커피를 만드는 과정에 비유할 수 있다. 즉, 실제로 요구가 있을 때만 커피를 만드는 것이다. 이 방법의 장점은 커피가 낭비되지 않는다는 것이다. 하지만, 주문을 받고 나서 커피를 만들기 시작하기 때문에 손님은 커피를 받기까지 기다려야 한다는 단점이 있다. 반면, 예상 적재는 바리스타가 바쁜 시간대에 미리 인기 있는 커피를 여러 잔 만들어 놓는 상황과 비슷하다. 예를 들어, 아침 출근 시간에는 아메리카노를 많이 주문한다는 것을 알고 있어서, 바리스타는 미리 아메리카노를 여러 잔 준비해 놓는다. 이 경우, 손님이 주문하는 즉시 바로 커피를 제공할 수 있어 대기 시간이 줄어드는 장점이 있다. 하지만, 만약 예상이 빗나가서 아메리카노를 주문하는 손님이 많지 않다면, 미리 만들어진 커피가 낭비될 수 있다는 단점이 있다.

두 적재 전략 모두 장단점을 가지지만, 실제 대부분의 운영체제는 요구 적재 전략을 사용한다고 알려져 있다. 그 이유는 요구 적재가 일반적으로 준수한 성능을 보여주는 반면, 예상 적재는 예측의 어려움이 크며 잘못된 예측 시 자원 낭비가 크기 때문이다.

> **알아두세요** **예상 적재는 언제 사용할 수 있을까?**
>
> 실제로 대부분의 운영체제는 요구 적재 전략을 선호하지만, 예상 적재는 특정 상황에서 매우 유용할 수 있다. 예상 적재가 어려운 주된 이유는 운영체제가 프로세스의 동작을 정확히 예측하기 어렵기 때문이다. 그러나, 프로그램의 개발자는 프로그램의 데이터 접근 패턴을 더 잘 이해하고 예측할 수 있다. 예를 들어, 오픈 월드 게임 개발 시, 캐릭터의 이동 방향을 기반으로 다음에 방문할 위치를 예측하고, 해당 위치의 데이터를 미리 메모리에 적재함으로써, 이동 중에 발생할 수 있는 데이터 로딩 지연을 최소화하여 게임 플레이의 연속성을 유지할 수 있다. 이처럼, 개발자는 자신이 만든 프로그램을 '미니 운영체제'로 생각하고, 운영체제 과목에서 배운 다양한 메모리 관리 기법을 적용하여 프로그램의 성능을 최적화할 수 있다.

• 배치 전략

가상 메모리 시스템에서 **배치 전략**(placement strategy)은 데이터 블록(페이지 또는 세그먼트)을 메모리의 어느 위치에 적재할지 결정하는 역할을 한다. 페이징 시스템의 경우, 빈 페이지 프레임 중 어느 곳에 페이지를 적재할지를 정하는 것이지만, 페이지 프레임의 크기가 고정되어 있어 특별한 배치 전략이 필요하지 않다.

반면 세그먼테이션 시스템에서는 메모리 공간의 할당 및 반납이 반복되면서 다양한 크기의 빈 공간이 생기게 되고, 이에 따라 어떤 공간을 선택할지에 대한 전략이 필요하다. 대표적인 전략으로는 최초 적합, 최적 적합, 최악 적합, 순차 최초 적합 등이 있으며, 이러한 전략은 **8.4절**에서 공부했다.

● 교체 전략

가상 메모리 시스템에서 **교체 전략**(replacement strategy)은 새로운 페이지를 적재하기 위해 어떤 페이지를 메모리에서 내릴지 결정하는 중요한 역할을 한다. 프로세스에 할당된 메모리 공간이 가득 찼을 경우, 새로운 페이지를 적재하려면 기존의 페이지 중 하나를 내려야 한다. 이 과정에서 페이지 교체가 발생한다.

가상 메모리 시스템의 효율성은 어떤 페이지를 교체할지를 얼마나 잘 결정하는가에 달려 있다. '잘 결정한다'는 것은 사용하지 않을 페이지, 즉 앞으로 필요하지 않은 페이지를 선택하는 것이다. 그러나 미래에 어떤 페이지가 사용되지 않을지 예측하는 것은 어려운 일이다.

이러한 도전을 극복하고 시스템의 효율을 최적화하기 위해 다양한 교체 전략이 개발되었다. 이들 전략은 고정 할당 방식과 가변 할당 방식에 적용되는 교체 방법으로 나눌 수 있다. 각 교체 전략의 상세한 내용은 **10.2절**에서 다룬다.

● 정리 전략

가상 메모리 시스템에서 **정리 전략**(cleaning strategy)은 메모리에서 변경된 내용을 언제 스왑 디바이스에 반영할지를 결정하는 역할을 한다. 변경 내용의 반영은 메모리에 있는 페이지의 내용을 스왑 디바이스에 있는 해당 페이지에 쓰는 것으로, 'write-back[15]'이라고 표현한다. 정리 전략은 크게 요구 정리와 예상 정리 두 가지 방법이 있다.

요구 정리(demand cleaning)는 해당 페이지가 메모리에서 내려올 때 write-back을 수행하는 방법이다. 이 방법은 페이지 교체가 필요한 시점에만 write-back을 수행하기 때문에 불필요한 작업 수행을 예방할 수 있다. 하지만 교체 시점에 데이터 쓰기로 인한 지연이 발생할 수 있다는 단점을 가진다.

예상 정리(anticipatory fetch)는 시스템 부하가 낮은 시간에 미리 변경된 페이지를 write-back 하는 기법으로, 더 이상 변경될 가능성이 없다고 판단되는 페이지를 write-back 한다. 페이지 교체 전에 미리 정리한다는 의미에서 사전 정리(pre-cleaning)이라고도 한다. 이는 입출력 시스템이 상대적으로 여유로울 때 미리 데이터를 정리함으로써, 페이지 교체가 발생하는 순간에 발생하는 지연을 최소화할 수 있다는 장점이 있다. 하지만, 특정 페이지에 대한 쓰기 작업이 모두 완료되었는지를 정확히 예상하기 어렵다는 한계가 있다. 그리고 예측에 실

15 한글로는 '나중 쓰기', '후-쓰기' 등으로 번역되지만, 의미가 왜곡되어 전달될 수 있으므로 write-back이라는 표현으로 기억하는 것을 추천한다.

패한 경우, 동일 페이지에 대한 write-back 작업이 여러 번 반복됨에 따라 시스템 자원의 낭비가 커질 수 있다는 단점이 있다.

두 적재 기법 모두 장단점을 갖지만, 실제 대부분의 운영체제는 요구 정리 전략을 사용한다고 알려져 있다. 그 이유는 요구 정리가 일반적으로 준수한 성능을 보여주는 반면, 예상 정리는 쓰기 작업을 마친 페이지를 예측하기 어려우며, 잘못된 예측 시 자원 낭비가 크기 때문이다.

● 부하 조절 전략

가상 메모리 시스템에서 **부하 조절 전략**(load control strategy)은 시스템의 다중 프로그래밍 정도를 결정하는 역할을 한다. 즉, 시스템에서 동시에 처리 중인 프로세스의 수, 즉 시스템의 부하를 조절하는 중요한 역할을 한다. 그리고 이는 할당 전략과도 밀접한 관계를 가진다.

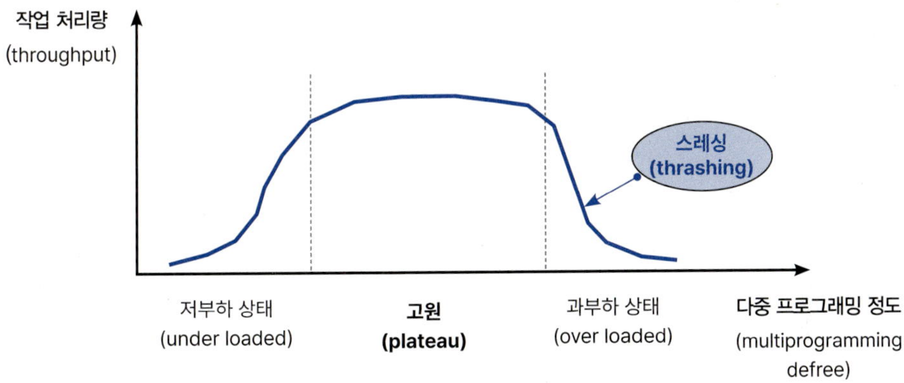

그림 10-4 다중 프로그래밍 정도에 따른 시스템 작업 처리량(throughput)의 변화

부하 조절 전략의 목표는 시스템의 적정 부하 수준, 즉 다중 프로그래밍 정도를 유지하는 것이다.

만약 시스템의 능력 대비 적은 수의 프로세스, 즉 낮은 다중 프로그래밍 정도를 가지는 **저부하 상태**(under-loaded)라면, 활용 가능한 자원들이 사용되지 않고 낭비되게 된다. 이는 시스템이 충분히 활용되지 못하고 있다는 점에서 성능(작업 처리량) 저하가 발생한다고 말할 수 있다.

반대로 시스템이 **과부하 상태**(over-loaded)에 있어 처리 능력을 초과하는 다수의 프로세스를 동시에 처리하려 할 때, 프로세스 간의 자원 경쟁으로 시스템 성능이 저하될 수 있다. 이는 프로세스들이 자원을 서로 빼앗으며, 지속적으로 페이지 교체, 문맥 교환 등이 발생하면서 시스템의 성능이 크게 떨어지는 상황을 의미한다. 이런 과도한 시스템 부하로 인한 성능 저하 현상을 **스레싱**(thrashing)이라고 부른다. 저사양의 컴퓨터나 스마트폰에서 여러 프로그램을 실행했을 때 모든 프로그램들이 전반적으로 느려지는 경험은 스레싱의 일례이다.

[그림 10-4]는 다중 프로그래밍 정도가 증가함에 따라 시스템의 작업 처리량(throughput)이 어떻게 변화하는지 나타낸다. 그림의 왼쪽 부분에서 다중 프로그래밍 정도가 증가함에 따라 작업 처리량도 상승하는 모습을 볼 수 있는데, 이는 저부하 상태에 해당한다. 이후 다중 프로그래밍 정도가 더 증가해도 작업 처리량이 일정하게 유지되는 구간이 나타나는데, 이를 고원(plateau) 구간이라고 부르며 시스템의 적정 부하 수준을 나타낸다. 마지막으로 오른쪽에서는 다중 프로그래밍 정도가 더욱 늘어나면서 시스템 성능이 급격하게 감소하는 과부하 상태를 볼 수 있다. 이 구간에서 스레싱이 발생하여 시스템의 효율이 크게 떨어진다.

요약

비용 모델(cost model)

- 가상 메모리 시스템의 성능을 정량화하여 평가하는 기준
- **주요 비용 요소**: 페이지 폴트(page fault)
- **대표적인 비용 모델**
  - 페이지 폴트 발생 빈도(page fault frequency)
  - 페이지 폴트 발생률(page fault rate)

페이지 폴트 발생률(F)

- **정의**: F(ω) = (ω에서 발생한 페이지 폴트 수) / |ω|
- ω: 페이지 참조 문자열(page reference string)
- |ω|: 페이지 참조 문자열의 길이

하드웨어 컴포넌트

- **주소 사상 장치**(address translation device)
  - 예: TLB(Translation Look-aside Buffer)
- **비트 벡터**(bit vector)
  - 참조 비트(reference bit 또는 used bit)
    페이지 참조 시 1로 설정, 주기적으로 0으로 초기화
  - 갱신 비트(update bit 또는 dirty bit)
    페이지 수정 시 1로 설정, 스왑 디바이스 반영 후 0으로 초기화

소프트웨어 컴포넌트

- **할당 전략**(allocation strategy)
  - 고정 할당: 프로세스에 할당된 메모리 크기 고정
  - 가변 할당: 프로세스의 메모리 할당량 동적 조절
- **적재 전략**(fetch strategy)
  - 요구 적재(demand fetch): 참조 시 해당 페이지만 적재
  - 예상 적재(anticipatory fetch): 참조 가능성 높은 페이지 미리 적재

- **배치 전략**(placement strategy)
  · 페이지 프레임에 페이지를 할당하는 방식 결정
- **교체 전략**(replacement strategy)
  · 새 페이지 적재 시 교체할 페이지 선택 방법
- **정리 전략**(cleaning strategy)
  · 요구 정리(demand cleaning): 교체 시점에 write-back 수행
  · 예상 정리(anticipatory cleaning): 미리 write-back 수행
- **부하 조절 전략**(load control strategy)
  · 다중 프로그래밍 정도 결정
  · 스레싱(thrashing) 방지 목적

스레싱(thrashing)

- 과도한 페이지 교체로 인한 시스템 성능 저하 현상

10.2 교체 전략

지역성과 페이지 참조

지역성(locality)은 프로세스가 프로그램 또는 데이터의 특정 영역을 집중적으로 참조하는 현상을 말한다. 지역성에는 참조한 영역과 인접한 영역을 참조하는 특징인 **공간적 지역성**(spatial locality)과 한 번 참조한 영역을 곧 다시 참조하는 특징인 **시간적 지역성**(temporal locality)이 있다(**1.3절**).

이러한 지역성이 페이징 시스템에서 어떻게 작용하는지, 다음 시나리오를 통해 살펴보자.

- 페이징 시스템
- 페이지 크기 = 1000 words
- 기계 명령어 크기(machine instruction size) = 1 word
- 주소 지정은 word 단위로 이루어짐
- 프로그램(코드)은 4번 페이지에 연속 할당(continuous allocation)됨
- 수행 프로그램 코드

```
for ← 1 to n do
     A[i] ← B[i] + C[i];
end for
```

- n = 1,000

다음은 위 시나리오에서 수행하는 코드의 기계어 코드와 메모리의 상황이다.

memory address	machine code
4000	(R1) ← ONE
4001	(R2) ← n
4002	compare R1, R2
4003	branch greater 4009
4004	(R3) ← B(R1)
4005	(R3) ← (R3) + C(R1)
4006	A(R1) ← (R3)
4007	(R1) ← (R1) + 1
4008	branch 4002
...	...
6000-6999	storage for array A
7000-7999	storage for array B
8000-8999	storage for array C
9000	storage for ONE
9001	storage for n

프로그램은 4번 페이지에 연속적으로 저장되어 있고, 메모리 주소 4000~4008에 프로그램 코드가 들어 있다. 프로그램이 실행되면, 먼저 변수 ONE의 값을 가져와서 1번 레지스터(R1)에 저장한다. ONE은 메모리 주소 9000, 즉 9번 페이지에 위치해 있다. 그래서 프로그램 코드를 읽는 데 필요한 4번 페이지와 ONE에 접근하는 데 필요한 9번 페이지 참조가 이루어진다. 다음으로 변수 n의 값을 가져와서 2번 레지스터(R2)에 저장하고, n도 9번 페이지에 있다. 다음으로 4002, 4003번 줄은 레지스터 안에서 계산을 수행하기 때문에 4번 페이지만 사용한다. 4004~4006번 줄에서는 배열 B, C, A를 사용하게 되고, 이때 각각 7번, 8번, 6번 페이지에 접근하게 된다. 그리고 4007, 4008번 줄은 4번 페이지만 사용하고, 마지막에 4002번으로 돌아가(branch)서 4002~4008번 줄을 n번, 즉 1,000번 반복하게 된다.

위 과정에서 참조하는 페이지들을 참조 문자열로 나타내면 다음과 같다.

$$\omega = 494944(47484644)^{1000}$$

전체적으로 총 8,006번의 메모리를 참조한다. 하지만 8,006번의 메모리 참조 과정에서 4개(4, 7, 8, 6번) 페이지만 집중적으로 접근하고 있다는 것을 알 수 있다.

이처럼 대부분의 프로그램은 지역성을 가지며, 이러한 지역성은 프로그램 수행 과정에서 특정 페이지를 집중적으로 접근하게 된다는 특징으로 이어진다. 따라서 페이지 교체 전략의 핵심 중 하나는 이러한 지역성을 잘 활용하는 것이다.

본 절에서는 고정 할당과 가변 할당 시스템에서의 교체 전략에 대해 알아본다.

고정 할당에서의 페이지 교체 전략

고정 할당 메모리 관리 기법에서는 각 프로세스가 고정된 크기의 메모리 블록을 할당받는다. 이러한 환경에서 페이지 교체 전략은 프로세스의 실행 중 필요한 페이지가 할당된 메모리 블록을 초과할 때, 기존의 페이지 중 어느 것을 교체할지를 결정하는 중요한 역할을 한다.

• MIN 알고리즘

MIN(또는 OPT) 알고리즘은 1966년 벨라디(Belady)에 의해 제시된 방법으로, '**MIN**imize page fault frequency algorithm'의 약자다. 이 알고리즘은 앞으로 가장 오랫동안 참조되지 않을 페이지를 교체하여 페이지 폴트 발생을 최소화하는 최적의 솔루션(optimal solution)을 보장한다.

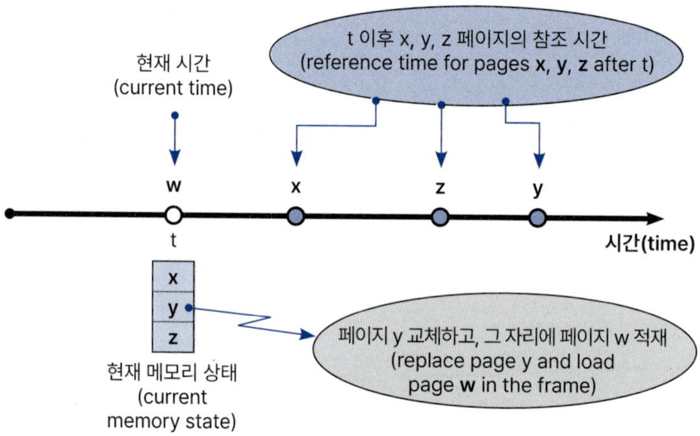

그림 10-5 MIN 페이지 교체 알고리즘의 개념

[그림 10-5]는 MIN 알고리즘의 개념을 보여준다. 시간 t에 프로세스가 페이지 w를 참조할 때, 현재 프로세스에게 할당된 세 개의 메모리 공간에는 페이지 x, y, z가 적재되어 있어 교체가 필요하다. 이 상황에서 어떤 페이지를 교체해야 할까?

이후 시간에 참조하는 페이지들을 보면, x, z, y 순으로 참조된다. 즉, 페이지 y가 가장 오랫동안 참조되지 않는다. 따라서 MIN 알고리즘은 페이지 y를 내보내고, 그 공간에 페이지 w를 적재한다. 그 결과 다시 y를 참조할 때까지는 페이지 교체가 발생하지 않음을 알 수 있다. 반면, 페이지 x 또는 z를 교체했다면, y를 참조하기 이전에 교체가 발생함에 따라 페이지 폴트 발생 주기가 짧아진다는 것을 알 수 있다.

이처럼 MIN 알고리즘은 페이지 교체 발생 빈도를 최소화하는 최적의 방법임을 알 수 있다. 하지만, MIN 알고리즘을 사용하기 위해서는 프로세스가 미래에 참조할 페이지들의 순서를 모두 알고 있거나 정확히 예측할 수 있어야 한다는 점에서 실제 시스템에서 실현하기 불가능에 가까운 기법이다. 그렇다면 MIN 알고리즘이 가지는 의미는 무엇일까?

MIN 알고리즘은 페이지 폴트의 수를 최소화한다는 점에서, 페이지 교체 알고리즘들이 달성할 수 있는 최고의 성능, 즉 상한(upper-bound)을 의미한다. 그리고 이는 페이지 교체 알고리즘의 성능을 평가하는 하나의 기준이 될 수 있다.

예를 들어, A라는 페이지 교체 알고리즘을 사용한 결과 10번의 페이지 폴트가 발생했다고 해 보자. 그럼 이 알고리즘은 좋은 알고리즘인가? 안 좋은 알고리즘인가? 선뜻 대답하기가 어려울 것이다. 그 이유는 좋고 나쁨을 판단할 기준이 없기 때문이다. 이때 프로세스의 페이지 참조 기록에 기반하여 MIN 알고리즘을 적용했더니 5번의 페이지 폴트가 발생했다면, A 페이지 교체 알고리즘은 이론적 상한 대비 50%의 성능을 달성했다고 말할 수 있을 것이다.

이처럼 MIN 알고리즘의 페이지 교체 알고리즘이 달성할 수 있는 성능 상한을 제시하면서, 페이지 교체 알고리즘들의 성능을 평가하는 도구로 사용될 수 있다.

그럼 다음 예제를 통해 MIN 알고리즘의 실제 동작을 따라가 보자. 프로세스가 할당받은 메모리는 네 개의 페이지 프레임이며, 프로세스의 실행 과정의 참조 문자열은 다음과 같다.

$$\omega = 1\ 2\ 6\ 1\ 4\ 5\ 1\ 2\ 1\ 4\ 5\ 6\ 4\ 5$$

표 10-1 페이지 교체 시나리오의 시간 5까지 상황

시간	1	2	3	4	5	6	7	8	9	10	11	12	13	14
참조 문자열	1	2	6	1	4	5	1	2	1	4	5	6	4	5
메모리 상태 (메모리 속 페이지)	1	1	1	1	1									
		2	2	2	2									
			6	6	6									
					4									
페이지 폴트	F	F	F		F									

[표 10-1]은 시간 5에서의 메모리 상태와 페이지 폴트 발생 상황을 보여준다. 처음에는 메모리에 아무 페이지도 없기 때문에 프로세스가 페이지를 참조할 때마다 페이지 폴트가 발생한다. 각 시간 단계에서 참조되는 페이지는 다음과 같다.

- **시간 1:** 페이지 1 참조 → **페이지 폴트 발생** → 페이지 1 메모리에 적재
- **시간 2:** 페이지 2 참조 → **페이지 폴트 발생** → 페이지 2 메모리에 적재
- **시간 3:** 페이지 6 참조 → **페이지 폴트 발생** → 페이지 6 메모리에 적재
- **시간 4:** 페이지 1 참조 → 페이지 폴트 발생하지 않음(페이지 히트)
- **시간 5:** 페이지 4 참조 → **페이지 폴트 발생** → 페이지 4 메모리에 적재

시간 5 시점에서 모든 페이지 프레임이 채워졌다. 이후에는 새로운 페이지 접근이 필요할 때 메모리에 있는 페이지 중 하나를 새 페이지와 교체해야 한다.

표 10-2 페이지 교체 시나리오에 MIN 알고리즘을 적용한 결과

시간	1	2	3	4	5	6	7	8	9	10	11	12	13	14
참조 문자열	1	2	6	1	4	5	1	2	1	4	5	6	4	5
메모리 상태 (메모리 속 페이지)	1	1	1	1	1	1	1	1	1	1	1	6	6	6
		2	2	2	2	2	2	2	2	2	2	2	2	2
			6	6	6	5	5	5	5	5	5	5	5	5
					4	4	4	4	4	4	4	4	4	4
페이지 폴트	F	F	F		F	F						F		

[표 10-2]는 MIN 알고리즘을 적용했을 때의 결과를 보여준다. 모든 페이지 프레임이 다 사용 중인 시간 5 이후, MIN 알고리즘은 앞으로 가장 오랫동안 참조되지 않을 페이지를 선택하여 교체한다. 예를 들어, 시간 6에서 페이지 5가 참조되면서 페이지 폴트가 발생하고, 앞으로 가장 오랫동안 사용되지 않을 페이지 6이 교체된다. 같은 방식으로 시간 12에서 페이지 6이 참조되면서, 가장 오랫동안 참조되지 않을 페이지 1이 교체된다. 시간 12에서는 페이지 1과 2가 교체 후보이며, 동일한 조건에서 어떤 페이지를 교체할지는 규칙을 정의해서 따르게 된다. [표 10-2]에서는 앞쪽 페이지 프레임이 교체 우선순위를 가지는 규칙을 적용했다고 할 수 있다. 이처럼 동일 조건에서 하나를 선택하는 규칙을 타이-브레이킹 규칙(tie-breaking rule)이라고 한다.

[표 10-2]의 결과에서 볼 수 있듯, MIN 알고리즘을 적용하면 페이지 교체 횟수가 최소화됨을 알 수 있다. 전체 처리 과정을 통해 보면, MIN 알고리즘을 사용한 경우 페이지 폴트는 총 6번 발생했다. 이는 동일 시나리오에서 발생할 수 있는 최소한의 페이지 폴트 수이며, 앞으로 살펴볼 알고리즘들의 성능을 평가하는 지표로 활용할 수 있다.

● 랜덤 알고리즘

랜덤 알고리즘(random algorithm)은 페이지 교체를 수행할 때 특별한 전략 없이 교체될 페이지를 무작위로 선택하는 방법이다. 이 알고리즘은 구현이 매우 간단하고, 특정 페이지가 지속적으로 교체되는 것을 방지할 수 있다. 그러나 랜덤 알고리즘은 페이지 교체 결정이 임의적이기 때문에 최적의 성능을 보장하지 않는다. 최악의 경우, 바로 다음에 참조할 페이지를 교체함으로써 페이지 폴트 발생 수가 크게 증가할 수 있다. 따라서 랜덤 알고리즘은 실제 활용에 한계가 있는 알고리즘이다.

랜덤 알고리즘은 페이지 교체 알고리즘 성능의 하한(lower-bound)을 제시한다는 의미를 가질 수 있다. 만약 페이지 교체 알고리즘 B를 적용했을 때의 페이지 폴트 수가 랜덤 알고리즘을 적용했을 때와 큰 차이가 없다면, 알고리즘 B는 좋은 페이지 교체 알고리즘이라고 말할 수 없을 것이다.

● FIFO(선입 선출) 알고리즘

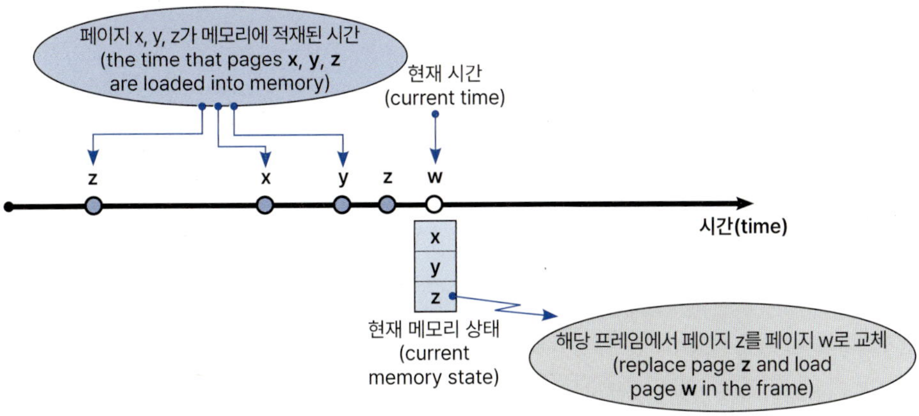

그림 10-6 FIFO 페이지 교체 알고리즘 개념

교체할 페이지를 선택하는 전략 중 쉽게 생각할 수 있는 방법 중 하나는, 가장 오래된 페이지를 교체하는 것이다. 즉, 가장 먼저 적재된 페이지를 교체할 페이지로 선택하는 선입 선출(First In, First Out) 전략으로, **FIFO 알고리즘**이라고 부른다. [그림 10-6]은 FIFO 알고리즘의 개념을 보여준다. 현재 메모리에 페이지 z, x, y가 순차적으로 들어와 있는 상황에서 페이지 w를 참조하는 경우로, 가장 먼저 적재된 페이지 z가 교체할 페이지로 선택된다.

FIFO 알고리즘의 장점은 구현이 간단하고 이해하기 쉽다는 점이다. 각 페이지의 적재 순서만 알면 되므로 추가적인 복잡한 연산이 필요 없다. 하지만, 각 페이지가 적재된 시점을 기억하고 있어야 한다는 부하가 있다. 또한, 지역성을 고려하지 않기 때문에 자주 사용되는 페이지가 교체될 가능성이 높다는 단점이 있다. 예를 들어, 소스 코드를 담고 있는 페이지는 지속적으로 참조되지만, 주기적으로 페이지 교체 대상으로 선택되어 교체 및 적재를 반복하게 될 것이다.

표 10-3 페이지 교체 시나리오에 FIFO 알고리즘을 적용한 결과

시간	1	2	3	4	5	6	7	8	9	10	11	12	13	14
참조 문자열	1	2	6	1	4	5	1	2	1	4	5	6	4	5
메모리 상태 (메모리 속 페이지)	1	1	1	1	1	5	5	5	5	5	5	5	4	4
		2	2	2	2	2	1	1	1	1	1	1	1	5
			6	6	6	6	6	2	2	2	2	2	2	2
					4	4	4	4	4	4	4	6	6	6
페이지 폴트	F	F	F		F	F	F	F				F	F	F

[표 10-3]은 MIN 알고리즘을 적용했던 시나리오에 FIFO 알고리즘을 적용한 결과다. 주요 페이지 폴트 및 교체 발생 시점은 다음과 같다.

- **시간 6:** 페이지 5 참조 → **페이지 폴트 발생** → 페이지 1과 교체
- **시간 7:** 페이지 1 참조 → **페이지 폴트 발생** → 페이지 2와 교체
- **시간 8:** 페이지 2 참조 → **페이지 폴트 발생** → 페이지 6과 교체
- **시간 12:** 페이지 6 참조 → **페이지 폴트 발생** → 페이지 4와 교체
- **시간 13:** 페이지 4 참조 → **페이지 폴트 발생** → 페이지 5와 교체
- **시간 14:** 페이지 5 참조 → **페이지 폴트 발생** → 페이지 1과 교체

시간 6과 7을 보면, 각각 바로 다음에 참조할 페이지들을 교체함으로써 연속된 페이지 폴트가 발생하는 모습을 볼 수 있다. 또한 시간 12와 13도 유사하게 불필요한 페이지 폴트를 발생시킴을 확인할 수 있다. 그 결과, FIFO 알고리즘은 총 10번의 페이지 폴트를 발생시킨다. 이는 MIN 알고리즘 대비 약 66% 많은 수이며, 페이지 교체가 발생하는 시간 5 이후 시점만으로 보면, MIN 알고리즘 대비 3배의 페이지 교체가 발생함을 알 수 있다.

이러한 결과는 페이지 교체 전략에서 지역성에 대한 고려의 중요성을 보여준다. 이와 같은 지역성을 고려하지 않는 단점이 극대화되는 경우, 프로세스에게 메모리 공간을 더 많이 할당함에도 불구하고 페이지 폴트 수가 오히려 증가하는 **FIFO 이상(FIFO anomaly 또는 Belady's anomaly) 현상**이 발생하기도 한다. 다음 예제를 살펴보자.

표 10-4 FIFO 이상의 예(페이지 프레임 수 = 3)

시간	1	2	3	4	5	6	7	8	9	10	11	12
참조 문자열	1	2	3	4	1	2	5	1	2	3	4	5
메모리 상태	1	1	1	4	4	4	5	5	5	5	5	5
		2	2	2	1	1	1	1	1	3	3	3
			3	3	3	2	2	2	2	2	4	4
페이지 폴트	F	F	F	F	F	F	F			F	F	

표 10-5 FIFO 이상의 예(페이지 프레임 수 = 4)

시간	1	2	3	4	5	6	7	8	9	10	11	12
참조 문자열	1	2	3	4	1	2	5	1	2	3	4	5
메모리 상태	1	1	1	1	1	1	5	5	5	5	4	4
		2	2	2	2	2	2	1	1	1	1	5
			3	3	3	3	3	3	2	2	2	2
				4	4	4	4	4	4	3	3	3
페이지 폴트	F	F	F	F			F	F	F	F	F	F

[표 10-4]와 [표 10-5]는 각각 참조 문자열(ω)이 (1 2 3 4 1 2 5 1 2 3 4 5)인 경우에 대한, 할당된 페이지 프레임 수가 3개와 4개일 때의 FIFO 페이지 교체 알고리즘 적용 결과다. 페이지 프레임이 3개 할당된 경우, 총 9번의 페이지 폴트가 발생한다([표 10-4]). 그런데 페이지 프레임 수가 하나도 많이 할당된 [표 10-5]에서 오히려 페이지 폴트가 총 10번으로, 메모리를 추가로 할당받음에도 불구하고 오히려 페이지 폴트가 한번 증가한 것을 확인할 수 있다. 즉, FIFO 이상 현상이 발생함을 알 수 있다. 이러한 현상을 방지하고 페이지 폴트를 줄이기 위해서는 지역성에 대한 고려가 필요함을 알 수 있으며, 다음으로 지역성을 적용한 알고리즘들을 살펴보자.

10 가상 메모리 관리

● LRU 알고리즘

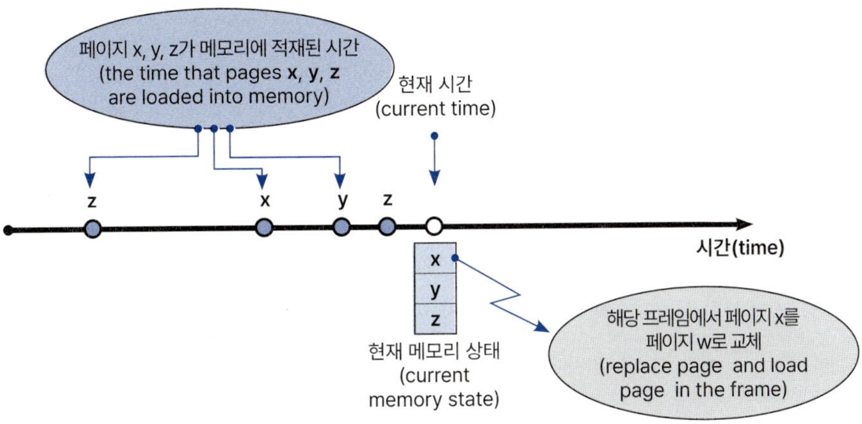

그림 10-7 LRU 페이지 교체 알고리즘 개념

페이지 교체 시 지역성을 고려하는 가장 직관적인 방법은, 언제 참조되었는지를 확인하고 가장 오랫동안 참조되지 않은 페이지를 교체하는 것이다. 이 전략을 사용하는 페이지 교체 기법이 **LRU(Least Recently Used) 알고리즘**이다. [그림 10-7]은 LRU 알고리즘의 개념을 보여준다. 페이지 z, x, y가 순서대로 참조되면서 메모리에 적재되었다. 그리고 페이지 w를 참조하기 앞서, 페이지 z를 한 번 더 참조했다. 따라서 페이지 w 참조 시 x, y, z 중 가장 오랫동안 참조되지 않은 x가 교체할 페이지로 선택된다.

LRU 알고리즘은 지역성에 기반을 두고 있기 때문에 MIN 알고리즘에 근접한 성능을 보여준다는 장점을 가지고 있으며, 실제로도 많이 활용되는 기법으로 알려져 있다. 하지만 지역성 활용을 위해, 페이지를 참조할 때마다 그 시간을 기록하는 추가 작업이 필요하다는 단점을 가진다. 이러한 시간 기록에 대한 부담은, 정확한 시간 대신 참조 순서만을 기록하는 등 간소화된 정보를 수집하는 방식으로 줄일 수 있다.

한 가지 주의할 점은 반복 구문(loop) 수행에 필요한 크기보다 작은 수의 페이지 프레임이 할당될 경우, 페이지 폴트 수가 급격히 증가할 수 있다는 점이다. 예를 들어 반복 구문을 위한 참조 문자열의 길이가 4인데 할당된 페이지 프레임 수가 3인 경우, 반복 구문 수행을 위한 모든 페이지 참조 시 페이지 폴트가 발생하게 된다. 이러한 문제를 방지하기 위해서는 교체 기법에 알맞은 할당 기법을 설계하는 것이 필요하다.

표 10-6 페이지 교체 시나리오에 LRU 알고리즘을 적용한 결과

시간	1	2	3	4	5	6	7	8	9	10	11	12	13	14
참조 문자열	1	2	6	1	4	5	1	2	1	4	5	6	4	5
메모리 상태 (메모리 속 페이지)	1	1	1	1	1	1	1	1	1	1	1	1	1	1
		2	2	2	2	5	5	5	5	5	5	5	5	5
			6	6	6	6	6	2	2	2	2	6	6	6
					4	4	4	4	4	4	4	4	4	4
페이지 폴트	F	F	F		F	F		F				F		

[표 10-6]은 MIN 알고리즘을 적용했던 같은 시나리오에 LRU 알고리즘을 적용한 결과다. 주요 페이지 폴트 및 교체 발생 시점은 다음과 같다.

- **시간 6**: 페이지 5 참조 → **페이지 폴트 발생** → 페이지 2와 교체
  - 페이지 1, 2, 6, 4의 최근 참조 시간은 각각 시간 4, 시간 2, 시간 3, 시간 5
- **시간 8**: 페이지 2 참조 → **페이지 폴트 발생** → 페이지 6과 교체
  - 페이지 1, 5, 6, 4의 최근 참조 시간은 각각 시간 7, 시간 6, 시간 3, 시간 5

- **시간 12**: 페이지 6 참조 → **페이지 폴트 발생** → 페이지 2와 교체
  - 페이지 1, 5, 2, 4의 최근 참조 시간은 각각 시간 9, 시간 11, 시간 8, 시간 10

발생한 총 페이지 폴트는 7번으로, 6번의 페이지 폴트가 발생하는 MIN 알고리즘과 유사한 성능을 달성함을 확인할 수 있다.

● LFU 알고리즘

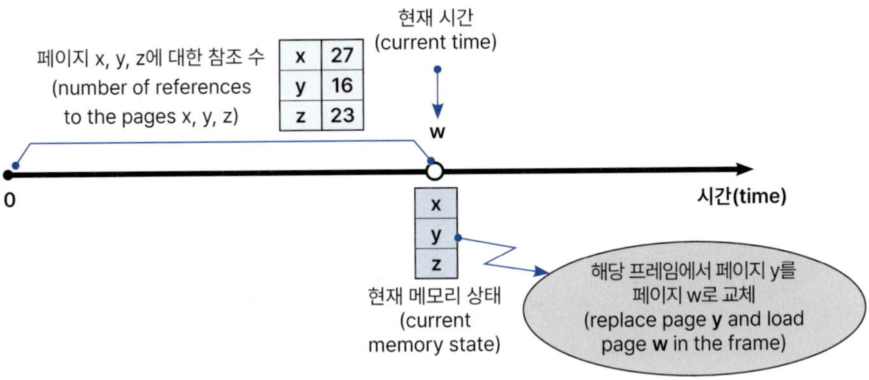

그림 10-8 LFU 페이지 교체 알고리즘 개념

LFU(Least Frequently Used) **알고리즘**은 가장 참조 횟수가 적은 페이지를 교체하는 알고리즘이다. [그림 10-8]은 LFU 알고리즘의 개념을 보여준다. 페이지 w가 참조되는 시점에 메모리에 있는 x, y, z 페이지들에 대한 참조 횟수가 각각 27, 16, 23회다. 따라서 참조 횟수가 가장 적은 페이지 y가 교체할 페이지로 선택된다. 만약 참조 횟수가 동일한 페이지가 있다면, 정해진 타이-브레이킹 규칙(tie-breaking rule)에 따라 교체할 페이지를 선택할 수 있다. 예를 들어, '먼저 적재된 페이지를 교체한다' 등이 타이-브레이킹 규칙이 될 수 있다. LFU 알고리즘은 LRU 알고리즘의 변형 중 하나로, 페이지 참조 시간을 기록하는 것 대비 참조한 횟수만 기록한다는 점에서 LRU보다 부하가 적다는 장점을 가진다.

표 10-7 페이지 교체 시나리오에 LFU 알고리즘을 적용한 결과

시간	1	2	3	4	5	6	7	8	9	10	11	12	13	14
참조 문자열	1	2	6	1	4	5	1	2	1	4	5	6	4	5
메모리 상태 (메모리 속 페이지)	1	1	1	1	1	1	1	1	1	1	1	1	1	1
		2	2	2	2	5	5	5	5	5	5	5	5	5
			6	6	6	6	6	2	2	2	2	6	6	6
					4	4	4	4	4	4	4	4	4	4
페이지 폴트	F	F	F		F	F		F				F		

[표 10-7]은 MIN 알고리즘을 적용했던 동일한 시나리오에 LFU 알고리즘을 적용한 결과다. 주요 페이지 폴트 및 교체 발생 시점은 다음과 같다.

- **시간 6**: 페이지 5 참조 → **페이지 폴트 발생** → 페이지 2와 교체
  - 시간 6 시점에 페이지 1, 2, 6, 4의 참조 횟수는 각각 2, 1, 1, 1회
  - 페이지 2, 6, 4의 참조 횟수 동일 → 선입 선출 타이-브레이킹 규칙 적용 → 페이지 2 선택
- **시간 8**: 페이지 2 참조 → **페이지 폴트 발생** → 페이지 6과 교체
  - 시간 8 시점에 페이지 1, 5, 6, 4의 참조 횟수는 각각 3, 1, 1, 1회
  - 페이지 5, 6, 4의 참조 횟수 동일 → 선입 선출 타이-브레이킹 규칙 적용 → 페이지 6 선택
- **시간 12**: 페이지 6 참조 → **페이지 폴트 발생** → 페이지 2와 교체
  - 시간 12 시점에 페이지 1, 5, 2, 4의 참조 횟수는 각각 4, 2, 1, 2회

본 시나리오에서는 총 7번의 페이지 폴트가 발생하며, LRU 알고리즘과 동일한 결과다. 이처럼 LRU 대비 적은 부하로 유사한 성능을 보여줄 수 있음을 알 수 있다. 하지만, 최근 적재되었지만 앞으로 참조 가능성이 높은 페이지가 교체될 수 있다는 단점을 가진다. 이는 최근 적재된 페이지가 다시 참조될 가능성이 높다는 시간적 지역성에 반하는 효과를 낼 수 있다.

NUR 알고리즘

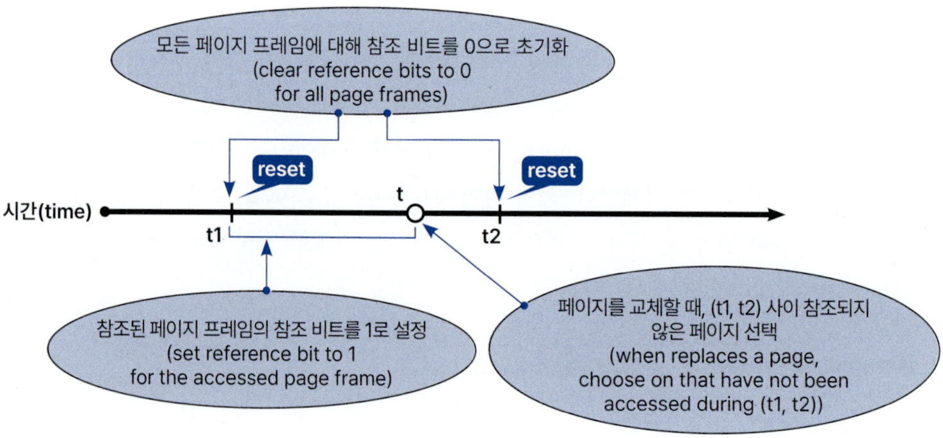

그림 10-9 NUR 페이지 고체 알고리즘 개념

NUR(Not Used Recently) **알고리즘**은 최근에 사용되지 않은 페이지를 교체하는 방법이다. 이 알고리즘은 LRU 알고리즘의 지역성 활용 전략을 따르면서, LRU보다 적은 부하로 비슷한

수준의 성능 달성을 목표로 한다. 이러한 목적을 달성하기 위해 NUR 알고리즘은 비트 벡터(bit vector)를 사용한다. 비트 벡터는 참조 비트(reference bit, r)와 갱신 비트(modified bit, m)로 구성되며(**10.1절**), 각 페이지 프레임마다 이 비트들을 하나씩 가진다. 교체 순서는 두 비트의 조합에 의해 결정되며, 그 순서는 아래와 같다.

- **1순위:** (r, m) = (0, 0)
- 2순위: (r, m) = (0, 1)
- **3순위:** (r, m) = (1, 0)
- 4순위: (r, m) = (1, 1)

참조 비트 값이 0인 경우, 해당 페이지는 일정 기간 동안 참조되지 않았음을 의미한다. 예를 들어, (0, 0)은 해당 페이지가 참조되지 않았고(r = 0), 메모리에 적재된 이후로 수정되지 않았음(m = 0)을 의미한다. 교체 순서를 보면, 참조되지 않고 수정되지 않은 페이지가 가장 먼저 교체되며, 참조되지 않았지만 수정된 페이지가 그 다음, 참조되었으나 수정되지 않은 페이지가 세 번째 참조되고 수정된 페이지가 가장 나중에 교체된다.

[그림 10-9]는 NUR 알고리즘의 개념을 보여준다. 모든 페이지 프레임의 참조 비트는 주기적으로 0으로 초기화된다. 이는 최근에 참조되었는지를 표시하기 위함이다. 하지만, 데이터에 변화가 있는 경우 이를 지속적으로 기억해야 하기 때문에 갱신 비트에 대한 주기적인 초기화는 없다. 페이지 교체가 필요한 순간(시간 t)이 되면, 각 페이지 프레임의 비트 벡터를 확인하고 앞서 정의된 교체 순서에 따라 교체할 페이지를 결정하게 된다.

이러한 방식으로 NUR 알고리즘은 참조 비트와 갱신 비트를 사용하여 최근에 사용되지 않은 페이지를 효과적으로 교체할 수 있다. 이는 LRU에 비해 적은 부하로 유사한 성능을 제공한다.

● 시계(clock) 알고리즘

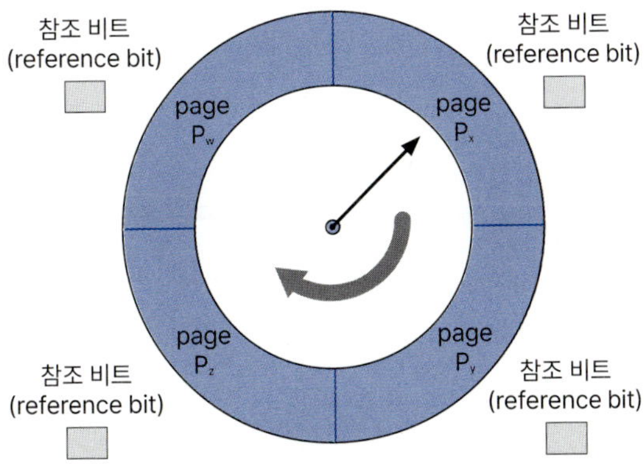

그림 10-10 시계(clock) 페이지 교체 알고리즘 개념

시계(clock) 알고리즘은 페이지 교체를 효과적으로 수행하는 방법으로, NUR 알고리즘의 간소화된 형태다. 이 알고리즘은 원형 큐(circular queue)를 사용해 페이지를 관리하며, 참조 비트의 주기적인 초기화 과정 없이 포인터가 시곗바늘처럼 페이지 프레임을 순차적으로 가리키면서 교체할 페이지를 선택한다.

[그림 10-10]은 시계 알고리즘의 개념을 보여준다. 페이지 p_w, p_x, p_y, p_z가 원형 큐에 배치되어 있고, 각 페이지에는 참조 비트가 할당되어 있다. 시곗바늘 모양의 포인터가 원형 큐를 순차적으로 가리키며, 참조 비트에 따라 교체할 페이지를 선택한다.

시계 알고리즘의 동작 과정은 다음과 같다.

1. **초기 설정:** 모든 페이지 프레임의 참조 비트(reference bit)는 0으로 초기화된다.
2. **페이지 참조:** 페이지가 참조(적재될 때 포함)될 때 해당 페이지의 참조 비트는 1로 설정된다.
3. **페이지 교체 필요시**
   - 포인터가 가리키는 페이지의 참조 비트를 확인한다.
   - 참조 비트가 0이면, 해당 페이지를 교체하고 새로운 페이지를 적재한다.
   - 참조 비트가 1이면, 참조 비트를 0으로 초기화하고 포인터를 다음 페이지로 이동시킨다.
   - 이 과정을 교체할 페이지를 찾을 때까지 반복한다.

예를 들어, 포인터가 페이지 프레임 p_x를 가리키고 있고, p_x의 참조 비트가 1이라면, 참조 비트를 0으로 설정하고 포인터를 다음 페이지 프레임으로 이동시킨다. 이 과정은 교체할 페이지를 찾을 때까지 반복된다.

시계 알고리즘에서는 포인터가 순차적으로 이동함에 따라, 먼저 적재된 페이지가 먼저 교체될 가능성이 높다. 이는 FIFO 페이지 교체 알고리즘과 유사한 특성이다. 또한, 시계 알고리즘은 참조 비트를 기반으로 교체 페이지를 결정한다는 점에서 LRU 및 NUR과 유사한 특성을 가진다.

표 10-8 시계(clock) 페이지 교체 알고리즘 적용의 예

시간		0	1	2	3	4	5	6	7	8	9	10
참조 문자열		···	c	a	d	b	e	b	a	b	c	d
메모리 상태 (메모리 속 페이지)	프레임 0	a/1	→a/1	→a/1	→a/1	→a/1	**e/1**	e/1	e/1	e/1	→e/1	**d/1**
	프레임 1	b/1	b/1	b/1	b/1	b/1	→b/**0**	→b/**1**	b/**0**	b/**1**	b/1	→b/**0**
	프레임 2	c/1	c/1	c/1	c/1	c/1	c/**0**	c/0	**a/1**	a/1	a/1	a/**0**
	프레임 3	d/1	d/1	d/1	d/1	d/1	d/**0**	d/0	→d/0	→d/0	**c/1**	c/**0**
페이지 폴트							F		F		F	F
적재 페이지							e		a		c	d
교체된 페이지							a		c		d	e

[표 10-8]은 시계 알고리즘의 적용 예를 보여준다. 초기 상태(시간 0)는 메모리에 페이지 a, b, c, d가 적재되어 있으며, 모든 페이지 프레임의 참조 비트가 1이고 포인터(시곗바늘)는 첫 번째 페이지 프레임을 가리키는 상태를 가정한다. 주요 페이지 폴트 및 교체 발생 지점은 다음과 같다.

- 시간 5: 페이지 e 참조 → **페이지 폴트 발생** → 페이지 a와 교체
  - 페이지 프레임 0 (a/1 → a/0) → 페이지 프레임 1 (b/1 → b/0) → 페이지 프레임 2 (c/1 → b/0) → 페이지 프레임 3 (d/1 → d/0)
  - → 페이지 프레임 0 (a/0): 교체 페이지로 선택
- 시간 7: 페이지 a 참조 → **페이지 폴트 발생** → 페이지 c와 교체
  - 페이지 프레임 1 (b/1 → b/0)
  - → 페이지 프레임 2 (c/0): 교체 페이지로 선택
- 시간 9: 페이지 c 참조 → **페이지 폴트 발생** → 페이지 d와 교체
  - 페이지 프레임 3 (d/0): 교체 페이지로 선택
- 시간 10: 페이지 d 참조 → **페이지 폴트 발생** → 페이지 e와 교체
  - 페이지 프레임 0 (e/1 → e/0) → 페이지 프레임 1 (b/1 → b/0) → 페이지 프레임 2 (a/1 → a/0) → 페이지 프레임 3 (c/1 → c/0)
  - → 페이지 프레임 0 (e/0): 교체 페이지로 선택

위 시나리오에서 페이지 프레임 1번에 있는 페이지 b를 보면 시간 5, 시간 7에서 참조 비트가 0으로 초기화되지만, 시간 6, 시간 8에서 다시 참조되어 참조 비트가 1이 된다. 그 결과 페이지 폴트가 발생했을 때 교체 대상으로 선택되지 않았다. 이처럼 시계 알고리즘은 참조 비트를 통해 LRU(또는 NUR)와 유사한 효과를 내는 것을 확인할 수 있다.

● 두 번째 기회(second chance) 알고리즘

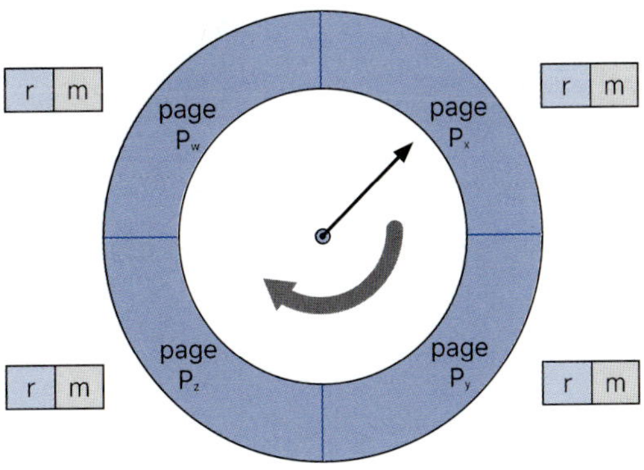

그림 10-11 두 번째 기회(second chance) 페이지 교체 알고리즘의 개념

두 번째 기회(second chance) 알고리즘은 시계 알고리즘과 유사하지만, 참조 비트(r)와 갱신 비트(m)를 함께 고려한다는 특징이 있다. [그림 10-11]은 두 번째 기회 페이지 교체 알고리즘의 개요를 보여준다. 페이지 프레임이 원형 큐에 배치되어 있고, 시곗바늘 모양의 포인터가 원형 큐를 순차적으로 이동한다는 점은 시계 알고리즘과 같다. 포인터 이동에 따른 비트 벡터의 변화와 교체 페이지 선택 방법은 다음과 같다.

> 현재 가리키고 있는 페이지 프레임의 (r, m) 확인
> - (0,0): 교체 페이지로 선택
> - (0,1) → (0,0) 변경, write-back(cleaning) 목록에 추가 후 포인터 이동
> - (1,0) → (0,0) 변경 후 포인터 이동
> - (1,1) → (0,1) 변경 후 포인터 이동

갱신 비트가 1인 경우, 페이지 내용이 변경되었음을 의미한다. 따라서 해당 페이지 교체 시 변경 내용을 스왑 디바이스에 반영해야 하기 때문에 write-back 목록에 추가하는 과정이 필요하다(**10.1절** 참고). Write-back은 스왑 디바이스에 쓰기 연산을 수행해야 하는 부하가 큰 과정이다. 따라서 두 번째 기회 알고리즘은 참조 비트와 갱신 비트 모두 1인 경우, 참조 비트를 먼저 0으로 바꾼다.

표 10-9 두 번째 기회(second chance) 페이지 교체 알고리즘 적용의 예

시간		0	1	2	3	4	5	6	7	8	9	10
참조 문자열		…	c	a^w	d	b^w	e	b	a^w	b	c	d
메모리 상태 (메모리 속 페이지)	프레임 0	a/10	→a/10	→a/11	→a/11	→a/11	<u>a/00</u>	<u>a/00</u>	a/11	a/11	→a/11	<u>a/00</u>
	프레임 1	b/10	b/10	b/10	b/10	b/11	<u>b/00</u>	<u>b/10</u>	<u>b/10</u>	<u>b/10</u>	<u>b/10</u>	**d/10**
	프레임 2	c/10	c/10	c/10	c/10	c/10	**e/10**	e/10	e/10	e/10	e/10	→e/00
	프레임 3	d/10	d/10	d/10	d/10	d/10	→d/00	→d/00	→d/00	→d/00	**c/10**	c/00
페이지 폴트							F				F	F
적재 페이지							e				c	d
교체된 페이지							c				d	b

[표 10-9]는 두 번째 기회 알고리즘의 적용 예를 보여준다. 초기 상태(시간 0)에서는 메모리에 페이지 a, b, c, d가 적재되어 있으며, 모든 페이지 프레임의 참조 비트는 1, 갱신 비트는 0이고, 포인터(시곗바늘)는 첫 번째 페이지 프레임을 가리키는 상태를 가정한다. 참조 문자열의 페이지 이름에 위첨자로 붙는 w는 쓰기 연산을 의미하며(예: a^w), 이는 갱신 비트가 1로 바뀌어야 함을 의미한다. 또한, 페이지에 대한 밑줄 표시(예: <u>a/00</u>)는 write-back 목록에 추가되었음을 의미한다.

[표 10-9]의 예에서 주요 페이지 폴트 및 교체 발생 시점은 다음과 같다.

- **시간 5**: 페이지 e 참조 → **페이지 폴트 발생** → 페이지 c와 교체
  - 페이지 프레임 0 (a/11 → a/01) → 페이지 프레임 1 (b/11 → b/10) → 페이지 프레임 2 (c/10 → c/00) → 페이지 프레임 3 (d/10 → d/00) → 페이지 프레임 0 (a/01 → a/00) → 페이지 프레임 1 (b/01 → b/00)
  - → 페이지 프레임 2 (c/00): 교체 페이지로 선택
- **시간 9**: 페이지 c 참조 → **페이지 폴트 발생** → 페이지 d와 교체
  - 페이지 프레임 3 (d/00): 교체 페이지로 선택
- **시간 10**: 페이지 d 참조 → **페이지 폴트 발생** → 페이지 b와 교체
  - 페이지 프레임 0 (a/11 → a/01) → 페이지 프레임 1 (b/10 → b/00) → 페이지 프레임 2 (e/10 → e/00) → 페이지 프레임 3 (c/10 → c/00) → 페이지 프레임 0 (a/01 → a/00)
  - → 페이지 프레임 1 (b/00): 교체 페이지로 선택

위 시나리오에서는 시간 5와 시간 10에 포인터(시곗바늘)가 한 바퀴 돌면서 페이지 a에 대한 비트 벡터가 (1,1) → (0,1) → (0,0)으로 두 번에 걸쳐 변경(두 번의 기회)되는 것을 볼 수 있다. 최종적으로 교체를 피하는 것도 확인할 수 있다. 즉, write-back이 필요한 페이지에 대한 교체를 미루려는 두 번째 기회 알고리즘의 의도가 반영되는 것을 확인할 수 있다.

지금까지 살펴본 고정 할당을 위한 페이지 교체 알고리즘들 외에도 다양한 페이지 교체 알고리즘을 설계할 수 있다. 예를 들어, 추가적인 정보를 기억(예: 기존 참조 기록)해 자신의 설계 의도에 맞는 교체 기법을 만들 수 있을 것이다. 이는 각 시스템의 특성과 요구에 따라 맞춤형 알고리즘을 설계하여, 목적에 맞는 최적의 성능을 달성할 수 있음을 의미한다.

가변 할당에서의 페이지 교체 전략

가변 할당 메모리 관리 기법에서는 프로세스가 실행되는 동안 할당받는 메모리 공간이 유동적으로 변한다. 이러한 환경에서 교체 전략은 교체할 페이지 선택뿐만 아니라, 프로세스가 사용할 메모리 공간을 시간에 따라 적절히 조절하는 것이 중요하다.

● 워킹 세트(working set) 알고리즘

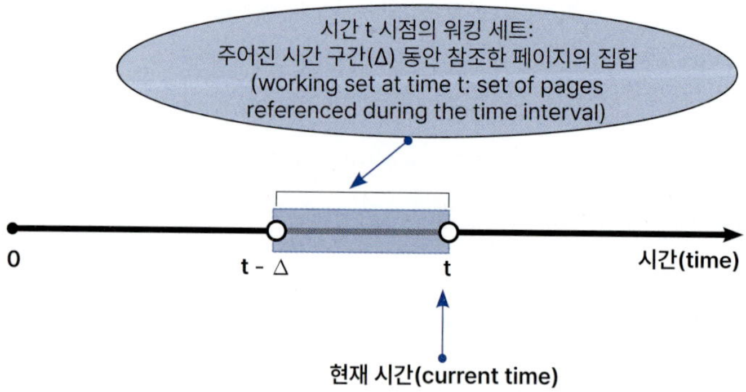

그림 10-12 워킹 세트(working set)의 개념

워킹 세트(working set)[16]는 1968년 피터 데닝(peter denning)이 정의한 개념으로, 특정 시간 구간 동안 프로세스가 참조한 정보들의 집합을 의미한다. 페이징 시스템에서는 최근 일정 시간(Δ) 동안 참조된 페이지들의 집합으로 정의할 수 있으며, 시간 t에서 [t−Δ, t] 시간 구간 동안 참조된 페이지들의 집합인 워킹 세트를 다음과 같이 표시할 수 있다.

$$W(t\ ,\ \Delta)$$

[그림 10-12]는 워킹 세트의 개념을 보여준다. 더 직관적으로 표현하면 프로세스가 특정 시점에 자주 참조하는 페이지들의 집합이라고 할 수 있다.

워킹 세트 페이지 교체 알고리즘은 워킹 세트를 메모리에 항상 유지하는 것을 목표로 설계된 알고리즘이다. 이 알고리즘은 프로세스가 실행되는 동안 일정 시간 구간 내에 자주 참조되는 페이지들이 있다는 지역성(locality)에 기반을 두는 접근법이다. 워킹 세트를 지역성을 가지는 페이지 집합으로 정의함으로써 페이지 폴트를 감소시키고 시스템 성능을 향상시킨다.

워킹 세트 알고리즘에서 시간 구간(Δ)을 **윈도우 크기(window size)**라고 한다. 집 안에서 창문에 걸쳐 있는 풍경만 보이듯이, 윈도우 구간 안에 있는 페이지만 본다는 의미로 윈도우(창문)라는 이름이 붙었다고 이해하면 쉽다. 윈도우 크기는 고정된 값으로, 워킹 세트 알고리즘의 성능을 결정하는 중요한 시스템 설정값(parameter)이다. 이 윈도우 크기에 따라 워킹 세트의 크기가 달라지며, 이는 페이지 폴트 발생 빈도와 메모리 사용 효율성에 직접적인 영향을 미친다.

16 한글로는 '작업 그룹' 정도로 번역할 수 있지만, 많은 국문 문헌에서도 working set라는 영어를 그대로 사용하니 영문 이름으로도 꼭 알아 두자.

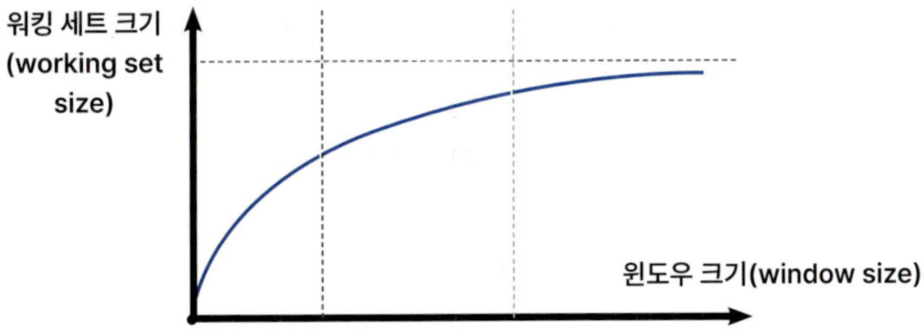

그림 10-13 윈도우 크기에 따른 워킹 세트 크기의 변화

[그림 10-13]은 윈도우 크기에 따른 워킹 세트 크기의 변화를 보여준다. 윈도우 크기 증가 초반([그림 10-13]의 왼쪽 구간)에는 워킹 세트 크기가 빠르게 증가한다. 이는 윈도우 크기보다 지역성을 가지는 페이지 그룹의 크기가 큰 구간으로 볼 수 있다. 다음으로 [그림 10-13]의 중간 구간을 보면, 윈도우 크기 증가에 따라 워킹 세트 크기가 완만하게 증가한다. 이 구간은 윈도우 크기와 워킹 세트 크기가 비슷한 상황으로 이해할 수 있다. 마지막으로 윈도우 크기가 일정 수준 이상으로 커지면([그림 10-13]의 오른쪽 구간), 윈도우 크기 증가에 따른 워킹 세트 크기 변화가 미미한 것으로 볼 수 있다. 이는 윈도우 크기가 지역성을 가지는 페이지 그룹들의 크기보다 큰 경우로 볼 수 있다.

이처럼 윈도우 크기는 워킹 세트 크기에 큰 영향을 미치며, 이를 적절히 설정하는 것이 워킹 세트 알고리즘의 성능을 최적화하는 데 중요하다. 윈도우 크기가 너무 작으면 필요한 페이지들이 워킹 세트에 포함되지 않아 페이지 폴트가 자주 발생하게 된다. 반면, 윈도우 크기가 너무 크면 불필요한 페이지들이 워킹 세트에 포함되어 메모리 자원의 낭비가 발생할 수 있다. 따라서 시스템의 특성과 프로그램의 메모리 접근 패턴을 고려하여 최적의 윈도우 크기를 설정하는 것이 필요하다.

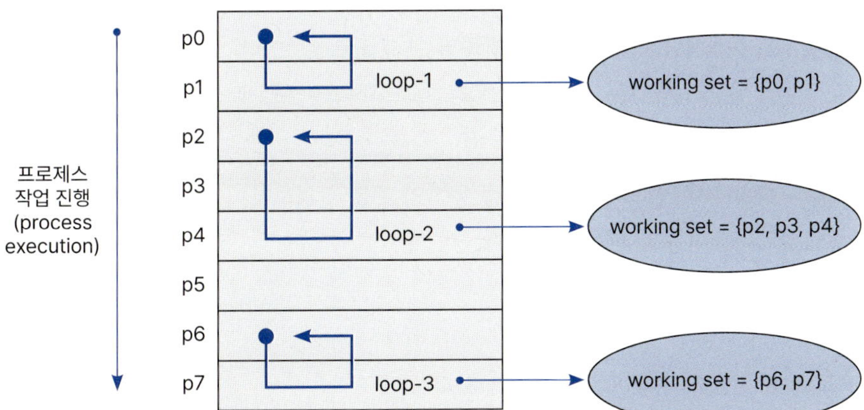

그림 10-14 워킹 세트 전이(working set transition)의 개념

특정 구간에서는 지역성에 따라 비슷한 워킹 세트가 유지되지만, 프로세스의 작업이 진행됨에 따라 워킹 세트도 변하게 된다. 하나의 워킹 세트에서 다른 워킹 세트로 넘어가는 것을 **워킹 세트 전이(working set transition)**라고 한다. [그림 10-14]는 워킹 세트 전이의 개념을 보여준다. 프로세스가 특정 반복 구분(loop)에 있을 때는 일정한 페이지 그룹(예: {p0, 01})을 워킹 세트로 유지하다가, 해당 반복 구문을 벗어나 다음으로 진행함에 따라 워킹 세트가 바뀌는 것을 볼 수 있다.

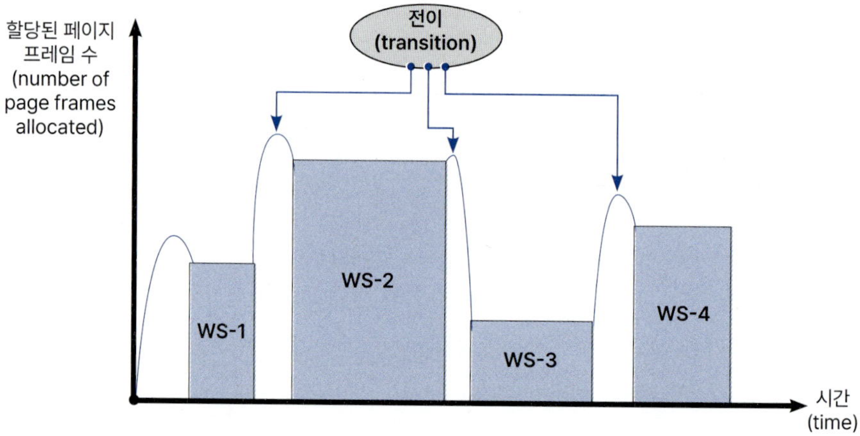

그림 10-15 워킹 세트 전이에 따른 메모리 할당 변화의 예

[그림 10-15]는 워킹 세트 전이에 따라 할당되는 페이지 프레임 수(메모리 할당량) 변화의 예를 보여준다. 고정된 워킹 세트를 유지하는 동안에는 해당 워킹 세트의 크기와 같은 페이지 프레임 수를 유지한다. 그러나 워킹 세트 전이가 일어나는 시점에서는 할당된 페이지 프레임 수가 일시적으로 증가하는 것을 볼 수 있다. 이는 윈도우가 두 개의 워킹 세트 각각의 일부를 포함하고 있기 때문이다. 하지만, 워킹 세트 전이가 완료된 시점에서는 다시 워킹 세트 크기만큼의 페이지 프레임만을 사용하는 안정화된 모습을 볼 수 있다. 이러한 워킹 세트 전이 동안의 일시적인 메모리 증가는 페이지 폴트를 최소화하고, 프로세스의 실행 효율성을 높이는 데 기여한다.

다음과 같은 상황에서 워킹 세트 알고리즘 동작의 예를 살펴보자. [표 10-10]은 워킹 세트 페이지 교체 알고리즘의 적용 예를 보여준다.

- 윈도우 크기(Δ) = 3
- 프로세스가 사용하는 페이지들 = {0, 1, 2, 3, 4}
- 참조 문자열(ω) = 2 2 3 1 2 4 2 4 0 3
- 초기(시간 0) 메모리 상태 = {0, 3, 4}

표 10-10 워킹 세트 페이지 교체 알고리즘 적용의 예(Δ=3)

시간		-2	-1	0	1	2	3	4	5	6	7	8	9	10
참조 문자열		4	3	0	2	2	3	1	2	4	2	4	0	3
메모리 상태	페이지 0	?	?	0	0	0	0	–	–	–	–	–	0	0
	페이지 1	?	?	–	–	–	–	1	1	1	1	–	–	–
	페이지 2	?	?	–	2	2	2	2	2	2	2	2	2	2
	페이지 3	?	?	3	3	3	3	3	3	3	–	–	–	3
	페이지 4	?	?	4	4	–	–	–	–	4	4	4	4	4
페이지 폴트		?	?	?	F			F		F			F	F
적재 페이지		?	?	?	2			1		4			0	3
반납 페이지		?	?	?		4		0			3	1		
할당 페이지 프레임 수		?	?	3	4	3	3	3	3	4	3	2	3	4

시간 1의 경우 윈도우는 $[t-\Delta, t] = [-2, 1]$ 구간이 된다. 따라서 윈도우에 속하는 {4, 3, 0, 2}가 메모리에 유지된다. 페이지 2는 메모리에 없었으므로 페이지 폴트가 발생하고 메모리에 적재된다. 하지만 메모리에서 반납되는 페이지는 따로 없다. 이는 고정 할당을 위한 페이지 교체 알고리즘들에서 페이지 폴트 시 항상 페이지 교체가 발생했던 것과 구분되는 특징이다.

시간 2의 윈도우는 [−1, 2]로, 윈도우에 속하는 페이지는 {3, 0, 2}다. 시간 1에 유지하던 페이지 4는 시간 2에는 워킹 세트에 속하지 못하기 때문에 메모리에서 반납된다. 이처럼 가변 할당 페이지 교체 전략에서는 페이지 폴트가 발생하지 않더라도 메모리에서 반납되는 페이지가 있다는 특성을 가진다.

이후 시간에 대한 주요 메모리 상태 변경 시점은 다음과 같다.

• **시간 4**: 윈도우 [1, 4] = {2, 3, 1} · 페이지 폴트 → 페이지 1 적재 · 페이지 0 반납	• **시간 6**: 윈도우 [3, 6] = {3, 1, 2, 4} · 페이지 폴트 → 페이지 4 적재
• **시간 7**: 윈도우 [4, 7] = {1, 2, 4} · 페이지 3 반납	• **시간 8**: 윈도우 [5, 8] = {2, 4} · 페이지 1 반납
• **시간 9**: 윈도우 [6, 9] = {4, 2, 0} · 페이지 폴트 → 페이지 0 적재	• **시간 10**: 윈도우 [7, 10] = {2, 4, 0, 3} · 페이지 폴트 → 페이지 3 적재

[표 10-10]에서는 프로세스가 사용하는 페이지 프레임 수가 2~4개 사이에서 유동적으로 변하는 모습을 볼 수 있다. 이처럼 워킹 세트 알고리즘은 적재되는 페이지가 없더라도 메모리를 반납하는 페이지가 있을 수 있으며, 새로 적재되는 페이지가 있더라도 교체되는 페이지가 없을 수 있다는 특징을 가진다. 이러한 가변성을 기반으로 페이지 폴트를 줄이고, 지역성을 가

지는 페이지 그룹을 메모리에 최대한 유지할 수 있다는 장점을 가진다.

하지만, 페이지 폴트 발생 시에만 메모리를 관리하면 되었던 고정 할당을 위한 페이지 교체 알고리즘들과 달리, 워킹 세트 알고리즘은 메모리 적재 및 반납을 지속적으로 관리해야 하는 부하를 가진다는 단점이 있다.

- **성능 평가**

고정 할당에서는 동일한 수의 페이지 프레임을 할당하는 경우, 페이지 폴트 수를 비교함으로써 페이지 교체 알고리즘의 성능을 비교/평가할 수 있다. 하지만, 가변 할당에서는 프로세스가 사용하는 페이지 프레임 수(메모리 크기)가 변하기 때문에, 메모리 사용량도 함께 고려해야 성능에 대한 평가를 내릴 수 있다. 예를 들어, [표 10-10]의 시간 [1, 10] 구간에서 총 5번의 페이지 폴트가 발생한다. 그리고 사용한 페이지 프레임 수는 평균 시간당 3.2개다. 이는 시간 [1, 10] 동안 사용된 총 프레임 수(32)를 10으로 나눈 값이다. 따라서, 해당 시나리오에 대한 워킹 세트 알고리즘의 결과는 '평균 3.2개의 페이지 프레임을 할당받은 상태에서 5번의 페이지 폴트가 발생했다.'라고 말할 수 있다.

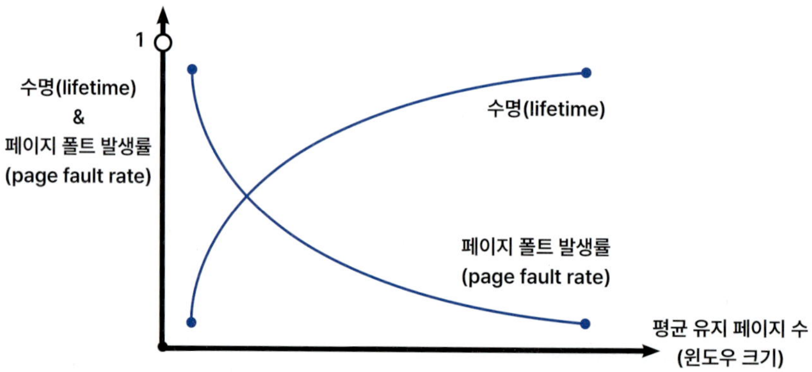

그림 10-16 윈도우 크기에 따른 페이지의 수명 및 페이지 폴트율 변화

[그림 10-16]은 윈도우의 크기(평균 유지 페이지의 수)의 증가에 따른 적재 페이지의 수명(lifetime)과 페이지 폴트 발생율(page fault rate)의 변화를 보여준다. 윈도우 크기가 작을 때는 페이지의 수명이 짧고 페이지 폴트 발생율이 높다. 이는 메모리에 적재되는 페이지 수가 적기 때문에 자주 필요한 페이지들이 메모리에서 제거되어 페이지 폴트가 자주 발생하기 때문이다. 반면, 윈도우 크기가 커짐에 따라 페이지의 수명이 길어지고 페이지 폴트 발생율이 감소한다. 이는 메모리에 더 많은 페이지가 적재되어 자주 참조되는 페이지들이 메모리에 오래 남아있기 때문이다. 하지만, 프로세스의 메모리 사용량이 늘어나기 때문에 시스템의 부담 또한 증가하게 된다.

● PFF(Page Fault Frequency) 알고리즘

워킹 세트 페이지 교체 알고리즘은 메모리 할당을 유연하게 함으로써 지역성을 활용하고 페이지 폴트를 줄일 수 있다는 장점을 가진 반면, 페이지 폴트가 없더라도 메모리의 할당 및 반납을 지속적으로 관리해야 하는 단점이 있다. **PFF(Page Fault Frequency) 알고리즘**은 페이지 폴트 시에만 메모리를 관리하면서도 워킹 세트 알고리즘의 장점을 유지하는 것을 목표로 한다.

PFF 알고리즘은 이름에도 있듯 페이지 폴트 주기(page fault frequency)를 기반으로 페이지 프레임(메모리 공간) 할당을 결정한다. 즉, 페이지 폴트율을 기반으로 메모리에 유지하는 페이지 수를 결정한다. 만약 페이지 폴트율이 낮다면(페이지 폴트 발생 주기가 긴 경우), 현재 할당된 메모리 공간이 충분하다는 것을 의미하며 프로세스에게 할당된 페이지 프레임 수를 감소시킨다. 반대로 페이지 폴트율이 높다면(페이지 폴트 발생 주기가 짧은 경우), 현재 할당된 메모리 공간이 부족하다는 것을 의미하며, 프로세스에게 더 많은 페이지 프레임을 할당한다.

이처럼 PFF 알고리즘은 페이지 프레임 수 조절을 페이지 폴트 발생 시에만 수행하기 때문에 워킹 세트 알고리즘에 비해 부하가 작다는 장점을 가진다.

PFF 알고리즘의 성능을 결정하는 중요한 설정값(parameter)은 페이지 폴트율의 높고 낮음을 판단하는 기준인 임곗값(τ)이다. 즉, 페이지 폴트 발생 주기(Inter-Fault Time, IFT)가 τ보다 큰 경우 낮은 페이지 폴트율로 간주하고, IFT가 τ보다 작은 경우 페이지 폴트율이 높다고 판단한다.

PFF 알고리즘의 동작 방식은 다음과 같다.

❶ 페이지 폴트 발생 시, IFT 계산
- $IFT = t_c - t_{c-1}$
  - · t_{c-1} : 직전 페이지 폴트 발생 시간
  - · t_c : 현재 페이지 폴트 발생 시간

❷ IFT > τ (낮은 페이지 폴트율)
- 메모리 유지 페이지 그룹 ← $[t_{c-1}+1, t_c]$[17] 동안 참조된 페이지들만 유지
- 나머지 페이지들은 메모리에서 내림
  - · 메모리 할당(페이지 프레임 수) 유지 또는 감소

❸ IFT ≤ τ (높은 페이지 폴트율)
- 기존 페이지들 유지
- \+ 현재 참조된 페이지(page)를 추가 적재
  - · 메모리 할당(페이지 프레임 수) 증가

17 열린 괄호 기호를 사용해서 $(t_{c-1}, t_c]$로 표기하기도 한다.

표 10-11 PFF 페이지 교체 알고리즘 적용의 예(τ = 2)

시간		-2	-1	0	1	2	3	4	5	6	7	8	9	10
참조 문자열		4	3	0	2	2	3	1	2	4	2	4	0	3
메모리 상태	페이지 0	?	?	0	0	0	0	–	–	–	–	–	0	0
	페이지 1	?	?	–	–	–	–	1	1	1	1	1	–	–
	페이지 2	?	?	–	2	2	2	2	2	2	2	2	2	2
	페이지 3	?	?	3	3	3	3	3	3	3	3	3	–	3
	페이지 4	?	?	4	4	4	4	–	–	4	4	4	4	4
페이지 폴트		?	?	F	F			F		F			F	F
적재 페이지		?	?	0	2			1		4			0	3
반납 페이지		?	?	?				0,4					1,3	
할당 페이지 프레임 수		?	?	3	4	4	4	3	3	4	4	4	3	4

[표 10-11]은 임곗값(τ)이 2인 경우에 대한 PFF 페이지 교체 알고리즘의 적용 예다. 사용한 시나리오는 워킹 세트 알고리즘에서 사용한 [표 10-10]과 같다.

시간 1에 페이지 2가 메모리에 없어 페이지 폴트가 발생한다. 직전 페이지 폴트가 시간 0에서 발생했으므로 페이지 폴트 주기(IFT)는 1로 τ보다 작다. 따라서 페이지 폴트율이 높다고 판단해 기존 페이지들 {0, 3, 4}를 그대로 두고 페이지 2를 추가로 메모리에 적재한다. 이에 따라 사용하는 메모리 공간이 페이지 프레임 수를 3개에서 4개로 증가한다.

다음 페이지 폴트는 시간 4에 발생한다. 직전 페이지 폴트가 시간 1에 발생했으므로 IFT는 3으로 τ보다 크다. 즉, 페이지 폴트율이 낮다고 판단하여 [2, 4] 시간 동안 참조한 페이지들만 메모리에 유지한다. 따라서 0과 4는 반납하고 페이지 1을 새로 적재하여 메모리 사용 페이지 프레임 수를 4개에서 3개로 줄인다.

이후 시간에 대한 주요 메모리 상태 변경 시점은 다음과 같다.

- **시간 6:** (IFT = 2) $\leq \tau$ (높은 페이지 폴트율)
  - **기존 페이지들** {1, 2, 3} **+ 현재 참조된 페이지** 4 → {1, 2, 3, 4}
- **시간 9:** (IFT = 3) $> \tau$ (낮은 페이지 폴트율)
  - **[7,9]에 참조한 페이지들만 유지** → {0, 2, 4}
  - **페이지 1, 3 반납**
- **시간 10:** (IFT = 1) $\leq \tau$ (높은 페이지 폴트율)
  - **기존 페이지들** {0, 2, 4} **+ 현재 참조된 페이지** 3 → {0, 2, 3, 4}

이처럼 PFF 알고리즘은 페이지 폴트가 발생할 때만 메모리 상태를 관리한다. 따라서 워킹 세트 알고리즘과 달리 메모리 적재와 반납이 페이지 폴트가 발생할 때만 이루어진다.

- 성능 평가

PFF 알고리즘을 적용한 결과 [표 10-11] 시나리오에서 시간당 평균 3.7개의 페이지 프레임을 할당받은 상태에서 5번의 페이지 폴트가 발생했다. 앞서 살펴본 워킹 세트 알고리즘의 경우 평균 3.2개의 페이지 프레임을 할당받은 상태에서 5번의 페이지 폴트가 발생했다. 동일한 수의 페이지 폴트가 발생했기 때문에, 더 적은 페이지 프레임을 사용한 워킹 세트 알고리즘이 이 시나리오에서는 더 좋은 성능을 보였다고 말할 수 있다.

알아두세요 **평균 페이지 프레임 수 3.2, PF = 5회 vs 평균 페이지 프레임 수 2.5, PF = 6회**

만약 두 알고리즘에서 페이지 프레임 할당 수와 페이지 폴트 수가 모두 다르다면, 두 알고리즘의 성능을 어떻게 판단해야 할까? 예를 들어, 알고리즘 A는 평균 3.2개의 페이지 프레임을 사용하면서 총 5번의 페이지 폴트를 발생시켰고, 알고리즘 B는 평균 2.5개의 페이지 프레임을 사용하면서 총 6번의 페이지 폴트를 발생시킨 경우를 생각해 보자. 두 알고리즘 중 어떤 알고리즘의 성능이 더 좋은가?

이 경우 평균 페이지 프레임 수와 페이지 폴트 수만 가지고는 두 알고리즘 중 어느 것이 더 좋다고 말할 수 없다. 두 알고리즘을 비교하기 위해서는 시스템 입장에서 각 요소에 소요하는 비용 정보가 추가로 필요하다. 예를 들어, 페이지 프레임 하나를 한 시간 구간 동안 유지하는 비용이 10이고, 페이지 폴트 처리 비용이 50이라고 가정해 보자. 이때 각 알고리즘에 소요한 비용은 다음과 같이 계산할 수 있다.

- 알고리즘 A
  - 3.2 * 10(유지 비용) * 10(총 시간) + 5 * 50(PF 비용) = 570
- 알고리즘 B
  - 2.5 * 10(유지 비용) * 10(총 시간) + 6 * 50(PF 비용) = 550

그 결과, 본 시나리오에서는 알고리즘 B가 더 좋은 성능을 보였다고 판단할 수 있다.

VMIN(Variable MIN) 알고리즘

VMIN 페이지 교체 알고리즘은 Variable MIN의 약자로, 가변 할당 환경에 대한 MIN 알고리즘, 즉 최적 솔루션을 찾는 알고리즘이다. 고정 할당에서의 MIN 알고리즘과 동일하게 앞으로 발생할 메모리 접근(참조 문자열)을 보고 페이지 교체를 결정한다. 그러나 페이지 폴트 횟수만 고려했던 MIN 알고리즘과 달리, VMIN 알고리즘은 평균 페이지 프레임 할당량과 페이지 폴트 수를 모두 고려한다는 차이점이 있다.

하지만 VMIN 알고리즘 역시 미래를 알고 있어야 한다는 점에서 실제 실현이 불가능한 기법이다. 이로 인해 VMIN 알고리즘은 가변 할당 환경에서 페이지 교체 알고리즘의 성능 상한을 제시하는 역할을 한다. 이를 통해 다른 페이지 교체 알고리즘의 성능을 평가하고 비교하는 기준으로 사용할 수 있다.

VMIN 알고리즘은 [t, t + Δ] 시간 구간을 고려해서 교체할 페이지를 선택하며, 기본 전략은 앞으로 일정 시간(윈도우) 동안 사용하지 않을 페이지를 메모리에서 반납하는 것이다. VMIN의 세부 알고리즘은 다음과 같다.

> 페이지 r이 시간 t에 참조되었을 때
>
> - 페이지 r이 [t + 1, t + Δ][18] 사이에 다시 참조되는지 확인
>   - 참조되었을 시, 페이지 r을 메모리에 유지
>   - 참조되지 않았을 시, 페이지 r을 메모리에서 내림

표 10-12 VMIN 페이지 교체 알고리즘 적용의 예(t=4)

시간		0	1	2	3	4	5	6	7	8	9	10
참조 문자열		?	2	2	3	1	2	4	2	4	0	3
메모리 상태	페이지 0	–	–	–	–	–	–	–	–	–	0	–
	페이지 1	–	–	–	–	1	–	–	–	–	–	–
	페이지 2	–	2	2	2	2	2	2	2	–	–	–
	페이지 3	3	3	3	3	–	–	–	–	–	–	3
	페이지 4	–	–	–	–	–	–	4	4	4	–	–
페이지 폴트		?	F			F		F			F	F
적재 페이지		?	2			1		4			0	3
반납 페이지		?				3	1			2	4	0
할당 페이지 프레임 수		?	2	2	2	2	1	2	2	1	1	1

[표 10-12]는 윈도우 크기(Δ)가 4인 경우에 대한 VMIN 페이지 교체 알고리즘의 적용 예다. 사용한 시나리오는 워킹 세트 알고리즘에서 사용한 [표 10-10]과 같다.

시간 1에서 페이지 2를 참조한다. [2, 5] (=[t + 1, t + Δ]) 시간 구간에 페이지 2를 다시 참조하는지 확인해 보면, 시간 2와 5에서 페이지 2를 다시 참조한다. 따라서 페이지 2는 메모리에 유지한다.

시간 3에서는 페이지 3을 참조하며, [4, 7] 시간 구간에서 페이지 3은 다시 참조되지 않는다. 따라서 페이지 3은 시간 4에서 반납된다. 시간 3에서는 페이지 3을 사용함으로 시간 3에는 페이지를 유지하고 있음을 유의하자.

18 [t+1, t + Δ] = (t, t + Δ]

이후 각 시간들에 메모리 상태 변화는 다음과 같다.

- **시간 4**: 페이지 1 참조 → 페이지 폴트 → 페이지 1 적재
  - [5, 8] 시간 구간 확인
  - 페이지 1을 다시 참조하지 않음 → 시간 5에서 페이지 1 반납
- **시간 5**: 페이지 2 참조
  - [6, 9] 시간 구간 확인
  - 시간 7에서 다시 페이지 2 다시 참조 → 메모리에 유지
- **시간 6**: 페이지 4 참조 → 페이지 폴트 → 페이지 1 적재
  - [7, 10] 시간 구간 확인
  - 시간 8에서 다시 페이지 4 다시 참조 → 메모리에 유지
- **시간 7**: 페이지 2 참조
  - [8, 11] 시간 구간 확인
  - 페이지 2 참조 없음 → 시간 8에서 페이지 2 반납
- **시간 8**: 페이지 4 참조
  - [9, 12] 시간 구간 확인
  - 페이지 4 참조 없음 → 시간 9에서 페이지 4 반납
- **시간 9**: 페이지 0 참조 → 페이지 폴트 → 페이지 0 적재
  - [10, 13] 시간 구간 확인
  - 페이지 0 참조 없음 → 시간 10에서 페이지 0 반납
- **시간 10**: 페이지 3 참조 → 페이지 폴트 → 페이지 3 적재
  - [11, 14] 시간 구간 확인
  - 프로세스 종료

- **성능 평가**

PFF 알고리즘 적용 결과 [표 10-12] 시나리오에서 평균 1.6개의 페이지 프레임을 할당받은 상태에서 5번의 페이지 폴트가 발생했다. 앞서 살펴본 워킹 세트 알고리즘과 PFF 알고리즘 대비 평균 페이지 프레임 수가 크게 줄어든 모습을 볼 수 있다. 윈도우 크기가 4인 경우, 이 결과가 페이지 교체 알고리즘 성능의 상한이 된다.

- **최적 성능을 위한 윈도우 크기(Δ)는?**

주어진 윈도우 크기에서 최적의 페이지 교체 솔루션을 VMIN을 통해 구할 수 있음을 확인했다. 하지만, 가변 할당 환경에서 페이지 교체 알고리즘의 성능은 페이지 유지 비용과 페이지 폴트 처리 비용을 함께 고려해서 판단해야 한다고 했다. 그렇다면 비용을 최소화하는, 즉 최적의 성능을 위한 윈도우 크기(Δ)는 무엇일까?

시간당 페이지 유지 비용이 U, 페이지 폴트 발생 시 처리 비용이 R일 때, 최적 성능을 보장하는 윈도우 크기는 다음과 같다.

$$\Delta = \frac{R}{U}$$

이는 다음과 같이 증명할 수 있다.

- 만약 Δ가 위 값보다 작으면 → $R > \Delta \times U$
  - 즉, 페이지 유지 비용보다 페이지 폴트 처리 비용이 더 크게 된다. 따라서 윈도우 크기를 늘림으로써 비용을 절감할 수 있다.
- 만약 Δ가 위 값보다 크면 → $R < \Delta \times U$
  - 즉, 페이지 유지 비용이 페이지 폴트 처리 비용보다 크다. 따라서 윈도우 크기를 줄임으로써 비용을 절감할 수 있다.

이처럼 최적의 윈도우 크기를 설정함으로써 페이지 유지 비용과 페이지 폴트 처리 비용의 균형을 맞추어 최적의 성능을 달성할 수 있다.

요약

교체 전략 개요

- **목적**: 페이지 폴트 최소화, 시스템 성능 최적화
- **기준**: 처리량, 평균 응답 시간, 예측 가능성

지역성(locality)

- **공간적 지역성**: 인접한 영역 참조 경향
- **시간적 지역성**: 최근 참조된 영역 재참조 경향

고정 할당 교체 전략

- MIN(OPT) 알고리즘
  - 가장 오랫동안 참조되지 않을 페이지 교체
  - 이론적 상한 제시, 실제 구현 불가능

- **랜덤(random) 알고리즘**
  - 무작위로 교체 페이지 선택
  - 성능의 하한 제시
- **FIFO(First-In First-Out) 알고리즘**
  - 가장 오래된 페이지 교체
  - FIFO 이상 현상 발생 가능
- **LRU(Least Recently Used) 알고리즘**
  - 가장 오랫동안 사용되지 않은 페이지 교체
  - 참조 시간 기록 필요
- **LFU(Least Frequently Used) 알고리즘**
  - 참조 횟수가 가장 적은 페이지 교체
  - 최근 적재된 참조될 가능성이 높은 페이지가 교체될 가능성 있음
- **NUR(Not Used Recently) 알고리즘**
  - 참조 비트와 갱신 비트 사용
  - LRU의 근사 알고리즘, 구현 부하 감소
- **시계(clock) 알고리즘**
  - 원형 큐 사용, 포인터가 시곗바늘처럼 이동
  - 참조 비트 0인 페이지 교체
- **두 번째 기회(second chance) 알고리즘**
  - 시계 알고리즘 변형, 갱신 비트도 고려
  - write-back 감소 목적

가변 할당 교체 전략

- **워킹 세트(working set) 알고리즘**
  - 프로세스의 워킹 세트 유지
  - 워킹 세트: 최근 일정 시간 동안 참조된 페이지 집합
- **PFF(Page Fault Frequency) 알고리즘**
  - 페이지 폴트 발생 주기에 따라 할당량 조절
  - 임계값 τ 사용
- **VMIN(Variable MIN) 알고리즘**
  - 가변 할당 환경의 최적 알고리즘
  - 이론적 상한 제시, 실제 구현 불가능

교체 전략 성능 평가

- **고정 할당**: 페이지 폴트 수 비교
- **가변 할당**: 평균 페이지 프레임 수와 페이지 폴트 수, 그리고 각각에 대한 비용을 함께 고려

10.3 기타 고려 사항

효율적인 가상 메모리 관리를 위해서는 하드웨어와 소프트웨어적 요소 외에도 다양한 요소를 고려해야 한다. 본 절에서는 페이지 크기, 프로그램 재구성, TLB 도달 범위에 대해 알아본다.

페이지 크기

페이지 크기는 가상 메모리 시스템의 성능에 큰 영향을 미치는 중요한 요소다. 그렇다면 페이지 크기는 큰 것이 좋을까? 작은 것이 좋을까?

페이지 크기가 크면 페이지 테이블의 크기가 줄어들어 메모리 오버헤드가 감소한다. 그리고 한 페이지가 커버하는 범위가 커짐에 따라 페이지 폴트가 감소하고 디스크 입출력(I/O) 효율성이 향상[19]되는 효과를 기대할 수 있다. 하지만, 페이지 프레임 크기가 증가함에 따라 내부 단편화가 증가할 수 있으며, 한 페이지 내 지역성이 저하될 수 있다.

반면, 페이지 크기가 작으면 페이지 프레임 크기 감소에 따라 내부 단편화가 감소하고 지역성이 향상될 수 있다. 그러나 페이지 테이블의 크기가 커져 메모리 오버헤드가 증가하고, 디스크 I/O 효율성이 떨어질 수 있다. 또한, 한 페이지의 커버 범위가 줄어들어 페이지 폴트가 증가할 수 있다.

표 10-13 페이지 크기에 따른 장단점 비교

	작은 페이지 크기	큰 페이지 크기
페이지 테이블 크기	증가	감소
메모리 관리 부하	높음	낮음
내부 단편화	감소	증가
디스크 입출력 효율	낮음	높음
지역성	향상	저하
페이지 폴트 수	증가	감소

19 일반적으로 디스크 입출력은 큰 단위로 수행하는 것이 효율적이다.

따라서 시스템 효율을 높이기 위해서는 적절한 페이지 크기를 사용하는 것이 중요하다. [표 10-13]은 페이지 크기에 따른 장단점을 정리한 것이다.

그렇다면 적절한 페이지 크기는 얼마일까? 이에 대한 정답은 없으며, 시스템의 특성에 따라 달라진다. 일반적인 시스템에서의 페이지 크기는 128 바이트(byte)에서 4 메가바이트(MB) 수준이다. 또한, 컴퓨터 시스템의 메모리가 지속적으로 커지고 있으며, 디스크 대비 CPU의 성능 향상 폭이 크다는 점에서 상대적인 페이지 폴트 처리 비용이 증가하고 있음에 따라, 페이지 크기는 커지는 경향이 있다.

프로그램 재구성

가상 메모리 관리 기법(예: 페이징 시스템)에 대해 이해하고 있다면, 사용자(프로그래머)가 프로그램의 구조를 가상 메모리 시스템의 특성에 맞추어 재구성함으로써 프로그램의 성능 향상을 도모할 수 있다. 이러한 기법을 **프로그램 재구성**(program reconstructing)이라고 한다.

페이지 크기가 1KB인 페이징 시스템을 사용하는 환경에서, 다음 [코드 10-1]을 예로 생각해 보자. int형은 4 바이트로 간주한다.

코드 10-1 프로그램 재구성의 예

```
int main()
{
    int zar[256][256];
    int i, j;
    for(j = 0; j < 256; j++)
            for(i = 0; i < 256; i++)
                    zar[i][j] = 0;
    return 0;
}
```

(a) 재구성 전

```
int main()
{
    int zar[256][256];
    int i, j;
    for(i = 0; i < 256; j++)
            for(j = 0; j < 256; i++)
                    zar[i][j] = 0;
    return 0;
}
```

(b) 재구성 후

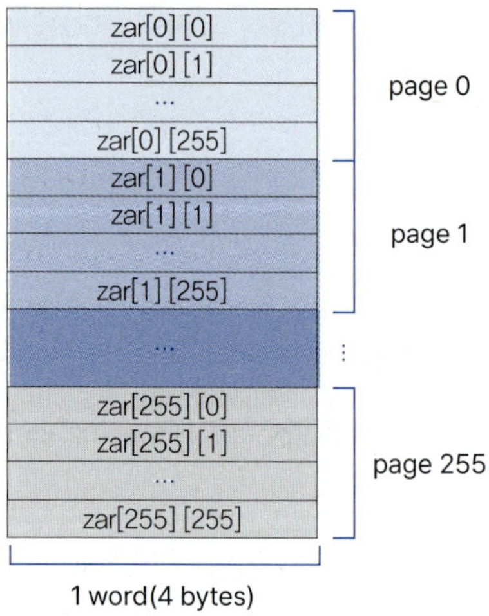

그림 10-17 [코드 10-1]에서 zar 배열의 메모리 속 모습

일반적으로 다차원 배열은 낮은 차원의 원소들이 먼저 배치되고, 다음 차원이 바뀌는 형태로 메모리에 배치된다. 예를 들어, 2차원 배열 array[y][x]가 있다면, array[0][0]부터 array[0][x-1]까지가 먼저 배치된 후, array[1][0]으로 넘어간다. [그림 10-17]은 [코드 10-1]에서 zar 배열의 메모리 속 모습을 보여준다. 여기서 zar 배열의 요소는 int형으로, 각 요소는 4 바이트를 차지한다. 페이징 시스템에서 페이지 크기가 1KB(1024 바이트)이므로, 한 페이지에는 256개의 int형 요소가 들어간다. 즉, x차원을 행, y차원을 열이라고 정의하면, 행에 해당하는 모든 원소들이 하나의 페이지에 담긴 형태가 되며, [그림 10-17]의 서로 다른 색과 같이 서로 다른 열은 서로 다른 페이지에 담기게 된다.

[코드 10-1]은 zar 배열의 모든 원소를 0으로 초기화하는 코드다. 그중 [코드 10-1-(a)]의 동작을 살펴보면, 내부 for 문은 i에 대해, 외부 for 문은 j에 대해 반복을 진행한다. 즉, zar[0][0], zar[1][0], …, zar[255][0], zar[0][1], zar[1][1]과 같은 열(column) 우선 순서로 zar 배열에 접근한다. 각 열은 서로 다른 페이지에 담겨 있기 때문에, 반복문 순회 과정에서 계속 다른 페이지에 접근하게 된다. 따라서 페이지 폴트가 지속해서 발생할 수 있으며, 작업 처리 효율이 크게 떨어질 수 있다.

이러한 잦은 페이지 폴트 발생 문제를 어떻게 해결할 수 있을까?

가장 간단한 해결 방법은 메모리 접근 패턴을 변경하는 것이다. 열 우선 접근 방식을 행 우선 접근 방식으로 바꾸면, 동일한 페이지 내에서 연속적으로 접근할 수 있으므로 페이지 폴트를 줄일 수 있다. [코드 10-1-(b)]가 개선된 코드로, for 문의 반복 순서가 바뀐 것을 알 수 있다. 이 코드에서는 내부 for 문이 j에 대해, 외부 for 문이 i에 대해 반복을 진행한다. 즉, zar[0][0], zar[0][1], ···, zar[0][255], zar[1][0], zar[1][1]과 같은 행(row) 우선 순서로 zar 배열에 접근한다. 이렇게 하면 같은 페이지 내에서 연속적으로 접근하게 되어 페이지 폴트를 줄이고, 전체 프로그램의 성능을 향상시킬 수 있다.

이와 같이 가상 메모리 시스템 및 관리 기법을 이해하고 있으면, 프로그램을 작성할 때 코드적으로는 작은 차이지만 효율 면에서는 큰 차이가 나는 프로그램을 작성할 수 있다.

TLB 도달 범위

TLB 도달 범위(TLB reach)는 TLB를 통해 접근 가능한 메모리의 양을 의미한다. 이는 TLB에 저장된 페이지 테이블 엔트리 수와 페이지 크기를 곱해 계산한다.

$$TLB\ reach = \#\ of\ TLB\ entries \times (page\ size)$$

TLB의 히트율(hit Ratio)은 가상 메모리 관리의 효율성에서 중요한 요소로, TLB 도달 범위가 넓을수록 히트율을 높이는 데 유리하다. TLB 도달 범위, 즉 히트율을 높이기 위한 방법은 다음과 같다.

- **TLB 크기 증가:** TLB의 엔트리 수를 늘리면 더 많은 페이지 테이블 엔트리를 저장할 수 있어 TLB 도달 범위가 증가한다. 이는 TLB 히트율을 높이는 직접적인 방법이지만, 고가의 하드웨어 자원이 필요하다는 한계가 있다.
- **페이지 크기 증가:** 페이지 크기를 늘리면 한 페이지에 더 많은 데이터가 포함되므로 TLB 도달 범위가 증가한다. 그러나 페이지 크기를 증가시키면 내부 단편화 문제가 발생할 수 있으며, 모든 페이지가 같은 크기를 갖는 경우 유연성이 떨어질 수 있다.
- **다양한 페이지 크기 지원:** 현대 운영체제는 다양한 크기의 페이지를 지원해 TLB의 효율성을 높인다. 큰 페이지는 메모리 접근의 효율성을 높이고, 작은 페이지는 메모리 공간의 낭비를 줄이는 데 유리하다. 이를 통해 다양한 워크로드에 맞춰 효율적인 메모리 관리를 할 수 있다.

이와 같은 TLB 도달 범위를 최적화하기 위한 다양한 방법들을 통해, 운영체제는 메모리 접근 속도를 높이고 시스템 성능을 최적화할 수 있다.

요약

페이지 크기

- **영향을 미치는 요소**
  - 페이지 테이블 크기
  - 내부 단편화
  - 디스크 I/O 효율성
  - 페이지 폴트 발생 빈도
- **일반적 크기**: 128 바이트~4 메가바이트
- **추세**: 메모리 크기 증가에 따라 페이지 크기도 증가 경향

프로그램 재구성(program restructuring)

- **목적**: 페이징 시스템 특성에 맞춰 프로그램 성능 향상
- **방법**: 메모리 접근 패턴 최적화(예: 행 우선 접근)

TLB 도달 범위(TLB reach)

- **정의**: TLB를 통해 접근 가능한 메모리 양
- **계산**: TLB 엔트리 수 × 페이지 크기
- **도달 범위 확대 방법**
  - TLB 크기 증가
  - 페이지 크기 증가
  - 다양한 페이지 크기 지원

10.4 연습 문제

01 가상 메모리 시스템의 성능을 평가하는 주요 지표는?

① CPU 사용률
② 페이지 폴트 발생률
③ 메모리 사용량
④ 디스크 I/O 속도

02 다음 중 요구 적재(demand fetch) 전략의 특징은?

① 모든 페이지를 미리 메모리에 적재한다.
② 참조될 가능성이 높은 페이지를 예측하여 적재한다.
③ 실제 참조가 발생할 때만 해당 페이지를 적재한다.
④ 랜덤하게 페이지를 선택하여 적재한다.

03 다음 중 이론적으로 최적의 페이지 교체 알고리즘은?

① FIFO
② LRU
③ MIN(OPT)
④ Random

04 LRU 알고리즘의 단점은?

① 구현이 매우 간단하다.
② 페이지의 참조 시간을 기록해야 한다.
③ 미래의 참조를 예측해야 한다.
④ 항상 최악의 성능을 보인다.

05 워킹 세트(working set)란?

① 프로세스가 실행 중에 참조한 모든 페이지의 집합
② 최근 일정 시간 동안 프로세스가 참조한 페이지의 집합
③ 프로세스에 할당된 모든 페이지 프레임의 집합
④ 가장 자주 사용되는 페이지의 집합

06 페이지 크기를 증가시켰을 때 나타나는 현상이 아닌 것은?

① 페이지 테이블 크기 감소
② 내부 단편화 증가
③ 디스크 I/O 효율성 증가
④ 외부 단편화 증가

07 TLB 도달 범위(TLB reach)를 확대하는 방법이 아닌 것은?

① TLB 크기 증가
② 페이지 크기 증가
③ 다양한 페이지 크기 지원
④ 페이지 테이블 크기 증가

08 프로그램 재구성(program restructuring)의 목적은?

① 프로그램 크기 축소
② 컴파일 시간 단축
③ 페이징 시스템 특성에 맞춘 성능 향상
④ 프로그램 보안성 강화

09 스레싱(thrashing)의 원인은?

① 메모리 부족
② CPU 과부하
③ 과도한 다중 프로그래밍
④ 디스크 공간 부족

10 다음 중 가변 할당 교체 전략이 아닌 것은?

① 워킹 세트 알고리즘
② PFF 알고리즘
③ VMIN 알고리즘
④ FIFO 알고리즘

11 페이지가 메모리에 있는지 여부를 나타내는 비트의 이름은?

12 페이지 내용이 메모리에 적재된 후 변경되었는지를 나타내는 비트의 이름은?

13 과도한 페이지 교체로 인한 시스템 성능 저하 현상을 무엇이라고 하는가?

14 TLB를 통해 접근 가능한 메모리의 양을 나타내는 용어는?

15 프로세스가 일정 시간 동안 참조한 페이지의 집합을 무엇이라고 하는가?

16 가상 메모리 시스템에서 페이지 폴트 발생 횟수를 전체 메모리 참조 횟수로 나눈 값을 ________ 이라고 한다.

17 최근에 참조된 페이지가 가까운 미래에 다시 참조될 가능성이 높은 특성을 ________ 이라고 한다.

18 페이지 교체 시 가장 오래된 페이지를 선택하는 알고리즘을 ________ 이라고 한다.

19 시곗바늘과 같이 원형으로 이동하는 포인터를 사용하는 페이지 교체 알고리즘을 ________ 알고리즘이라고 한다.

20 페이지 폴트 발생 주기에 따라 프로세스의 메모리 할당량을 조절하는 알고리즘을 ________ 알고리즘이라고 한다.

11 장

파일 시스템

학 습 목 표

디스크 시스템과 파일 시스템의 기본 개념을 이해하고, 파일 관리 기법을 학습한다. 디스크와 같은 보조기억 장치의 특성과 역할을 살펴보고, 파일과 디렉터리 구조의 개념 및 조직 방법을 익힌다. 또한, 파일의 무결성을 유지하기 위한 보호 메커니즘과 접근 권한 설정 방법을 학습하며, 디스크 공간을 효율적으로 관리하기 위한 다양한 할당 및 관리 기법에 대해 파악하는 데 중점을 둔다.

파일은 컴퓨터 시스템에서 정보를 보관하는 기본 단위다. 우리가 일상적으로 사용하는 문서, 이미지, 음악 파일부터 운영체제의 시스템 파일까지 모든 디지털 정보는 파일의 형태로 저장된다. 파일 시스템은 이러한 파일들을 효율적으로 관리하고 조직화하는 운영체제의 핵심 구성 요소이다.

사용자는 파일 시스템을 통해 데이터를 저장하고 검색하며, 파일 간의 구조를 정의할 수 있다. 예를 들어, 우리가 컴퓨터에서 폴더를 만들고 파일을 저장하거나 검색하는 모든 작업은 파일 시스템을 통해 이루어진다. 또한, 파일 시스템은 데이터의 안전한 보관과 빠른 접근을 보장하며, 여러 사용자가 동시에 파일에 접근할 때 발생할 수 있는 충돌을 방지하는 역할도 수행한다.

본 장에서는 파일 시스템의 기본 개념과 구조, 주요 기능에 대해 상세히 살펴볼 것이다. 파일과 디렉터리의 개념, 파일 접근 방법, 파일 보호 메커니즘 등 파일 시스템의 핵심 요소들을 학습할 것이다. 또한, 다양한 파일 시스템 유형과 그 특징을 비교 분석하고, 파일 시스템의 성능 향상을 위한 기법들도 다룰 것이다.

11.1 디스크 시스템

파일은 보조기억 장치에 저장된다. 보조기억 장치에는 SSD, CD, USB 등 다양한 형태가 있지만([표 11-1]), 가장 대표적인 것은 하드 디스크(Hard Disk Drive, HDD)다. **디스크(Disk)**는 데이터를 영구적으로 저장 가능한 장치로, 대용량 데이터를 저장할 수 있으며, 전원이 꺼져도 데이터를 보존 가능한 비휘발성(non-volatile) 특성을 가진다.

파일 및 파일 시스템에 대해 본격적으로 살펴보기 전에, 먼저 디스크에 대해 알아보자.

표 11-1 보조기억 장치의 예

저장 장치 유형	특징	사용 기술
하드 디스크 드라이브(HDD)	전통적인 저장 장치	자기 디스크
솔리드 스테이트 드라이브(SSD)	빠른 속도와 낮은 전력 소비를 제공하는 현대적인 저장 장치	플래시 메모리
광학 디스크(CD, DVD, Blu-ray)	이동식 저장 매체	레이저
USB 플래시 드라이브	휴대성이 뛰어난 소형 저장 장치	플래시 메모리

디스크 시스템의 물리적 구조

그림 11-1 하드 디스크 내부 모습

최근 SSD와 같은 새로운 형태의 디스크 사용이 증가하고 있지만, 여전히 대용량 저장에는 하드 디스크([그림 11-1])가 널리 사용되고 있다. 본 장에서는 하드 디스크를 기준으로 디스크 시스템의 물리적 구조를 살펴본다.

디스크 시스템은 크게 디스크 팩과 디스크 드라이브로 구성되어 있다.

● 디스크 팩(disk pack)

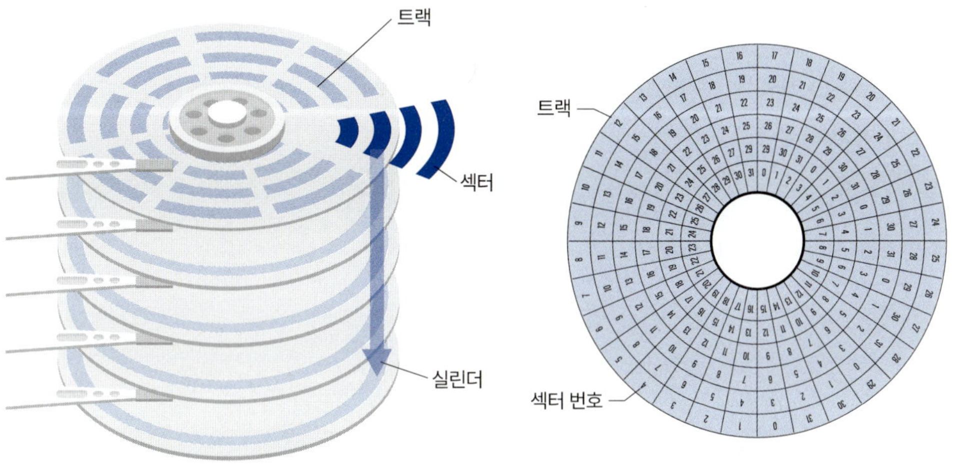

그림 11-2 디스크 팩의 구성

디스크 팩(disk pack)은 실제로 데이터가 저장되는 곳으로, 비휘발성 데이터 영구 저장 장치다. 여기서 비휘발성이란 전원 공급이 끊어져도 저장된 데이터가 유지된다는 뜻이다. 반면, 메모리와 같은 주기억 장치는 전원이 끊기면 데이터가 사라지는 휘발성 메모리다. 워드 작업 중 컴퓨터가 꺼지면 문서의 내용이 사라지는 이유는 메모리에 있는 데이터가 휘발성이기 때문이다.

디스크 팩은 여러 개의 원판 모양의 플래터(platter)로 구성되어 있으며, 각 플래터의 표면에 데이터가 저장된다. 플래터의 개수에 따라 저장 용량이 달라지게 된다. 실제로, 1TB 하드디스크와 4TB 하드디스크를 비교해 보면, 4TB 하드디스크가 더 무겁다. 이는 더 많은 플래터가 들어 있기 때문이다.

디스크 팩의 주요 구성 요소는 다음과 같다([그림 11-2]).

- **섹터**(sector): 데이터를 저장 및 판독하는 최소 단위로, 한 섹터에는 일정량의 데이터가 저장된다. 각 섹터의 저장 데이터 크기는 보통 512~4096 바이트다.

- **트랙(track)**: 플래터 한 면에서 중심으로부터 같은 거리에 있는 섹터들의 집합이다. 각 트랙은 고유 번호를 가진다.
- **실린더(cylinder)**: 같은 반지름을 가진 트랙의 집합으로, 여러 플래터에 걸쳐 하나의 실린더가 구성된다.
- **플래터(platter)**: 양면에 자성 물질을 입힌 원형 금속판으로, 데이터의 기록 및 판독이 가능한 기록 매체다.
- **표면(surface)**: 플래터의 윗면과 아랫면으로, 데이터가 저장되는 물리적 위치를 의미한다.

이러한 구조를 통해 디스크 팩은 대용량 데이터를 안정적으로 저장하고 빠르게 접근할 수 있도록 설계되어 있다.

● 디스크 드라이브(disk drive)

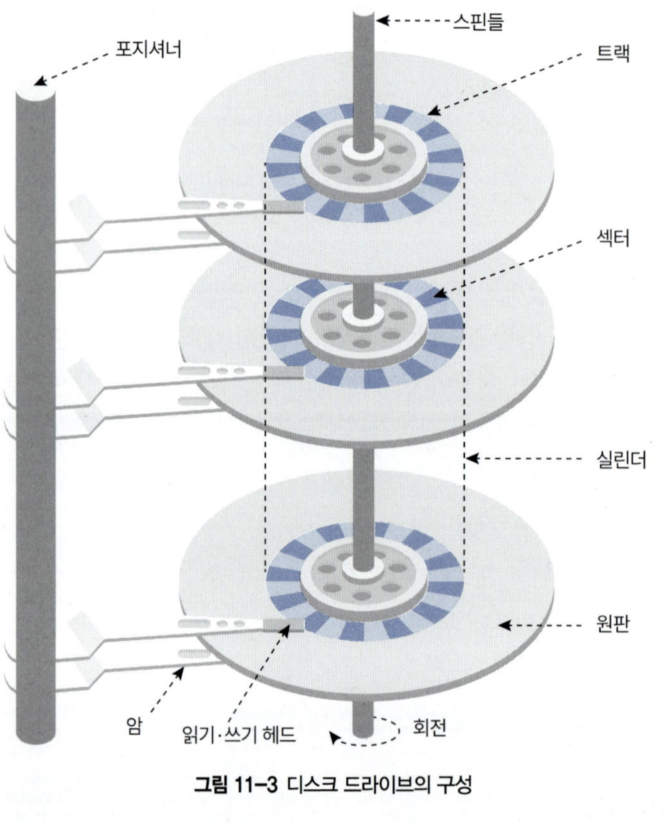

그림 11-3 디스크 드라이브의 구성

디스크 팩이 데이터가 저장되는 공간이라면, **디스크 드라이브**(disk drive)는 이 디스크 팩에 데이터를 기록하고 읽을 수 있는 장치다. 디스크 드라이브는 여러 정밀한 기계적 및 전자적 부품으로 구성되어 있으며, 이들이 협력해 데이터의 읽기와 쓰기를 수행한다. [그림 11-3]은 디스크 드라이브의 구성을 보여주며, 주요 구성 요소는 다음과 같다.

- **헤드**(head): 디스크 표면에서 데이터를 읽거나 쓰는 장치다. 각 플래터의 표면마다 하나씩 위치하며, 플래터의 회전과 헤드의 움직임을 통해 원하는 위치에 접근한다.
- **암**(arm): 헤드를 장착하고 있는 기구로, 플래터 표면 위에서 앞뒤로 움직이며 헤드를 원하는 위치에 위치시킨다.
- **포지셔너 또는 붐**(positioner or boom): 암을 이동시켜 헤드를 특정 트랙에 위치시키는 장치로, 정확한 위치 제어가 필요하다.
- **스핀들**(spindle): 플래터를 회전하는 축으로, 모터에 의해 구동된다. 플래터가 고속으로 회전하면서 데이터를 읽고 쓰는 작업이 가능해진다. 하드 디스크의 RPM(Revolutions Per Minute)은 스핀들의 분당 회전 수를 나타낸다.

디스크 드라이브는 이와 같은 구성 요소들을 통해 디스크 팩에 저장된 데이터에 효율적으로 접근하고, 읽기 및 쓰기 작업을 수행할 수 있다. 디스크 드라이브의 성능은 주로 회전 속도, 헤드의 이동 속도, 데이터 전송 속도 등에 의해 결정되며, 이는 전체 시스템 성능에 큰 영향을 미친다.

한편, 최근에는 기계적 부품이 없는 SSD(Solid State Drive)의 사용이 증가하고 있다. SSD는 전통적인 하드 디스크 드라이브에 비해 더 빠른 접근 속도와 낮은 전력 소비, 그리고 물리적 충격에 강한 특성을 가지고 있어, 특히 모바일 기기나 고성능 컴퓨팅 환경에서 널리 사용되고 있다.

● 디스크 시스템에서의 데이터 접근 시간

디스크 시스템에서 데이터에 접근하는 시간은 크게 탐색 시간(seek time), 회전 지연(rotational delay), 데이터 전송 시간(data transmission time)으로 구성된다.

❶ **탐색 시간(seek time)**: 디스크 헤드가 필요한 실린더로 이동하는 시간이다. 헤드가 특정 트랙에 접근하기 위해 암이 움직이는 과정에서 발생하는 시간이기 때문에 디스크 드라이

브의 성능을 결정하는 중요한 요소다. 일반적으로 탐색 시간은 이동 거리에 비례하며, 디스크의 물리적 특성에 따라 다를 수 있다.

❷ **회전 지연**(rotational delay): 탐색 시간 이후, 필요한 섹터가 있는 헤드 위치로 도착할 때까지의 시간이다. 원하는 데이터가 있는 섹터가 헤드 아래에 도달할 때까지 플래터가 회전하는 데 걸리는 시간을 말한다. 이는 디스크의 회전 속도에 의해 결정되며, 평균 회전 지연 시간은 디스크의 1회전 시간의 절반으로 계산된다. 고속으로 회전하는 디스크일수록 회전 지연 시간이 짧아진다.

❸ **데이터 전송 시간**(sata transmission time): 회전 지연이 끝난 후, 해당 섹터에서 데이터를 읽어 전송하거나 기록하는 데 걸리는 시간이다. 전송 속도와 전송해야 할 데이터 양에 따라 달라진다. 디스크의 인터페이스와 컴퓨터 시스템의 전송 속도가 빠를수록 데이터 전송 시간은 짧아진다.

전체 디스크 접근 시간은 이 세 가지 요소의 합으로 계산된다.

디스크 접근 시간 = 탐색 시간 + 회전 지연 + 데이터 전송 시간

데이터 접근 시간을 최소화하는 것은 전체 시스템의 효율을 높이는 데 중요하다. 실제 시스템에서는 접근 시간을 줄이기 위해 다양한 기법이 사용된다.

- **디스크 스케줄링 알고리즘**: 여러 디스크 요청을 효율적으로 처리해 탐색 시간을 줄인다.
- **디스크 캐싱**: 자주 사용되는 데이터를 빠른 메모리에 저장하여 디스크 접근을 줄인다.
- **데이터 배치 최적화**: 관련된 데이터를 인접한 섹터에 저장해 탐색 시간과 회전 지연을 줄인다.

디스크 및 입출력 시스템 관리에 대해서는 **12장**에서 자세히 다룬다.

디스크 주소

앞서 디스크 시스템의 물리적 구조를 살펴보았다. 그럼 우리가 원하는 데이터를 가진 섹터를 찾아가려면 어떤 정보들이 필요할까? 섹터가 속한 실린더와 표면의 정보가 필요하다. 그리고 이처럼 디스크상 특정 위치의 식별 정보를 **디스크 주소**(disk address)라고 한다. 디스크 주소는 물리적 디스크 주소와 논리적 디스크 주소로 구분할 수 있다.

● 물리적 디스크 주소(physical disk address)

실린더 번호(cylinder number)	표면 번호(surface number)	섹터 번호(sector number)

그림 11-4 물리적 디스크 주소의 예

물리적 디스크 주소(physical disk address)는 디스크의 실제 하드웨어 구조를 반영하는 주소 체계다. 이는 디스크의 물리적 위치를 정확하게 지정하기 위해 사용되며, [그림 11-4]와 같이 실린더 번호, 표면 번호, 섹터 번호의 조합으로 구성된다. 예를 들어, 실린더 번호는 디스크의 원주 방향으로의 위치를, 표면 번호는 플래터의 어느 면인지, 섹터 번호는 특정 트랙상 위치를 나타낸다. 이러한 주소는 디스크 드라이브가 물리적으로 데이터를 읽거나 쓸 때 정확한 위치를 지시하는 데 사용된다.

물리적 디스크 주소는 하드웨어 특성에 따라 달라질 수 있으며, 하드웨어 수준에서 직접 사용된다. 이를 통해 운영체제는 데이터의 정확한 물리적 위치를 찾고, 필요한 작업을 수행할 수 있다. 물리적 주소 체계는 디스크의 물리적 배치를 반영하므로 디스크 구조와 직접적인 연관이 있다.

● 논리적 디스크 주소(logical disk address)

B_0	B_1	B_2	…	B_{n-2}	B_{n-1}

그림 11-5 논리적 디스크 주소 입장에서 바라본 디스크 시스템

논리적 디스크 주소(logical disk address)는 운영체제가 디스크를 추상화하여 사용하는 주소 체계이다. 디스크 시스템의 저장 공간 전체를 블록들의 나열로 취급하고, 각 블록에 번호를 부여하는 방식으로 구현된다([그림 11-5]). 이를 통해 물리적 구조의 복잡성을 숨기고 단순화된 인터페이스를 제공한다. 논리적 디스크 주소는 블록의 상대적 위치를 표현한다는 점에서 상대 주소(relative address)라고도 부른다.

이렇게 추상화된 주소 체계를 통해 운영체제와 응용 프로그램은 디스크의 물리적 구조를 신경 쓰지 않고도 데이터에 접근할 수 있다. 물리적 디스크 주소와 논리적 디스크 주소 간의 매핑은 디스크 제어기나 운영체제에 의해 처리된다.

● 주소 변환과 디스크 접근

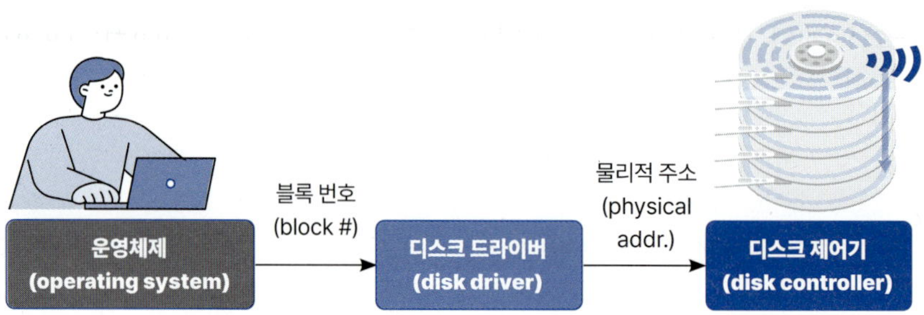

그림 11-6 응용 프로그램의 디스크 접근 과정

[그림 11-6]은 사용자(응용 프로그램)가 디스크에 있는 데이터에 접근하는 과정을 보여준다. 사용자는 운영체제가 제공하는 시스템 호출을 통해 파일에 접근하게 된다. 운영체제는 파일의 위치를 논리적 디스크 주소로 변환해 블록 번호(Block #) 형태로 디스크 드라이버에 전달한다.

디스크 드라이버는 이 논리적 주소(블록 번호)를 받아, 해당 디스크의 물리적 구조에 맞는 물리적 주소(physical address)로 변환한다. 이 과정에서 디스크 드라이버는 특정 디스크 모델의 구조와 특성을 고려하여 최적의 변환을 수행한다.

변환된 물리적 주소는 디스크 제어기로 전달된다. 디스크 제어기는 이 물리적 주소를 이용해 실제 디스크상의 정확한 위치(실린더, 트랙, 섹터)를 찾아 데이터를 읽거나 쓰는 작업을 수행한다.

이러한 계층적 구조는 여러 가지 이점을 제공한다.

- **추상화**: 운영체제와 응용 프로그램은 복잡한 하드웨어 세부 사항을 알 필요 없이 간단한 논리적 주소만으로 디스크에 접근할 수 있다.
- **호환성**: 서로 다른 물리적 구조를 가진 다양한 디스크 모델에 대해 운영체제는 동일한 인터페이스를 사용할 수 있다.
- **성능 최적화**: 디스크 드라이버는 특정 하드웨어에 맞춰 최적화된 주소 변환과 접근 방식을 구현할 수 있다.
- **유연성**: 새로운 저장 장치 기술이 등장하더라도 디스크 드라이버만 교체하면 되므로 운영체제의 변경 없이 새로운 하드웨어를 지원할 수 있다.

이 과정을 통해 운영체제는 하드웨어의 복잡성을 숨기고, 사용자와 응용 프로그램에게 일관된 고수준의 인터페이스를 제공하면서도, 하드웨어의 특성을 최대한 활용하여 효율적인 디스크 접근을 가능하게 한다. 이는 현대 컴퓨터 시스템에서 저장 장치의 성능과 사용성을 모두 최적화하는 데 중요한 역할을 한다.

요약

디스크 시스템

- 보조기억 장치의 대표적 형태
- 비휘발성 데이터 영구 저장 장치

디스크 시스템의 물리적 구조

- **디스크 팩**(disk pack)
  - 섹터(sector): 데이터 저장 및 판독의 최소 단위
  - 트랙(track): 동일한 반경의 섹터들의 집합
  - 실린더(cylinder): 같은 반지름을 가지는 트랙의 집합
  - 플래터(platter): 양면에 자성 물질을 입힌 원형 금속판
  - 표면(surface): 플래터의 윗면과 아랫면
- **디스크 드라이브**(disk drive)
  - 헤드(head): 데이터 읽기/쓰기 장치
  - 암(arm): 헤드를 장착한 기구
  - 포지셔너 또는 붐(positioner or boom): 암을 이동시키는 장치
  - 스핀들(spindle): 플래터를 회전시키는 축

디스크 접근 시간 = 탐색 시간 + 회전 지연 + 데이터 전송 시간

- **탐색 시간**(seek time): 헤드가 필요한 실린더로 이동하는 시간
- **회전 지연**(rotational delay): 필요한 섹터가 헤드 위치로 도달하는 시간
- **데이터 전송 시간**(data transmission time): 데이터 읽기/쓰기 시간

디스크 주소

- **물리적 디스크 주소**(physical disk address)
  - 실린더 번호, 표면 번호, 섹터 번호로 구성
  - 하드웨어 수준에서 직접 사용
- **논리적 디스크 주소**(logical disk address)
  - 연속된 블록 번호로 표현
  - 운영체제가 사용하는 추상화된 주소 체계

주소 변환과 디스크 접근 과정

- **응용 프로그램**: 파일 시스템 호출
- **운영체제**: 논리적 디스크 주소(블록 번호) 결정
- **디스크 드라이버**: 논리 주소를 물리 주소로 변환
- **디스크 제어기**: 물리 주소를 바탕으로 실제 디스크 접근

11.2 파일 시스템

파일 시스템은 운영체제의 중요한 구성 요소로, 사용자가 데이터를 효율적으로 저장하고 접근할 수 있도록 돕는다. 파일 시스템은 데이터를 조직하고 관리하는 방식에 대한 구조와 규칙을 정의하고, 사용자가 데이터를 저장, 검색, 수정, 삭제할 수 있도록 도와주는 인터페이스를 제공한다. 또한, 디스크와 같은 저장 장치에서 데이터가 어떻게 저장되고 관리되는지를 결정한다.

파일 시스템은 파일, 디렉터리 구조, 파티션으로 구성되며, 본 절에서는 각 구성 요소를 살펴본다.

파일(file)

● 파일의 개념

우리는 매일 자연스럽게 파일을 사용하며, 파일이라고 하면 직관적으로 이해할 수 있다. 그렇다면 파일이란 정확히 무엇일까?

그림 11-7 다양한 파일 형식의 예

파일(file)은 보조기억 장치에 저장된 연관된 정보들의 집합으로 정의할 수 있다. 또한, 파일은 운영체제가 데이터를 관리하는 기본 단위이자 보조기억 장치 할당의 최소 단위이다. 물리적인 관점에서 보면 파일은 바이트의 나열(sequence of bytes)로 볼 수 있다.

[그림 11-7]은 다양한 파일 형식을 보여준다. 예를 들어, 이미지를 저장하는 JPG나 PNG 파일, 영상을 저장하는 MP4 파일 등이 있다. 이러한 파일 형식들은 일상생활에서 자주 사용된다. 일반적으로 하나의 이미지 파일에는 하나의 이미지(연관된 정보)가 포함되어 있으며, 이는 보조기억 장치(예: 디스크, SD 카드 등)에 저장된다. 이를 통해 앞서 정의한 파일의 개념을 쉽게 이해할 수 있다.

● 파일의 분류

파일은 여러 기준에 따라 다양한 방식으로 분류할 수 있다. 일반적으로 다음과 같은 기준으로 파일을 분류할 수 있다.

- **내용에 따른 분류**
    - **프로그램 파일(program file)**: 소스 코드, 오브젝트 코드, 실행 파일 등으로 구성되며, 프로그램을 실행하거나 특정 작업을 수행하는 데 사용된다. 예를 들어, '.exe', '.dll', '.jar' 등이 프로그램 파일에 해당한다.
    - **데이터 파일(data file)**: 사용자가 저장한 데이터를 포함하며, 문서, 이미지, 비디오, 오디오 등이 포함된다. 예를 들어, '.txt', '.jpg', '.mp4', '.mp3' 등이 데이터 파일에 해당한다.

- **형태에 따른 분류**
    - **텍스트 파일(text file 또는 ascii file)**: 사람이 읽을 수 있는 문자로 구성된 파일로, 일반적으로 텍스트 데이터를 포함한다. 예를 들어, '.txt', '.csv' 파일이 텍스트 파일에 해당한다.
    - **바이너리 파일(binary file)**: 0과 1로 구성된 비트의 조합으로 저장된 파일로, 컴퓨터가 직접 해석할 수 있는 형식으로 저장된다. 이러한 파일들은 주로 이미지, 비디오, 소프트웨어 데이터를 포함한다. 예를 들어, '.exe', '.png', '.bin' 파일이 바이너리 파일에 해당한다.

● 파일 속성(file attributes)

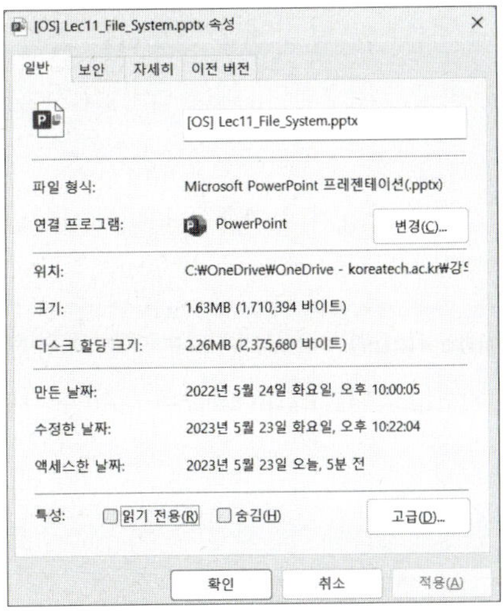

그림 11-8 윈도우의 파일 속성 창

파일 속성(file attributes)은 파일 자체의 내용 이외에 파일을 설명하고 관리하는 데 필요한 부가적인 정보를 말한다. 이러한 속성들은 파일 시스템이 파일을 효율적으로 관리하고, 사용자와 운영체제가 파일을 식별하고 조작하는 데 중요한 역할을 한다. [그림 11-8]은 윈도우의 파일 속성 창으로, 파일 형식, 위치 등과 같은 다양한 파일 속성의 예를 확인할 수 있다[20].

파일 시스템에 따라 다양한 속성이 있지만, 일반적으로 다음과 같은 속성이 포함된다.

- **이름(name)**: 파일을 식별하기 위한 이름으로, 사용자가 파일을 찾고 관리하는 데 사용된다. 파일 이름은 파일 내용을 암시하거나 특정 형식을 따를 수 있다.
- **식별자(identifier)**: 시스템 내부적으로 파일을 고유하게 식별하기 위한 번호나 코드이다. 사람은 문자 형태로 파일을 구분하는 것이 쉽지만, 시스템은 번호로 파일을 구분하는 것이 효과적이며, 식별자가 그 역할을 한다.
- **형식(type)**: 파일의 형식을 나타내는 속성으로, 파일의 내용을 어떤 프로그램으로 열고 실행할 수 있는지를 결정한다. 일반적으로 파일 확장자가 파일 형식을 반영한다. 예를 들어, '.txt'는 텍스트 파일, '.jpg'는 이미지 파일을 나타낸다.
- **위치(location)**: 파일이 저장된 위치를 나타내는 속성으로, 디렉터리 구조 내에서 파일의 경로를 포함한다. 예를 들어, 'C:\Documents\example.txt'와 같은 경로가 될 수 있다.
- **크기(size)**: 파일의 크기를 바이트 단위로 나타내며, 파일이 차지하는 저장 공간을 의미한다.
- **시간 정보(timesteps)**: 파일이 처음 생성된 시간(creation time), 최종 수정된 시간(last modification time), 또는 최종 접근 시간(last access time) 등과 같은 정보로, 파일 이력을 확인할 수 있다.
- **보호(protection)**: 파일에 접근 가능한 권한을 정의하는 속성으로, 특정 사용자나 그룹이 파일을 읽고 쓸 수 있는지 여부를 결정한다. 예를 들어, 읽기 전용 파일은 사용자가 내용을 수정할 수 없다.
- **소유자(owner)**: 파일을 소유한 사용자나 그룹을 나타내며, 파일에 대한 기본적인 권한을 설정할 수 있다.
- **파일 속성 플래그(attribute flags)**: 파일의 추가적인 특성을 나타내는 속성으로, 숨김(hidden), 시스템 파일(system), 보관(archive) 등의 상태를 나타낼 수 있다.

파일 속성은 파일 시스템과 운영체제에서 다음과 같은 이유로 중요한 역할을 한다.

---

20 윈도우에서 파일을 마우스 오른쪽 버튼을 클릭한 다음 [속성]을 클릭해 확인할 수 있다.

- **파일 관리:** 속성을 통해 파일의 기본 정보를 빠르게 확인할 수 있어 효율적으로 파일을 관리할 수 있다.
- **접근 제어:** 보호 속성을 사용해 파일에 대한 접근을 제어함으로써 데이터의 보안을 유지할 수 있다.
- **검색 및 정렬:** 파일 이름, 크기, 수정 시간 등의 속성을 바탕으로 파일을 쉽게 검색하고 정렬할 수 있다.
- **백업 및 동기화:** 시간 정보를 활용하여 변경된 파일만 선별적으로 백업하거나 동기화할 수 있다.
- **시스템 운영:** 운영체제는 파일 유형과 플래그를 통해 시스템 파일을 식별하고 특별히 처리할 수 있다.

파일 속성은 일반적으로 파일의 내용과 별도로 저장되며, 이를 메타데이터(metadata)라고 부른다. 파일 시스템은 이러한 메타데이터를 효율적으로 저장하고 관리하기 위한 특별한 구조를 갖추고 있으며, 이는 파일 시스템의 성능과 기능에 중요한 영향을 미친다.

● 파일 연산자

파일 연산자는 운영체제가 파일을 조작하고 관리하기 위해 제공하는 기본 동작들을 말한다. 이러한 연산자들은 사용자나 응용 프로그램이 파일 시스템과 상호작용할 수 있게 하는 인터페이스 역할을 하며, 대부분의 운영체제는 이를 시스템 호출(system call)의 형태로 제공한다.

일반적으로 제공되는 파일 연산자는 다음과 같다.

- **파일 생성(create):** 새로운 파일을 생성하고 초기화하는 연산이다. 파일 생성 시 파일의 이름, 형식, 초기 내용 등을 지정할 수 있다. 이 연산은 보조기억 장치에 새로운 파일을 할당하고, 메타데이터를 설정하는 과정이다.
- **파일 열기(open):** 기존 파일에 접근하여 읽기 또는 쓰기 작업을 수행하기 위한 연산이다. 파일을 열 때는 파일의 접근 권한(읽기, 쓰기, 실행 등)을 지정하며, 파일을 열면 파일 핸들이 반환되어 파일에 접근할 수 있게 된다.
- **파일 닫기(close):** 파일을 닫고 시스템 리소스를 해제하는 연산이다. 파일을 사용한 후에는 반드시 파일을 닫아야 시스템 리소스가 낭비되지 않는다.
- **파일 읽기(read):** 파일의 내용을 읽어오는 연산이다. 파일을 열고 난 후, 지정된 위치에서 데이터를 읽어 메모리에 저장하거나 출력할 수 있다.

- **파일 쓰기(write)**: 파일에 데이터를 기록하는 연산이다. 파일을 열고 난 후, 지정된 위치에 데이터를 쓰거나 기존 데이터를 수정할 수 있다.
- **파일 삭제(delete)**: 파일을 보조기억 장치에서 제거하는 연산이다. 이 연산은 파일의 메타데이터와 데이터를 모두 삭제해 파일 시스템에서 해당 파일을 사용할 수 없게 만든다.
- **파일 복사(copy)**: 파일 내용을 다른 위치로 복사하는 연산이다. 원본 파일은 그대로 유지되고, 새로운 파일이 생성된다.
- **파일 이름 변경(rename)**: 파일의 이름을 변경하는 연산이다. 이 연산을 통해 파일을 식별하는 이름을 바꿀 수 있다.
- **파일 탐색(seek/reposition)**: 파일의 특정 위치로 파일 포인터를 이동하는 연산이다. 이 연산을 통해 파일의 임의의 위치에서 데이터를 읽거나 쓸 수 있다.
- **파일 속성 변경(change attributes)**: 파일의 속성을 수정하는 연산이다. 파일의 이름, 접근 권한, 소유자 등의 속성을 변경할 수 있다.

파일 연산자는 파일 시스템과 사용자가 상호작용하는 기본 수단으로, 파일의 생성부터 삭제까지 모든 작업을 지원한다. 운영체제는 이러한 파일 연산자를 통해 사용자와 응용 프로그램이 파일을 효율적으로 관리할 수 있도록 한다.

● 파일 접근 방법

파일 접근 방법은 파일 시스템이 파일의 내용을 읽거나 쓰는 방식을 정의한다. 파일 접근 방법은 파일의 구조, 사용 목적, 그리고 효율성 요구 사항에 따라 다양하게 적용될 수 있다. 주요 파일 접근 방법으로는 순차 접근, 직접 접근, 그리고 색인 접근이 있다.

- **순차 접근(sequential access)**

순차 접근(sequential access)은 파일의 데이터를 처음부터 끝까지 순서대로 읽거나 쓰는 방법이다. 이 방식은 대부분의 텍스트 파일이나 로그 파일에서 사용되며, 데이터의 순서가 중요할 때 적합하다. 순차 접근에서는 이전 데이터에 접근한 후에만 다음 데이터에 접근할 수 있다. 예를 들어, 오디오나 비디오 스트리밍에서 순차 접근이 일반적이다.

C언어의 fgetc() 함수를 사용하여 파일에서 한 바이트씩 순차적으로 읽는 것이 순차 접근의 대표적인 예다. [코드 11-1]은 C언어와 파이썬(Python)에서 순차 접근의 예를 보여준다.

코드 11-1 순차 접근의 예

```c
FILE *file = fopen("example.txt", "r");
int ch;
while ((ch = fgetc(file)) != EOF) {
    putchar(ch);
}
fclose(file);
```

(a) C언어 예

```python
with open("example.txt", "r") as file:
    for line in file:
        print(line, end='')
```

(b) 파이썬(Python) 예

- **직접 접근(direct access)**

직접 접근(direct access)은 파일의 임의의 위치에서 데이터를 읽고 쓰는 방법이다. 데이터가 고정된 크기(block)로 나눠져 있는 경우, 각 블록에 번호를 매기고 데이터가 있는 블록을 바로 지정해 접근한다. 이 방법은 데이터베이스 시스템이나 디스크 파일 시스템 등에서 주로 사용되며, 빠른 데이터 접근이 필요한 경우에 유리하다.

C언어에서 'fseek()' 함수를 통해 파일의 특정 위치로 이동한 후 데이터를 읽는 것이 직접 접근의 대표적인 예다. [코드 11-2]는 C언어와 파이썬(Python)에서 직접 접근을 사용하는 예를 보여준다.

코드 11-2 직접 접근의 예

```c
FILE *file = fopen("data.bin", "rb");
fseek(file, 1000, SEEK_SET);
int data;
fread(&data, sizeof(int), 1, file);
fclose(file);
```

(a) C언어 예

```python
with open("data.bin", "rb") as file:
    file.seek(1000)
    data = file.read(4)
    value = int.from_bytes
        (data, byteorder='little')
    print(value)
```

(b) 파이썬(Python) 예

- **인덱스 접근(indexed access)**

인덱스 접근(indexed access)은 파일의 데이터를 빠르게 찾기 위해 인덱스 테이블을 사용하는 방법이다. 인덱스는 파일 내 특정 위치에 대한 포인터를 저장하며, 사용자는 이 인덱스를 통해 원하는 데이터를 직접 찾아갈 수 있다. 책의 목차와 유사한 구조로, 데이터를 검색하고 빠르게 접근할 수 있는 기능을 제공한다. 인덱스 접근 방식은 대용량 데이터 파일에서 효율적인 데이터 접근을 가능하게 한다.

```
[인덱스 파일]
20230001 → 0x1000
20230002 → 0x2000
20230003 → 0x3000

[데이터 파일]
0x1000: 김철수, 컴퓨터공학과, 3학년, 서울
0x2000: 이영희, 경영학과, 2학년, 부산
0x3000: 박민수, 물리학과, 4학년, 대전
```

그림 11-9 인덱스 접근의 예

[그림 11-9]는 인덱스 접근의 예를 보여준다. 인덱스 파일은 특정 키 값을 물리적 주소로 매핑하는 테이블을 유지한다. 예를 들어, 학생 정보 데이터베이스에서 학생 ID가 20230001인 김철수 학생의 정보는 물리적 주소 0x1000에 저장되어 있다. 이와 마찬가지로, 20230002 이영희 학생과 20230003 박민수 학생의 정보는 각각 0x2000과 0x3000에 위치한다.

인덱스 접근 방식에서는 사용자가 학생 ID와 같은 특정 키를 이용해 해당 키와 연관된 데이터를 빠르게 찾을 수 있다. 예를 들어, 학생 ID가 20230001인 김철수 학생의 정보를 검색하고자 할 때, 인덱스 파일에서 해당 ID를 찾아 물리적 주소 0x1000으로 이동한다. 그 후 데이터 파일에서 0x1000 위치에 저장된 김철수 학생의 세부 정보를 읽어올 수 있다. 이는 대규모 데이터세트에서 특정 항목을 빠르게 조회하고 검색할 수 있도록 해준다.

이처럼 인덱스 접근은 데이터베이스 시스템, 파일 시스템 등에서 효율적인 데이터 관리와 빠른 검색을 가능하게 하는 중요한 접근 방식 중 하나다.

세 가지 접근 방식은 각각의 장단점이 있으며, 파일의 특성과 사용 목적에 따라 적합한 접근 방식을 선택해야 한다. 예를 들어, 순차 접근은 데이터의 순서가 중요하고, 변경이 자주 일어나지 않는 경우에 적합하다. 반면, 직접 접근과 인덱스 접근은 대규모 데이터세트에서 빠른 검색이 필요한 경우에 유리하다. 운영체제는 이러한 다양한 파일 접근 방법을 지원해 사용자와 응용 프로그램이 효율적으로 데이터를 처리할 수 있도록 한다.

파티션과 디렉터리

파티션과 디렉터리는 파일 시스템의 중요한 구성 요소로, 파일과 데이터를 조직적으로 관리하고 접근하는 데 필수적인 역할을 한다.

● 파티션(partition)

파티션(partition)은 논리적인 디스크 공간을 의미하며, 운영체제가 데이터와 프로그램을 저장하고 관리하는 방식을 정의한다. 파티션을 통해 물리적 디스크를 여러 개의 독립적인 논리 디스크로 나눌 수 있다. 각 파티션은 독립적인 파일 시스템을 가질 수 있으며, 이를 통해 데이터의 분리와 보호가 용이해진다. 예를 들어, 한 파티션에는 운영체제를 설치하고, 다른 파티션에는 사용자 데이터를 저장하여 시스템을 구성할 수 있다. 또한, 파티션을 사용하면 논리적 디스크의 크기를 유연하게 관리하고, 성능 최적화 및 데이터 보안을 강화할 수 있다.

파티션은 다양한 용어로 불릴 수 있다. 미니디스크(minidisk), 볼륨(volume), 가상 디스크(virtual disk) 등이 그 예다.

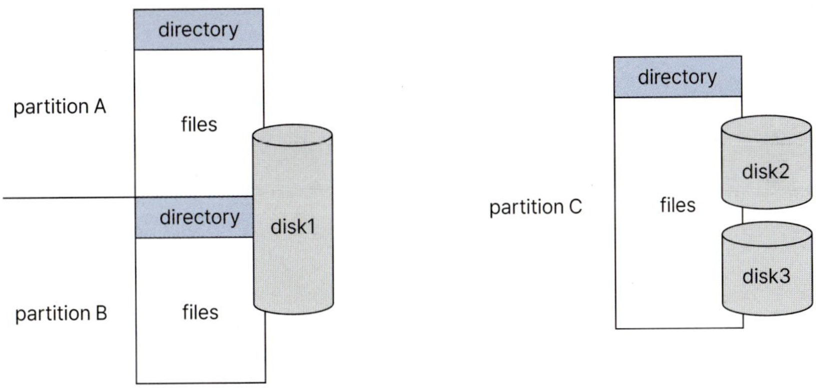

(a) 파티션 구성의 예 1 (b) 파티션 구성의 예 2

그림 11-10 파티션 구성의 예

[그림 11-10]은 파티션 구성의 예를 보여준다. 일반적으로 파티션은 하나의 물리적 디스크를 여러 독립적인 논리 디스크로 나누어 생성한다([그림 11-10-(a)]). 컴퓨터에 관심 있는 사람들은 운영체제 설치 시 디스크 공간을 C, D 드라이브로 분리해 본 경험이 있을 것이다. 또한, 여러 개의 디스크 공간을 하나의 파티션으로 묶어 대용량 파티션 공간을 만드는 구성도 가능하다([그림 11-10-(b)]).

● 디렉터리(directory)

집안의 모든 물건이 한 공간에 모여 있다고 생각해 보자. 옷장, 책상, 침대, 주방용품 등이 모두 한 방에 뒤섞여 있다면 어떨까? 필요한 물건을 찾는 데 많은 시간이 걸리고, 정리 정돈도 어려울 것이다. 이와 마찬가지로, 컴퓨터 시스템에서 모든 파일이 하나의 공간에 무질서하게 저장되어 있다면 파일을 관리하고 찾는 게 매우 비효율적일 것이다.

디렉터리(directory)는 이러한 문제를 해결하기 위한 방법으로, 흔히 폴더(folder)라고도 불린다. **디렉터리**는 파일을 논리적으로 그룹화한 구조체다. 디렉터리 구조는 단순히 파일을 정리하는 것 이상의 기능을 제공한다. 각 파일이나 디렉터리는 특정한 디렉터리에 속하며, 그 위치를 기반으로 파일 시스템에서 찾을 수 있다. 디렉터리는 계층적 구조를 가지며, 이는 트리 구조(tree)와 유사한 형태로 상위 디렉터리가 하위 디렉터리를 포함하는 구조로 이루어져 있다 ([그림 11-11]). 각 파일이나 디렉터리는 특정한 디렉터리에 속하게 된다.

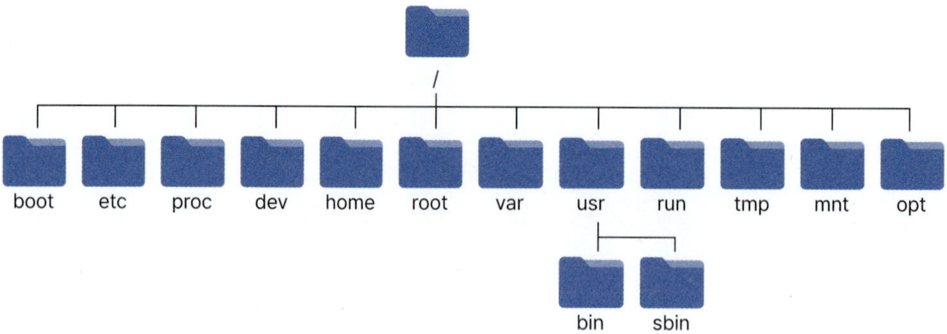

그림 11-11 리눅스 시스템의 기본 디렉터리 구조 예

운영체제는 디렉터리에 대해 다양한 연산을 제공하며, 주요 연산은 다음과 같다.

- **디렉터리 생성**(create directory): 새로운 디렉터리를 생성하여 파일을 논리적으로 그룹화할 수 있다. 이는 사용자가 데이터를 체계적으로 관리하는 데 도움을 준다.
- **디렉터리 삭제**(delete directory): 더 이상 필요하지 않은 디렉터리를 삭제할 수 있다. 단, 해당 디렉터리에 포함된 모든 파일과 하위 디렉터리가 삭제된다.
- **디렉터리 탐색**(list directory contents): 특정 디렉터리 내의 파일과 하위 디렉터리를 나열할 수 있다. 이는 사용자가 디렉터리 구조를 이해하고, 원하는 파일을 빠르게 찾는 데 유용하다.
- **디렉터리 이름 변경**(rename directory): 기존 디렉터리의 이름을 변경할 수 있다. 이를 통해 디렉터리의 목적이나 내용을 더 명확하게 나타낼 수 있다.
- **파일 검색**(search for a file): 특정 디렉터리나 전체 디렉터리 구조에서 파일을 검색할 수 있다. 사용자는 파일 이름이나 속성을 기반으로 검색을 수행할 수 있다.
- **디렉터리 이동**(move directory): 디렉터리 구조 내에서 디렉터리를 다른 위치로 이동할 수 있다. 이는 디렉터리 구조를 재구성하거나 파일을 정리하는 데 유용하다.
- **접근 제어**(access control): 디렉터리에 대한 접근 권한을 설정하여, 특정 사용자나 그룹이 해당 디렉터리와 그 안의 파일에 접근할 수 있는지 여부를 제어할 수 있다. 이를 통해 데이터의 보안을 유지할 수 있다.

이러한 디렉터리 연산들은 파일 시스템의 유연성과 보안성을 높이는 데 중요한 역할을 하며, 운영체제의 핵심 기능으로서 사용자에게 편의성을 제공한다.

마운팅(mounting)

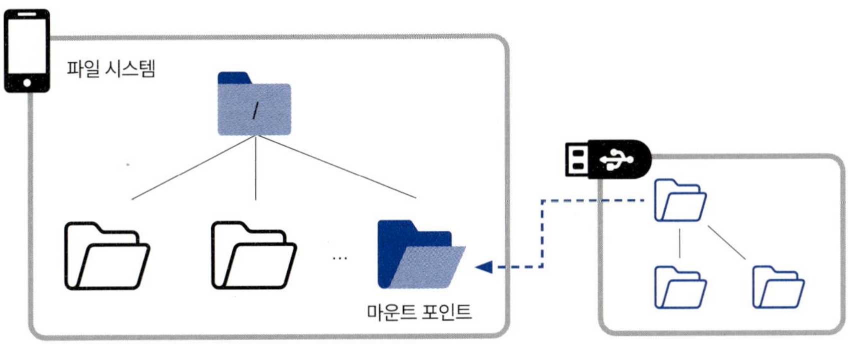

(a) 마운팅 전

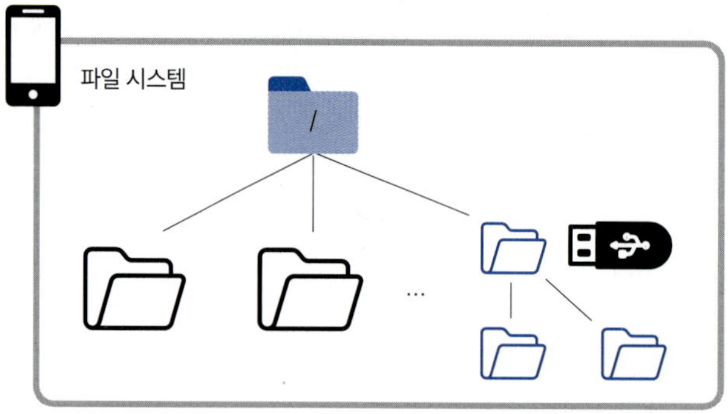

(b) 마운팅 후

그림 11-12 마운팅의 개념

마운팅(mounting)은 파일 시스템을 사용자가 접근할 수 있도록 시스템에 연결하는 과정을 의미한다. 간단히는 현재 파일 시스템에 다른 파일 시스템을 붙이는 것이라고도 말할 수 있다. 이는 운영체제가 저장 장치의 파일 시스템을 시스템 내 특정 위치에 연결하여, 사용자가 파일 및 디렉터리에 접근할 수 있게 한다. [그림 11-12]는 마운팅 전/후의 파일 시스템의 모습과 그 개념을 보여준다.

마운팅의 주요 개념은 다음과 같다.

- **마운트 포인트**(mount point): 파일 시스템이 마운트되는 디렉터리로, 마운트 포인트를 통해 새롭게 연결된 파일 시스템의 모든 파일과 디렉터리가 접근 가능하게 된다. 예를 들어, 유닉스/리눅스 시스템에서는 '/mnt'나 '/media'와 같은 디렉터리를 마운트 포인트로 사용한다.
- **마운트와 언마운트**(mount and unmounting): 마운트는 파일 시스템을 특정 디렉터리에 연결하는 과정이며, 언마운트는 파일 시스템을 시스템에서 분리하는 과정이다. 이는 저장 장치를 안전하게 제거하거나, 다른 파일 시스템으로 전환할 때 필요하다.

일상에서 흔히 경험하는 마운팅의 예로는 휴대폰이나 휴대용 게임기에서 SD 카드를 사용하는 경우가 있다. 이 경우, SD 카드의 파일 시스템이 기기의 기본 파일 시스템에 마운트되어 특정 폴더(예: /mnt)를 통해 접근할 수 있게 된다. 이는 SD 카드의 데이터를 기기 내의 다른 데이터처럼 편리하게 관리할 수 있게 한다.

마운팅 과정은 사용자가 파일 시스템의 실제 물리적 위치를 알 필요 없이, 파일 시스템을 쉽게 접근할 수 있도록 한다. 이는 운영체제가 제공하는 편리성과 유연성을 극대화하는 중요한 기능으로, 사용자는 다양한 저장 장치의 데이터를 일관된 방식으로 사용할 수 있다.

요약

파일 시스템

- 파일들을 관리하는 운영체제의 한 부분
- **구성 요소**: 파일, 디렉터리, 파티션

파일(file)

- 보조기억 장치에 저장된 연관된 정보들의 집합
- 운영체제의 데이터 관리 기본 단위, 보조기억 장치 할당의 최소 단위

파일의 분류

- **내용에 따른 분류**
  - 프로그램 파일: 소스 코드, 오브젝트 코드, 실행 파일 등
  - 데이터 파일: 문서, 이미지, 비디오, 오디오 등
- **형태에 따른 분류**
  - 텍스트 파일(text file 또는 ascii file)
  - 바이너리 파일(binary file)

파일 속성(file attributes)

- 파일 자체의 내용 이외에 파일을 설명하고 관리하는 데 필요한 부가적인 정보
- 예: 이름(name), 식별자(identifier), 형식(type), 위치(location), 크기(size) 등

파일 접근 방법

- 순차 접근(sequential access)
  - 파일의 데이터를 처음부터 끝까지 순서대로 읽거나 쓰는 방식
- 직접 접근(direct access)
  - 파일의 임의의 위치에서 데이터를 읽고 쓸 수 있는 방식
- 색인 접근(indexed access)
  - 인덱스 테이블을 사용하여 파일 내 특정 위치에 빠르게 접근하는 방식

파티션(partition)

- 논리적인 디스크 공간

디렉터리(directory)

- 파일을 논리적으로 그룹화한 구조체

마운팅(mounting)

- 파일 시스템을 사용자가 접근할 수 있도록 시스템에 연결하는 과정

11.3 디렉터리 구조

디렉터리 구조는 파일 시스템 내에서 파일을 조직하고 관리하는 방식이다. 디렉터리는 폴더(folder)라고도 불리며, 파일과 다른 디렉터리를 포함할 수 있는 논리적 구조를 제공한다. 디렉터리 구조는 사용자에게 파일을 체계적으로 관리할 수 있는 방법을 제공하고, 파일 접근 속도를 향상시키며, 파일 검색을 용이하게 한다. 디렉터리 구조는 파일 시스템의 중요한 요소로, 파일을 효과적으로 관리하고 접근하기 위한 여러 가지 방법을 제공한다. 이러한 구조를 통해 사용자는 파일을 쉽게 찾고, 관리할 수 있으며, 시스템의 성능과 보안성을 높일 수 있다.

본 절에서는 운영체제에서 사용되는 다양한 디렉터리 구조와 그 특징에 대해 살펴본다.

단일 디렉터리 구조(flat directory structure)

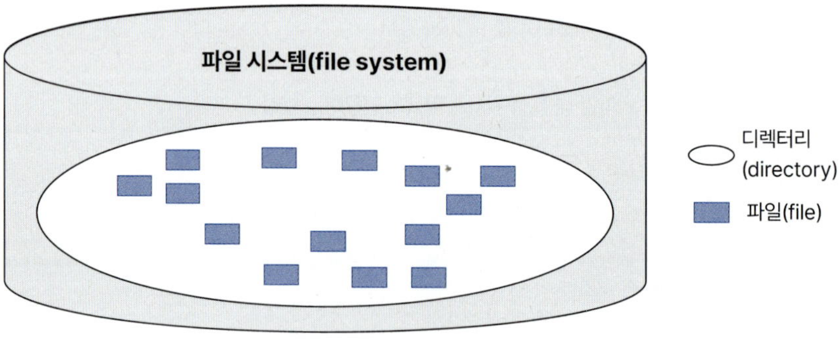

그림 11-13 단일 디렉터리 구조

단일 디렉터리 구조(flat directory structure)는 가장 단순한 형태의 디렉터리 구조로, 모든 파일이 하나의 단일 디렉터리에 저장되는 방식이다([그림 11-13]). 즉, 컴퓨터 시스템에 폴더가 하나만 존재한다거나 폴더가 없다고 말할 수 있다. 이 구조에서는 계층 구조가 존재하지 않으며, 파일이 평평한 구조로 나열된다.

단일 디렉터리 구조는 간단하고 구현이 쉽다는 장점을 가진다. 또한, 모든 파일이 한 곳에 있기 때문에, 파일의 수가 적은 경우 파일에 대한 접근 및 관리가 용이할 수 있다.

하지만, 다음과 같은 단점들을 가진다.

- **파일 이름 충돌 문제:** 모든 파일이 동일한 디렉터리에 존재하기 때문에, 서로 다른 파일이 동일한 이름을 가질 수 없어 파일 이름 충돌 문제를 해결해야 한다.
- **보안 및 접근 제어의 한계:** 다수의 사용자가 같은 디렉터리를 사용할 경우, 파일 접근 제어가 어렵다. 사용자는 다른 사용자의 파일을 쉽게 삭제하거나 수정할 수 있어, 파일 보호에 취약할 수 있다.
- **비효율적인 파일 관리:** 파일의 수가 증가할수록 파일을 찾고 관리하는 데 긴 시간이 소요될 수 있다. 이는 특히 다수의 파일을 다루는 시스템에서 심각한 비효율을 초래할 수 있다.

단일 디렉터리 구조는 초창기 컴퓨터 시스템에서 흔히 볼 수 있었던 구조다. 그러나 대규모 파일 관리가 필요하거나 다수의 사용자가 접근하는 시스템에서는 한계가 분명하여, 이러한 구조는 현대의 파일 시스템에서는 잘 사용되지 않는다.

하지만 단일 목적을 위해 설계된 시스템이나 간단한 임베디드 시스템의 경우, 단일 디렉터리 구조를 선택함으로써 시스템의 파일 관리 부하를 줄일 수 있다. 예를 들어, 단순히 음악 파일만 저장하고 재생하던 초창기 MP3 플레이어의 경우 단일 디렉터리 구조를 사용했다. 이러한 시스템에서는 모든 음악 파일이 하나의 공간에 저장되어 있어, 사용자가 쉽게 음악을 선택하고 재생할 수 있었다.

2단계 디렉터리 구조(2-level directory structure)

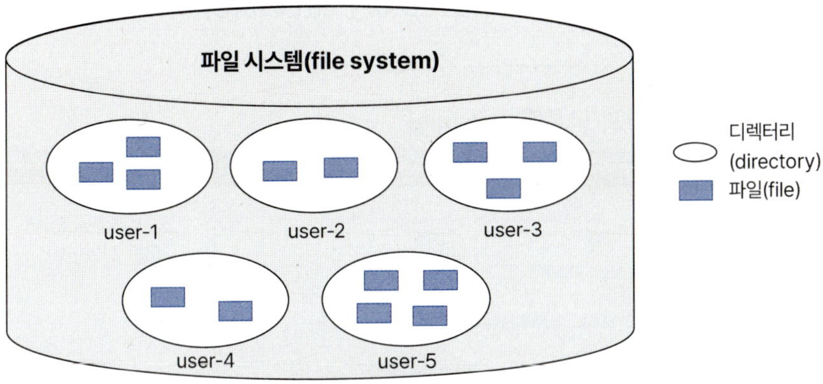

그림 11-14 2단계 디렉터리 구조

2단계 디렉터리 구조(2-level directory structure)는 시스템의 파일 관리 공간을 사용자별로 분리하는 방식이다([그림 11-14]). 이 구조에서는 사용자마다 독립된 디렉터리를 할당받아, 그 안에 자신의 파일들을 저장한다. 이로 인해 사용자별 파일 격리가 가능해지며, 파일 이름의 충돌을 피할 수 있다.

2단계 디렉터리 구조는 루트 디렉터리 아래 사용자 디렉터리가 존재하는 형태를 가진다. **루트 디렉터리**(root directory)는 모든 파일 시스템의 최상위 디렉터리로, 시스템 파일과 사용자 디렉터리 정보를 담고 있다. **사용자 디렉터리**(user directory)는 사용자별로 할당된 디렉터리로, 각 사용자 디렉터리는 독립적이며 다른 사용자가 접근할 수 없도록 보호된다.

이처럼 사용자별로 독립적인 디렉터리 공간을 제공함으로써, 단일 디렉터리 구조가 가지고 있던 파일 이름 충돌 문제와 보안 문제를 완화할 수 있다. 또한, 사용자 입장에서 단일 디렉터리 시스템 대비 자신의 파일을 관리하기 쉽다는 장점을 가진다.

하지만, 2단계 디렉터리 구조는 다음과 같은 한계를 가진다.

- **하위 디렉터리 생성 불가:** 사용자 디렉터리 내에 추가적인 디렉터리를 만들 수 없어, 파일 구조화에 한계가 있다.
- **사용자 간 파일 공유 어려움:** 한 사용자가 다른 사용자와 파일을 공유하기 어려운 점이 있다. 각 사용자는 하나의 디렉터리만 가지기 때문에 특정 파일을 공유하기 위해 자신의 전체 파일을 공개해야 할 수 있다.

이 구조는 간단하고 직관적이지만, 다수의 사용자와 다양한 파일 관리 요구를 충족하기에는 한계가 있다. 이러한 한계를 극복하기 위해 더 복잡한 계층적 디렉터리 구조가 발전하게 되었다.

계층적 디렉터리 구조(hierarchical directory structure)

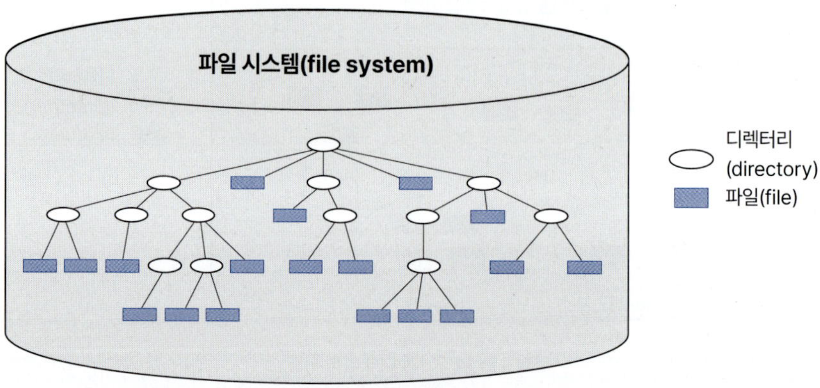

그림 11-15 계층적 디렉터리 구조

계층적 디렉터리 구조(hierarchical directory structure)는 여러 단계의 디렉터리를 포함하는 트리 구조(Tree)를 가지며, 하위 디렉터리를 포함할 수 있는 상위 디렉터리로 구성된다. 이 구조는 파일과 디렉터리를 체계적으로 조직할 수 있는 유연성을 제공하며, [그림 11-15]에서 보듯이 여러 레벨의 디렉터리로 구성된다.

다음은 계층적 디렉터리 구조에서 사용되는 주요 개념들이다.

- **홈 디렉터리**(home directory): 사용자가 시스템에 로그인했을 때 기본적으로 위치하는 디렉터리다. 주로 사용자의 개인 파일과 설정 파일이 저장되는 장소이며, Unix/Linux 시스템에서는 '\home\username' 형식으로 나타낸다. 일반적으로 '~' 기호로도 표현된다.
- **현재 디렉터리**(current directory): 사용자가 현재 작업 중인 디렉터리다. 현재 디렉터리의 위치는 명령어를 통해 변경할 수 있으며 '.(점)'으로 표현된다. 예를 들어, 파일을 열거나 저장할 때 시스템은 기본적으로 현재 디렉터리에서 작업을 수행한다.
- **파일 경로**(file path): 파일이나 디렉터리의 위치를 나타내는 문자열로, 경로는 두 가지 방식으로 나뉜다.
  - **절대 경로**(absolute path): 루트 디렉터리부터 시작해 파일이나 디렉터리까지의 전체 경로를 나타낸다. 예를 들어, '\home\username\documents\file.txt'는 파일의 절대 경로다.
  - **상대 경로**(relative path): 현재 디렉터리를 기준으로 파일이나 디렉터리까지의 경로를 나타낸다. 예를 들어, 현재 디렉터리가 '\home\username'일 때 'documents\file.txt'는 상대 경로다.

계층적 디렉터리 구조는 파일과 디렉터리를 계층적으로 분류하고 관리할 수 있는 장점을 제공한다. 사용자는 하위 디렉터리를 생성하여 파일을 체계적으로 관리할 수 있으며, 파일 경로를 통해 특정 파일을 신속하게 찾아갈 수 있다. 또한, 사용자 간의 공유 폴더를 생성하여 특정 폴더에 대한 접근 권한을 설정할 수 있어 보안성도 향상된다.

그러나 계층적 디렉터리 구조에도 단점이 있다. 디렉터리 구조가 복잡해질수록 파일을 찾기가 어려워질 수 있으며, 특히 깊은 계층에 위치한 파일의 경우 경로를 기억하기 어렵다. 또한, 복잡한 구조로 인해 사용자가 잘못된 위치에 파일을 저장하거나, 같은 이름의 파일이 다른 위치에 존재하는 경우 혼동이 발생할 수 있다. 이는 특히 대규모 시스템에서 문제를 야기할 수 있다.

계층적 디렉터리 구조의 도입으로 현대 컴퓨팅 환경에서 요구되는 복잡한 파일 관리 요구 사항을 효과적으로 충족시킬 수 있게 되었다. 이 구조는 개인 사용자부터 대규모 조직까지 다양한 규모의 시스템에서 효율적으로 사용될 수 있어, 현재 가장 널리 채택된 디렉터리 구조다.

비순환 그래프 디렉터리 구조(acyclic graph directory structure)

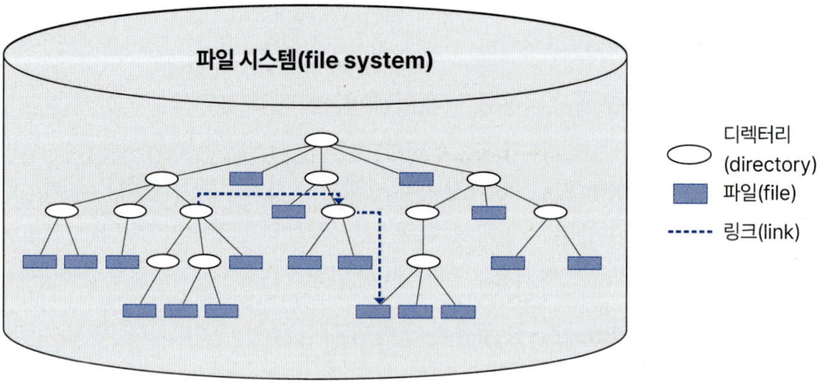

그림 11-16 비순환 그래프 디렉터리 구조

비순환 그래프 디렉터리 구조(acyclic graph directory structure)는 계층적 디렉터리 구조의 확장된 형태로, 디렉터리와 파일 사이에 다중 경로를 허용하여 다양한 경로를 통해 동일한 파일이나 디렉터리에 접근할 수 있는 구조이다([그림 11-16]). 이 구조는 계층적 구조에서 발생하는 파일 중복 문제를 해결하고, 파일 및 디렉터리의 재사용성을 높이기 위해 설계되었다.

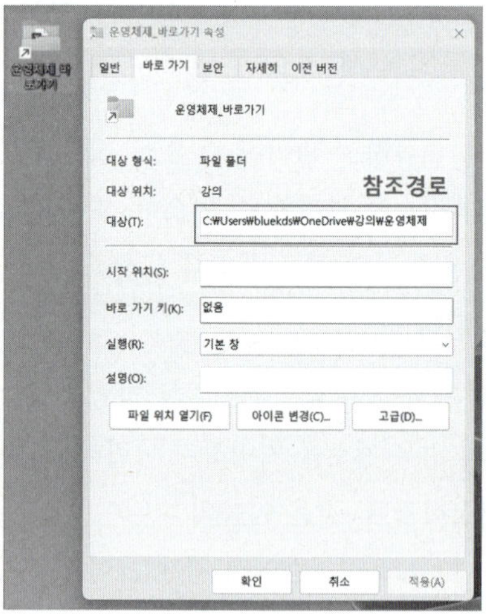

(a) 윈도우의 바로가기

```
$ mkdir -p /tmp/one/two
$ echo "test_a" >/tmp/one/two/a
$ echo "test_b" >/tmp/one/two/b
$ cd /tmp/one/two
$ ls -l
-rw-r--r-- 1 user group 7 Jan 01 10:01 a
-rw-r--r-- 1 user group 7 Jan 01 10:01 b

$ cd /tmp
$ ln -s /tmp/one/two three
$ ls -l three
lrwxrwxrwx 1 user group 12 Jul 22 10:02 /tmp/three -> /tmp/one/two
$ ls -l three/
-rw-r--r-- 1 user group 7 Jan 01 10:01 a
-rw-r--r-- 1 user group 7 Jan 01 10:01 b
```

(b) 리눅스의 링크

그림 11-17 링크(link)의 예

비순환 그래프 디렉터리 구조에서 핵심적인 요소는 **링크**(link)다. 링크는 특정 파일이나 디렉터리에 접근할 수 있도록 만들어주는 참조 포인터로, 윈도우에서 사용하는 '바로가기'와 리눅스 시스템에서 'ln' 명령어로 생성하는 링크가 대표적이다. 이러한 링크를 통하여 하나의 파일이나 디렉터리를 여러 경로에서 접근할 수 있으며, 이를 통해 디렉터리 구조가 단순 트리 형태를 넘어 그래프 형태로 확장된다.

비순환 그래프 디렉터리 구조의 주요 특징은 다음과 같다.

- **비순환성**: 그래프 구조가 순환(cycle)을 형성하지 않도록 설계되어야 한다. 즉, 디렉터리와 파일을 연결하는 링크들이 순환 구조를 만들지 않도록 하여 무한 루프와 같은 문제가 발생하지 않도록 보장한다. 이를 위해 운영체제는 링크 생성 시 사이클이 발생하지 않도록 검사하고 관리한다.
- **다중 경로 지원**: 하나의 파일이나 디렉터리를 여러 디렉터리에서 접근할 수 있는 링크를 통해 다중 경로를 지원한다. 예를 들어, 프로젝트 디렉터리에 있는 동일한 파일을 팀원 모두가 각자의 홈 디렉터리에서도 접근할 수 있도록 하는 구조를 만들 수 있다.
- **공유 가능성**: 같은 파일이나 디렉터리를 여러 사용자나 디렉터리가 공유할 수 있다. 이는 파일 시스템의 저장 공간을 절약하고 파일 관리의 편의성을 높이는 장점을 제공한다.
- **유연한 파일 시스템 관리**: 이 구조를 사용하면 사용자와 운영체제가 보다 유연하게 파일 시스템을 관리할 수 있다. 예를 들어, 파일을 여러 위치에서 쉽게 접근할 수 있게 하거나, 특정 디렉터리에 있는 모든 파일을 특정 사용자가 공유하도록 설정할 수 있다.

비순환 그래프 디렉터리 구조는 계층적 구조의 장점을 유지하면서도 더 유연한 파일 관리와 공유를 가능하게 한다. 이 구조는 현대의 복잡한 파일 시스템 요구 사항을 충족시키는 데 중요한 역할을 하며, 특히 협업 환경과 대규모 시스템에서 그 유용성이 두드러진다. 그러나 구현의 복잡성과 관리의 어려움으로 인해 시스템 설계 시 주의가 필요하다.

일반 그래프 디렉터리 구조(general graph directory structure)

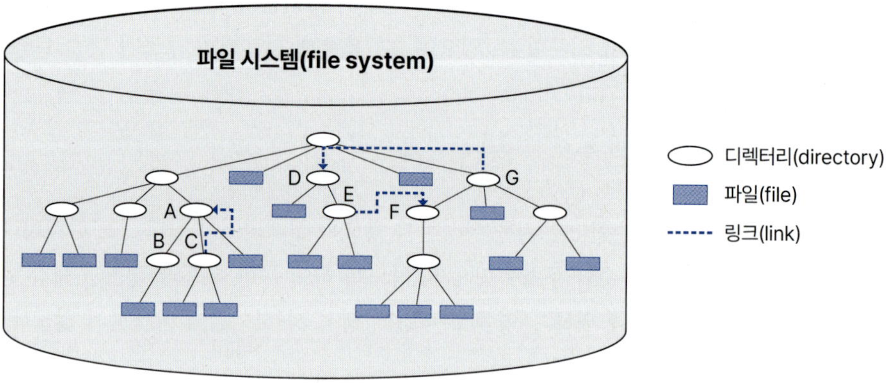

그림 11-18 일반 그래프 디렉터리 구조

일반 그래프 디렉터리 구조(general graph directory structure)는 비순환 그래프 구조에 비해 더 유연한 파일 시스템 구조를 제공한다. 이 구조는 순환(cycle)을 허용하여 복잡한 파일 시스템 구조를 표현할 수 있고, 동일한 파일이나 디렉터리에 대해 여러 접근 방법을 제공하는 등의 확장성을 향상시킨다. 하지만 이러한 장점은 관리의 복잡성을 증가시키는 원인이 된다.

일반 그래프 디렉터리 구조의 주요 문제점 중 하나는 무한 루프의 가능성이다. 파일 탐색 과정에서 동일한 경로를 반복 탐색하는 상황이 발생할 수 있으며, 이는 시스템 성능에 심각한 영향을 미칠 수 있다. 예를 들어, [그림 11-18]에서 D → E → F → G → D와 같은 순환 구조에서는 파일을 검색할 때 무한 반복에 빠질 수 있다. 이를 방지하기 위해 운영체제는 파일 탐색 과정에서 방문한 디렉터리를 기록하고, 동일한 디렉터리를 반복해서 방문하지 않도록 해야 한다.

또한, 디렉터리 삭제 시 복잡한 문제가 발생할 수 있다. 특정 디렉터리가 여러 디렉터리에서 링크되어 있을 경우, 해당 디렉터리를 삭제하기 위해서는 모든 관련 링크를 처리해야 한다. 이를 위해 참조 카운팅(reference counting)이나 링크 추적 시스템과 같은 복잡한 메커니즘이 필요하다. 이러한 과정은 시스템의 일관성 유지에도 중요한 역할을 한다. 복잡한 링크 구조로 인해 파일 시스템 전체의 일관성을 유지하기가 어려워지며, 파일의 수정이 모든 경로에 일관되게 반영되도록 강력한 메타데이터 관리와 동기화 메커니즘이 요구된다.

결론적으로, 일반 그래프 디렉터리 구조는 이론적으로 가장 유연한 파일 시스템 구조를 제공하지만, 실제 구현과 관리에 있어 많은 도전 과제가 있다. 이로 인해 대부분의 현대 운영체제는 비순환 그래프 구조를 선호하고 있으며, 일반 그래프 구조는 특수한 목적의 파일 시스템에서 제한적으로 사용된다.

디렉터리 구조

- 파일을 체계적으로 관리하고 접근하기 위한 구조

단일 디렉터리 구조(flat directory structure)

- 모든 파일이 하나의 단일 디렉터리에 저장
- **장점**: 구현이 간단하고 파일 접근이 용이
- **단점**: 파일 이름 충돌 문제, 보안 및 접근 제어의 한계

2단계 디렉터리 구조(2-level directory structure)

- 루트 디렉터리 아래 사용자별 디렉터리 존재
- **장점**: 사용자별 파일 격리, 이름 충돌 문제 해결
- **단점**: 하위 디렉터리 생성 불가, 사용자 간 파일 공유 어려움

계층적 디렉터리 구조(hierarchical directory structure)

- 트리 구조로 여러 단계의 디렉터리 포함
- **주요 개념**
  - · 홈 디렉터리(home directory)
    사용자가 로그인했을 때 기본적으로 위치하는 시작 디렉터리
  - · 현재 디렉터리(current directory)
    사용자가 현재 작업 중인 디렉터리로, "."으로 표현
  - · 절대 경로(absolute path)
    루트 디렉터리부터 시작하여 파일이나 디렉터리까지의 전체 경로
  - · 상대 경로(related path)
    현재 디렉터리를 기준으로 파일이나 디렉터리까지의 경로
- **장점**: 유연한 파일 관리, 효율적인 파일 검색

비순환 그래프 디렉터리 구조(acyclic graph directory structure)

- 계층적 구조에 다중 경로 허용
- **핵심 요소**: 링크(link)
- **장점**: 파일 공유 용이, 디렉터리 구조의 유연성 향상
- **주의사항**: 순환 구조 형성 방지

일반 그래프 디렉터리 구조(general graph directory structure)

- 순환(cycle) 허용
- **장점**: 가장 유연한 파일 시스템 구조
- **문제점**
  - · 무한 루프 가능성
  - · 디렉터리 삭제 시 복잡한 처리 필요
  - · 파일 시스템 일관성 유지 어려움

11.4 파일 보호

파일 보호(file protection)는 파일 시스템에서 파일과 디렉터리를 안전하게 관리하기 위한 중요한 기능이다. 파일 보호는 파일에 대한 부적절한 접근을 방지하고, 데이터의 무결성을 유지하며, 시스템 보안을 강화하는 역할을 한다. 이를 위해 다양한 보호 기법이 사용되며, 본 장에서는 그 주요 기법과 개념에 대해 설명한다.

파일 보호 개요

파일 보호(file protection)는 다중 사용자 시스템에서 매우 중요한 요소로, 각 사용자가 자신의 권한 내에서만 파일에 접근할 수 있도록 제한하여 시스템의 안전성과 보안을 유지한다. 이는 다양한 접근 권한을 설정하고 제어함으로써 이루어진다.

- **읽기**(Read, R): 파일의 내용을 읽을 수 있는 권한
- **쓰기**(Write, W): 파일의 내용을 변경할 수 있는 권한
- **실행**(eXecute, X): 프로그램 파일을 실행할 수 있는 권한
- **덧붙이기**(Append, A): 파일 끝에 데이터를 추가할 수 있는 권한

이러한 권한을 통해 사용자가 수행할 수 있는 작업을 제한하고, 허가되지 않은 접근을 차단함으로써 시스템을 보호한다. 예를 들어, 시스템 관리자는 일반 사용자가 시스템 파일을 수정하지 못하도록 설정하거나, 특정 사용자의 개인 파일을 다른 사용자가 접근할 수 없도록 설정할 수 있다. 파일 보호의 주요 목적은 다음과 같다.

- **데이터 프라이버시 보장**: 사용자의 개인 정보나 중요 데이터를 무단 접근으로부터 보호
- **데이터 무결성 유지**: 파일의 내용이 허가 없이 변경되는 것을 방지
- **시스템 안정성 확보**: 중요한 시스템 파일이 손상되거나 변경되는 것을 막아 시스템 안정적인 운영 보장

- **실수로 인한 데이터 손실 방지:** 사용자의 실수로 중요한 파일이 삭제되거나 수정되는 것 방지

파일 보호에서 가장 간단한 방법 중 하나는 **패스워드(password)**를 사용하는 것이다. 이 방법은 각 파일에 패스워드를 설정하여 특정 사용자가 파일을 열거나 수정하려면 패스워드를 입력하도록 요구하는 방식이다. 패스워드 방식은 단순하면서도 강력한 보호 방법으로, 중요한 파일에 대해 효과적으로 사용될 수 있다. 그러나 파일마다 패스워드를 설정하고 관리하는 것은 비현실적이며, 특히 여러 개의 파일과 각기 다른 접근 권한에 대해 각각의 패스워드를 기억하고 관리하는 것은 사용자에게 큰 부담이 될 수 있다.

이러한 문제점을 해결하기 위해 다양한 파일 보호 기법들이 개발되어 왔다. 그 중 **접근 행렬(access matrix)** 기법은 대표적인 기법으로, 파일과 사용자의 관계를 행렬 형태로 표현해 접근 권한을 체계적으로 관리할 수 있다. 이 기법을 통해 각 사용자가 접근할 수 있는 파일과 그 파일에 대한 권한을 명확하게 설정할 수 있어, 파일 보호를 보다 효율적으로 구현할 수 있다.

접근 행렬 기법

접근 행렬 기법은 파일 보호를 위해 사용되는 체계적인 접근 제어 모델이다. **접근 행렬(access matrix)**은 주체(도메인)와 객체(파일) 간의 접근 권한을 명시한 표로, 주요 구성 요소는 다음과 같다.

- **오브젝트(object):** 접근 대상으로, 파일 및 장치들이 될 수 있다.
- **도메인(domain):** 시스템 내에서 특정 권한을 가지는 주체들의 집합으로, 파일에 대한 접근을 요청하는 주체다. 일반적으로 사용자나 프로세스를 의미한다.
- **접근 권한(access right):** 특정 도메인이 특정 오브젝트에 대해 가질 수 있는 권한을 의미하며, 행렬의 교차점에 위치한다.

접근 행렬은 파일과 사용자(또는 프로세스) 간의 접근 권한을 2차원 행렬(matrix) 형태로 표현하여, 각 도메인이 오브젝트에 대해 가질 수 있는 접근 권한을 명확하게 정의한다. 행렬의 행은 도메인을 나타내고, 열은 오브젝트를 나타낸다. 각 교차점에는 해당 도메인이 해당 오브젝트에 대해 가지는 접근 권한이 기록된다. 이러한 접근 권한에는 읽기(Read), 쓰기(Write), 실행(eXecute), 덧붙이기(Append) 등의 권한이 포함될 수 있다.

표 11-2 접근 행렬(access matrix)의 예

	F1	F2	F3	F4	F5
D1	R	R		RW	
D2	RW			RA	
D3		R		RW	X
D4	RW		X		

[표 11-2]는 접근 행렬의 예를 보여준다. 이 예제에서는 D1, D2, D3, D4와 같은 도메인이 있으며, 각각의 도메인들은 F1, F2, F3, F4, F5 등의 파일에 대한 특정 권한을 가지고 있다. 예를 들어, D1은 F1에 대해 읽기(R) 권한만 가지고 있으며, F4에 대해서는 읽기(R)와 쓰기(W) 권한을 가지고 있다.

이 행렬을 통해 어떤 파일에 대해 어떤 도메인이 어떤 권한을 가지는지를 명확하게 나타낸다. 이를 통해 시스템은 사용자가 허가된 작업만 수행하도록 제한할 수 있으며, 파일 접근 시마다 이 행렬을 참조하여 접근 권한을 확인할 수 있다. 이 기법은 다음과 같은 이점을 제공한다.

- **체계적 관리:** 접근 권한을 명확히 정의하여 불필요한 접근을 방지할 수 있다.
- **유연성:** 다양한 권한 설정을 통해 세밀한 접근 제어를 구현할 수 있다.

접근 행렬 기법의 대표적인 구현 방법으로는 전역 테이블(global table), 접근 리스트(access list), 권한 리스트(capability list), 락 앤 키 방법(lock-key mechanism) 등이 있으며, 각각의 방법을 살펴보자.

● 전역 테이블(global table)

전역 테이블(global table) 방식은 접근 행렬을 그대로 구현하는 가장 직관적인 방법이다. 이 방식에서는 전체 접근 행렬을 하나의 큰 테이블로 시스템에 저장한다.

표 11-3 전역 테이블의 예

도메인(domain)	오브젝트(object)	접근 권한(right-set)
D1	O1	R1
D1	O2	R2
D2	O1	R3
...	...	...

[표 11-3]은 전역 테이블 형태의 예를 보여준다. 각 행은 〈도메인, 오브젝트, 접근 권한〉으로 이루어져 있다. 예를 들어, 첫 번째 행은 도메인(예: 사용자) D1이 오브젝트(예: 파일) O1에 대해 가지는 권한 집합이 R1 권한(예: 읽기/쓰기)임을 의미한다. 두 번째 행의 경우, D1이 O2에 대해 R2의 권한을 가짐을 말한다. 이처럼 전역 테이블 방식에서는, 각 도메인이 시스템 내 파일 각각에 대해 가지는 권한을 모두 적어 놓은 형태를 가진다.

전역 테이블 방식은 모든 접근 권한 정보를 하나의 테이블에 집약시켜 관리함으로써, 관리의 일관성을 유지하고, 접근 권한 변경 시 테이블을 한 번만 수정하면 되는 장점이 있다. 또한, 접근 권한을 한눈에 파악할 수 있는 단순한 구조로, 복잡한 권한 설정을 명확하게 표시할 수 있다.

하지만 모든 도메인과 오브젝트에 대한 권한을 저장해야 하므로, 시스템 규모가 커질수록 테이블의 크기가 커져 메모리 사용량이 증가한다는 단점을 가진다. 또한, 테이블이 커질수록 접근 권한을 검사하는 데 걸리는 시간이 증가할 수 있다. 특히 비어 있는 항목이 많아질수록 비효율적일 수 있다.

전역 테이블은 단순하고 명확한 방법으로 접근 권한을 관리할 수 있지만, 대규모 시스템에서는 비효율적일 수 있다. 따라서 작은 규모의 시스템에서 적합하며, 복잡한 권한 체계를 가진 대규모 시스템에서는 다른 접근 제어 기법이 필요하다.

● 접근 리스트(access list)

그림 11-19 접근 리스트는 건물 출입 시, 출입 권한 명단을 확인하는 것과 유사하다.

접근 리스트(access list) 방식은 전역 테이블 방식을 개선한 접근 제어 기법으로, 오브젝트마다 해당 오브젝트에 접근할 수 있는 도메인 리스트를 유지하는 방식이다. 이 기법에서는 오브젝트를 기준으로 접근 권한을 관리하며, 오브젝트마다 접근 가능한 도메인과 그 권한을 명시한 리스트를 유지한다. 도메인(예: 사용자)이 오브젝트(예: 파일)에 접근하려고 할 때, 해당 오브젝트의 접근 리스트를 통해 도메인의 권한을 확인한다. 이는 초대받은 사람만 들어갈 수 있는 파티장 입구에서 명단을 확인하고 손님을 들여보내는 것과 유사하다고 말할 수 있다([그림 11-19]).

표 11-4 접근 리스트의 예

오브젝트(object)	접근 리스트(access list)
O1	〈D1, R1〉, 〈D2, R2〉
O2	〈D3, R1〉
…	…

[표 11-4]는 접근 리스트의 예를 보여준다. 예를 들어, 오브젝트 O1의 접근 리스트에는 도메인 D1이 R1의 권한(예: 읽기/쓰기), 도메인 D2가 R2의 권한(예: 읽기)을 가짐을 나타낸다. 이는 해당 오브젝트에 대한 접근 권한을 가진 도메인들의 목록을 포함하며, 각 도메인에 부여된 권한을 명시한다.

접근 리스트는 운영체제에서 실제로 많이 사용되는 기법으로, 대표적으로 Unix/Linux의 파일 시스템에서 간소화된 형태로 확인되는 것을 볼 수 있다. 다음은 Unix/Linux에서 'ls -l' 명령으로 확인할 수 있는 파일들에 대한 정보로, 맨 처음 10개의 문자가 'file.txt'의 접근 리스트에 해당한다.

```
-rwxr--r-- 1 user1 group1 4096 Jan 1 12:00 file.txt
```

조금 더 구체적으로는 2~4번째 문자가 파일 소유자의 권한, 5~7번째 문자가 소유자가 속한 그룹에 대한 권한, 마지막 8~10번째 문자가 전체 사용자에 대한 파일 접근 권한을 의미한다. 본 예제에서는 소유자는 읽기/쓰기/실행 권한을, 그룹과 전체 사용자는 읽기 권한만 가지고 있음을 나타낸다.

접근 리스트 방식은 오브젝트별로 필요한 접근 권한 정보만 저장하기 때문에, 모든 도메인-오브젝트 쌍에 대해 권한 정보를 저장해야 하는 전역 테이블 방식에 비해 저장 공간을 절약할 수 있다. 또한, 특정 오브젝트에 대한 접근 권한을 관리하거나 변경할 때, 해당 오브젝트의 접근 리스트만 수정하면 되므로 관리가 용이하다.

하지만 오브젝트에 접근할 때마다 해당 오브젝트의 접근 리스트를 검사해야 하기 때문에, 오브젝트에 많이 접근하는 경우 오버헤드가 커진다는 단점이 있다. 또한, 특정 도메인(예: 사용자)의 모든 권한을 확인하려면 모든 오브젝트의 접근 리스트를 확인해야 하기 때문에, 도메인 관점에서 권한 확인이 어렵다는 한계점을 가진다.

● 권한 리스트(capability list)

그림 11-20 권한 리스트는 건물에 출입할 때, 신분증을 제시하는 것과 유사하다.

권한 리스트(capability list)는 각 도메인이 접근할 수 있는 오브젝트와 그에 대한 접근 권한을 리스트 형태로 유지하는 방식이다. 이 방식에서는 도메인마다 자신이 접근할 수 있는 오브젝트와 그 권한을 포함하는 리스트를 가지고 있으며, 오브젝트에 접근할 때는 시스템이 도메인의 권한 리스트를 확인한다. 접근 리스트가 입구에서 보안 담당자가 참석자 명단을 확인하는 방법이라면, 권한 리스트는 파티장(오브젝트)에 출입하려는 사람(도메인)이 초대장(권한)을 보여주고 들어가는 방식이라고 말 할 수 있다([그림 11-20]).

표 11-5 권한 리스트의 예

도메인(domain)	권한 리스트(capacity list)
D1	〈O1, R1〉, 〈O2, R2〉
D2	〈O1, R3〉
…	…

[표 11-5]는 권한 리스트의 예를 보여준다. 예를 들어, 도메인 D1은 오브젝트 O1에 대해 R1 권한(예: 읽기/쓰기), 오브젝트 O2에 대해 R2 권한(예: 읽기)을 가지고 있다. 도메인 D2는 오브젝트 O1에 대해 R3 권한(예: 읽기/실행)을 가지고 있다.

권한 리스트는 도메인별로 필요한 접근 권한 정보만을 저장하기 때문에 저장 공간을 절약할 수 있다. 그리고 오브젝트에 대해 접근할 때, 도메인이 가진 권한 리스트만 확인하면 되기 때문에 권한 확인에 대한 부하가 접근 리스트에 비해 적다는 장점을 가진다. 또한, 특정 도메인이 가진 접근 권한을 쉽게 확인할 수 있다. 이는 특정 도메인의 시스템 내 모든 오브젝트에 대한 접근 권한을 일괄적으로 관리 및 업데이트하기에 유리하다.

반면, 특정 오브젝트에 대한 모든 도메인의 접근 권한을 철회하거나 변경하려면, 각 도메인의 권한 리스트를 모두 확인하고 수정해야 한다. 이는 많은 오브젝트와 도메인이 존재하는 시스템에서 어려움을 초래할 수 있다. 또한, 권한 리스트 자체가 악의적인 사용자에 의해 변경될 수 없도록 보호되어야 한다. 이를 위해 운영체제는 권한 리스트의 무결성을 유지하고, 권한 리스트에 대한 접근을 철저히 통제해야 한다. 이런 관점에서 권한 리스트는 일반적으로 커널 영역에 저장된다.

● 접근 리스트와 권한 리스트 비교

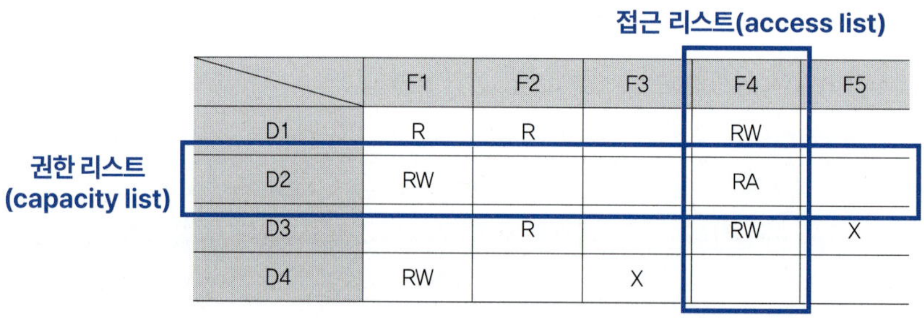

그림 11-21 접근 행렬 관점에서 접근 리스트와 권한 리스트의 개념

접근 행렬 관점에서 보면, 접근 리스트는 열(column)에 해당하는 정보, 그리고 권한 리스트는 행(row)에 해당하는 정보를 저장하는 방식으로 이해할 수 있다([그림 11-21]). 두 방식 모두 접근 행렬에서 빈 항목(표의 빈 칸)을 저장하지 않아도 되기 때문에, 접근 행렬 전체를 저장하는 것에 비해 저장 공간을 절약할 수 있다는 공통된 특징을 가진다.

표 11-6 접근 리스트와 권한 리스트 비교

	접근 리스트	권한 리스트
특징	오브젝트마다 해당 오브젝트에 접근할 수 있는 도메인의 리스트 유지	도메인마다 자신이 접근할 수 있는 오브젝트와 그 권한을 포함하는 리스트를 가지고 있음
접근 권한 확인	오브젝트 접근 시마다 접근 권한 확인 → 부하가 높음	도메인이 권한 제시 → 부하 낮음
오브젝트 단위 권한 관리	쉬움	어려움 (모든 도메인을 확인해야 함)
도메인 단위 권한 관리	어려움 (모든 오브젝트를 확인해야 함)	쉬움

[표 11-6]은 두 방식의 특징 및 장단점을 비교한 것이다. 접근 리스트는 오브젝트별로 권한 관리가 용이하다는 장점을 가지지만, 모든 접근마다 권한을 검사해야 하기 때문에 성능 저하를 유발할 수 있다는 단점을 가진다. 반면, 권한 리스트는 오브젝트에 접근하려는 도메인의 권한 리스트만 확인하면 된다는 점에서 접근 검사 부하가 작다는 장점을 가지지만, 오브젝트별로 권한 관리가 어렵다는 단점을 가진다.

따라서 많은 운영체제에서는 두 가지 방식의 개념을 함께 사용해 접근 행렬 기법을 구현한다.

그림 11-22 접근 리스트와 권한 리스트 개념을 함께 사용한 접근 행렬 구현 방식의 예
공연장에 갔을 때, 명단(권한 리스트)을 확인 후 팔지(권한)를 채워주는 것과 유사하다.

[그림 11-22]는 두 방식의 개념을 함께 사용하여 접근 행렬을 구현하는 예를 보여준다. 이 구현 방식에서 오브젝트에 대한 접근 권한 관리는 접근 리스트 방식을 사용한다. 특정 프로세스가 오브젝트에 처음 접근하려고 하면, 접근 리스트를 탐색하여 접근 가능 여부를 판단한다. 만약 접근이 허용된다면, 권한(capability)을 생성하고 해당 프로세스에 전달한다. 권한을 부여 받은 프로세스는 이후 접근 시 권한 리스트 방식과 유사하게 권한을 제시함으로써 권한 검사 없이 오브젝트에 접근할 수 있게 된다. 이러한 절차를 통해, 부하가 큰 접근 리스트 검사는 한 번만 수행하고, 프로세스의 이후 접근은 효율적으로 수행할 수 있다. 프로세스에게 부여된 권한은, 오브젝트에 대한 마지막 접근 후 삭제함으로써 오브젝트에 대한 부적절한 접근을 보호할 수 있다.

- **락 앤 키 방법(lock-key mechanism)**

락 앤 키 방법(lock-key mechanism)은 파일 보호 기법 중 하나로, 접근 리스트와 권한 리스트의 장점을 결합한 방식이다. 이 방법은 각 오브젝트에 락(lock)을 설정하고, 각 도메인에 키(key)를 부여하여 락과 키가 맞아야만 접근이 허용되는 형태로 구현된다([그림 11-23]). 이를 통해 접근 제어의 유연성과 보안을 동시에 확보할 수 있다.

그림 11-23 락 앤 키 방법의 개념

이 기법의 주요 구성 요소는 다음과 같다.

- **락(lock)**: 오브젝트에 설정된 보호 메커니즘으로, 접근을 제어하는 역할을 한다.
- **키(key)**: 도메인에 부여된 접근 권한을 나타내며, 해당 키가 오브젝트의 락과 일치해야만 접근이 가능하다.

이 방식에서 오브젝트에 접근하려는 도메인이 키를 제시한다. 시스템은 제시된 키와 오브젝트에 설정된 락을 비교한다. 키와 락이 일치하면 접근이 허용되며, 일치하지 않으면 접근이 거부된다.

이 방식에서는 키에 대한 보안이 중요한 문제다. 예를 들어, 키가 단순한 경우 불법적인 사용자가 임의로 키를 복제하거나 생성해서 사용할 수 있다. 따라서 락과 키에 대한 암호화 기술이 필요하며, 키에 대한 목록을 안전하게 관리해야 한다.

락 앤 키 방법은 고도의 보안이 요구되는 시스템에서 유용하게 사용될 수 있으며, 접근 제어의 유연성과 보안을 동시에 고려해야 하는 환경에서 효과적인 파일 보호 기법으로 활용될 수 있다.

요약

파일 보호(file protection)

- 파일에 대한 부적절한 접근 방지, 데이터 무결성 유지, 시스템 보안 강화
- 다중 사용자 시스템에서 특히 중요

접근 권한

- 읽기(Read, R)
- 쓰기(Write, W)
- 실행(eXecute, X)
- 덧붙이기(Append, A)

파일 보호 방법

- **패스워드**(password)
  - 장점: 간단하고 직관적인 보호 방법
  - 단점: 다수의 파일 관리 시 비효율적
- **접근 행렬**(access matrix)
  - 주체(도메인)와 객체(파일) 사이의 접근 권한을 표로 명시
  - 구성 요소: 오브젝트, 도메인, 접근 권한

접근 행렬 구현 방법

- **전역 테이블**(global table)
  - 접근 행렬을 그대로 테이블로 구현
  - 장점: 관리의 일관성, 권한 변경 용이
  - 단점: 큰 메모리 공간 필요, 검색 시간 증가
- **접근 리스트**(access list)
  - 오브젝트마다 접근할 수 있는 도메인 리스트 유지
  - 장점: 오브젝트별 권한 관리 용이, 저장 공간 절약
  - 단점: 특정 도메인의 권한 확인 어려움
- **권한 리스트**(capability list)
  - 각 도메인이 접근할 수 있는 오브젝트와 권한 리스트 유지
  - 장점: 도메인별 권한 관리 용이, 권한 확인 부하 감소
  - 단점: 오브젝트별 권한 관리 어려움
- **락 앤 키 방법**(lock–key mechanism)
  - 오브젝트에 락(lock), 도메인에 키(key) 부여
  - 장점: 접근 제어의 유연성과 보안 동시 확보
  - 단점: 키에 대한 보안 관리 필요

11.5 디스크 공간 관리

파일 시스템 구현은 디스크 공간을 효율적으로 사용하고 파일에 빠르게 접근할 수 있도록 하는 것을 목표로 한다. 이를 위해 다양한 디스크 공간 할당 방법과 빈 공간 관리 기법이 사용된다. 본 절에서는 디스크 공간 할당 및 빈 공간 관리의 구현 방식들에 대해 알아본다.

디스크 공간 할당 방법

파일 저장을 위해서는 디스크에 공간을 할당 받아야 한다. 디스크 공간을 할당하는 방법은 크게 연속된 디스크 공간을 할당하는 **연속 할당** 방법과 불연속적인 공간을 엮어서 할당하는 **비연속 할당** 방법이 있다. 또한, 비연속 할당은 연결 리스트 형태와 인덱스 기반 할당 방식을 사용할 수 있다.

• 연속 할당(continuous allocation)

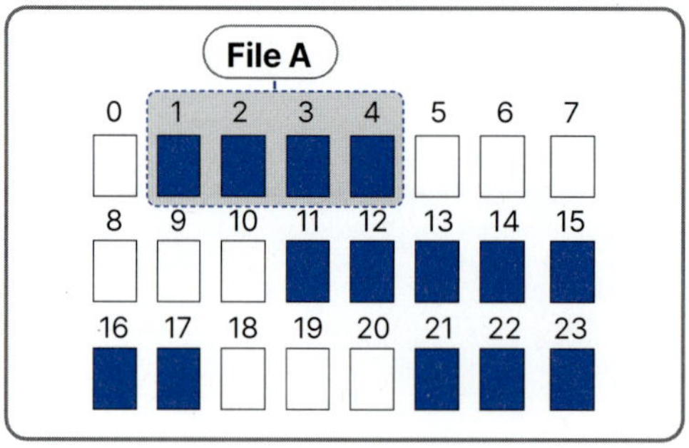

그림 11-24 연속 할당의 개념

연속 할당(continuous allocation)은 한 파일에 대해 디스크상의 연속된 블록들을 할당하는 방식이다. [그림 11-24]는 연속 할당의 개념을 보여준다. 예를 들어 File A가 4개의 블록이 필요하다면, 블록 1에서 4까지 연속된 블록이 File A를 위해 할당된다.

연속 할당 방식은 다음과 같은 장점을 가진다.

- **빠른 접근 시간:** 연속 할당에서 파일의 블록들이 물리적으로 연속되어 있기 때문에 순차 및 직접 접근에 효율적이다. 순차 접근의 경우, 한 블록에 대한 접근을 완료하면 바로 다음 블록으로 이동하면 된다. 직접 접근은 필요한 데이터가 몇 번째 블록에 있는지 바로 알고 접근할 수 있다.
- **간단한 관리:** 파일의 시작 블록과 길이만 관리하면 되므로 파일 시스템 구조가 단순하다는 장점을 가진다.

하지만 한 파일이 반드시 연속된 블록을 사용해야 한다는 점은 다음과 같은 단점들을 유발한다.

- **외부 단편화 문제:** 파일이 삭제되고 새로운 파일이 할당되는 과정에서 디스크에 사용되지 않는 작은 공간들이 생기는 외부 단편화 문제가 발생한다. 예를 들어 [그림 11-24]에서 만약 7개 블록을 필요로 하는 파일이 있다면, 디스크에 빈 블록이 7개보다 많음에도 연속되지 않아 할당해 줄 수 없다. 이러한 외부 단편화는 새로운 파일을 위한 공간 확보를 어렵게 한다.
- **할당 공간 크기 결정의 어려움:** 파일은 처음 생성되고 크기가 변경될 수 있다. 예를 들어 문서를 작성하는 경우를 생각할 수 있다. 따라서 파일 생성 시, 파일 크기가 커지는 경우를 고려해야 한다. 하지만 파일이 최대로 사용하게 될 크기를 예상하는 것은 어렵다. 큰 공간을 미리 할당하면 디스크 공간이 낭비될 수 있다. 반면, 작은 크기의 블록을 할당한 상태에서 다음 블록을 다른 파일이 사용하고 있다면, 파일 확장에 대한 대응이 파일 전체를 다른 공간으로 이동시키는 등과 같이 복잡해진다.

이러한 특성 때문에 연속 할당 방식은 파일 크기가 고정되어 있거나 잘 변하지 않는 환경에 적합하다. 하지만 파일 크기가 자주 변하는 환경에서는 비효율적일 수 있어 다른 할당 방식들이 필요하다.

● 연결 할당(linked allocation)

연속 할당의 단점을 보완하기 위해 불연속 할당(discontinuous allocation)이 사용된다. 이 방법은 파일을 디스크의 여러 비연속적인 블록에 저장하는 방식이다.

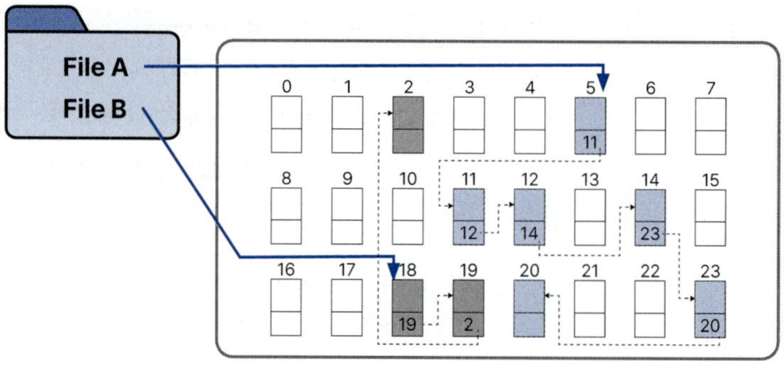

그림 11-25 연결 리스트 할당의 개념

연결 할당(linked allocation)은 비연속 할당 기법 중 하나로, 파일의 각 블록이 디스크의 어디에 위치하는지에 대한 정보를 블록 자체에 저장하는 방식이다. 즉, 파일의 각 블록은 다음 블록에 대한 포인터를 포함하고 있어 파일이 물리적으로 불연속적인 블록들로 구성될 수 있다.

[그림 11-25]는 연결 할당의 개념을 보여준다. 연결 할당에서 디렉터리는 각 파일의 첫 번째 블록에 대한 포인터를 가지고 있다. 예를 들어, File A는 5번 블록에서 시작한다는 정보를 가지고 있다. File A는 5번 블록에서 시작하며, {5, 11, 12, 14, 23, 20} 블록들로 구성된다. 각 블록의 끝에는 다음 블록의 정보(예: 블록 번호)를 가지고 있으며, 마지막 20번 블록은 다음 블록 정보를 가지고 있지 않다. 만약 파일의 크기가 커져야 한다면, 빈 블록을 찾아 할당 받고 20번 블록의 포인터 부분에 해당 블록 정보를 넣어주면 된다.

연결 할당 방식은 연속 할당 방식 대비 다음과 같은 장점을 가진다.

- **외부 단편화 문제 해결:** 파일의 블록들이 물리적으로 연속될 필요가 없이, 빈 블록을 찾아서 사용하면 된다. 따라서 외부 단편화 문제가 발생하지 않는다. 이는 디스크 공간을 보다 효율적으로 사용할 수 있게 해준다.
- **파일 확장 용이:** 파일의 크기가 증가할 때, 새로운 블록을 기존 블록과 물리적으로 인접하지 않은 위치에 할당할 수 있다. 이를 통해 파일 크기의 유연한 확장이 가능하다.

하지만 연결 할당은 다음과 같은 단점을 가진다.

- **순차 접근 시간 증가:** 연결된 블록들을 순차적으로 접근할 때, 각 블록의 포인터를 따라가야 하므로 접근 시간이 증가할 수 있다.
- **비효율적인 직접 접근:** 블록들의 위치가 불규칙하기 때문에 원하는 데이터가 어느 블록에 있는지 알기 어렵다. 따라서 특정 블록에 직접 접근하기 위해서는 처음부터 모든 블록을

순차적으로 탐색해야 하며, 직접 접근 시간이 길어질 수 있다.

- **포인터 오버헤드:** 각 블록에 다음 블록의 주소를 저장하기 위한 포인터를 포함해야 하므로, 추가적인 저장 공간이 필요하다.
- **신뢰성 문제:** 블록 내 포인터에 손상(예: 사용자의 잘못된 접근)이 발생하면, 다음 블록의 위치를 알 수 없으며 파일을 복구하기 어렵다.

연결 할당(linked allocation)은 연속 할당의 주요 단점인 외부 단편화와 파일 크기 변경의 어려움을 해결하지만, 직접 접근 성능과 신뢰성 측면에서 새로운 문제를 야기한다. 따라서 파일의 크기가 자주 변하고 순차적 접근이 주로 이루어지는 환경에서 효과적이다. 그래서 현대의 파일 시스템에서는 이 방식의 단점을 보완한 변형된 형태나 다른 할당 방식과의 조합으로 사용되는 경우가 많다.

연결 할당의 대표적인 변형은 FAT(File Allocation Table)로, 초기의 MS-DOS 및 윈도우(Windows) 운영체제에서 널리 사용되었으며, 현재도 USB 드라이브 및 SD 카드와 같은 플래시 메모리 장치에서 자주 사용된다.

● 인덱스 할당(indexed allocation)

File A

논리 번호	블록 번호
1	11
2	3
3	7

인덱스 블록

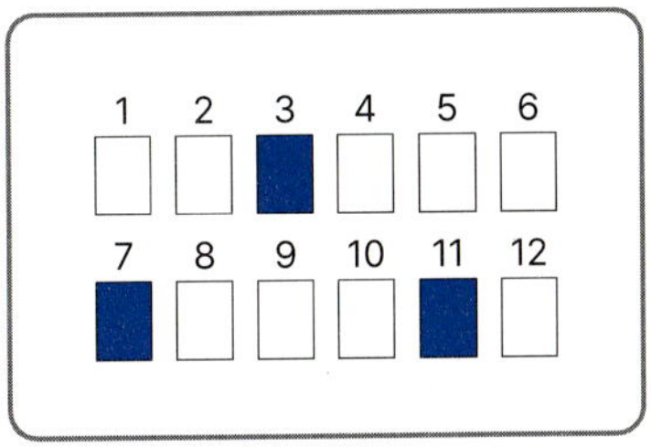

그림 11-26 인덱스 할당의 개념

불연속 할당의 또 다른 대표적인 방식은 **인덱스 할당**(indexed allocation)이다. 이 방식은 파일마다 인덱스 블록을 두어 해당 파일의 모든 데이터 블록의 정보를 저장하는 방식이다. 인덱스 블록은 파일의 블록 주소를 모아놓은 테이블과 같은 역할을 한다. 파일을 읽거나 쓸 때, 인덱스 블록을 참조하여 각 데이터 블록의 위치를 확인한다.

[그림 11-26]은 인덱스 할당의 개념을 보여준다. File A는 인덱스 블록을 통해 11, 3, 7번 블록에 데이터를 저장하고 있음을 알 수 있다. 디스크의 물리적 공간은 비연속적으로 할당되었지만, 인덱스 블록 덕분에 파일의 논리적 순서가 보장된다.

이러한 인덱스 할당 방식을 책의 목차에 비유할 수 있다. 책의 목차는 각 장과 섹션이 책의 어디에 위치하는지를 나타내는 일종의 인덱스 역할을 한다. 각 장은 책의 물리적인 페이지상에서는 연속적일 수도 있고 아닐 수도 있지만, 목차를 통해 독자는 논리적인 순서대로 장을 찾고 접근할 수 있다. 마찬가지로 인덱스 할당 방식에서는 파일의 데이터가 디스크상에서 연속적으로 배치되지 않더라도, 인덱스 블록을 통하여 필요한 데이터를 빠르고 정확하게 찾을 수 있다.

인덱스 할당의 주요 장점은 다음과 같다.

- **효율적인 직접 접근:** 인덱스 할당은 인덱스 블록을 통해 특정 데이터 블록의 위치를 즉시 알 수 있어, 연결 할당 방식이 안고 있던 직접 접근의 비효율성을 해결한다.
- **유연한 파일 확장 및 외부 단편화 문제 해결:** 인덱스 할당은 불연속 할당 기법의 하나로, 불연속 할당이 가지는 장점을 그대로 가진다.

하지만 인덱스 할당은 다음과 같은 단점을 가진다.

- **인덱스 블록 오버헤드:** 인덱스 블록 자체가 추가적인 저장 공간을 차지한다. 특히 대형 파일의 경우 여러 개의 인덱스 블록이 필요할 수 있다.
- **인덱스 블록 크기에 따른 파일 크기 제한:** 최대 파일 크기가 인덱스 블록 크기, 즉 최대로 가질 수 있는 포인터([그림 11-26]에서 행)의 수에 따라 제한된다. 따라서 매우 큰 파일을 처리할 때는 간접 인덱싱이나 다단계 인덱싱과 같은 추가적인 기법이 필요하다.

디스크 빈 공간 관리

디스크에서 파일을 저장하기 위해서는 빈 공간을 효율적으로 관리하는 것이 필수적이다. 파일이 생성되거나 삭제될 때, 디스크의 빈 공간이 어떻게 관리되는지는 시스템의 성능에 큰 영향을 미친다. 디스크의 빈 공간을 관리하는 대표적인 방법에는 비트 벡터, 연결 리스트, 그룹화, 그리고 카운팅의 네 가지가 있다.

● 비트 벡터(bit vector)

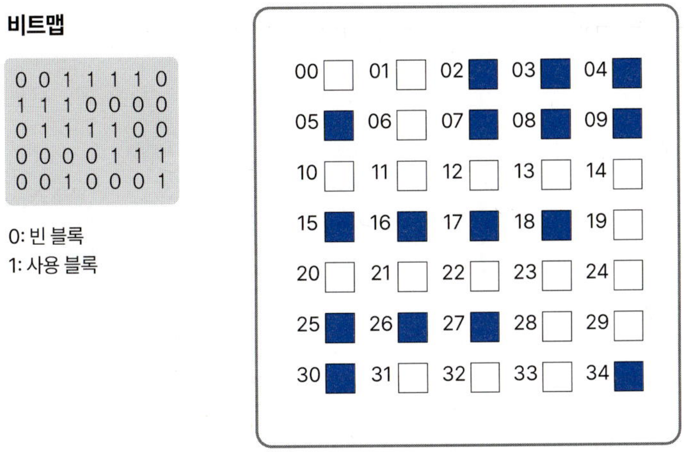

그림 11-27 비트 벡터 기반 공간 관리의 개념

비트 벡터(bit vector) 방식은 디스크에서 각 블록의 사용 여부를 1비트 플래그(flag)로 표시하는 방법이다. [그림 11-27]은 비트 벡터를 이용한 빈 공간 관리 방법의 개념을 보여준다. 비트맵(bit map)에서 각 블록이 비어 있는지(0) 또는 사용 중인지(1)를 비트로 표시해 두는 것을 볼 수 있다.

이 방법은 직관적이며, 특정 블록이 비어 있는지 신속하게 확인할 수 있다는 장점이 있다. 예를 들어, 비트맵이 001111로 표시된 경우, 첫 두 블록이 비어 있고 나머지 블록들이 사용 중임을 쉽게 확인할 수 있다.

하지만 대용량 디스크의 경우 비트맵의 크기도 커지게 되며, 이를 보관하기 위한 메모리 오버헤드가 발생할 수 있다는 단점이 있다. 비트맵의 크기는 디스크 크기에 비례하므로, 디스크의 용량이 커질수록 관리해야 하는 비트맵도 커지게 된다. 이로 인해 대규모 디스크 시스템에서는 비트 벡터를 사용하는 데 부담이 있을 수 있다.

● 연결 리스트(linked list)

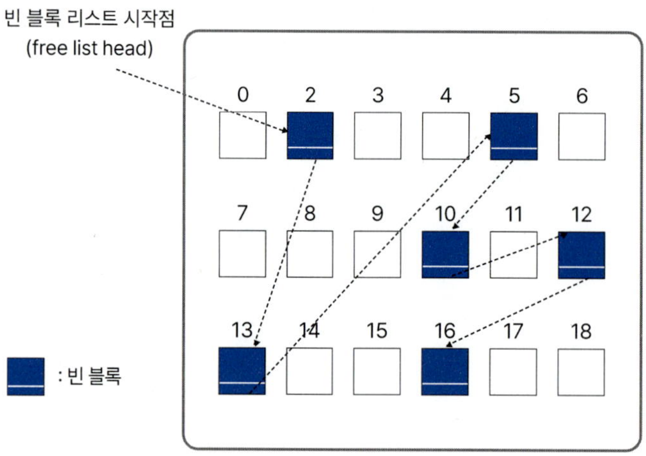

그림 11-28 연결 리스트 기반 공간 관리 개념

연결 리스트(linked list) 방식은 방식은 디스크의 빈 블록들을 연결된 리스트로 관리하는 방식이다. 각각의 빈 블록은 다음 빈 블록의 주소(포인터)를 포함하고 있으며, 연결 리스트를 통해 빈 블록들을 순차적으로 탐색할 수 있다. [그림 11-28]은 연결 리스트 방식을 통해 빈 블록을 관리하는 개념을 보여준다.

이 방식의 주요 장점은 연결 리스트의 시작점(첫 번째 빈 블록) 정보만 가지고 있으면 되기 때문에, 디스크 용량과 관계없이 메모리 오버헤드가 적다는 점이다.

하지만 연결 리스트 방식에는 몇 가지 단점도 있다. 빈 블록을 찾기 위해 리스트를 순차적으로 따라가야 하므로 탐색 시간이 길어질 수 있다. 특히 연속된 빈 블록을 찾아야 할 경우에는 비효율적이다. 또한, 각 블록에 포인터를 저장해야 하므로 포인터를 위한 추가적인 저장 공간이 필요하며, 포인터가 손상되면 이후의 빈 블록에 접근하기 어려워지는 신뢰성 문제도 발생할 수 있다.

- **그룹화(grouping)**

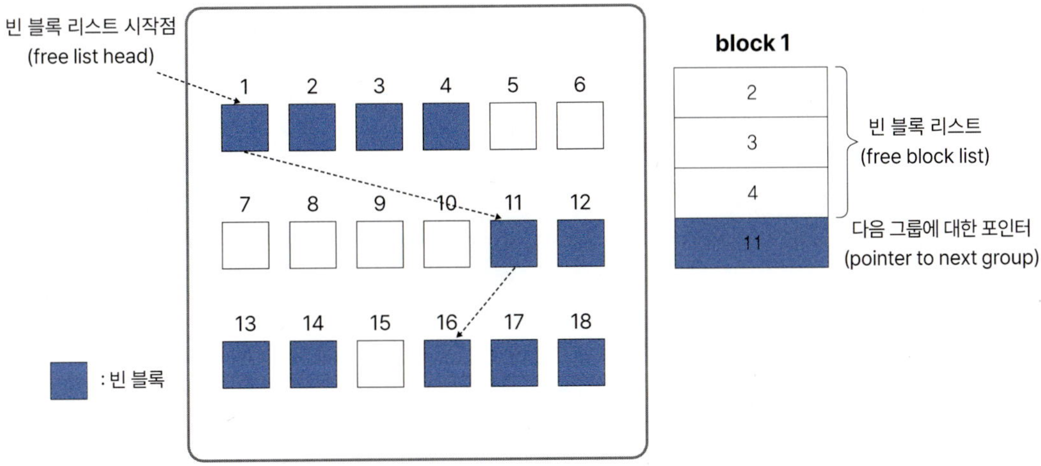

그림 11-29 그룹화 기반 공간 관리의 개념

그룹화(grouping) 방식은 디스크의 빈 블록들을 관리할 때, 여러 개의 빈 블록을 그룹으로 묶어 관리하는 방법이다. [그림 11-29]는 그룹화 방식을 통해 빈 블록을 관리하는 개념을 보여준다. 이 방식에서는 여러 개의 빈 블록을 그룹으로 묶고, 각 그룹의 첫 번째 블록에 그룹 내 나머지 빈 블록의 목록과 다음 빈 블록 그룹을 가리키는 포인터를 포함한다. 빈 블록 리스트의 시작점이 첫 번째 그룹(블록 1)으로 연결되고, 이 블록에는 그룹 내 빈 블록의 목록(2, 3, 4)과 다음 그룹에 대한 포인터(11)가 저장되어 있다. 그룹의 크기는 고정될 수도 있으며, 상황에 따라 가변적으로 설정할 수도 있다.

그룹화 방식의 주요 장점은 연결 리스트 방식의 단점을 보완할 수 있다는 점이다. 연결 리스트 방식에서는 빈 블록을 찾기 위해 리스트를 순차적으로 따라가야 하지만, 그룹화 방식에서는 하나의 그룹에 여러 빈 블록이 포함되어 있으므로, 빈 블록을 더 빠르게 찾을 수 있다. 특히 연속된 빈 블록을 찾는 데 효율적이다. 또한, 그룹의 첫 번째 블록만 빈 공간 목록 및 링크 정보를 저장하면 되기 때문에 연결 리스트 방식 대비 저장 공간 사용을 줄일 수 있다.

그러나 그룹화 방식은 그룹의 생성, 병합, 분할 등의 추가적인 관리가 필요하여, 연결 리스트 방식에 비해 구현이 복잡해질 수 있다. 그룹의 크기에 따라 디스크 공간의 활용 효율이 달라질 수 있으며, 그룹 크기가 너무 작은 경우 사용되지 않는 빈 블록이 발생할 수 있고, 너무 큰 경우에는 그룹 관리의 부담이 커질 수 있다.

● 카운팅(counting)

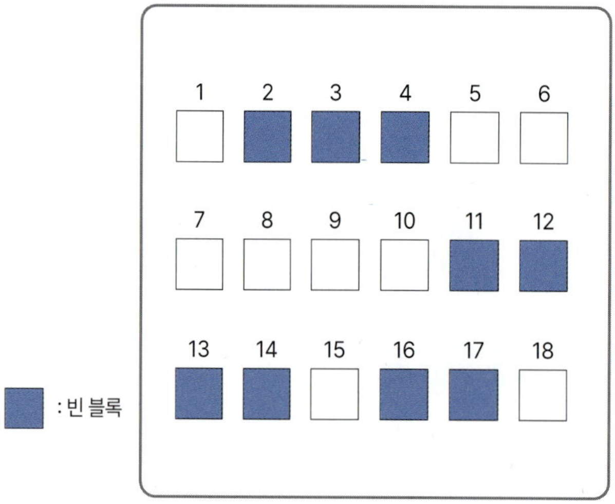

빈 공간 테이블

시작 (start)	카운트 (count)
2	3
11	4
16	2

그림 11-30 카운팅 기반 공간 관리의 개념

카운팅(counting) 방식은 디스크의 빈 공간을 연속된 블록들의 시작 지점과 해당 연속된 블록의 수로 관리하는 방법이다. [그림 11-30]은 카운팅 방식을 이용한 빈 공간 관리의 개념을 보여준다. 이 방식에서는 연속된 빈 블록들의 첫 번째 블록 번호와 연속된 블록의 수를 함께 저장하여 관리한다. 예를 들어, [그림 11-30]에서 시작(start) 2, 카운트(count) 3은 2번 블록부터 3개의 블록이 연속적으로 비어 있음을 나타낸다.

카운팅 방식의 주요 장점은 연속된 빈 블록을 효율적으로 관리할 수 있다는 점이다. 빈 공간이 연속적으로 존재할 경우, 해당 공간을 찾고 할당하는 과정이 매우 빠르고 간단하다. 또한, 빈 공간에 대한 정보를 최소한으로 유지할 수 있어 저장 공간을 절약할 수 있다.

하지만, 디스크에 빈 공간이 여러 개로 분산되어 있는 경우, 카운팅 방식의 효율성이 떨어질 수 있다. 예를 들어, [그림 11-30]에서 11번 블록과 13번 블록 사이의 12번 블록이 사용 중인 경우, 빈 공간 정보를 11번부터 1블록과 13번부터 2블록으로 나누어 관리해야 하므로 관리가 복잡해질 수 있다.

이처럼 카운팅 방식은 주로 연속적인 빈 공간이 많을 때 유리한 방식으로, 연속된 블록을 할당하는 작업이 빈번한 환경(예: 연속 할당 시스템)에서 효과적이다. 반면, 빈 블록이 여러 곳에 분산된 환경에서는 그룹화(grouping) 방식과 같은 다른 빈 공간 관리 방법과 조합해 사용하는 것이 효율적일 수 있다.

요약

디스크 공간 할당 방법

- **연속 할당**(continuous allocation)
  - 파일에 연속된 디스크 블록 할당
  - 장점: 빠른 순차 및 직접 접근, 간단한 관리
  - 단점: 외부 단편화 발생, 파일 크기 변경 어려움
- **연결 할당**(linked allocation)
  - 각 블록이 다음 블록 포인터 포함
  - 장점: 외부 단편화 해결, 파일 확장 용이
  - 단점: 직접 접근 비효율, 포인터 오버헤드, 신뢰성 문제
- **인덱스 할당**(indexed allocation)
  - 파일마다 인덱스 블록 사용
  - 장점: 효율적 직접 접근, 외부 단편화 해결
  - 단점: 인덱스 블록 저장 부하, 인덱스 블록 크기에 따른 크기 제한

디스크 공간 관리

- **비트 벡터**(bit vector)
  - 각 블록의 사용 여부를 비트로 표시
  - 장점: 빠른 빈 블록 확인, 연속 빈 블록 찾기 용이
  - 단점: 대용량 디스크에서 큰 비트맵 필요
- **연결 리스트**(linked list)
  - 빈 블록들을 연결 리스트로 관리
  - 장점: 디스크 용량과 무관하게 메모리 오버헤드가 적음
  - 단점: 연속된 빈 블록 찾기 어려움
- **그룹화**(grouping)
  - 여러 빈 블록을 그룹으로 관리
  - 장점: 연결 리스트 방식 개선, 연속 빈 블록 찾기 용이
  - 단점: 그룹 관리의 복잡성
- **카운팅**(counting)
  - 연속된 빈 블록의 시작 주소와 개수 저장
  - 장점: 연속된 빈 블록 관리 효율적
  - 단점: 공간이 분산된 경우 비효율적

11.6 연습문제

01 디스크의 동일한 반경에 있는 섹터들의 집합을 무엇이라고 하는가?

① 실린더 ② 플래터 ③ 트랙 ④ 섹터

02 파일 시스템에서 데이터 저장 및 판독의 최소 단위는?

① 트랙 ② 섹터 ③ 클러스터 ④ 블록

03 다음 중 파일 속성이 아닌 것은?

① 이름 ② 크기 ③ 색상 ④ 생성 시간

04 파일의 임의의 위치에서 데이터를 읽고 쓸 수 있는 접근 방식은?

① 순차 접근 ② 직접 접근 ③ 색인 접근 ④ 랜덤 접근

05 모든 파일이 하나의 디렉터리에 저장되는 구조는?

① 2단계 디렉터리 구조 ② 계층적 디렉터리 구조
③ 단일 디렉터리 구조 ④ 비순환 그래프 구조

06 다음 중 일반 그래프 디렉터리 구조의 특징이 아닌 것은?

① 순환(cycle) 허용
② 가장 유연한 파일 시스템 구조
③ 디렉터리 삭제 시 복잡한 처리 필요
④ 외부 단편화 발생 없음

07 파일에 연속된 디스크 블록을 할당하는 방식은?

① 연속 할당 ② 연결 할당 ③ 인덱스 할당 ④ 랜덤 할당

08 각 블록이 다음 블록의 포인터를 포함하는 할당 방식은?

① 연속 할당 ② 연결 할당 ③ 인덱스 할당 ④ 직접 할당

09 디스크의 공간 관리 방법이 아닌 것은?

① 비트 벡터 ② 연결 리스트 ③ 그룹화 ④ 압축

10 다음 중 연속 할당(continuous allocation) 방식의 장점이 아닌 것은?

① 빠른 순차 접근
② 간단한 관리
③ 외부 단편화 해결
④ 효율적인 직접 접근

11 디스크 헤드가 필요한 실린더로 이동하는 시간을 무엇이라고 하는가?

12 파일을 논리적으로 그룹화한 구조체를 무엇이라고 하는가?

13 파일 시스템을 사용자가 접근할 수 있도록 시스템에 연결하는 과정을 무엇이라고 하는가?

14 주체(도메인)와 객체(파일) 사이의 접근 권한을 표로 명시한 것을 무엇이라고 하는가?

15 파일마다 인덱스 블록을 두어 해당 파일의 모든 데이터 블록의 정보를 저장하는 할당 방식은?

16 디스크 팩에서 양면에 자성 물질을 입힌 원형 금속판을 ________ 라고 한다.

17 파일 시스템에서 논리적인 디스크 공간을 ________ 라고 한다.

18 계층적 디렉터리 구조에서 사용자가 로그인했을 때 기본적으로 위치하는 디렉터리를 ________ 디렉터리라고 한다.

19 파일 보호 방법 중 오브젝트마다 접근할 수 있는 도메인의 리스트를 유지하는 방식을 ________ 리스트라고 한다.

20 디스크 공간 관리 방법 중 연속된 빈 블록의 시작 주소와 개수를 저장하는 방식을 ________ 라고 한다.

12 장

입출력 시스템과 디스크 관리

학 습 목 표

입출력 시스템의 작동 원리와 운영체제의 관리 방식을 이해한다. 본 장에서는 다양한 입출력 장치와 운영체제가 이를 효율적으로 관리하는 방법을 학습하고, 디스크 성능을 최적화하기 위한 여러 디스크 스케줄링 알고리즘을 살펴본다. 또한, 데이터 안정성과 성능을 향상시키기 위한 RAID의 구조와 특징을 이해하는 데 중점을 둔다.

입출력(I/O) 시스템은 컴퓨터의 내부 구성 요소와 외부 장치 간에 데이터를 교환하는 데 필수적인 역할을 한다. 본 장에서는 컴퓨터 시스템에서 입출력 장치들이 어떻게 작동하며, 운영체제가 이러한 장치들과 데이터를 효과적으로 주고받기 위해 사용하는 다양한 기술을 살펴본다. 또한, 대표적인 입출력 장치 중 하나인 디스크의 입출력 성능을 개선하기 위한 디스크 스케줄링 기법 및 RAID 구조에 대해서도 알아본다.

12.1 입출력 시스템

본 절에서는 컴퓨터 시스템의 입출력 메커니즘을 살펴보고, 입출력 성능 개선을 위해 운영체제가 제공하는 서비스들에 대해 알아본다.

입출력 메커니즘

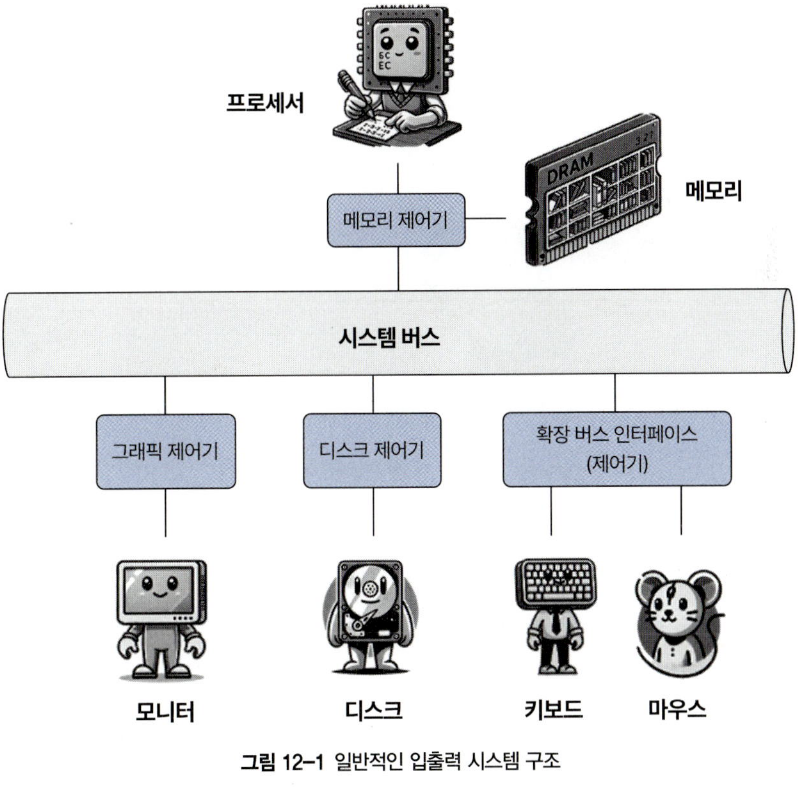

그림 12-1 일반적인 입출력 시스템 구조

입출력(I/O)은 프로세서의 요청에 따라 필요한 데이터를 읽거나 쓰는 작업을 말하며, 프로세서와 이러한 입출력을 주고받는 주변 장치들을 **입출력 장치**(I/O device)라고 한다. 컴퓨터 시스템은 다양한 입출력 장치를 통해 외부와 상호작용하며, 이들 장치에는 키보드, 마우스, 프린터, 모니터, 디스크 드라이브 등이 포함된다.

[그림 12-1]은 일반적인 입출력 시스템 구조를 보여준다. 프로세서와 입출력 장치들은 PCI 버스 등과 같은 시스템 버스로 연결되어 있다. 메모리는 프로세서가 작업을 위해 사용하는 저장 공간으로, 프로세서와의 빠른 통신을 위해서 메모리 제어기를 통해 프로세서와 직접 통신할 수 있다. 그리고 프로세서와 입출력 장치 사이의 데이터 통신은 시스템 버스를 통해 이루어진다. 각 입출력 장치와 시스템 버스는 제어기(controller)를 통해 연결되어 있으며, 제어기는 장치를 제어하며 버스와 장치 사이의 통신을 중계한다.

컴퓨터 시스템은 다양한 입출력 장치를 포함하며, 이들 장치는 각각 다른 속도와 데이터 처리 방식을 가지고 있다. 따라서 운영체제는 이들 간의 원활한 통신을 보장하기 위해 여러 가지 입출력 기법을 사용한다. 대표적인 입출력 제어 기법인 프로세서 제어 메모리 접근과 직접 메모리 접근(Direct Memory Access, DMA) 기법에 대해 알아보자.

● 프로세서 제어 메모리 접근

그림 12-2 프로세서 제어 메모리 접근의 개념

프로세서 제어 메모리 접근(process-controlled memory access)은 프로세서가 직접 입출력(I/O) 장치를 관리하고 제어하는 방식이다([그림 12-2]). 이 방식에서는 프로세서가 직접 입출력 장치를 관리하며 메모리와의 데이터 통신을 처리한다.

프로세서 제어 메모리 접근에는 폴링(polling)과 인터럽트(interrupt)라는 두 가지 주요 방법이 있다.

- **폴링**(polling)

그림 12-3 폴링의 개념

폴링(polling)은 프로세서가 주기적으로 각 I/O 장치의 상태를 확인하여, 특정 장치가 준비되었을 때 데이터를 전송하거나 받는 방식이다([그림 12-3]). 이 방법에서는 프로세서가 직접 I/O 장치를 관리하며, I/O 장치의 상태를 지속적으로 모니터링하면서 데이터를 처리한다. 이러한 방식은 프로그램된 I/O(programmed I/O)라고도 부른다. 폴링은 단순한 구조로 인해 널리 사용되며, 특히 빈번한 I/O 작업이 필요한 경우에 유리하다.

폴링의 주요 장단점은 다음과 같다.

- **장점**: 폴링은 매우 간단한 구조를 가지고 있으며, I/O 작업이 자주 발생하는 경우에 효율적이다. 예를 들어, 키보드나 마우스 입력과 같이 지속적으로 입력이 필요한 경우에는 폴링 방식이 적합하다.
- **단점**: 프로세서가 I/O 장치의 상태를 계속 확인해야 하므로, 프로세서에 큰 부하가 발생할 수 있다. 특히 I/O 장치의 응답이 느릴 경우, 폴링으로 인한 프로세서의 부담이 심해질 수 있다. 이는 시스템의 전체적인 성능을 저하시키는 요인이 될 수 있다.

- **인터럽트**(interrupt)

그림 12-4 인터럽트의 개념

인터럽트(interrupt)는 I/O 장치가 작업을 완료하거나 특정 이벤트가 발생했을 때, 해당 정보를 프로세서에 알려주는 방식이다. 이 방법에서는 I/O 장치가 직접 프로세서에 신호를 보내어, 현재 수행 중인 작업을 중단하고 I/O 작업을 처리하도록 요청한다. 이는 프로세서가 주기적으로 I/O 장치를 확인하지 않아도 되므로, 폴링 방식에 비해 프로세서의 부하를 줄일 수 있는 장점이 있다.

인터럽트 방식의 주요 장단점은 다음과 같다.

- **장점**: 인터럽트 방식은 프로세서의 효율성을 높여준다. 프로세서는 I/O 장치의 상태를 계속해서 확인할 필요가 없으므로, 다른 작업에 집중할 수 있다. 따라서 I/O 작업이 불규칙적으로 발생하거나 빈번하지 않은 경우, 인터럽트 방식이 효과적이다.
- **단점**: 만약 I/O 장치가 자주 인터럽트를 발생시키면, 프로세서는 빈번한 작업 중단으로 인해 오히려 큰 부하가 발생할 수 있다. 또한, 인터럽트를 처리하는 과정에서 오버헤드가 발생하여 시스템의 응답 속도가 느려질 수 있다.

● 직접 메모리 접근(DMA)

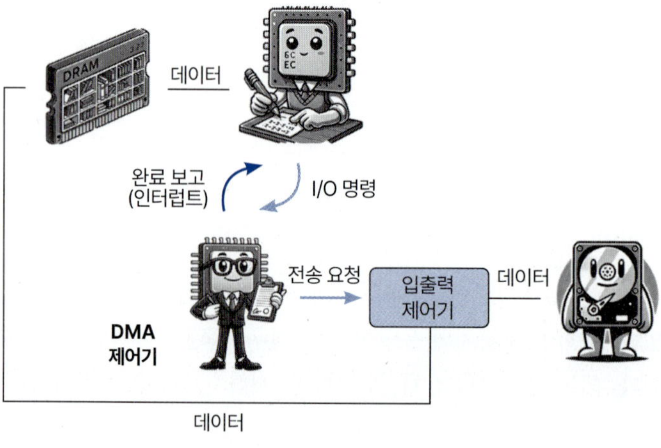

그림 12-5 직접 메모리 접근의 개념

프로세서 제어 메모리 접근은 시스템 구성이 간단하다는 장점을 가진다. 하지만 프로세서가 I/O 작업을 처리하기 때문에 I/O 작업 중 다른 작업을 수행할 수 없다. 따라서 I/O 작업이 빈번하게 발생하거나 대용량 데이터를 처리할 때, 프로세서가 모든 I/O 작업을 직접 처리하는 것은 효율적이지 않다. 이런 문제를 해결하기 위해 직접 메모리 접근 방식이 도입되었다.

직접 메모리 접근(Direct Memory Access, DMA)은 프로세서의 개입 없이 I/O 장치와 메모리 간의 데이터 전송을 처리하는 메커니즘이다. DMA 제어기라는 하드웨어 장치가 프로세서의 역할을 대신하여, I/O 장치에서 메모리로 데이터를 직접 전송하거나 메모리에서 I/O 장치로 데이터를 전송한다. 프로세서는 단지 DMA 제어기에게 데이터 전송을 지시하고, 실제 데이터 전송은 DMA 제어기가 관리한다. 프로세스에게 입출력 작업을 담당해서 처리해 주는 조수가 있는 것이라고 생각할 수 있다. [그림 12-5]는 이러한 DMA의 개념을 보여준다.

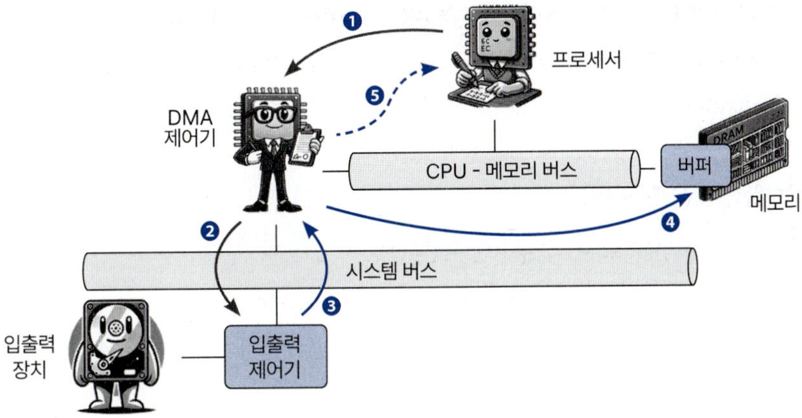

그림 12-6 DMA 기반 입출력 처리의 흐름

DMA 기반 입출력 처리의 흐름은 다음과 같다([그림 12-6]).

❶ **프로세서 명령**: 프로세서는 DMA 제어기에게 입출력 장치의 입력 데이터를 메모리로(또는 메모리에서 입출력 장치로) 전송하라는 명령을 전달한다. 이 명령에는 데이터의 위치 또는 버퍼의 위치, 크기, 전송 방향 등이 포함된다. 명령을 전달한 후, 프로세서는 다른 작업을 수행한다.

❷ **DMA 설정**: DMA 제어기는 프로세서로부터 받은 명령을 바탕으로, 입출력 장치와 메모리 사이의 데이터 전송을 설정한다.

❸ **데이터 전송**: 입출력 제어기는 데이터를 읽어 DMA 제어기에 전달한다.

❹ **메모리에 데이터 저장**: DMA 제어기는 입출력 장치로부터 전달받은 데이터를 메모리의 지정된 위치(예: 버퍼)에 저장한다. 이 과정은 모든 데이터가 전송될 때까지 반복되며, 프로세서는 이 과정에 개입하지 않는다. (출력 과정의 경우 ❸~❹의 데이터 흐름이 반대 방향으로 진행된다.)

❺ **작업 완료 알림(인터럽트)**: 데이터 전송이 완료되면, DMA 제어기는 프로세서에게 인터럽

트를 발생시켜 작업이 완료되었음을 알린다. 이를 통해 프로세서는 입출력 작업의 완료를 인지하고, 이후의 작업을 처리할 수 있게 된다.

DMA의 주요 장점은 다음과 같다.

- **프로세서 부하 감소:** 프로세서는 데이터 전송의 시작과 종료 시에만 관여하고, 실제 데이터 전송은 DMA 제어기가 수행하므로 프로세서는 다른 작업에 집중할 수 있다. 이는 시스템의 전체적인 성능을 향상시키는 데 기여한다.
- **효율적인 대용량 데이터 전송:** 대량의 데이터를 효율적으로 전송할 수 있으며, 특히 고속 디스크 I/O 작업이나 메모리 간 대규모 데이터 복사에서 효과적이다.

그러나 DMA 방식은 하드웨어 설계가 복잡해지고, DMA 컨트롤러와 프로세서 간의 동기화 문제가 발생할 수 있다는 단점도 존재한다. 이러한 동기화 문제를 해결하기 위해 다양한 버스 중재 메커니즘이 사용된다.

이처럼 DMA는 현대의 대부분 컴퓨터 시스템에서 널리 사용되는 효율적인 데이터 전송 방식으로, 특히 대량의 데이터를 빠르게 처리해야 하는 환경에서 필수적인 역할을 한다.

운영체제의 입출력 서비스

운영체제는 다양한 입출력(I/O) 관련 서비스를 제공하여 컴퓨터 시스템의 효율성과 안정성을 높이는 역할을 한다. I/O 장치들은 다양한 속도와 처리 방식을 가지고 있기 때문에, 운영체제는 이러한 장치들의 효율적인 사용을 위해 여러 가지 기법을 도입한다. 운영체제가 제공하는 대표적인 I/O 관련 서비스들을 살펴보자.

● I/O 스케줄링

컴퓨터 시스템은 다양한 입출력 장치들과 동시에 데이터를 주고받으며 작업을 진행한다. 이 과정에서 발생하는 여러 입출력 요청을 효율적으로 처리하기 위해 **I/O 스케줄링(I/O scheduling)**이 사용된다. I/O 스케줄링은 여러 입출력 요청이 동시에 발생할 때, 그 처리 순서를 결정하는 기법이다. 이는 시스템 성능에 직접적인 영향을 미치며, 효율적인 I/O 장치 활용뿐만 아니라 프로세스들 사이의 공평한 처리도 고려해야 한다.

예를 들어, 여러 개의 폴더를 열어 각각의 파일을 다른 폴더에 복사하는 상황을 생각해 보자. 디스크는 한 번에 하나의 복사 작업만 처리할 수 있기 때문에 어떤 파일을 먼저 복사할지 결정해야 한다. 이때 운영체제는 각 요청을 최적화된 순서로 처리해 디스크 접근 시간을 최소화한다. 이러한 작업이 I/O 스케줄링의 대표적인 예다.

● 오류 처리

입출력 작업 중에는 예상치 못한 오류가 발생할 수 있다. 예를 들어, 디스크에 데이터를 쓰는 도중 오류가 발생하면, 운영체제는 이 오류를 감지하고 적절한 조치(예: 쓰기 작업 다시 시작)를 취해야 한다. 이는 데이터 무결성을 보장하고 시스템의 안정성을 유지하는 데 필수적이다. 오류가 발생했을 때 운영체제는 재시도, 로그 기록, 사용자 알림 등의 작업을 수행할 수 있다.

● 입출력 장치 관리

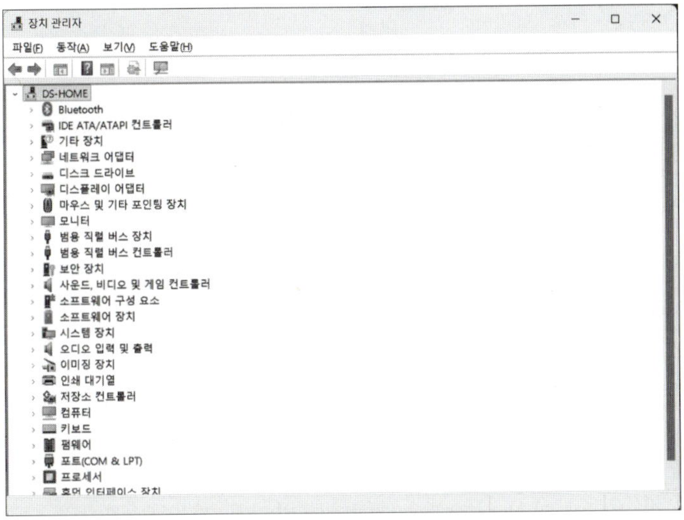

그림 12-7 윈도우 장치 관리자의 예

운영체제는 시스템에 연결된 다양한 I/O 장치들을 관리한다. 이를 위해 운영체제는 장치의 상태를 모니터링하고, 필요한 경우 장치의 설정을 변경하거나 제어 명령을 실행한다. 또한, 운영체제는 I/O 장치들 간의 충돌을 방지하고, 각 장치가 효율적으로 동작할 수 있도록 지원한다. 한 예로, [그림 12-7]은 윈도우 운영체제의 장치 관리자 모습을 보여준다.

● 버퍼링

버퍼링(buffering)은 서로 다른 속도로 데이터를 전송하는 장치들 간의 데이터 손실을 방지하고, 효율적인 데이처 처리를 가능하게 하는 기법이다. 이 방법은 데이터를 임시로 저장하는 메모리 영역인 '버퍼(buffer)'를 사용해 데이터 전송 속도나 처리 단위가 다른 장치 간의 속도 차이를 완충한다.

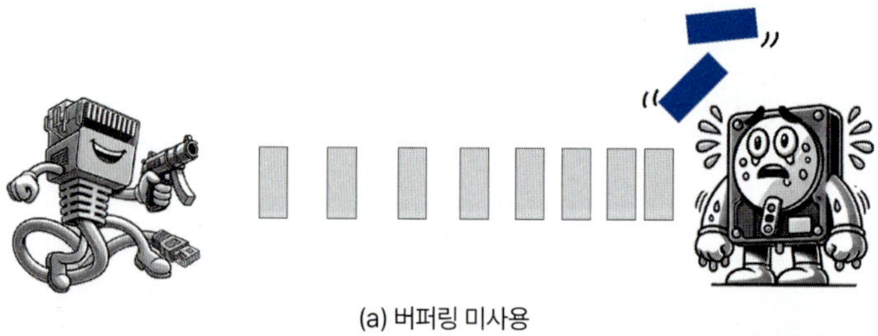

(a) 버퍼링 미사용

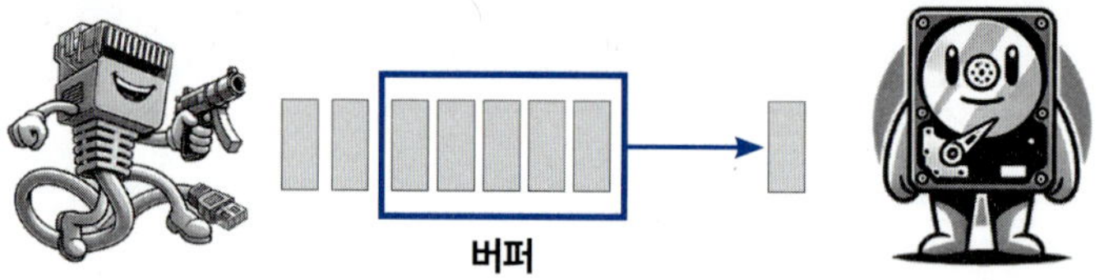

(b) 버퍼링 사용

그림 12-8 버퍼링의 개념

컴퓨터에서 데이터를 디스크로 전송하는 상황을 가정해 보자. 전송하는 장치(예: 네트워크 인터페이스)는 초당 100개의 데이터를 보낼 수 있지만, 디스크는 초당 10개의 데이터만 저장할 수 있다고 가정하자. 이 경우 전송 장치가 데이터를 계속 보내게 되면, 디스크는 그 속도를 따라잡지 못해 데이터를 잃어버릴 가능성이 생긴다([그림 12-8-(a)]). 이를 방지하기 위해 중간에 데이터를 임시로 저장할 수 있는 공간인 버퍼가 필요하다.

이 버퍼는 일종의 '창고' 역할을 하며, 전송 장치가 보낸 데이터를 임시로 모아둔다. 이후 디스크는 자신의 처리 속도에 맞춰 버퍼에서 데이터를 가져가 저장한다([그림 12-8-(b)]). 이를 통해 전송 장치와 저장 장치 간의 속도 차이로 인한 데이터 손실을 방지할 수 있다. 이러한 과정이 버퍼링이라고 불리며, 시스템이 안정적으로 데이터를 전송하고 처리할 수 있게 돕는다.

이처럼 버퍼링은 데이터 전송의 효율성을 높이고 데이터 손실을 방지하는 데 중요한 역할을 한다.

• 캐싱

캐싱(caching)은 자주 사용되는 데이터를 고속 임시 저장소(예: 메모리)에 미리 복사해 두어, 필요할 때 빠르게 접근할 수 있도록 하는 기법이다. 캐시(cache)라고 불리는 이 임시 저장소는 주로 접근 속도가 빠른 메모리에 위치하며, CPU나 프로그램이 자주 접근하는 데이터를 저장한다. **1.3절**에서 살펴본 캐시는 프로세서 내부 캐시 메모리를 사용하는 하드웨어적 기법이라면, 여기서 말하는 캐시는 메모리 영역을 사용하는 소프트웨어적 기법이라는 차이가 있다.

캐싱의 기본 원리는 자주 사용될 가능성이 높은 데이터를 미리 메모리에 저장해 두고, 필요한 경우 해당 데이터를 빠르게 제공하는 것이다. 이를 통해 디스크와 같은 느린 저장 장치에 접근할 필요를 줄이며, 시스템 성능을 크게 향상시킬 수 있다. 캐시 메모리에 저장된 데이터가 사용자가 필요로 하는 데이터와 일치할 경우, 캐시 히트(cache hit)가 발생하고, 이로 인해 데이터 접근 시간이 크게 줄어든다. 반면, 일치하지 않을 경우 캐시 미스(cache miss)가 발생하며, 이때는 디스크에서 데이터를 읽어와야 한다.

버퍼링과 캐싱 모두 데이터를 임시 저장해둔다는 공통점이 있지만, 버퍼링은 데이터 전송 속도 차이를 완화하기 위해 데이터를 임시 저장해 적절한 속도로 처리하는 데 중점을 두고, 캐싱은 자주 사용되는 데이터를 미리 저장해 빠른 접근을 가능하게 하는 데 중점을 둔다는 차이점이 있다.

● 스풀링

스풀링(spooling)은 하나의 입출력 장치가 여러 개의 작업을 처리할 때, 작업이 겹치지 않고 순차적으로 처리되도록 데이터를 임시 저장소(예: 디스크)에 저장해 두는 기법이다. 이 기법은 특히 프린터와 같은 출력 장치에서 많이 사용된다([그림 12-9]). 예를 들어, 여러 개의 인쇄 작업이 동시에 요청되면, 운영체제는 이 요청들을 임시로 디스크에 저장한 후, 프린터가 작업을 처리할 준비가 될 때 하나씩 순차적으로 인쇄 작업을 보내게 된다. 이로 인해 입출력 장치의 효율성이 높아지고, 작업 간의 충돌을 방지할 수 있다.

그림 12-9 프린터 인쇄 작업 스풀링의 예

스풀링은 특정 작업의 완료를 기다리지 않고 다음 작업을 준비할 수 있게 해주어, 시스템의 처리 효율을 크게 향상시킨다. 프린터 외에도 카드 리더기, 디스크 드라이브 등 다양한 입출력 장치에서 사용되며, 특히 대용량의 데이터를 처리하는 환경에서 유용하다.

요약

입출력 메커니즘

- 프로세서와 입출력 장치들은 시스템 버스로 연결
- 각 입출력 장치와 시스템 버스는 제어기(controller)로 연결

입출력 제어 기법

- **프로세서 제어 메모리 접근**
  - 폴링(polling)
    프로세서가 주기적으로 I/O 장치 상태 확인
    장점: 구현 간단, 빈번한 I/O에 효율적
    단점: 프로세서에 큰 부하 발생 가능
  - 인터럽트(interrupt)
    I/O 장치가 작업 완료 시 프로세서에 신호 전송
    장점: 프로세서 효율성 향상
    단점: 빈번한 인터럽트 시 오버헤드 발생
- **직접 메모리 접근(Direct Memory Access, DMA)**
  - DMA 제어기가 프로세서 개입 없이 I/O 장치와 메모리 간 데이터 전송
  - 장점: 프로세서 부하 감소, 효율적인 대용량 데이터 전송
  - 단점: 하드웨어 설계 복잡, 동기화 문제 발생 가능

운영체제의 입출력 서비스

- **I/O 스케줄링**
  - 여러 입출력 요청의 처리 순서 결정
- **오류 처리**
  - 입출력 작업 중 발생한 오류 감지 및 처리
- **입출력 장치 관리**
  - 장치 상태 모니터링, 설정 변경, 제어 명령 실행
- **버퍼링(buffering)**
  - 서로 다른 속도의 장치 간 데이터 전송 시 임시 저장 공간 사용
  - 목적: 데이터 손실 방지, 효율적인 데이터 처리
- **캐싱(caching)**
  - 자주 사용되는 데이터를 고속 임시 저장소에 보관
  - 목적: 빠른 데이터 접근, 시스템 성능 향상
- **스풀링(spooling)**
  - 입출력 작업을 임시 저장소에 저장 후 순차적 처리
  - 목적: 입출력 장치의 효율성 향상, 작업 간 충돌 방지

12.2 디스크 스케줄링

디스크 스케줄링(disk scheduling)은 여러 입출력(I/O) 요청이 디스크에 동시에 도달할 때, 요청을 처리하는 순서를 결정하는 방법을 의미한다. 디스크는 물리적으로 움직이는 부품을 가지고 있어, 요청 순서에 따라 접근 시간이 크게 달라질 수 있다. 효율적인 디스크 스케줄링을 통해 디스크 접근 시간을 최소화하고, 시스템의 전체 성능을 향상시킬 수 있다.

디스크 스케줄링 기법에는 다양한 종류가 있으며, 각 기법은 요청을 처리하는 방식과 우선순위를 달리한다. 본 절에서는 각 디스크 스케줄링 기법의 개념과 작동 방식을 살펴보고, 각 기법의 장단점을 비교한다.

디스크 스케줄링 개요

디스크 스케줄링(disk scheduling)은 디스크 접근 요청의 처리 순서를 결정하는 과정으로, 디스크 입출력 성능을 향상시키고 시스템의 전반적인 효율성을 증대시키는 것이 주요 목적이다. 이 과정에서 효율적인 스케줄링을 통해 디스크 접근 시간을 최소화하고, 디스크의 활용도를 최적화할 수 있다.

디스크 입출력 성능은 다음과 같은 기준으로 평가될 수 있다.

- **처리량**(throughput): 단위 시간당 처리된 요청의 수로, 처리량이 높을수록 디스크가 더 많은 작업을 수행할 수 있다.
- **평균 응답 시간**(mean response time): 요청이 들어온 후 디스크가 해당 요청을 처리하기까지 걸리는 평균 시간으로, 응답 시간이 짧을수록 사용자에 대한 시스템의 반응 속도가 좋아진다.
- **예측 가능성**(predictability): 디스크 요청이 처리되는 시간이 일관되게 유지되는지 여부로, 요청의 응답 시간이 예측 가능할수록 시스템의 안정성이 높아진다. 요청이 무한정 대기(기아 상태)하지 않도록 보장하는 역할도 한다.

이러한 성능 기준을 충족시키기 위해 디스크 스케줄링 기법들은 요청의 처리 순서를 최적화하는 다양한 방법을 사용한다. 디스크 접근 방식 및 속도는 디스크의 하드웨어적 구성과 밀접한 관련이 있으며, 디스크 종류(예: HDD, SSD)에 따라 스케줄링 전략도 크게 달라질 수 있다.

본 절에서는 대표적인 저장 장치인 하드 디스크를 기준으로, 다양한 스케줄링 기법들의 장단점을 살펴보도록 하자. 하드 디스크 접근 시간은 탐색 시간(seek time), 회전 지연(rotational delay), 그리고 데이터 전송 시간(data transmission time)으로 구성된다(**11.1절** 참고). 데이터 전송 시간은 헤드에서 데이터를 읽고 쓰는 시간으로, 물리적 기구들의 이동 시간과 무관하다. 따라서, 디스크 스케줄링 기법들은 일반적으로 탐색 시간과 회전 지연 시간을 최적화하는 것을 목표로 한다.

탐색 시간 최적화 스케줄링

탐색 시간은 디스크 헤드가 접근해야 할 실린더로 이동하는 데 걸리는 시간이다. 많은 디스크 스케줄링 알고리즘이 이 탐색 시간을 최적화하는 것을 목표로 설계되었다. 대표적인 탐색 시간 최적화 스케줄링 기법으로는 FCFS(First-Come, First-Service), SSTF(Shortest Seek Time First), SCAN, C-SCAN(Circular SCAN), LOOK 등이 있다. 이들 알고리즘은 디스크 헤드의 이동 패턴과 접근 시간을 최적화하는 방식이 각각 다르며, 시스템의 요구 사항에 따라 적합한 알고리즘을 선택할 수 있다. 본 항에서는 각 디스크 스케줄링 기법의 특징과 장단점을 살펴본다.

• 디스크 접근 시나리오

본 항에서 살펴볼 스케줄링의 적용 예는 모두 다음과 같은 시나리오를 가정한다.

· 디스크는 총 256개의 실린더로 구성

· 헤드의 시작 위치는 100번 실린더

· 디스크 접근 요청(실린더 번호)

: 160 → 200 → 90 → 170 → 20 → 190 → 120 → 130

● 선입 선출(First Come, First Service, FCFS) 스케줄링

선입 선출(First-Come, First-Service, FCFS) **스케줄링**은 디스크 스케줄링의 가장 단순한 형태로, 요청이 도착한 순서대로 처리하는 방식이다. 요청의 순서에 따라 디스크 접근이 이루어지기 때문에 공정성이 보장되며, 무한 대기(starvation)가 발생하지 않는다는 장점을 가진다. 또한, 이 방법은 구현이 간단하고, 시스템 부하가 적다는 이점이 있다.

그러나 FCFS 스케줄링은 요청 순서에 따라 처리하므로 디스크 헤드의 이동 거리가 최적화되지 않는다. 이는 요청이 물리적으로 멀리 떨어져 있을 경우, 디스크 헤드가 불필요하게 많이 이동하게 되어 성능이 저하될 수 있다. 결과적으로 이 알고리즘은 최적의 성능을 달성하는 데 한계가 있다.

따라서 선입 선출 스케줄링은 디스크 접근 요청이 많지 않은 부하가 낮은 시스템에 적합하다.

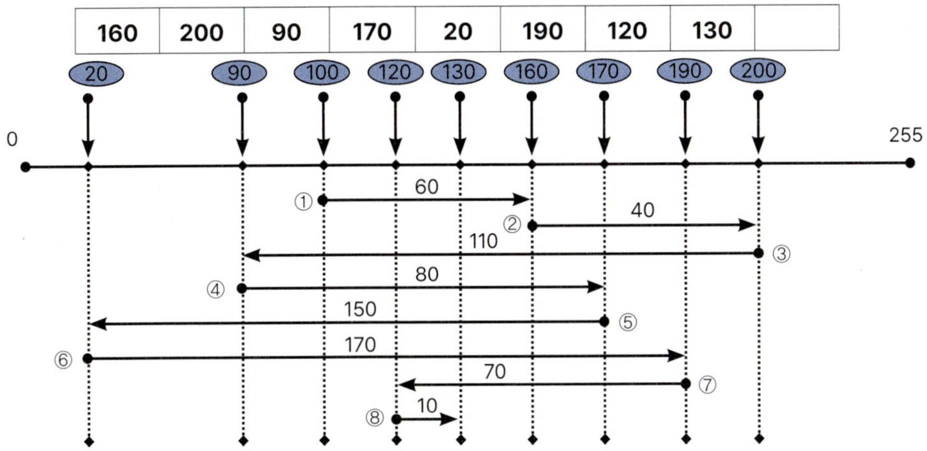

그림 12-10 선입 선출(FCFS) 디스크 스케줄링 적용의 예

[그림 12-10]은 선입 선출 디스크 스케줄링 기법의 적용 예를 보여준다. FCFS 방식에서는 디스크 요청이 들어온 순서대로 요청을 처리하며, 헤드는 100번 실린더에서 시작하여 각각 요청된 실린더로 이동한다. 이 경우, 디스크 헤드는 100번 실린더에서 출발해 160번 실린더로 이동한 후, 순차적으로 200, 90, 170, 20, 190, 120, 그리고 마지막으로 130번 실린더로 이동하게 된다.

[그림 12-10]에서 각 이동 화살표 위의 수치는 탐색 거리(헤드의 이동 거리)를 나타내며, 이 과정에서 디스크 헤드는 여러 번 왕복하며 최종적으로 총 690 실린더만큼 이동하게 된다.

세 번째 요청 이후의 헤드 이동을 보면, 이동 화살표가 서로 많이 겹쳐져 있는 것을 확인할 수 있다. 예를 들어, ③의 이동 구간 내에 ④의 요청을 처리할 수 있었지만, 단순 순차 처리에 따라 먼 거리를 돌아 다시 ④의 요청인 170번 실린더로 돌아오는 모습을 볼 수 있다.

이러한 이동 패턴을 보면 알 수 있듯이, FCFS 방식은 공정하지만 디스크 헤드가 불필요하게 많이 이동하는 경향이 있어 효율적이지 않을 수 있음을 알 수 있다. 이를 통해 성능을 최적화하기 위해서 다른 디스크 스케줄링 기법들이 필요할 수 있음을 알 수 있다.

● 최소 탐색 시간 우선(Shortest Seek Time First, SSTF) 스케줄링

최소 탐색 시간 우선(Shortest Seek Time First, SSTF) 스케줄링은 현재 디스크 헤드의 위치에서 가장 가까운 실린더의 요청을 먼저 처리하는 방식이다. SSTF는 탐색 거리를 최소화하여 디스크 헤드의 이동을 줄임으로써, 전체적인 처리 효율을 높이는 데 중점을 둔다.

SSTF의 주요 장점은 디스크 헤드가 짧은 거리만 이동하도록 하여 평균 탐색 시간을 줄이고, 이를 통해 처리량(throughput)을 높이며, 전체적인 디스크 입출력 성능을 향상시킬 수 있다는 점이다. 또한, 요청이 빠르게 처리되어 시스템의 평균 응답 시간이 감소한다는 이점이 있다.

그러나 SSTF는 항상 가까운 요청을 먼저 처리하기 때문에, 먼 위치에 있는 요청이 언제 처리될지 알기 어려워 예측 가능성이 낮다는 단점이 있다. 특히, 계속해서 가까운 요청이 들어올 경우, 먼 위치의 요청이 무한히 대기하는 기아 현상(starvation)이 발생할 수 있다.

SSTF는 높은 처리량이 요구되는 일괄 처리 시스템(batch processing system)에서는 유용할 수 있지만, 기아 현상으로 인해 실시간 시스템에서는 부적합할 수 있다.

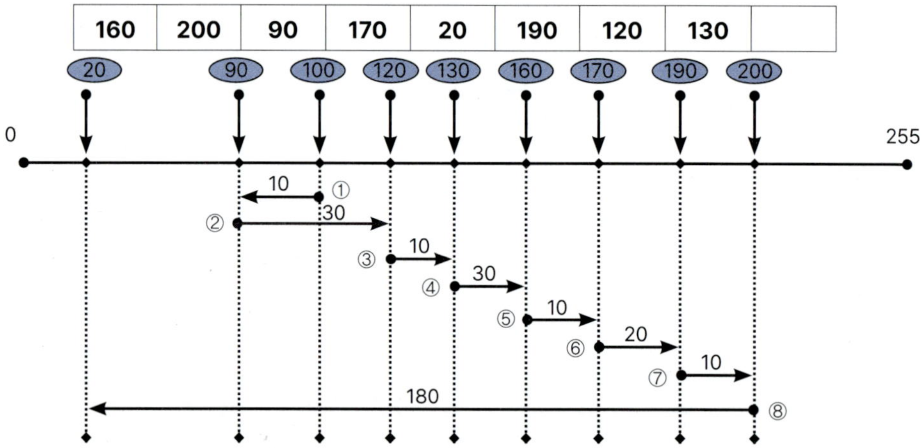

그림 12-11 최소 탐색 시간 우선(SSTF) 디스크 스케줄링 적용의 예

[그림 12-11]은 최소 탐색 시간 우선 스케줄링 기법 적용의 예를 보여준다. 처음 헤드는 100번 실린더에 위치하며, ① 가장 가까운 요청인 세 번째로 들어온 90번 실린더로 먼저 이동한다. ② 그다음으로, 90번 실린더에서 가장 가까운 120번 실린더에 대한 일곱 번째 요청을 처리한다. 이와 같은 방식으로 130번, 160번, 170번, 190번, 200번, 그리고 마지막으로 20번 실린더로 이동하며 요청을 처리한다. 이 과정에서 탐색 거리는 총 300으로, FCFS 방식에 비해 상당히 감소했음을 확인할 수 있다.

FCFS에 비해 SSTF 방식에서는 탐색 거리가 크게 감소하며, ①에서 ⑦까지의 이동 거리가

FCFS에 비해 매우 짧아짐을 확인할 수 있다. 그 결과, 평균 응답 시간이 짧아져 시스템 성능이 향상될 것으로 예상된다. 하지만, 20번 실린더 접근을 요청한 다섯 번째 요청은 뒤에 들어온 요청들에 밀려 매우 긴 시간 동안 대기하게 되는 기아 현상이 발생할 수 있음을 알 수 있다. 이는 SSTF 방식의 주요 단점 중 하나로, 특정 요청이 계속해서 무한 대기 상태에 빠질 수 있다는 문제를 보여준다.

● 스캔(SCAN) 스케줄링

스캔(SCAN) 스케줄링은 디스크 헤드가 현재 진행 방향으로 이동하면서 요청을 처리하고, 디스크의 끝에 도달하면 반대 방향으로 이동해 남은 요청을 처리하는 방식이다. 이 과정은 우리가 문서를 스캔할 때 위에서 아래로, 또는 아래에서 위로 쭉 훑어보는 것과 비슷하다.

SCAN 알고리즘은 디스크 헤드가 특정 방향으로 이동하면서 그 방향에 있는 모든 요청을 처리한 후, 디스크의 끝에 도달하면 반대 방향으로 이동하며 남은 요청을 처리한다. 이렇게 양방향으로 이동하면서 모든 요청을 처리하기 때문에 SSTF에서 발생할 수 있는 기아 상태 문제를 해결할 수 있다. SSTF는 항상 가까운 요청을 우선 처리하므로 멀리 있는 요청이 무한히 대기할 수 있는 반면, SCAN에서는 양방향 스캔 주기 안에는 반드시 모든 요청이 처리된다. 또한, SCAN은 이동 방향을 유지하며 요청을 처리하기 때문에, 처리량 및 평균 응답 시간이 우수하다는 장점을 가진다.

그러나 진행 방향과 반대쪽에서 들어오는 새로운 요청은 당장 처리되지 않고, 헤드가 반대 방향으로 돌아올 때까지 기다려야 하므로 응답 시간이 길어질 수 있다는 단점도 있다.

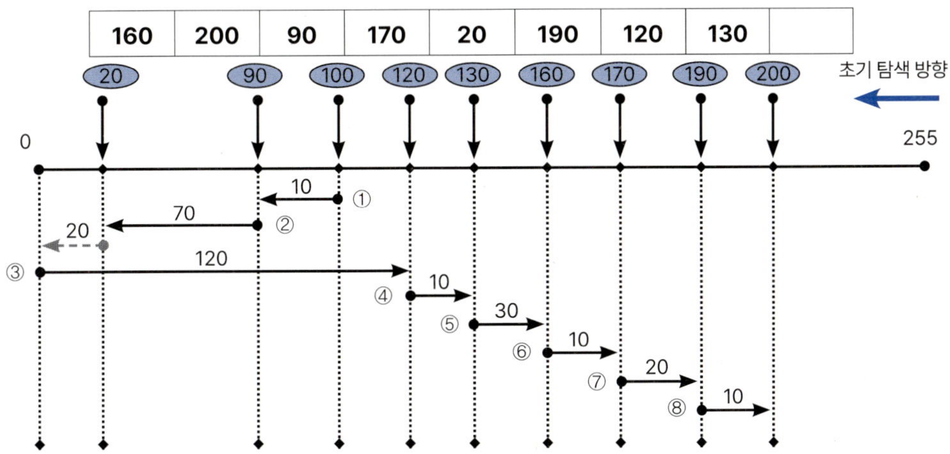

그림 12-12 스캔(SCAN) 디스크 스케줄링 적용의 예

[그림 12-12]는 스캔 스케줄링을 적용한 예를 보여준다. 최초 탐색 방향은 왼쪽(255번 → 0번)으로 가정하자. 디스크 헤드는 초기 위치인 100번 실린더에서 시작하여, ① 왼쪽 방향으로 유지하면서 90번 실린더로 이동한 후 ② 20번 실린더로 이동한다. 이후 디스크의 왼쪽 끝인 0번 실린더까지 도달한 후, 방향을 오른쪽으로 바꾼다. 그리고 0번 → 255번 방향으로 이동하며, 미처리된 요청들을 ③~⑧의 순서로 처리한다. 이 과정에서 디스크 헤드는 양방향으로 진행하면서 모든 요청을 처리하며, 총 탐색 거리는 300이다.

이 시나리오에서 총 탐색 거리는 최소 탐색 시간 우선(SSTF) 기법과 동일하며, 헤드의 이동이 대체로 효율적으로 이루어진 것을 볼 수 있다. 하지만, 최초 진행 방향과 반대 방향에 있는 120번, 130번, 160번, 170번, 190번, 200번 요청들은 다른 요청들에 비해 상대적으로 오래 대기하게 되는 현상도 확인할 수 있다. 이는 SCAN 스케줄링이 반대 방향으로의 요청을 처리할 때 응답 시간이 길어질 수 있음을 보여주는 사례이다.

● 순환 스캔(C-SCAN) 스케줄링

순환 스캔(Circular SCAN, C-SCAN) **스케줄링**은 SCAN 스케줄링의 변형으로, 디스크 요청을 보다 균등하게 처리하기 위한 기법이다. C-SCAN 스케줄링에서는 디스크 헤드가 한 방향으로만 이동하며, 요청을 처리한 후 디스크의 끝에 도달하면 반대 방향으로 돌아가는 것이 아니라, 디스크의 시작점으로 돌아가서 다시 같은 방향으로 이동하며 새로운 요청들을 처리한다. 예를 들어, 헤드가 0번 실린더에서 시작해 255번 실린더까지 이동하며 요청들을 처리한 후, 다시 0번 실린더로 돌아와 같은 방향으로 다시 요청들을 처리한다.

C-SCAN의 주요 장점은 모든 요청들에게 균등한 기회를 제공한다는 점이다. 헤드가 한 방향으로만 이동하므로, 모든 요청들은 한 번의 탐색 주기 내에 반드시 처리되며, 요청들이 위치한 실린더의 위치에 상관없이 동일한 처리 순서를 가지게 된다. 이로 인해 기아 상태(starvation)가 발생하지 않으며, 각 요청이 처리되는 시간이 보다 예측 가능해진다.

하지만 C-SCAN의 단점으로는 헤드가 디스크 끝에 도달한 후 다시 처음으로 돌아갈 때 발생하는 추가적인 이동 거리로 인해, 전체 탐색 거리가 늘어나며 비효율적일 수 있다.

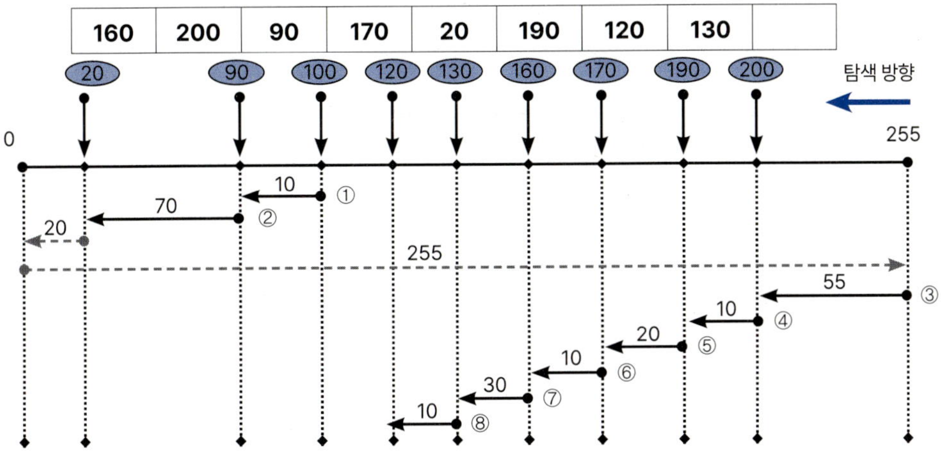

그림 12-13 순환 스캔(C-SCAN) 디스크 스케줄링 적용의 예

[그림 12-13]은 순환 스캔(C-SCAN) 디스크 스케줄링 기법을 적용한 예를 보여준다. 탐색 방향은 왼쪽(255번 → 0번 실린더)으로 가정한다. 디스크 헤드는 초기 위치인 100번 실린더에서 시작하여 탐색 방향을 따라 ① 90번 실린더로 이동하고, ② 20번 실린더로 이동한다. 이후 디스크의 왼쪽 끝인 0번 실린더에 도달한 후, 헤드는 오른쪽 끝인 255번 실린더로 이동하여 다시 ③~⑧의 순서로 요청을 처리한다.

이 과정에서 디스크 헤드는 한 방향으로만 진행하면서 모든 요청을 처리하며, 총 탐색 거리는 490이다. 본 예제에서 볼 수 있듯, 0번 실린더에 도달한 후 시작 실린더인 255번으로 이동하는 추가적인 이동이 발생하며, 이러한 추가적인 이동으로 인해 SCAN 기법에 비해 전체 탐색 거리가 증가함을 알 수 있다.

● 룩(LOOK) 스케줄링

룩(LOOK) 스케줄링은 SCAN 스케줄링과 유사하지만, 요청이 있는 위치까지만 이동하는 효율적인 접근 방식을 사용한다. 이 알고리즘은 엘리베이터(elevator) 알고리즘이라고도 불리며, 엘리베이터가 최종 층까지 이동하지 않고 요청이 있는 층까지만 이동한 후 반대 방향으로 돌아오는 것과 유사하다.

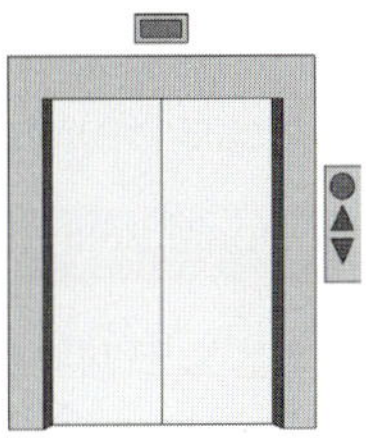

룩 스케줄링의 작동 방식은 다음과 같다. 디스크 헤드가 특정 방향으로 이동하면서 요청된 실린더를 처리하다가, 더 이상 요청이 없는 위치에 도달하면 즉시 반대 방향으로 이동하여 다른 요청을 처리한다. 이는 SCAN 스케줄링에서 발생할 수 있는 불필요한 이동을 줄여주며, 결과

적으로 더 효율적인 디스크 접근을 가능하게 한다. 즉, 룩 스케줄링은 불필요한 이동을 최소화하여 처리량(throughput)을 높이고, 평균 응답 시간을 단축할 수 있다는 장점을 가진다.

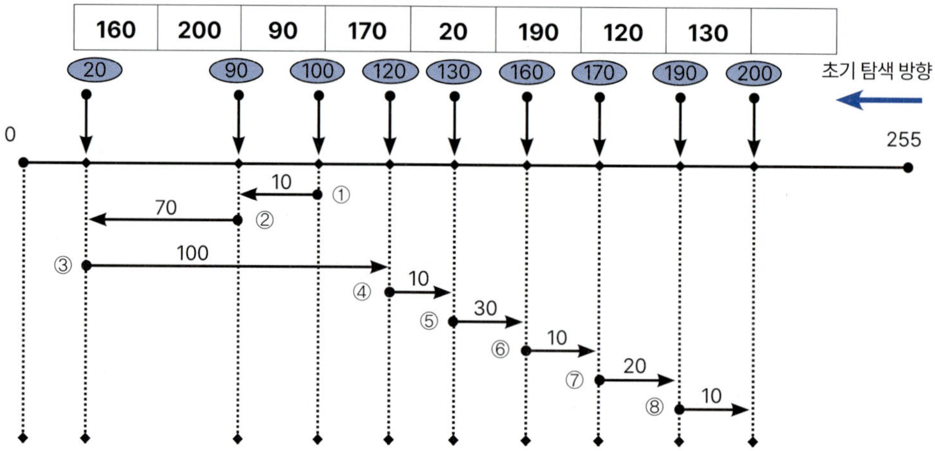

그림 12-14 룩(LOOK) 디스크 스케줄링의 적용 예

[그림 12-14]는 룩 디스크 스케줄링 기법을 적용한 예를 보여준다. 최초 탐색 방향은 왼쪽(255번 → 0번)으로 가정하자. 디스크 헤드는 초기 위치인 100번 실린더에서 시작해 ① 90번 실린더로 이동하고, ② 20번 실린더로 이동한 후, SCAN 방식과 달리 더 이상 끝까지 가지 않고 바로 반대 방향으로 돌아와 ③~⑧의 순서로 요청을 처리한다. 이 과정에서 불필요한 이동이 제거되어 SCAN 방식보다 효율적이며, 총 탐색 거리는 260이다. 이 예를 통해 룩 스케줄링이 SCAN보다 효율적으로 동작함을 확인할 수 있다.

회전 지연 시간 최적화 스케줄링

앞서 살펴본 스케줄링 기법들은 디스크 헤드의 이동 시간을 최적화하는 데 중점을 두었다. 이번에 다룰 기법은 디스크의 플래터가 회전하는 데 소요되는 시간을 의미하는 회전 지연(rotational delay)을 최적화하는 것을 목표로 한다.

회전 지연(rotational delay) 시간 최적화를 위한 대표적인 기법은 **최소 지연 시간 우선(Shortest Latency Time First, SLTF) 스케줄링**이다. SLTF 알고리즘은 디스크가 회전하는 동안 가장 먼저 접근 가능한 데이터를 우선 처리하여 회전 시간을 줄이고, 처리량(throughput)을 높인다.

과거의 고정 헤드 디스크(fixed head disk) 시스템에서는 각 트랙에 고정된 헤드가 있어 헤드를 이동하지 않고도 모든 트랙을 읽을 수 있었다. 이러한 시스템에서는 SLTF가 특히 유용하며, 회전 지연 시간을 최소화해 디스크 성능을 최적화할 수 있다. 현재는 고정 헤드 디스크가 일반적이지 않지만, 특정 목적의 저장 장치에서 여전히 사용될 수 있다.

최소 지연 시간 우선 스케줄링은 **섹터 큐잉(sector queuing) 알고리즘**을 사용한다. 고정 헤드 디스크에서는 헤드들이 동시에 읽을 수 있는 트랙 섹터들의 집합을 섹터로 정의할 수 있다([그림 12-15]). 섹터 큐잉 알고리즘은 섹터(예: S1~S8)별로 큐(queue)를 유지하며, 디스크 접근 요청이 들어오면 해당하는 큐에 트랙 번호(예: T1~T5)를 추가한다. 현재 디스크의 회전 방향을 기준으로 가장 가까운 섹터를 선택하여, 그 섹터에 있는 모든 요청을 처리하고, 다음 가까운 섹터로 이동하는 방식으로 요청을 처리해나간다. 이러한 과정을 통해 회전 지연 시간을 최소화하고, 디스크의 전체 처리량을 높일 수 있다.

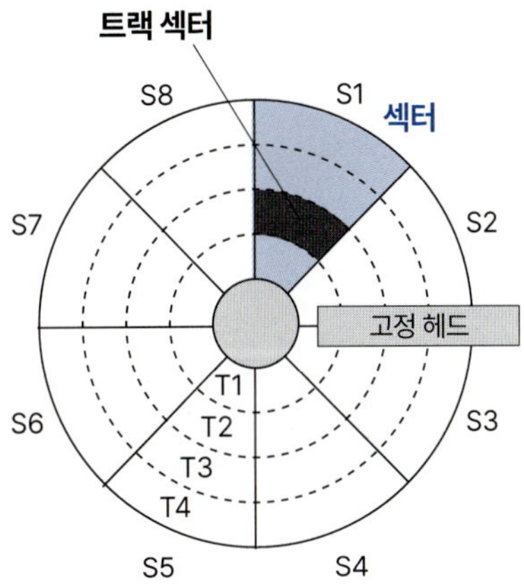

그림 12-15 고정 헤드 디스크의 구조

섹터 큐잉 알고리즘은 고정 헤드 디스크에 적합한 기법으로 설계되었으나, 헤드가 특정 실린더에 도착하면 해당 실린더에 있는 모든 요청을 처리하는 방식으로 현대의 이동 헤드 디스크 시스템에도 적용할 수 있다.

최소 위치 지정 시간 우선 스케줄링

최소 위치 지정 시간 우선(Shortest Positioning Time First, SPTF) 스케줄링은 디스크 헤드의 위치 지정 시간을 최소화하는 알고리즘으로, 디스크 성능 최적화에 중점을 둔다. 이 알고리즘은 위치 지정 시간을 구성하는 두 가지 주요 요소, 즉 디스크 헤드가 특정 실린더로 이동하는 탐색 시간과 플래터가 회전하여 해당 데이터가 헤드 아래에 도달할 때까지 소요되는 회전 지연 시간을 모두 고려한다. SPTF는 이 두 요소를 종합적으로 평가해 요청들을 위치 지정 시간을 최소화하는 순서로 처리함으로써, 디스크의 처리량을 최적화하고 응답 시간을 줄이는 것을 목표로 한다.

SPTF 스케줄링의 주요 장점은 디스크 처리 성능을 크게 향상시킬 수 있다는 점이다. 디스크 헤드의 이동과 플래터의 회전 시간을 모두 최적화하여 데이터 접근을 빠르게 함으로써 시스템의 전반적인 처리량을 증가시키고, 개별 요청에 대한 응답 시간을 단축시킬 수 있다. 이는 특히 대용량 데이터 처리나 실시간 응답이 중요한 시스템에서 큰 이점을 제공한다.

그러나 SPTF 알고리즘에도 단점이 존재한다. 가장 큰 문제점은 디스크의 특정 구역에 요청이 집중될 경우 발생할 수 있는 불공정성이다. 이 경우 디스크 헤드가 주로 요청이 집중된 지역에서만 이동하게 되어, 디스크의 외곽이나 중심부에 있는 데이터에 대한 접근이 지연될 수 있다. 이로 인해 일부 요청들이 기아 상태(starvation)에 빠질 위험이 있어, 시스템의 전반적인 공정성을 해칠 수 있다.

이러한 문제를 해결하기 위해 **에쉔바흐 스케줄링**(Eschenbach scheduling)과 같은 변형 알고리즘이 제안되었다. 에쉔바흐 스케줄링은 디스크가 한 바퀴 회전하는 동안 최대한 많은 요청을 처리하도록 요청들을 정렬하고 처리한다. 이 방식은 디스크의 회전 시간을 최소화하면서도 특정 지역에 집중된 요청으로 인한 기아 상태를 방지할 수 있어, SPTF의 장점을 유지하면서 공정성 문제를 개선할 수 있다.

그러나 에쉔바흐 스케줄링도 완벽한 해결책은 아니다. 한 실린더 내 트랙과 섹터들에 대한 다수의 요청이 있는 경우, 일부 요청은 다음 회전까지 처리되지 못하고 기다려야 한다는 단점이 있다. 이는 특정 상황에서 응답 시간이 증가할 수 있음을 의미한다.

요약

디스크 스케줄링

- 디스크 접근 요청 처리 순서 결정
- **평가 기준의 예**: 처리량, 평균 응답 시간, 예측 가능성

탐색 시간 최적화 스케줄링

- FCFS(First-Come, First-Service)
  - 요청 도착 순서대로 처리
  - 장점: 공정성, 구현 간단
  - 단점: 비효율적인 헤드 이동
- SSTF(Shortest Seek Time First)
  - 현재 위치에서 가장 가까운 요청 먼저 처리
  - 장점: 평균 탐색 시간 감소, 처리량 증가
  - 단점: 기아 현상 발생 가능
- SCAN
  - 헤드가 한 방향으로 이동하며 요청 처리, 끝에서 방향 전환
  - 장점: SSTF의 기아 현상 해결, 처리량 및 평균 응답 시간 우수
  - 단점: 진행 방향과 반대쪽 요청의 대기 시간 증가
- C-SCAN(Circular SCAN)
  - SCAN과 유사하나 한 방향으로만 이동, 끝에서 시작점으로 즉시 이동
  - 장점: 균등한 대기 시간, 예측 가능성 향상
  - 단점: 추가적인 헤드 이동으로 인한 오버헤드

- LOOK
  - SCAN과 유사하나 요청이 없는 방향으로는 이동하지 않음
  - SCAN보다 효율적인 헤드 이동

회전 지연 시간 최적화 스케줄링

- SLTF(Shortest Latency Time First)
  - 회전 중 가장 먼저 접근 가능한 섹터 우선 처리
  - 구현의 예: 섹터 큐잉 (Sector queuing) 알고리즘

최소 위치 지정 시간 우선 스케줄링(Shortest Positioning Time First, SPTF)

- 탐색 시간과 회전 지연 시간을 모두 고려
- **장점**: 전체적인 디스크 성능 향상
- **단점**: 기아 현상 발생 가능

12.3 RAID 구조

현대 컴퓨터 시스템에서 데이터의 안정성과 접근 성능은 매우 중요한 요소이다. 특히 대규모 데이터 센터나 엔터프라이즈 환경에서는 데이터 손실을 방지하고 빠른 입출력 속도를 보장해야 한다. 이러한 요구를 충족시키기 위해 개발된 기술이 바로 RAID이다. 본 절에서는 RAID의 개념과 사용 목적, 그리고 다양한 RAID 레벨의 특징을 살펴본다.

RAID 개요

RAID(Redundant Array of Independent Disks)는 여러 개의 물리적 디스크 드라이브를 하나의 논리적 드라이브로 결합하여 사용하는 기술로, 데이터 접근의 성능, 신뢰성, 용량을 향상시키기 위해 설계되었다. 이 기술은 1988년 캘리포니아 버클리 대학의 데이비드 패터슨(Patterson), 가스 깁슨(Gibson), 랜디 카츠(Katz)에 의해 처음 제안되었으며, 초기에는 'Redundant Array of Inexpensive Disks'로 불렸으나 후에 'Independent'로 변경되었다. RAID의 주요 목적은 데이터 가용성 증대, 저장 시스템의 성능 향상, 그리고 대용량 저장 공간 제공이다.

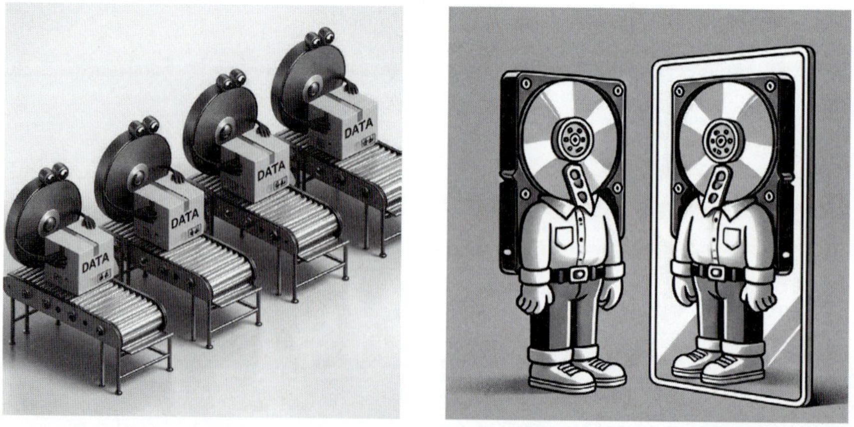

(a) 데이터 병렬 접근을 통한 성능 향상(디스크 스트라이핑)　(b) 데이터 중복 저장을 통한 신뢰성 향상(디스크 미러링)

그림 12-16 RAID의 주요 기술 비유

RAID 기술의 주요 이점은 성능 향상, 신뢰성 증가, 그리고 용량 확장으로 나눌 수 있다.

- **성능 향상:** RAID는 데이터를 여러 디스크에 분산 저장하여 병렬 접근을 가능하게 하고, 이를 통해 읽기와 쓰기 작업의 처리량을 증가시킨다([그림 12-16-(a)]). 다수의 디스크를 동시에 사용함으로써 입출력 병목 현상도 줄일 수 있다.
- **신뢰성 증가:** RAID는 데이터를 여러 디스크에 중복 저장([그림 12-16-(b)])하거나 패리티 정보(parity)를 추가함으로써 디스크 오류 시에도 데이터 손실을 방지할 수 있다. 이로 인해, 데이터의 복구 가능성이 높아지고, 시스템의 안정성이 증가한다.
- **용량 확장:** RAID는 다수의 물리적 디스크를 하나의 대용량 논리 드라이브로 구성할 수 있게 해주어, 유연한 확장성을 제공한다. 필요에 따라 디스크를 추가하여 저장 공간을 확장할 수 있다.

이러한 이점들로 인해, RAID 기술은 현대 컴퓨터 시스템, 특히 서버와 데이터 센터 환경에서 중요한 역할을 수행하고 있다. 각 RAID 레벨은 이러한 이점들의 조합을 다양하게 제공하며, 시스템 요구 사항에 따라 적절한 구성을 선택할 수 있게 한다. 예를 들어, 일부 RAID 레벨은 성능에 중점을 두는 반면, 다른 레벨은 데이터 안정성에 더 큰 비중을 둔다. 따라서 시스템 관리자와 설계자는 특정 환경의 요구 사항을 고려하여 최적의 RAID 구성을 선택할 수 있다.

RAID 레벨

RAID 시스템은 여러 가지 레벨로 구분되며, 각 레벨은 고유한 데이터 구성 방식과 특성을 가진다. RAID의 기본 레벨들을 개념적으로 이해하고, 그들의 장단점을 비교해 보자.

- **RAID 0**

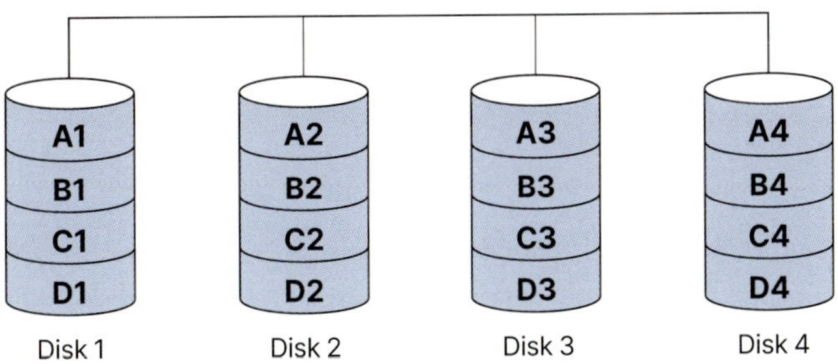

그림 12-17 RAID 0의 개념

RAID 0는 디스크 스트라이핑 기법을 사용하는 RAID 레벨 중 하나로, 주로 성능 향상을 위해 설계되었다. **디스크 스트라이핑**(disk striping)이란, 데이터를 여러 디스크에 분할하여 동시에 저장하는 방법을 의미한다([그림 12-16-(a)]). 이 방식에서는 데이터를 일정한 크기로 나눠 각 디스크에 분산시키며, 병렬로 데이터를 읽고 쓸 수 있어 성능을 극대화할 수 있다.

예를 들어 RAID 0 구성을 사용하는 경우, 4개의 디스크가 있다면 A1, A2, A3, A4 4개의 블록으로 구성된 데이터의 첫 번째 블록 A1은 디스크 1에, 두 번째 블록 A2는 디스크 2에, 세 번째 블록 A3은 디스크 3에, 네 번째 블록 A4는 디스크 4에 저장된다([그림 12-17]). 이로 인해 4개의 디스크가 동시에 데이터를 읽거나 쓸 수 있어 이상적인 환경에서는 단일 디스크 사용 대비, 최대 4배의 성능 향상이 가능하다.

그러나 RAID 0는 성능 향상에 초점을 맞추고 있기 때문에 신뢰성 측면에서는 큰 단점을 가지고 있다. 만약 4개의 디스크 중 하나라도 고장이 나면, 해당 디스크에 저장된 데이터뿐만 아니라 전체 RAID 0 볼륨이 손상되므로, 데이터 복구가 불가능해진다. 따라서 RAID 0는 성능이 중요한 경우에 적합하지만, 데이터 안전성을 보장할 수 없기 때문에 중요한 데이터를 저장할 때는 사용하기 어렵다.

결론적으로, RAID 0는 데이터 접근 속도를 극대화하는 데 효과적이지만, 신뢰성이 낮아 데이터 손실 위험이 높은 구성이다. 데이터 손실을 감수하더라도 성능이 중요한 환경에서는 RAID 0를 사용할 수 있지만, 중요한 데이터를 저장할 때는 다른 RAID 레벨을 고려해야 한다.

● RAID 1

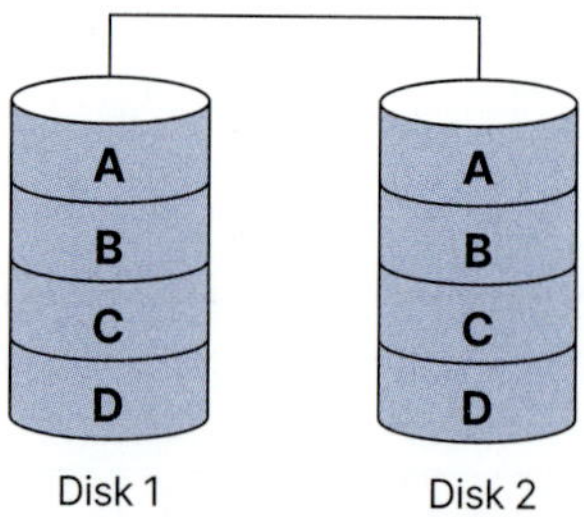

그림 12-18 RAID 1의 개념

RAID 1은 데이터의 신뢰성과 안정성에 초점을 맞춘 저장 방식으로, '미러링'이라는 기법을 사용한다. **미러링**(mirroring)이란 데이터를 2개 이상의 디스크에 동일하게 복제하여 저장하는 방식이다([그림 12-16-(b)]). 예를 들어, A라는 데이터를 저장할 때, 디스크 1번과 2번에 동일한 복사본을 저장하게 된다. 이러한 복제본은 디스크 하나에 문제가 발생하더라도 데이터 손실을 방지하는 역할을 한다.

RAID 1의 주요 장점은 데이터의 신뢰성이다. 한 디스크에 장애가 발생하더라도 다른 디스크에 동일한 데이터가 존재하므로, 데이터 손실 없이 시스템이 지속적으로 운영될 수 있다. 이 때문에 중요한 데이터를 처리하거나 저장하는 시스템에서 많이 사용된다. 예를 들어, 클라우드 서비스나 데이터 센터 등에서 데이터를 안전하게 보관하기 위해 RAID 1을 적용할 수 있다.

RAID 1의 단점은 디스크 공간의 효율성이 낮다는 점이다. 물리적으로 2개의 디스크를 사용하더라도, 실제 사용할 수 있는 용량은 1개의 디스크 용량과 동일하다. 예를 들어, 1TB 용량의 디스크 2개로 RAID 1을 구성하면, 사용 가능한 총 용량은 1 TB에 불과하다. 이는 저장 공간의 효율성 면에서 불리할 수 있다.

RAID 1은 특히 데이터 안정성이 중요한 환경에서 유용하며, 일반적으로 높은 신뢰성과 가용성이 요구되는 시스템에 적합하다.

- **RAID 2**

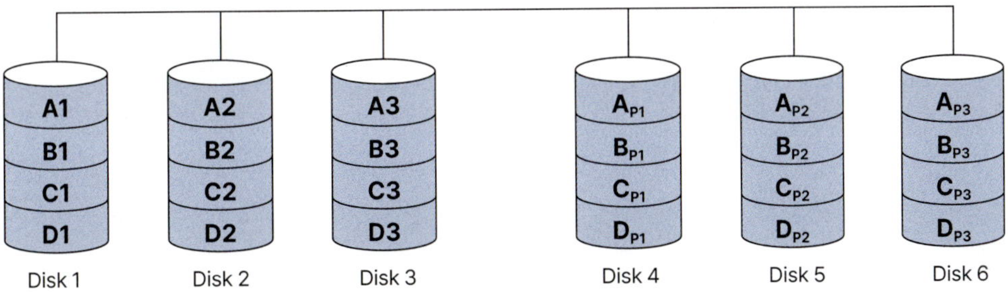

그림 12-19 RAID 2의 개념

RAID 2는 데이터를 비트(bit) 단위로 나누어 여러 디스크에 분산 저장하는 RAID 레벨이다. RAID 2는 해밍(hamming) 코드 오류 교정 기법을 사용하여 데이터를 보호하며, 데이터 디스크와 함께 패리티 디스크를 사용하여 데이터 오류를 검출하고 수정할 수 있다.

이 RAID 레벨은 여러 개의 데이터 디스크와 패리티 디스크(parity disk)로 구성되며, 각 데이터 비트는 여러 디스크에 분산 저장된다([그림 12-19]). 예를 들어, 4개의 데이터 디스크와 3개의 패리티 디스크가 있다면, 데이터의 각 비트는 4개의 디스크에 나누어 저장되고, 패리티 정보는 3개의 패리티 디스크에 저장된다.

RAID 2의 주요 특징은 오류 교정 기능을 제공함으로써 데이터 무결성을 유지하는 것이다. 하지만 RAID 2는 현대적인 저장 시스템에서 거의 사용되지 않는다. 그 이유는 RAID 2가 구현하는 오류 교정 방식(해밍 코드)이 복잡하고, 대부분의 현대적인 디스크 드라이브가 자체 오류 교정 기능을 갖추고 있기 때문이다. 이로 인해 RAID 2의 필요성이 크게 줄어들었다.

RAID 2는 초기의 컴퓨터 시스템에서 데이터 무결성을 보장하기 위해 사용되었으나, 현재는 대체로 RAID 5, RAID 6와 같은 다른 RAID 레벨이 더 선호된다. 이들 RAID 레벨은 보다 단순한 구조와 더 높은 성능을 제공하면서도 충분한 데이터 보호 기능을 제공하기 때문이다.

• RAID 3

RAID 0는 병렬 데이터 접근을 통해 성능을 높일 수 있지만 신뢰성이 낮다는 단점이 있다. 반면, RAID 1은 신뢰성이 높고 데이터 보호에 강점을 가지지만, 모든 데이터를 중복 저장해야 하므로 디스크 효율성이 낮고 접근 성능 면에서 이점이 없다. RAID 3는 이러한 RAID 0와 RAID 1의 장점을 결합한 방식 중 하나로, 성능과 신뢰성을 모두 제공하려는 목적을 가진다.

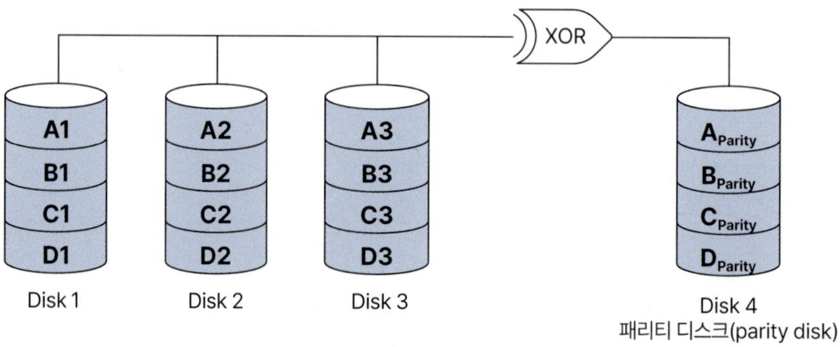

그림 12-20 RAID 3의 개념

RAID 3는 바이트(byte) 레벨 스트라이핑과 전용 패리티 디스크를 결합한 RAID 구성 방식이다. RAID 3는 최소 3개의 디스크가 필요하며, 보통 2개 이상의 데이터 디스크와 1개의 패리티 디스크로 구성된다. 이 방식에서는 데이터를 바이트 단위로 분할하여 모든 데이터 디스크에 입출력 부하를 균등하게 분배하고, 병렬 접근을 통해 성능을 극대화한다. 동시에 패리티 디스크에 패리티 정보를 저장해 두어 데이터 디스크 중 하나에 장애가 발생할 경우, 이 패리티 정보를 이용해 데이터를 복구할 수 있다.

[그림 12-20]은 RAID 3의 개념을 보여주며, RAID 3에서 데이터 저장 방식은 다음과 같다.

- **바이트 단위 스트라이핑:** 입력된 데이터(예: A)는 바이트 단위로 분할되어 여러 디스크에 순차적으로 저장된다. 예를 들어, 3개의 데이터 디스크를 사용하는 RAID 3 시스템에서 첫 번째 바이트(예: A1)는 첫 번째 디스크에, 두 번째 바이트(예: A2)는 두 번째 디스크에, 세 번째 바이트(예: A3)는 세 번째 디스크에 저장된다.
- **패리티 정보 저장:** 동시에, 각 바이트에 대한 패리티 정보(예: A_{parity})가 계산되어 별도의 패

리티 디스크에 저장된다. 이 패리티 정보는 XOR 연산을 통해 생성되며, 디스크 오류가 발생했을 때 데이터 복구에 사용된다.

RAID 3은 높은 데이터 전송률과 디스크 오류에 대한 복구 능력을 가진다는 장점을 가진다. 하지만 RAID 3에는 몇 가지 단점이 있다. 패리티 정보를 하나의 디스크에만 저장하기 때문에 쓰기 작업이 집중될 경우 패리티 디스크에 병목 현상이 발생할 수 있다. 또한, 패리티 생성 및 저장 과정에서 추가적인 부하가 발생하여 시스템의 전체 성능이 저하될 수 있다. 특히 패리티 디스크에 장애가 발생할 경우, RAID 3의 오류 보정 기능을 잃어버리게 되어 데이터 복구가 불가능해진다는 한계도 있다.

이러한 이유로 RAID 3는 높은 읽기 성능을 제공하는 반면, 쓰기 성능 저하와 패리티 디스크 장애에 취약해 현재는 널리 사용되지 않는 RAID 레벨이다. 그러나 높은 읽기 성능이 필요하고 쓰기 작업이 적은 특정 환경에서는 여전히 유용하게 활용될 수 있다.

- **RAID 4**

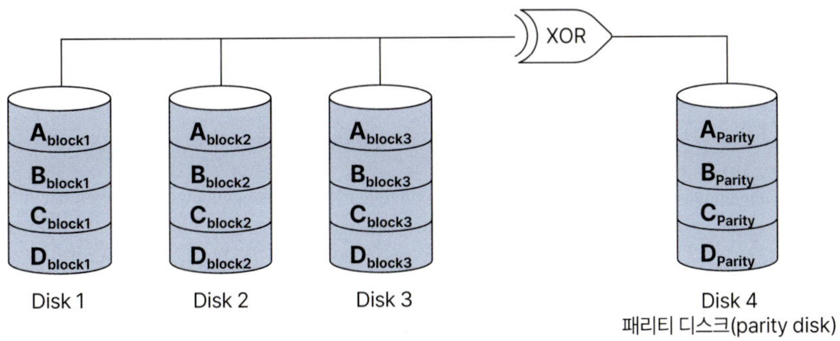

그림 12-21 RAID 4의 개념

RAID 4는 RAID 3과 유사하지만, 데이터를 바이트 단위가 아닌 블록 단위로 스트라이핑하는 것이 주요 차이점이다. 이 방식은 블록 단위로 데이터를 여러 디스크에 분산 저장하며, 하나의 패리티 디스크를 사용하여 데이터 복구를 위한 패리티 정보를 저장한다.

RAID 3에서는 데이터가 바이트 단위로 디스크에 분배되기 때문에, 데이터 접근 시 모든 디스크가 동시에 사용된다. 따라서 여러 디스크 접근 요청을 동시에 처리할 수 없다. 그러나 RAID 4의 블록 단위 스트라이핑은 각 블록을 독립적으로 접근할 수 있게 해주며, 이는 특정 블록에 대한 입출력 작업이 다른 블록과 상관없이 수행될 수 있음을 의미한다. 예를 들어, 서로 다른 프로세스가 서로 다른 파일에 접근하는 경우, 두 요청을 병렬로 처리할 수 있다.

RAID 4의 장점은 다음과 같다. 블록 레벨 스트라이핑 덕분에 RAID 3에 비해 큰 데이터 블록을 처리할 때 더 나은 성능을 발휘할 수 있다. 특히, 읽기 작업에서는 병렬 접근이 가능하여 높은 처리 속도를 제공한다. 또한, 패리티 디스크를 통해 디스크 오류가 발생하더라도 데이터를 복구할 수 있는 신뢰성도 제공한다.

그러나 RAID 4에는 단점도 있다. RAID 3와 유사하게 패리티 디스크가 병목 현상을 초래할 수 있다. 모든 쓰기 작업이 패리티 디스크에 집중되므로, 패리티 디스크의 부하가 커져 쓰기 성능이 저하될 수 있다. 또한, 패리티 디스크에 장애가 발생할 경우, RAID 4 전체의 데이터 복구 능력이 상실될 위험이 있다.

RAID 4는 주로 높은 읽기 성능이 요구되는 환경에서 사용될 수 있으며, 특히 대규모 데이터베이스나 파일 서버와 같은 시스템에서 유용할 수 있다. 그러나 쓰기 성능 저하와 패리티 디스크의 병목 문제로 인해, RAID 4보다는 RAID 5와 같은 대안이 더 널리 사용되는 경향이 있다.

• RAID 5

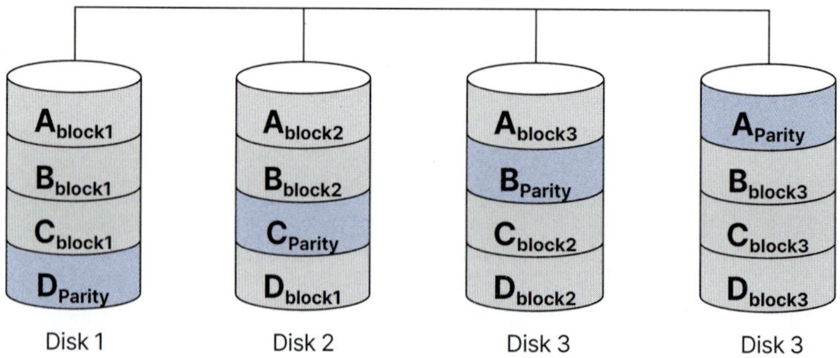

그림 12-22 RAID 5의 개념

RAID 4는 패리티 디스크에 집중된 병목 현상과 패리티 디스크 장애 시 신뢰성 문제를 가지고 있다. 이러한 단점을 해결하기 위해 RAID 5는 패리티 정보를 모든 디스크에 분산하여 저장하는 방식을 채택한다.

[그림 12-22]는 RAID 5의 개념을 보여준다. 이 구성에서는 데이터를 블록 단위로 나누어 각 디스크에 분산 저장하며, 각 블록의 패리티 정보는 다른 디스크에 저장된다. 예를 들어, 4개의 디스크로 구성된 RAID 5 시스템에서는 데이터 블록 A_{block1}, A_{block2}, A_{block3}이 첫 번째, 두 번째, 세 번째 디스크에 각각 저장되고, 이들의 패리티 정보는 네 번째 디스크에 저장된다. 이후 B 데이터의 경우, 패리티는 다른 디스크에 분산되어 저장되며, 이러한 방식으로 모든 디스크가 데이터와 패리티 정보를 고르게 분산하여 보관한다.

RAID 5는 최소 3개의 디스크가 필요하며, 더 많은 디스크를 사용하여 성능과 용량을 더욱 확장할 수 있다. RAID 5의 주요 장점은 패리티 정보가 특정 디스크에 집중되지 않음으로써 병목 현상을 방지하고, 데이터 보호 및 복구 능력을 갖춘다는 것이다. 이러한 이유로 인해 RAID 5는 널리 사용되는 RAID 레벨 중 하나이다.

하지만 RAID 5는 여전히 쓰기 작업 시 모든 디스크에서 패리티를 업데이트해야 하므로, RAID 0이나 RAID 1에 비해 쓰기 성능이 다소 떨어질 수 있다. 또한, 디스크 장애 시 남은 디스크와 패리티 정보를 이용해 데이터를 복구하는 과정이 필요하므로, 복구 시간이 길어질 수 있다는 단점도 있다.

결론적으로 RAID 5는 높은 성능과 안정성을 동시에 제공하여 널리 사용되는 RAID 레벨 중 하나이다. 하지만 2개 이상의 디스크가 동시에 고장 나면 데이터 복구가 불가능하다는 단점이 있으며, 데이터의 중요도에 따라 RAID 6와 같은 더 높은 수준의 RAID를 고려할 수 있다.

● 기타 RAID 계층

RAID 기술에는 여러 가지 레벨이 존재하며, 각기 다른 성능과 안정성을 제공한다. 앞서 설명한 RAID 0, 1, 2, 3, 4, 5 외에도 여러 다른 RAID 레벨이 존재하며, 이들은 특정 용도나 요구사항에 맞추어 설계되었다. 여기서는 대표적인 기타 RAID 레벨을 간략히 소개한다.

- RAID 6

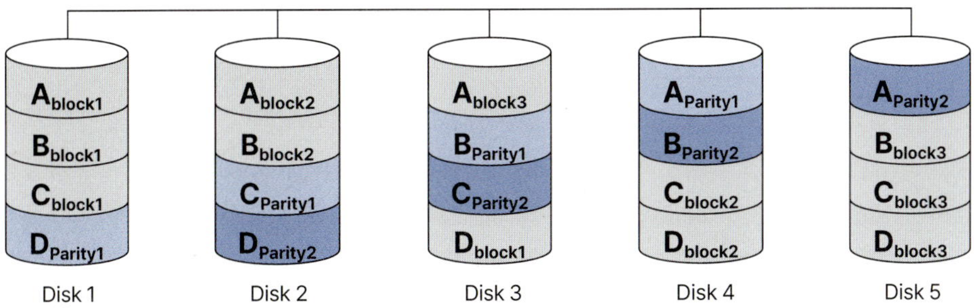

그림 12-23 RAID 6의 개념

RAID 6는 RAID 5의 확장 버전으로, 2개의 독립적인 패리티 블록을 사용한다. 이는 RAID 5보다 더 높은 수준의 오류 복구 능력을 제공하며, 2개의 디스크가 동시에 고장 나더라도 데이터를 복구할 수 있다. 이로 인해, 특히 데이터 안정성이 중요한 환경에서 많이 사용된다.

• RAID 10(RAID 1+0)

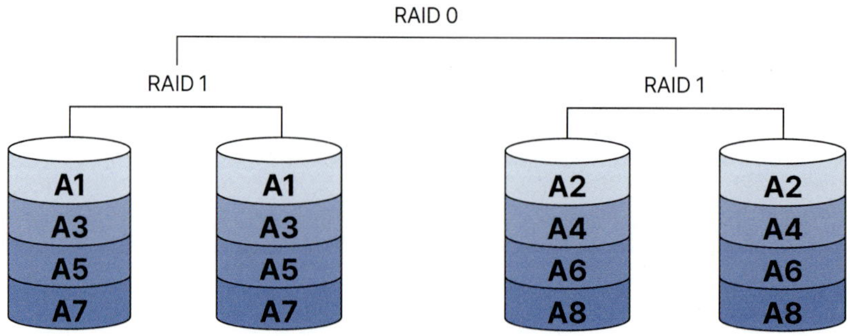

그림 12-24 RAID 10의 개념

RAID 10은 RAID 1과 RAID 0의 장점을 결합한 형태로, 데이터를 미러링(복제)하면서 동시에 스트라이핑을 적용한다. 이는 고성능과 높은 안정성을 동시에 제공하며, 디스크 고장 시에도 데이터 손실 없이 빠르게 복구할 수 있다. RAID 10은 RAID 0+1과 혼동될 수 있는데, RAID 0+1은 스트라이핑 후 미러링을 적용하는 방식이다. RAID 10은 성능과 신뢰성을 동시에 필요로 하는 환경에서 널리 사용된다.

• RAID 50(RAID 5+0)

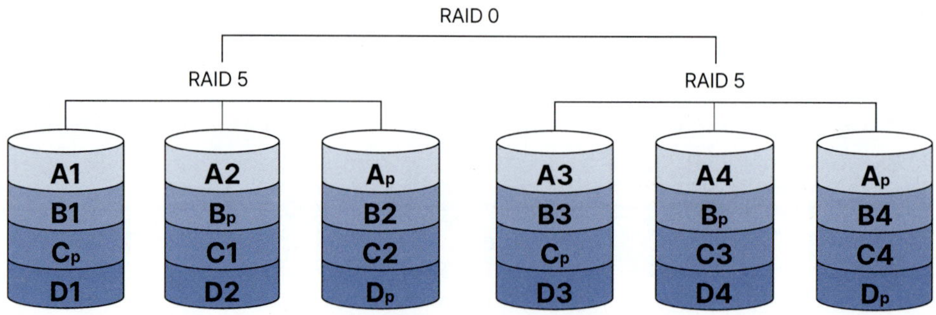

그림 12-25 RAID 50의 개념

RAID 50은 RAID 5와 RAID 0의 결합으로, RAID 5의 패리티와 RAID 0의 스트라이핑을 함께 사용하여 데이터 안정성과 성능을 모두 제공한다. 대규모 데이터 센터나 고성능 컴퓨팅 환경에서 자주 사용된다.

이 외에도 다양한 RAID 레벨과 그 변형이 존재하며, 시스템의 요구 사항에 따라 적절한 RAID 구성을 선택하는 것이 중요하다. RAID는 데이터 안정성과 성능을 모두 제공할 수 있지만, 레벨마다 장단점이 존재하기 때문에 시스템의 용도와 중요도에 따라 신중한 선택이 필요하다.

요약

RAID(Redundant Array of Independent Disks) 개요

- 여러 물리적 디스크를 하나의 논리적 드라이브로 결합
- **목적**: 데이터 가용성 증대, 저장 시스템 성능 향상, 대용량 저장 공간 제공
- **주요 이점**: 성능 향상, 신뢰성 증가, 용량 확장

RAID 레벨

- RAID 0(디스크 스트라이핑)
  - 데이터를 여러 디스크에 분산 저장
  - 장점: 높은 성능
  - 단점: 신뢰성 낮음, 데이터 손실 위험 높음
- RAID 1(미러링)
  - 데이터를 두 개 이상의 디스크에 동일하게 복제
  - 장점: 높은 신뢰성과 가용성
  - 단점: 저장 공간 효율성 낮음
- RAID 2
  - 비트 단위 분산 저장, 해밍 코드 오류 교정 사용
- RAID 3
  - 바이트 레벨 스트라이핑, 전용 패리티 디스크 사용
  - 장점: 높은 데이터 전송률
  - 단점: 패리티 디스크 병목 현상
- RAID 4
  - 블록 레벨 스트라이핑, 전용 패리티 디스크 사용
  - 장점: RAID 3보다 큰 데이터 블록 처리에 효과적
  - 단점: 패리티 디스크 병목 현상
- RAID 5
  - 블록 레벨 스트라이핑, 분산된 패리티 정보
  - 장점: 패리티 디스크 병목 현상 해결, 높은 성능과 안정성
  - 단점: 쓰기 성능 다소 저하, 복구 시간 길어질 수 있음

12.4 연습 문제

01 디스크 접근 요청의 처리 순서를 결정하는 과정을 무엇이라고 하는가?

① 디스크 스케줄링 ② 디스크 파티셔닝 ③ 디스크 포맷팅 ④ 디스크 캐싱

02 요청이 도착한 순서대로 처리하는 디스크 스케줄링 알고리즘은?

① SSTF ② SCAN ③ FCFS ④ LOOK

03 현재 디스크 헤드의 위치에서 가장 가까운 실린더의 요청을 먼저 처리하는 알고리즘은?

① FCFS ② SSTF ③ C-SCAN ④ LOOK

04 디스크 헤드가 한 방향으로만 이동하며 끝에 도달하면 시작점으로 즉시 이동하는 알고리즘은?

① SCAN ② C-SCAN ③ LOOK ④ SSTF

05 여러 개의 물리적 디스크 드라이브를 하나의 논리적 드라이브로 결합하는 기술은?

① RAID ② SSD ③ NAS ④ SAN

06 데이터를 여러 디스크에 분산 저장하며 성능을 향상시키지만, 패리티 정보를 사용하지 않는 RAID 레벨은?

① RAID 0 ② RAID 1 ③ RAID 5 ④ RAID 6

07 데이터를 2개 이상의 디스크에 동일하게 복제하여 저장하는 RAID 레벨은?

① RAID 0 ② RAID 1 ③ RAID 3 ④ RAID 5

08 블록 레벨 스트라이핑과 분산된 패리티 정보를 사용하는 RAID 레벨은?

① RAID 3 ② RAID 4 ③ RAID 5 ④ RAID 6

09 RAID 1과 RAID 0의 장점을 결합한 RAID 레벨은?

① RAID 3 ② RAID 5 ③ RAID 6 ④ RAID 10

10 프로세서의 개입 없이 I/O 장치와 메모리 간의 데이터 전송을 처리하는 메커니즘은?

① 인터럽트 ② 폴링 ③ DMA ④ 버퍼링

11 디스크 헤드가 필요한 실린더로 이동하는 데 걸리는 시간을 무엇이라고 하는가?

12 디스크 플래터가 회전하여 원하는 섹터가 헤드 아래로 오는 데 걸리는 시간을 무엇이라고 하는가?

13 서로 다른 속도로 데이터를 전송하는 장치들 간의 데이터 손실을 방지하기 위해 사용하는 기법은?

14 자주 사용되는 데이터를 고속 임시 저장소에 미리 복사해 두어 빠르게 접근할 수 있도록 하는 기법은?

15 하나의 입출력 장치가 여러 개의 작업을 처리할 때, 작업이 겹치지 않고 순차적으로 처리되도록 데이터를 임시 저장소에 저장해 두는 기법은?

16 RAID 시스템에서 데이터를 여러 디스크에 분할하여 동시에 저장하는 방법을 ________ 이라고 한다.

17 RAID 1에서 데이터를 2개 이상의 디스크에 동일하게 복제하여 저장하는 방식을 ________ 이라고 한다.

18 RAID 5에서 데이터 복구를 위해 사용되는 오류 검출 정보를 ________ 라고 한다.

19 디스크 스케줄링에서 평가 기준 중 하나로, 단위 시간당 처리된 요청의 수를 ________ 라고 한다.

20 입출력 시스템에서 프로세서가 주기적으로 각 I/O 장치의 상태를 확인하는 방식을 ________ 라고 한다.

찾아보기

길벗 캠퍼스의 대학교재 시리즈를 소개합니다

길벗 캠퍼스는 교수님과 학생 여러분의 소중한 1초를 아껴주는
IT전문 분야의 교양 및 전공 도서를 IT Campus라는 브랜드로 출간합니다

컴퓨팅 사고 with 파이썬 김현정, 황숙희 지음 | 412쪽 | 25,000원 | 2022년 6월 출간	**팅커캐드&아두이노** 최훈 지음 | 548쪽 | 29,800원 | 2022년 11월 출간
자료구조와 알고리즘 with 파이썬 김현정, 황숙희 지음 | 416쪽 | 28,000원 | 2023년 1월 출간	**기초수학 with 파이썬** 박민서 지음 | 352쪽 | 27,000원 | 2023년 1월 출간
메타버스 교과서 김영일, 임상국 지음 | 472쪽 | 29,000원 | 2023년 1월 출간	**전처리와 시각화 with 파이썬** 오경선, 양숙희, 장은실 지음 | 536쪽 | 29,000 | 2023년 5월 출간
파이썬 워크북 이경숙 지음 | 408쪽 | 26,000원 | 2023년 5월 출간	**안드로이드 프로그래밍** 송미영 지음 | 672쪽 | 36,000원 | 2023년 6월 출간
모던 자바스크립트&Node.js 이창현 지음 | 600쪽 | 34,000원 | 2023년 7월 출간	**SQL과 AI 알고리즘 with 파이썬** 김현정, 황숙희 지음 | 376쪽 | 27,000원 | 2023년 8월 출간
머신러닝과 딥러닝 with 파이썬 김현정, 유상현 지음 | 432쪽 | 28,000원 | 2023년 8월 출간	**4차 산업혁명과 미래사회** 안병태, 정화영 지음 | 488쪽 | 26,000원 | 2023년 7월 출간
게임 콘셉트 디자인 남기덕 지음 | 352쪽 | 27,000원 | 2023년 9월 출간	**생성형 AI를 활용한 인공지능 아트** 김애영, 조재춘 외 지음 | 356쪽 | 26,000원 | 2023년 9월 출간
게임 디자인&페이퍼 프로토타입 이은정 지음 | 352쪽 | 27,000원 | 2024년 1월 출간	**분산 컴퓨팅** 윤영 지음 | 360쪽 | 29,800원 | 2024년 1월 출간
찐초보 생활 전기 전병칠 지음 | 280쪽 | 21,000원 | 2024년 2월 출간	**외국인 학생을 위한 컴퓨터 활용** 김의찬, 박혜란 지음 | 464쪽 | 29,000원 | 2024년 5월 출간
C 언어의 정석 조용주, 임좌상 지음 | 584쪽 | 34,000원 | 2024년 6월 출간	**블렌더 교과서** 김영일 지음 | 608쪽 | 37,500원 | 2024년 8월 출간

PPT 길벗 캠퍼스의 모든 도서는 강의용 PPT 자료를 제공하고 있습니다.
길벗 홈페이지의 해당 도서 교강사 자료실에서 다운 받을 수 있습니다.